U0099937

太平戲院紀事

院主源詹勳日記選輯
1926—1949

程美寶　編

VOL

I

本書出版承蒙
衞奕信勳爵文物信託
資助

衞奕信勳爵文物信託
THE LORD WILSON
HERITAGE TRUST

目錄

CONTENTS

鳴謝

程美寶

　　本日記選輯得以完成，首先要感謝的是物主源碧福女士。此批日記由於涉及個人隱私的關係，源女士難以連同其他文物文獻捐贈給博物館。2006年間，在業師科大衛教授的介紹下，我乘在美國訪學之便，到加拿大與源女士會面，探討處理此批日記的各種可能方案。感謝源女士對我的信任，2008年將日記掃描件交託與我整理輯錄。由於我的拖沓和種種原因，文本整理的過程歷時十多年，至近兩年才進入衝刺階段。2020—2021年間，源女士囿於疫情而留駐香港，我因而得以多次登門拜訪，請她披閱全文並確認其中刪減處，間亦請其幫忙辨認原件較為潦草的文字，以及辨識當中人物的身份和關係。大凡我就日記內容提出的問題，她如果自己回答不了，便會馬上舉起電話問一切她能問到的人。源女士非常尊重我作為學人的自主性，在整個過程中，完全沒有作出干預，在決定哪些內容需要刪減時，採取了最大程度保留的原則。猶記得我去中央圖書館閱覽太平戲院文獻時，她小心翼翼地提出要跟我一起去，還問會否妨礙我的工作。我從源女士身上，看到的不僅是一個成功商人行事乾脆利落的身段，還有一種學者應有的查根問底的態度，以及尊重學術獨立自主的精神。

　　最早階段日記文本的轉錄工作，主要由中山大學歷史系的莫冠婷、黎俊忻、盧欣、蔡笛、丁蕾等五位同學幫忙完成。有幾年需要特別留心和作出較多刪減的日記，則由我自己親自轉錄。到了最近三四年進入校閱原文階段，我請了畢業於中山大學歷史系、後來在香港中文大學攻讀博士的李嘉榮同學協助。李博士不但文獻工夫了得，做事做人也心思細密，沒有他的幫忙，整理工作的第二階段恐怕難以完成。在此謹對這批已畢業多年各奔前程的同學致謝。此外，源女士的私人助理 Carmen 從最初掃描原件，後來在源女士家審定文本，到最近重新掃描部分圖片等各個階段，皆貢獻良多，在此也必須向她表示謝意。

編者還須鳴謝香港特別行政區政府香港文化博物館、香港歷史博物館、中央圖書館，以及香港大學檔案館，惠允提供及准許使用各館收藏之太平戲院文獻和與源詹勳先生有關的數碼圖片，使本書生色不少。在調閱文獻和申請使用權的過程中，編者得到以下各位文博人員的協助，也在此表示由衷的謝忱。他們分別是：香港文化博物館的盧秀麗、連凱恩；中央圖書館的曾麗滿、葉穎珊諸位女士；香港歷史博物館的林國輝、鄧建生、梁煒傑，以及香港大學檔案館的 Garfield Lam 諸位先生。在香港電影資料館馮佩琪女士的幫忙下，編者也瀏覽了該館的藏品目錄，遺憾的是適逢該館在籌辦太平戲院文獻展，最終未能安排調閱。該館藏有源詹勳先生小本日記一批，他日如能有人能整理出版，與本選輯互為對照，當能有進一步之發現。

最後還要感謝衞奕信勳爵文物信託的支持，以及三聯書店（香港）有限公司尤其是責任編輯李斌先生的工作，讓這部日記選輯得以順利面世，使私家和公藏的文獻，用出版的形式見諸大眾。希望讀者從這輯日記看到的，不僅僅是一人一院的記載，而更是一時代一社會之縮影。

2021 年秋謹悉

序：回望・懷念・追憶

源碧福

　　光陰有如白駒過隙，父親離開我們轉眼已三十八載。多年以來，爸爸遺下的各色物品，包括其私人藏書、衣物和日用品，尤其是太平戲院的文獻和文物，我都珍而重之地保存着。部分戲院的文獻和文物，更是爺爺留下的，那時我還沒出生。面對着這批龐大的文獻與文物，我也不知怎麼辦。儘管我不完全清楚當中有些什麼，但我知道這批東西對日後研究粵劇和電影會有些許幫助。出於個人感情，我把整批文獻與文物完好地存放在太平戲院原址重建的大廈我個人的辦公室中。直到 2004 年我大病一場，痊癒之後，我不其然想到，自己也年事已高，是時候找一個地方，去安置這批文獻與文物了。它是我們祖孫三代不能分割的情意結，需要有一個歸宿。這個問題整天在我的腦袋中縈繞，因為我知道，我去世後是沒有人會處理的。

　　可能是我爺爺和爸爸在天之靈保佑，看出我的想法和難處，讓這樁差點兒要告吹的事，忽然有轉機。我 2004 年往倫敦旅遊，探望一位朋友，突然想到她是一位世界知名的文物學家。她得知我這番考慮後，便叫我不要輕舉妄動，她回香港時會幫助我聯繫捐贈事宜。這次真是 "出門遇貴人"！幾經轉折，將太平戲院文獻與文物捐贈給香港公營文化博物機構的計劃，終於在 2007 年落實。

　　那時的我，真是百感交集，因為陪着我長大的東西，快要離開我了。我心中感到忐忑不安，不知是對或錯。我不由得聯想起當年爸爸知道無力挽回太平戲院結業的命運時，他剎那間的表情，我仍歷歷在目。他無奈、失落和絕望的表情，到今天還深深地印在我的腦海中。

　　在差不多的時候，又剛好與兒時的同學科大衛遇上了，小時候的玩伴，現在已是世界知名的資深歷史學家。他啟發我可以用不同的形式去延續太平戲院的光輝歲月。這也應驗了父親彌留之際我給他作出的承諾——"我會搞掂的。" 奈何香港的地價令人卻步，我遲遲未能找到合適的地點，存放這批文獻和文物。正當我束手無策之際，一方面捐贈計劃得以落實，另一方面，因私隱理由未能連同其他文獻文物一起捐出的我父親的私人日記，因為科教授介紹了其高足程美寶博士與我認識，也能夠以另一種方式呈現。程博士點出這批日記的價值，並提出了整理編輯和出版的構想，好讓讀者能從中了解到 1920—1950 年代的生活情況、梨園逸事和電影院的運作。我當時的直覺是，父親又在保佑我了，所以我便毫不猶豫答應讓她整理這批日記。

　　我相信把太平戲院的文獻與文物存放在博物館，以及我父親的日記得以整理出版，是讓後人了解過去香港人的生活情況及種種的最佳方法，亦是這批文獻與文物最好的歸宿。我想，我已經兌現了我在父親臨終時許下的諾言——"我會搞掂的，你放心吧！"正是：

　　昔日光輝原是幻
　　好待文物耀世間

2021 年 4 月 16 日

凡例

一、源詹勳先生日記由 1926 年起，至 1981 年止，全部由其女兒源碧福女士擁有及珍藏。是次整理出版者，主要為 1949 年及以前的內容。源先生 1951 年至 1981 年的單本日記（1950、1952、1975 三年未見），幾乎都用英文書寫，字跡十分潦草，所涉近人之事較多，經與源女士商量，不作整理出版。

二、除部分年份外，日記多為每年單獨成冊，唯 1930 和 1933 年則合記一冊；1936、1948、1949 年既分別有單獨日記一冊，亦見於 "1936，1946—64 合記本"。是次整理統一按照年份編排，因此 1930、1933 年的合記本將分拆兩處；在處理 "1936，1946—1964" 年的合記本時，則把 1946 和 1947 年的內容抽出獨立編排，又分別把 1936、1948、1949 年的內容編入該三年的單冊日記中，當中原屬合記本日記的條目，文末加 "{ 此條日記見於 "1936，1946—1964 年合記本" }" 的按語提示。

三、1942 和 1943 年日記往往不循以往定式書寫，尤其是日期的記錄，式樣多變，這次修訂遵循凡例，將新曆日期改為阿拉伯數字記錄，並置於開首，其餘舊曆日期、星期、年份信息盡量依原稿照錄。

四、某日如無任何事，一律不列日期，亦不另作說明。某日即使無正文，但在其他欄目有記事或留下筆跡或登入年月日者，均將原文錄入，並註明無正文。

五、日記各冊原稿式樣、欄目、書寫方向等往往不一，要有更直觀的了解，讀者可參閱書前收錄的各年份日記之書影。是次整理只保留以下各欄目所載信息："日期"（包括新曆、舊曆和星期）、"提要"、"社會記事"、"氣候"、"溫度" 以及正文內容。為方便讀者翻閱起見，日記原稿各欄目所見的日期信息，合併一行置於各日記起首，並以新曆日期開頭。新曆日期統一以阿拉伯數字記錄，其餘欄目信息依照原稿編錄，不作統一和補缺。

六、同一天的日記內容佔去下一天日記版面的，個別部分作者於原文已有說明，作者未及說明的，由編者加按語說明。一個日記版面記錄數天日記內容的，由編者分拆整理，並加按語說明（主要是 1943 年）。其他如日期順序顛倒、日期星期對應錯亂、修改塗抹等情況也不少，編者均以按語說明。

七、是次整理統一採用橫排編錄，並依照原文分段，正文段落統一首行縮進。

八、中文文書處理：

1. 原稿有不少常用字作者習慣簡寫，如“与”、“于”、“乐”、“号”、“点”、“占”、“见”、“问”、“记”、“纪”、“饭”、“楼”、“时”、“邓”、“权”、“侨”、“药”、“国”、“厂”、“门”等，此處統一採用現今常用的繁體字編錄。

2. 行文中出現的通假字，如“歺”（通“餐”）、“懇”（通“很”）等，以及俗／異體字，如“戲”、“署”、“筒”、“欵”、“羣”、“裏”、“嘆”、“墻”、“効”、“鑒”、“悞”、“駡”、“艶”、“啓”、“祐”、“勛”、“殺”、“閑”等，均改為現今通行字體。文中多次出現的“祇”字（即“只”），也有寫作“衹”和“祗”的，全部統一作“祇”。

3. 適當訂正原文中的錯字，訂正之字置於錯字之後並加〔 〕。凡殘缺或模糊難辨之字，用□表示，編者的推測以“〔Ｘ？〕”的形式標記其後。增補脫字，置於〈 〉內。衍文加【 】。

4. 原文中文段落普遍沒有標點，為方便閱讀，編者按下列原則補正標點：一般正文內容，以起行為一段，最後一句用句號（。），其他用逗號（，），並列詞語（如人名、店名）之間用頓號（、），書報名、畫名、曲名、戲名統一加上或改用書名號（《 》），原來作者用舊式引號（「 」）之處，改為新式引號（“ ”）。個別語句編者未能斷句的，則加按語說明情況。

九、英文文書處理：

1. 日記原稿英文單詞的字母大小寫沒有統一規範，是次整理依原文編錄，不作修訂。

2. 英文拼寫錯誤以“[ ]”訂正，增補脫詞、標識衍文、疑有訛誤、模糊難辨的修訂方法，參照中文文書處理。

3. 原文英文段落常有作者標點，且較為清晰，是次整理保留作者標點，僅在部分模糊不確處補正英文標點。英文書報名參照原文，不用斜體，不加標點。原文偶見因單詞跨行而使用的連字符，是次整理均刪去。

十、特殊標記的處理：

日記有大量蘇州碼記數，為方便編印，是次整理一律改為阿拉伯數字；又，作者偶於數字後使用 "xx/xx"（上下結構）的符號表示整數，是次整理不作保留。記錄疊詞時，作者習慣使用 "ㄅ" 表示，是次整理，除內容無法確定者外，均改為相應的中 / 英文。貨幣符號 "$"，作者習慣用舊式寫法，即兩條豎槓穿插 "S"，為方便輸入，統一改為新式寫法 "$"。日記原文偶見之下劃線、波浪線，以及其他常見符號（如 "@"、"( )"、"——" "∵" 等），在排版可能的情況下，盡量予以保留。遇特殊節日或重大事件，作者間或用紅筆書寫，編者於相關段末附有按語說明文字顏色。

十一、作者為對其父親表示尊重，會在 "家君"、"家嚴" 等語前留下空格或餘行，此處一律刪去。

十二、日記原文涉及個人或家庭隱私的內容，經日記擁有人源碧福女士確認，予以刪除。為免誤導讀者，在刪減處均加 "{ 略 }" 表示。

十三、日記正文以外，有關書寫格式需要特殊說明的地方，均添加編者按語，置於 "{ }" 內。個別名詞需要解釋者，則加腳註處理。

十四、日記篇末如有姓名錄、收 / 發信表、地址名錄、電話名錄、收支表、書籍目錄、備忘錄等資料，一併收錄於對應年份篇末。日記內夾雜的信函、名片、便條、剪報、收據等，也予以收錄，置於上述附錄之後。以上資料如難以表列，均以掃描件形式呈現。

十五、文獻圖片除特別說明外，主要選取自香港歷史博物館、香港文化博物館及香港中央圖書館所藏之太平戲院文獻。各館所藏文獻數量龐大，是次選取原則主要為有助讀者理解日記內容提及之人和事、太平戲院和劇團之運作，以及能反映特殊年代如日據時期者，並避免與已出版者重複。

十六、索引：

為方便查閱，書末附索引七大類，分別為 "戲院"、"戲址、劇團"、"劇目"、"人物"、"報刊"、"食肆"、"術語"。詳情見索引"編按"。

　　十七、編者才識有限,部分原文雖經反覆閱讀,仍無法辨識。日記涉及之人事亦非常龐雜,只能作有限度的註釋,誠望讀者能不吝指教,以臻完善。

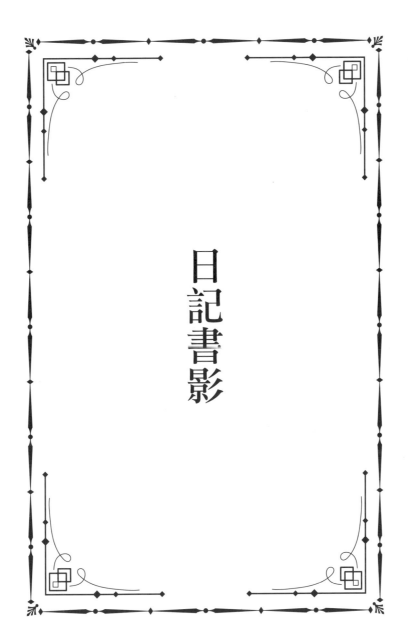

日記書影

由右至左：中華民國十五年、十七年、十八年國民日記、自由日記、案頭日記（正面見下圖）、中華民國二十三年、二十四年、二十五年、二十六年、二十七年國民日記

ESCO INDEXED DIARY 1939、民國二十九年、三十年國民日記

由右至左：中華民國二十八年生活日記、中華民國二十五年生活日記、LETTS DESK DIARY 1949、會文日記（綠色小本）、LETTS DESK DIARY 1948

案頭日記 封面及內頁廣告

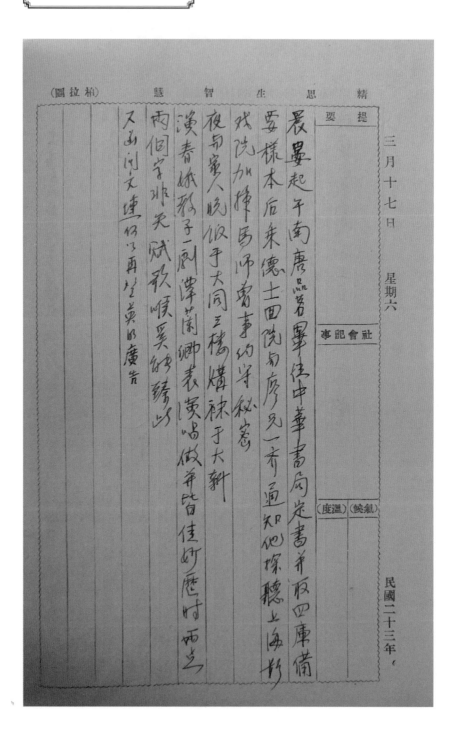

精　思　生　智　慧　　（柏拉圖）

提要

三月十七日　星期六

社會記事

（氣候）（溫度）

民國二十三年

晨晏起　午前南唐品茗畢住中華書局定書并取四庫備

要樣本后來德士西院旬彥兄一齊通知他探聽上海影

戲院加操馬師曾事幼學秘密

夜与蜜人晚飯于大同三樓燴練于大新

演春嬌狡子一劇潯蘭鄉表演此做芽皆佳妙應時而之

兩個字非天賦秋順異能臻此

又西例文連好以再生英的廣告

提要

一月一日　星期二　元旦　氣候　溫度　民國二十四年

晨無甚紀錄

十或時梁來□先生電約全齊年飯並邀往飲餐百色下午另黃大偉兄往觀遊珠大陸口

半身也衰朝句

夜內兒□□逢夫姬十姑眼到院觀劇兩其夫�65式對內子說及全旦之流連于金陵並謂

餃釘坐□□稿馬□□□□□□□□浮哭瑩□兒緊傷去門哭黙□

相見恩□□□□□□□□□□幾□禮其全□內感收得以賢妻其隔不作放女爭

□大（妻）□姊新妻三□要倚僚□侍毫藓玉博姑傳陵□倫系飛□□免除□夫□

君（三旦）順候筆此生之元□書

陳威東匈吉安全生稚□于太平大□□

馬□□□團□□于□□□□□□

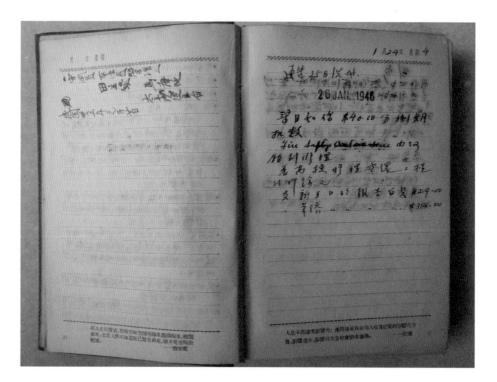

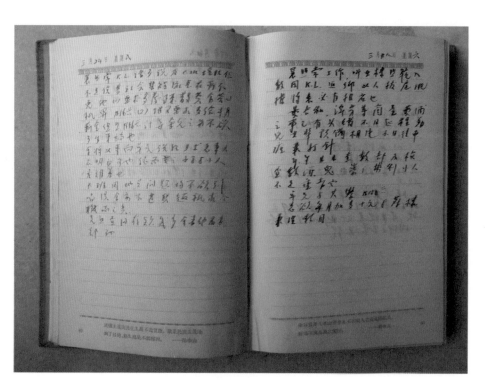

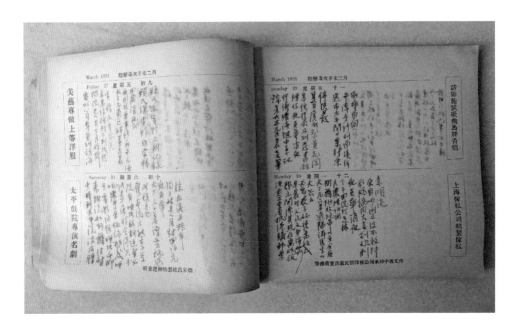
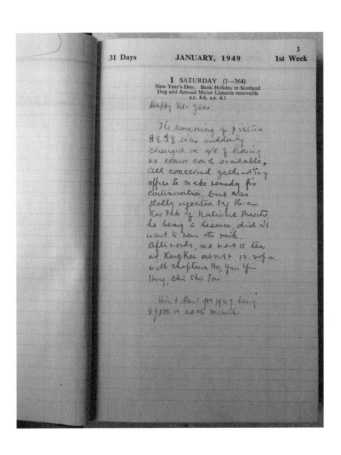

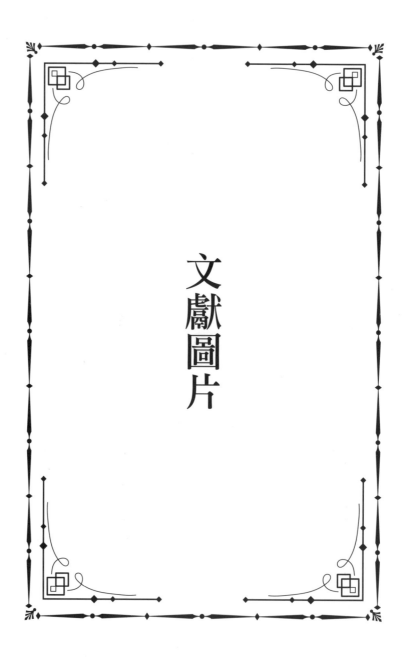

文獻圖片

源詹勳先生（1904—1983） 香港文化博物館藏品

Department _Arts_. Name _Yuen Jim Fan_ 源詹勳

BiRTH : Place, _Hong Kong_ Date, _15/9/19 07_ Nationality,

Parent or Guardian _Yuen Hang Kee_

Home Address _No 12 Watton Road Kowloon_

Local Guardian _As above_

Address of same

Previous Education _H. K. Educational Institute_

St. Paul's College

Matric. Exam. (or equivalent) _Dec, 1_ /19 _25_

Equivalent

Registered / 19 Hall _May_

Scholarships

Degree Examinations First / 19 . Second / /19

Third / /19 . Fourth / /19 .

Graduation /19

Dean's comments and Signature

Subsequent career.

ANNUAL REPORT 19 -19 , FACULTY OF ARTS. Univ. No.

Name _Yuen Jim Fan_ Hall _May_

Department _Commercial Training_

Year 1	Subjects	Attendance 1st.	2nd.	3rd.	Residence 1st.	2nd.	3rd.	Examinations Midsessional & Degree Midsessional	Degree	Class and Lab. Work	Remarks
									Dec. 1926		
	English	04 00 93						22 F	34 F		
	Geography	75 25 100	93					7 F	35 F		Failed
	Pure Maths	99 40 100	100					30 F	36 F		
	Chinese C:		100					50 P	60 P		
	Hist		100					50 P	54 P		

C: Certified Residence by Warden (Signed)

Dean

源詹勳先生入讀香港大學記錄，約 1926 年　香港大學檔案館藏品

太平戲院外觀，照片背面有 "28 Jun 1950" 印　香港文化博物館藏品

源詹勳與友人合照　香港文化博物館藏品

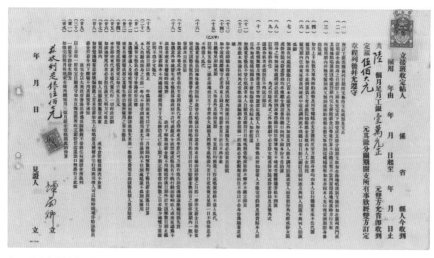

太平劇團人名表，1935 年　香港中央圖書館藏品

太平男女劇團僱用譚蘭卿合約，立約日期為 1936 年　香港中央圖書館藏品

源詹勳與馬師曾合照，照片背後有"11/9/1938"字樣
香港文化博物館藏品

源詹勳與馬師曾、紅線女等合照，1953 年　香港文化博物館藏品

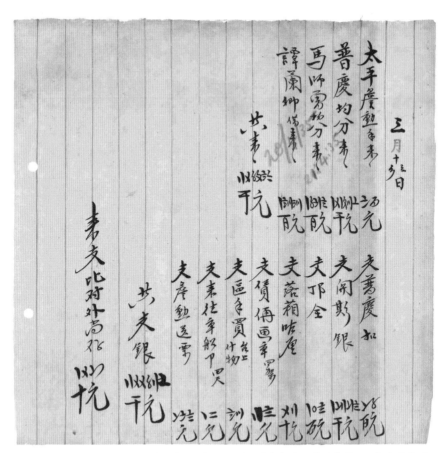

太平劇團於 1935 年 3-6 月的營運情況，包括票房、演出劇目、演員薪酬、工作人員薪酬、日常支出等　香港中央圖書館藏品

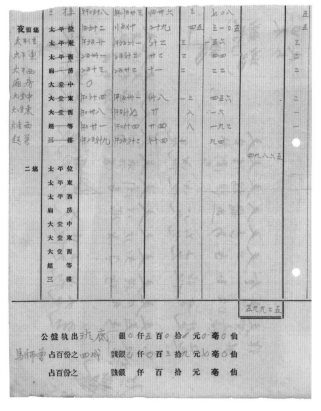

太平劇團於 1935 年 3-6 月的營運情況，包括票房、演出劇目、演員薪酬、工作人員薪酬、日常支出等　香港中央圖書館藏品

1935年 月 日	項目	摘　要	現　欵 收 $ cts.	付 $ cts.	總結 $ cts.
Mar. 6/1		情泛宛鴛宮	625 55		
7/1		野花香	320 70		
8/1		石上已魯梅	27 10	207 75	
		腸斷郎歸一点書	539 32	700 00	1285 92
9/1 Sat.		明珠剑	33 40	25	
		花蝴蝶票	910 75		2230 07
10/1 Sun		鵑啼殘月	327 23	80 00	
		北極緒路楚江邊	391 55	183 49	
11/1 Mon		花深連環訪蝶兒	372 25	300 00	
		妖姬魂	378 60	378 60	3449 75
12/1 Tues		章子封王	31 70		
		廳傳青樓薄倖名	582 35		3023 80
13/1 Wed		棟閣三娘	40 45	80 00	
		粲〇拜寄全卷	535 00	9 00	
14/1 Thurs		下谷棟閣人院	42 00	139 10	3413 35
		香通動着心	822 15		
		炭精		208 00	4013 40
15/1 Fri		回鄕			
		馬師僧		1004 54	

年 月 日	項目	摘　要	現　欵 收 $ cts.	付 $ cts.	總結 $ cts.
Mar 15/1		撥上存銀	405 10		
		娛東稅	414 90		
		Extra Income	160 40		
16/2/35		〇娛〇		100 00	
		炭火〇金		40 00	876 40
16/2		印差人工		13 50	
		馬師曾人情		25 00	
		雨〇花	641 85		
17/3		〃 〃	496 91		
		支工眼		2 00	
		支涌水		60	1059 66
		支七姑		58 00	
		四姐		20 80	
		雨〇花	280 25		
18/4		清潔料一箱		7 50	
		Entertainment Tax	4/	44 790	
		Wha Nui Trading	300 00	50 98	
		Tram Books		10 70	
		Extra Income	135 00		1229 65
		七姑		5 80	

太平劇團於 1935 年 3-6 月的營運情況，包括票房、演出劇目、演員薪酬、工作人員薪酬、日常支出等　香港中央圖書館藏品

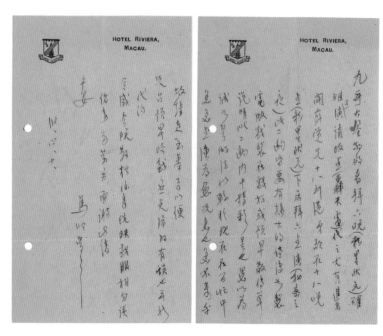

馬師曾致源詹勳函，1930 年代，述及為對應薛覺先到港演出應採取之選劇
和宣傳策略　香港中央圖書館藏品

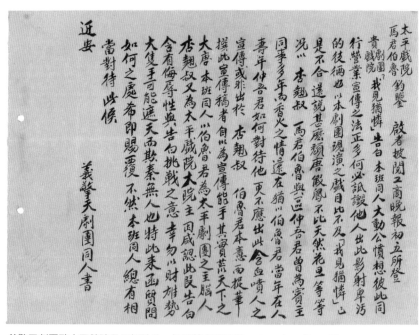

義擎天劇團致太平戲院及馬師曾函，批評其宣傳手段，1934 年 1 月 23 日
香港中央圖書館藏品

Mr.B.G.Birch,
    the HONGKONG UNIVERSITY,
        PRESENT.

Dear Mr.Birch,

      As I desire to produce "LADY PRECIOUS STREAM"
on Saturady, the 8th February, so I have the pleasure in re-
questing you to loan me your invaluable dramatic book for
translation and hope you will kindly send your boy to deliever
it to Mr.Yuen, the manager of TAI PING THEATRE, at your early
convenience.
      Many thanks for your kindness.

              Yours truly,

YJF:MST.   Ma She Tsang.

馬師曾致香港大學 Mr. B. G. Birch 商借《王寶釧》英譯本函
1936 年（？）2 月 12 日　香港文化博物館藏品

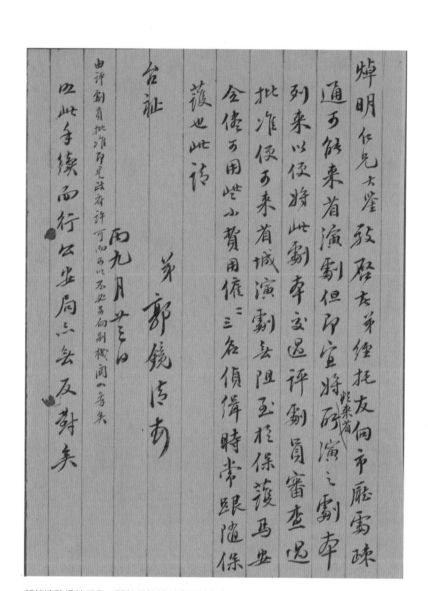

郭鏡清致溫焯明函，關於馬師曾到廣州演出事，1936 年　香港文化博物館藏品

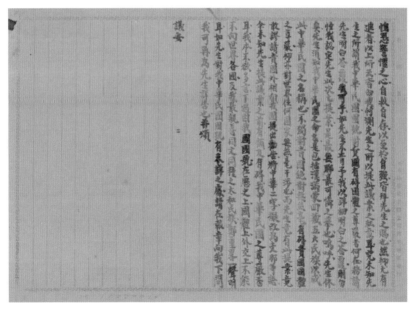

馬師曾致日本貴族院議員三上參次公開函（信背有 19/5/1936 830PM 字樣）
香港文化博物館藏品

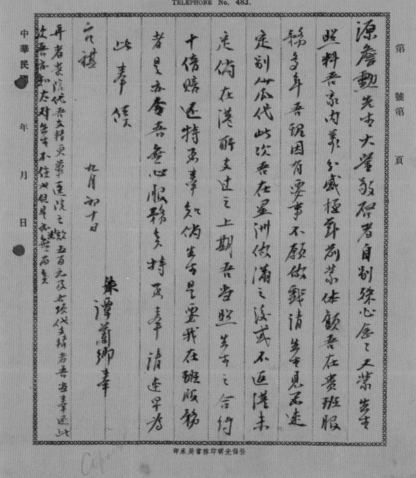

霹靂怡保埠

東亞大旅店
THE ORIENTAL HOTEL,
No. 19, CLARE STREET, IPOH, PERAK.
TELEPHONE No. 483.

第　頁　第　號

源詹勳先生大鑒敬啟者弟自割棄心愛之天榮先生照料吾京內業分感極矣弟欲飲吾在貴班服務多年吾祝因有要事不願做事見諒弟見若遠定別此代此次吾在星洲做滿之後武不返港未定佈在港所支近之上期吾當照芳名之合份十倍嬌返特為事知佈先生是要我在班服務者是亦奉吾意心眼緊要特再奉清連早為

此奉候

六請

九月初十日

黃譚蘭卿肅

中華民　年　月　日

弟者荷蒙代與文耀更蓼運陵之數五百元及古玦代支稿酬吾當奉運此改善勞歌太對先生不佳如與是不無可奉

譚蘭卿致源詹勳函，1937年（？）10月19日　香港文化博物館藏品
{編者按：此函左上角有紅筆注"19.×.37"（即1937年10月19日）字樣，對照日記內容，可知當日源先生收到譚氏來函，由此推敲信末"九月初十日"是1937年10月13日}

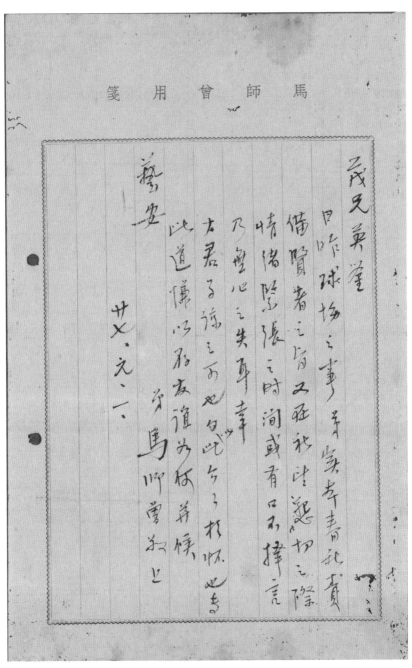

馬師曾用箋

茂兄英鑒

昨日昨球協之書，年來家事糾紛，
俾賢者之省，又在秋計惡切之際，
情緒惡張之時，間或有口不擇言，
乃無心之失耳，
古君子諒之可也，勿以今之棹懷也者，
此道傳以及友誼為何萸候，
藥安

廿六・元・一　弟馬師曾敬上

馬師曾致劉茂函，為日前在球賽上失態致歉，1938 年 1 月 1 日　香港文化博物館藏品
{ 編者按：閱該日日記，此信可能並無寄出 }

香港 □塘咀

平戲院內

平劇團 內□之□

師曾光先生台啟

由助 陳織□

廿九年十三日發

住
□□□
□□
□□香港平
劇團□未

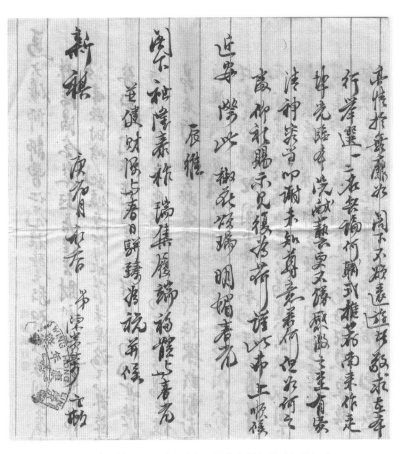

惠信於無意於閣下不嫌遠道走來

行舉選一二席奚偏何聊我推若南來作走

坐亮臨本號誠藝愛天緣

清神朱當叩謝未知尊意若何但亦何之

歲仰祈賜示兄復者莊謹此布上順候

近安　學妹　樹花啓瑞　明媚書元

　　　　　辰維

鼎余祖隆素作瑞集履端福體此春元

並候財源步苦自驕鑄消祝新禧

新禧　庚辰月初春　弟陳貴榮手劄

陳貴榮致馬師曾函連信封，1940 年 2 月 13 日發自新加坡（夾附在"1936、1946-64 年合記本"中）

馮師曾實行廿三日上午領隊出發沿門勸捐計分為四隊譚蘭卿

燕為丁組向東西中區募捐馮師曾親自加捐壹件員衛廿名武百元

半日安為甲組馮師曾衛茅為乙組馮俠魂馮醒錚為丙組陳鐵善粱飛

戲院全體職藝員捐薪送慶賀太平戲院廿四日太平劇團太平

月戲頭老難測婦人心夜戲解語花如金院日夜滿座總收入約

肆仟餘員一概捐出院租戲金分亳不計並舉誠屬公益義舉

界當仁不讓並聞英明攝影院報効粉公玉照伍千轉交太平

戲院太平劇團由廿四日起無位隨票敬奉一張再查廿四日夜

所收之票價照原日一樣並不加價云

太平戲院、太平劇團報效院租及戲金新聞稿，年份不詳，應為 1937 年之後
香港文化博物館藏品

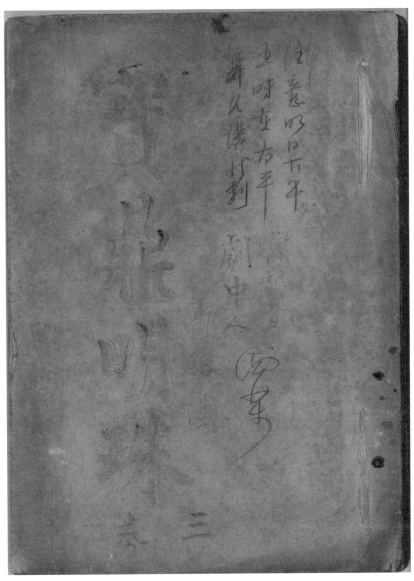

《寶鼎明珠》泥印劇本，1938 年（？）封面上寫有"注意明日下午五時在太平舞台講新劇"
等字　香港中央圖書館藏品

"A MARRIAGE AFTER WAR"
THE CAST

Brief outline of the romance.

A Marriage After War（即《寶鼎明珠》）戲橋，為 British Fund 籌款，1938 年 12 月 5 日於太平戲院公演　香港中央圖書館藏品

新馬師曾合約，1929 年立　香港文化博物館藏品

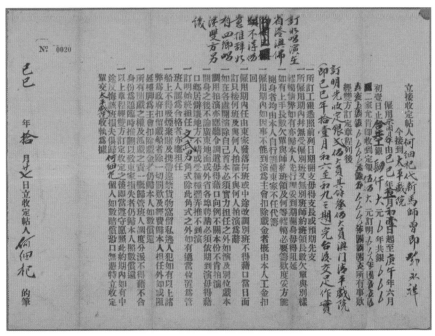

非非女士介紹廿三晚新劇「鵁鵡將軍」的緒言

▲謂其為拾子奉姑胎化式奇奇

▲謂其為再續拾子奉姑亦無不可

任誰曾觀拾子奉姑沒有一卷的何況
癖塵之祭鵁鵡將軍即再續拾子奉姑竟照子廿三晚出
世豈不足一種悶萌蘆的人愈愛看耶珠不知閨常之惜藏
故有叔僕之每續情 REBECC 之緣造有 IVANHOE 之新
編致綺方文筱子胭妝堅花之年賽所而再續拾子奉姑

夫拾子奉姑人之綠勤人之切不外乎以孝節為依歸四澗粵
劇之能筆卸勤之肴無能出乎其右故說斯劇有淒勁窖流沖心
眇皂要慎錢氏之妻十情林方之孝哉以演至信為佳令親者
夫危不平涂淚懼長何也即小子林方千方八餘犧牲生命以奉
祖母之病而其結局之神行人毋圍圓品自官氾兒六郎無難則陰
陽相隔不能模為母子如初內孝之二字果以感天地化萬物故
蒲松齡之子即齋難則沈近兒狐西里孝義之心奇以孝感陸
始珊瑚之事悍姑猶曰為女子不能作婦歸何以見雙親不

如泣一字一珠一字一淚非空宇孝之人讙龍出 ▲此效卒能化惡棒
字天年一堂一萼恬且非孝之歌好編者以志內再續拾子奉
姑鵁鵡將軍即林方之化身也當至堂縣堂皇身居藥品以補
土卷之訣故非千里駒不足以演錢氏之賢非錢氏之賢
不足以見白玉堂之孝矣綺也有其為人之本戰首哉斯言
也

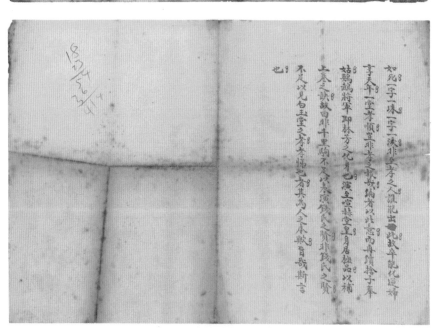

"非非女士介紹廿三晚新劇《鵁鵡將軍》的緒言" 香港中央圖書館藏品
{ 編者按：參照日記此 "緒言" 約於 1931 年 4 月寫作或發表 }

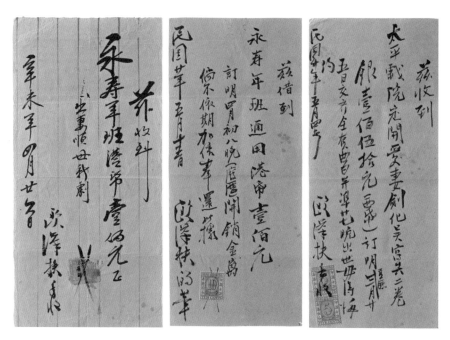

歐漢扶發給永壽年班之收據及借據　1931 年　香港歷史博物館藏品

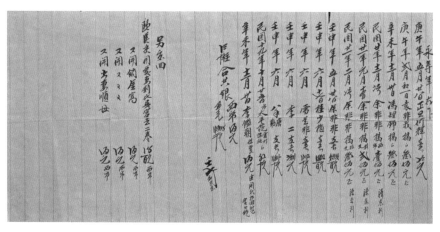

農曆庚午年至壬申年（1930-1932）永壽年班的賬單記錄　香港歷史博物館藏品

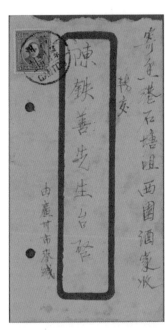

寄香港石塘咀西園酒家收
轉交
陳鉄善先生台啟
由廣卅市麥織

太平劇團既熱心提拔小弟，而小弟豈可
过却，有負貴班之盛意耶，說到年尾未貴班幹，这
却不能，至少亦要过年後才能到做，至於工金每半
年至少亦要港幣四仟元，才够動用，最好另有暇遇
時，請到舍下一叙則各事易談笑。
　我今因班事甚忙，乏暇到港与兄聚會，如兄
到廣卅市時，請到舍下一談，舍下在廣卅市中華
中路象牙街拾捌號地下（即小市街上，近卅牌樓美）
　秋已过半，人各一方，各自珍重吧，完了再會吧！
請呀！小弟在这裡祝你　精神必　龍馬起居平安
————你的表善炳榮謹上———— 十七晚写
欲知我是否還在廣卅市做，請看環球報便知
盖妨如前卻當而不見人而，是故示知之

麥炳榮從廣州致陳鐵善函連信封（信背以紅筆寫有疑為"5/10/1936"
等字樣） 香港文化博物館藏品

話電動自
785
箱信政郵
76

鏡花艷影女劇團
清平大戲院
澳門

號掛報電
VICTORIA MACAO
碼密訊電
BENLEY'S

袁九先生：

拜讀來書　約赴晉港　日未因

班事紛繁　數之間会分身乏

術　拍紛世由方令之罪幸

诗诗之末日正長在左不欠之

將來當有晉偈之機会也

苹此致复

　並祝

班運亨通

妹　劍輝　頓

艷裝服。新景畫。精術藝。盛材人。好本劇。多劇新

任劍輝致源詹勳函，1937 年？（信背有 "8.10.37" 等字樣） 香港文化博物館藏品

丙子年（1936）太平
男女劇團元月頭檯戲
目表
香港文化博物館藏品

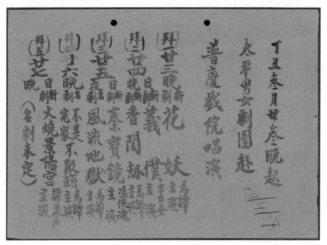

丁丑年（1937）太平
男女劇團赴普慶戲院
唱演劇目表
香港文化博物館藏品

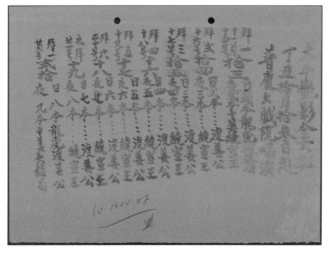

丁丑年（1937）太平
艷影全女班赴普慶戲
院唱演劇目表
香港文化博物館藏品

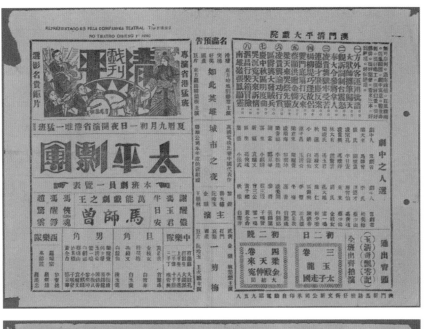

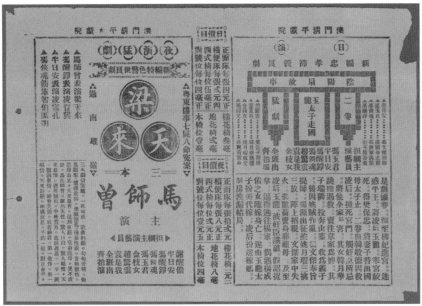

太平劇團於澳門清平戲院演出戲橋，年份不詳　香港文化博物藏品

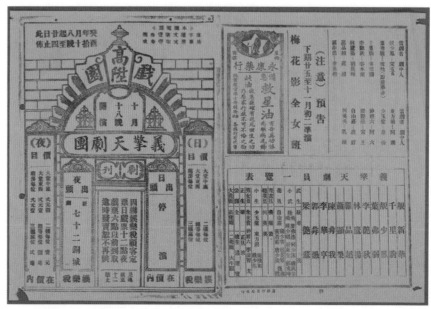

義擎天劇團於香港高陞戲院演出戲橋，1933 年　香港文化博物館藏品

太平男女劇團於太平戲院演出戲橋，年份不詳　香港文化博物館藏品

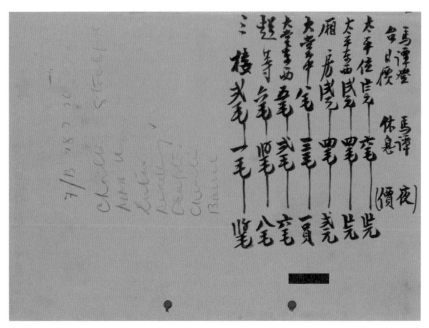

太平戲院收費表，1930 年代？　香港文化博物館藏品
{ 編者按：從中可見馬譚休息時段即降價 }

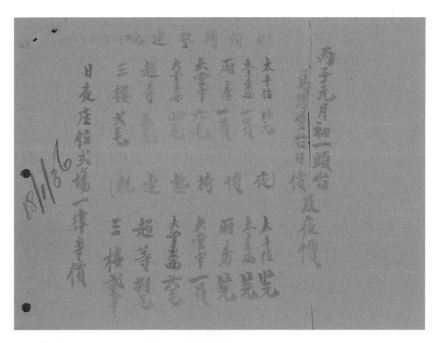

太平戲院價目表，1936 年　香港文化博物館藏品

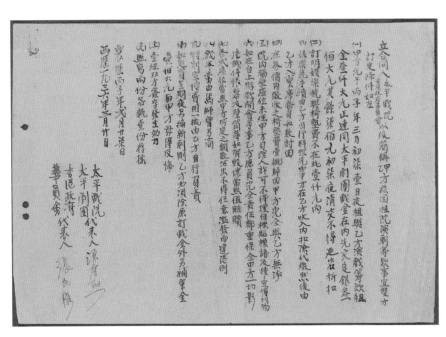

香港政府華員會租用太平戲院及聘太平劇團演劇籌款合約
1936 年 3 月 20 日　香港文化博物館藏品

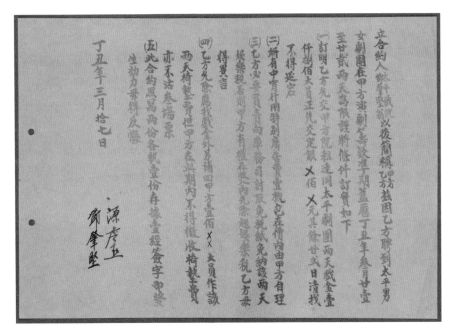

鄧肇堅聘太平男女劇團演戲籌款合約
丁丑年（1937）三月拾七日　香港文化博物館藏品

大觀聲片公司營業部用牋

總製片 廣埸辦事處　九龍馬頭角帝北街八十三號　電話：五零式七四
營業部　香港德輔道中第八號A四樓　電話：式五六九七

中華民國廿　年　月　日第　號信第　頁

立合約人　太平戲院　大觀聲片公司（以下簡稱甲方）茲因乙方租賃甲

方開演「還我血淚」晝夜及明星登台訂明每日院

租畫佰陸拾元正此乃普通廣告門面廣告街招戲桥

等俱由院方辦理原有供給一切院役票房辦事人俱由

院方供給及予乙方以便利乙方得派員至甲方稽核

數目租院期由民國廿六年拾畫月伍號至柒號一連

叁天院租及乙方應得之收入均于該片映完最後

晝日清草之

民國廿六年拾月廿六日立

甲方代表　源詹臣（印）

乙方代表　錢廣（印）

廣州市營業部設太平南路九十七號二樓　電話一六六四二　電報掛號零四四八號

（香港無線電掛號0922）　（香港電報掛號"LEGALLY"）

HONGKONG

大觀聲片公司租太平戲院上映影片及明星登台合約，1937年10月26日
香港文化博物館藏品

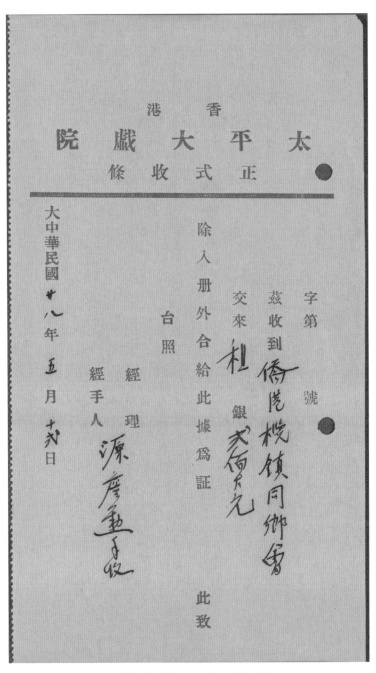

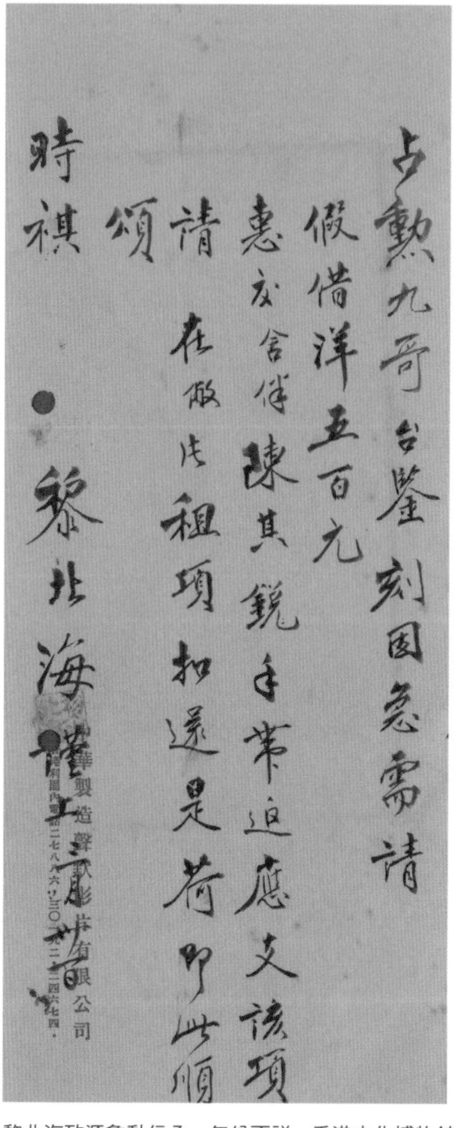

上勳九哥 台鑒 刻因急需請

假借洋五百元

惠交舍伴 陳其銳 手帶迫應支該項

請 在服片租項扣還是荷即此順

頌

時祺

黎北海

黎北海致源詹勳信函，年份不詳　香港文化博物館藏品

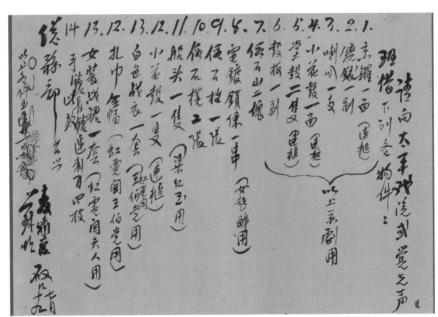

麥曉霞向太平戲院或覺先聲班借用物件清單，年份不詳　香港文化博物藏品

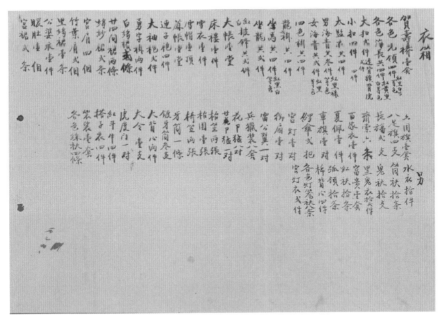

衣箱物品清單，年份不詳　香港文化博物館藏品

報刊廣告費記錄及單據

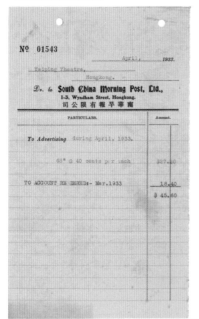

報刊廣告費記錄，年份不詳
香港文化博物館藏品

《循環日報》發單，1933 年
香港中央圖書館藏品

《南華早報》發單，1933 年 4 月
香港中央圖書館藏品

《南中報》刊登合約廣告，1933 年 12 月 5 日
香港中央圖書館藏品

《天光報》通知單，1934 年 2 月 5 日
香港中央圖書館藏品

《香港華字日報》發單 1934 年 2 月 5 日
香港中央圖書館藏品

《平民日報》發單，連廣告剪報 1934 年 2 月 8 日　香港中央圖書館藏品

《華僑日報》通知，1934 年 11 月 30 日
香港中央圖書館藏品

《南強日報》收條，1934 年 12 月 1 日
香港中央圖書館藏品

《南中報》收據，1934 年 12 月 1 日
香港中央圖書館藏品

《工商晚報》收據，1934 年 12 月 31 日
香港中央圖書館藏品

《中興報》發單，1935 年 2 月 28 日
香港中央圖書館藏品

《大眾日報》發單，1935 年 3 月 15 日　香港中央圖書館藏品

昭和十七年（1942）4 月 15 日 香港佔領地總督部報道部發給源詹勳的身份證明書
香港歷史博物館藏品

昭和十九年（1944）5 月 19 日 香港佔領地總督部香港地區事務所發給源詹勳的身份證明書　香港歷史博物館藏品

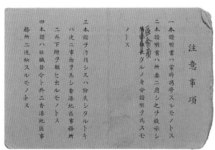

昭和二十年（1945）4 月 1 日香港佔領地總督部警察局發給源詹勳的住民證
香港歷史博物館藏品

昭和十八年（1943）香港佔領地總督部稅
務所發給溫焯明的家屋稅領收證書
香港歷史博物館藏品

昭和十八年（1943）香港佔領地總督部稅
務所發給溫卓〔焯〕明的土地稅領收證書
香港歷史博物館藏品

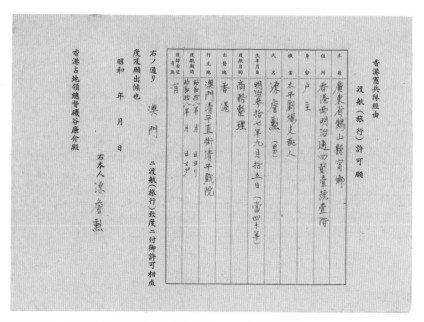

香港占地領〔佔領地〕總督磯谷廉介發出之香港憲兵隊經由渡航（旅行）許可願，昭和十八年（1943）
香港中央圖書館藏品

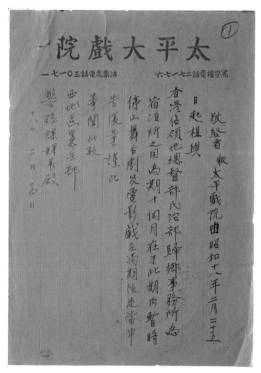

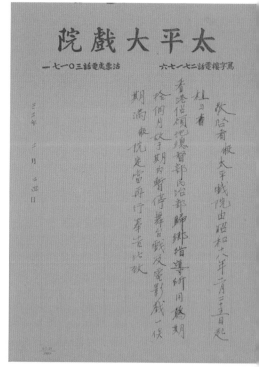

太平戲院致西地區憲兵部警務課課長函，有關租與香港佔領地總督部民治部作歸鄉事務所之用，昭和十八年（1943）2月24日　香港歷史博物館藏品

太平戲院有關租與香港佔領地總督部民治部作歸鄉指導所用信函草稿，民國三十二年（1943）2月24日　香港文化博物館藏品

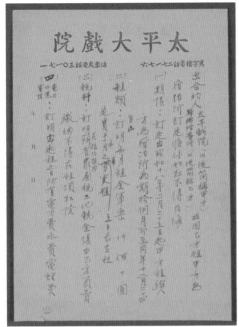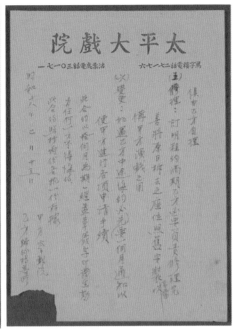

太平戲院與歸鄉指導所合約草稿，昭和十八年（1943）2 月 25 日
香港文化博物館藏品

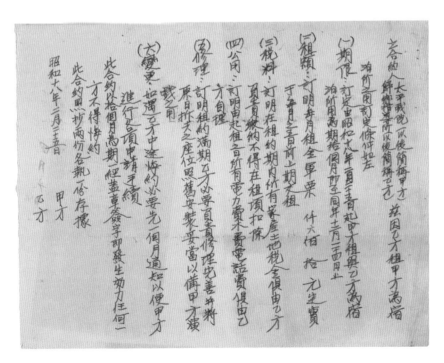

太平戲院與歸鄉指導所訂立合同，昭和十八年（1943）2 月 25 日
香港中央圖書館藏品

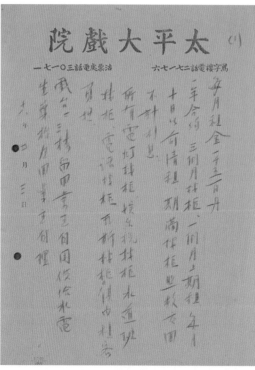

院戲大平太 (1)

寫字樓電話二七一七六　沽景廉電話三○一七一

太平 四月三日

安月社金二千二百九十
一年合約三個月按櫃一個月一期租一年十月尾向清租期滿按櫃全數交回不計利息
所有電燈掛櫃橫床機掛椅木通班枱櫃電燈掛櫃不折椅掛櫃併出租等
須地
武台三樓岳田書生留用依伶依水電
生要枱力用舉手剏理

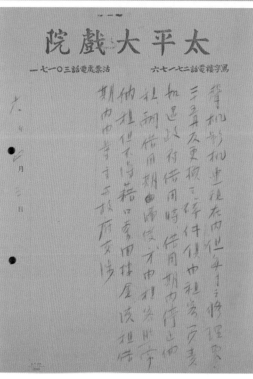

院戲大平太 (11)

寫字樓電話二七一七六　沽景廉電話三○一七一

太平 四月三日

聲機影機連後在內但一年如修理要三年反更損不停件俱由社家一要
如遇故行借用時借用期力行止伶
社劇伶用期四伶後不由伶共此宇
伶社但不得藉口要由枱屋陵租借
期內由本手下枝原交清

太平戲院合約稿，昭和十八年（1943）4月3日（第二頁後寫有"This draft contract given to Lo Cho on 3/4/43"等字樣） 香港文化博物館藏品

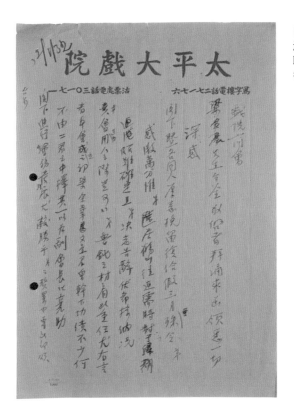

日據時期致戲院商會信函，關於源詹勳擬辭去戲院商會副主席一職，1943 年 1 月？
香港歷史博物館藏品

太平大戲院

活業票房電話 三○一七一　　寫字樓電話 二七一七六

戲院同寅

屢蒙農冬至金會救恤貧苦拜誦來函頌悉一切

深感

感激萬分惟本屆居停將往逗需時對于庫款

敝會開會解決之心又決志告辭伏希諒納

港府雖稱靜工本各

遜使明念陰差多以為銘之村有此至任尤有言

者本屆會惡初期委全辛尚又主席素無重斡不功使不少行

閣下進行僴揚辰展尤救勝平月三發暑中害以印

不由二第三中擇其一以任副會長之光功

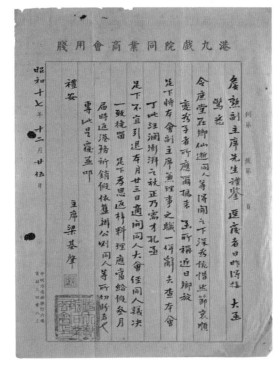

昭和十七年（1942）12 月 25 日
梁基肇致源詹勳的信函
香港歷史博物館藏品

港九戲院同業商會用箋

詹勳副主席先生禮鑒　邇疏者日昨得接

大函

駕悉

令庭堂在鄉仙逝同人等得聞之下深為慌惜些節哀順

變為子者所應爾寤來　玉昕稱近日鄉旋

足下將有會副主席暨理事之職一併辭去查存會

丁此汪澗澎湃之秋正乃需才孔亟

足下不宜到退本月廿三日適間同人大會任同人議決

一致挽留　足下孝思遠於一禮料理應當給假參月

屆時返港務祈銷假依舊辦公以同人等所盼切屬代

專此肅頌盃唔

禮安

昭和十七年十二月廿伍日

主席　梁基肇

其他

與"義會"有關之文獻

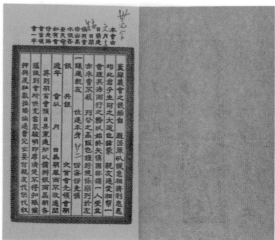

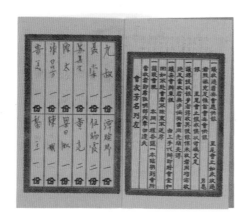

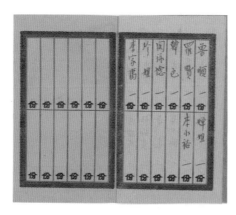

送交九叔（即源詹勳）義會名單紀錄，年份不詳　香港中央圖書館藏品

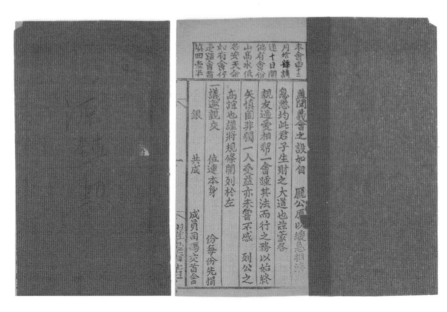

本會自十二
月始締結

逐十日開一會凡有會份

蓋聞義會之設如自　麗公厠以緻急相濟
急慈均此君子生財之大道也盖蒙客
親友邊愛相幫一會踵其法而行之務以始終
矢慎固非獨一人受益亦未嘗不感　列公之
高誼也謹將規條開列於左

一議邀親交

銀　共成　伍連本身　份每份先捐
成員司馬交首會

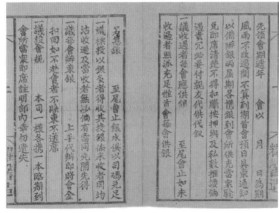

先鎮會期逐年　會以　月　日為期

一議收過者照派充足惟齊會每會應供銀　至尾會止如未
遇賣冗事必要付親友代供代叙
兄即席清楚不得扣除按押與及私數推接備
以便辦銀兩屆期各携銀到會同供先當家驗
風雨不改過闇不算到期首會預日呈東通知
至尾會止銀水俱以司碼兌足

名慈錄

一議標投以銀多者得收其投銀係未收者均
沾收過及當收者無以備有面同先開先得
一議逐會辦東銀　上手代辦即將會金
扣回如不赴會者不除東不送席
一議設會規　本司一樣各藏一本席期到
會所當眾即席註明郎內毋遺失

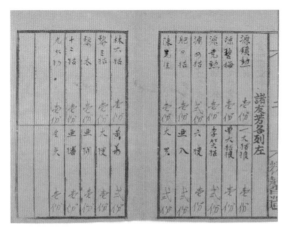

諸友芳名列左

源鎮紅
源碧梅
源老勳
凍四捨
肥四捨
凍吴注

林六怡
黎三捨
黎太
十三捨
九什什

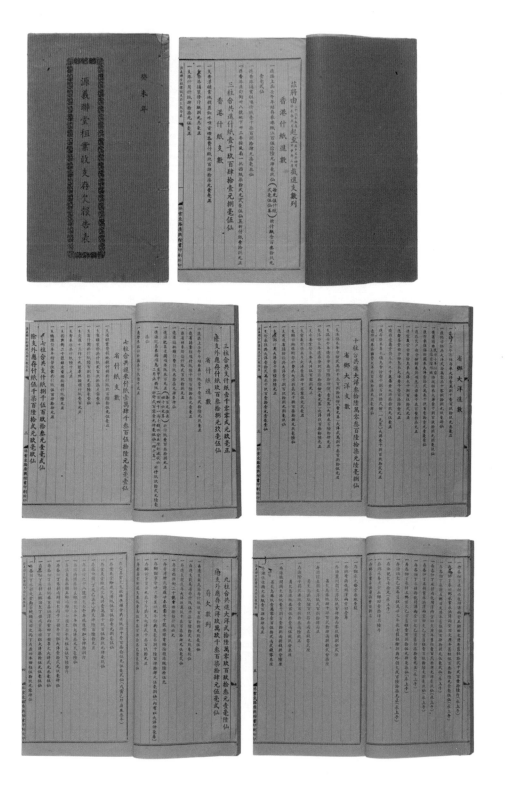

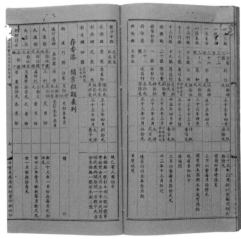
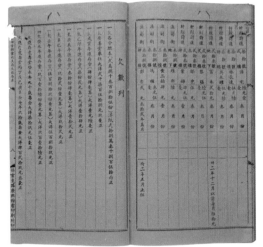

癸未年源義聯堂租業收支存欠報告表（1943-1944） 香港歷史博物館藏品
{編者按：從中可見進支以"香港什紙"、"省什紙"、"省鄉大洋"結算，產業包括鄉中田土、
廣州和香港繁盛地段的鋪業等 }

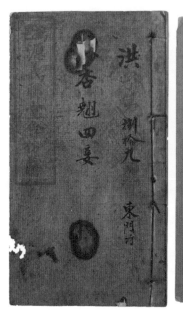

源義聯堂立

遞年收租息部

字第　號

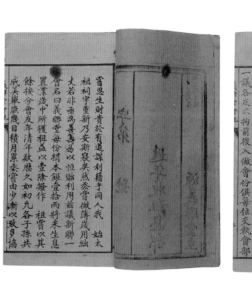

嘗思生財貴於有道謀利猶子同人我
祖祠宇重新乃安斯戩羙然嘗微蓄歲用絀
夫若非亟亟焉爲之以恒賂利用蓄議新聯一
會名曰義聯堂每份捐本銀拾兩將來生息
置業歲中所獲租息益以壹除撥作
餘按分會友清年欵歷久如初九各子孫共
成羙歲照歲日積月累泰嘗由少漸以漸多協

力同心子孫急公兼利已誠如是一舉兩得
則義會之聯不其羙哉
謹將會規臚列於後

一議會友每份捐本銀拾兩限以本年三月初
一日交值理會收將銀先付殷實行后生息候
有外處合式膏腴圍田然後置業行后生息候
月十一日候計歲中所應租息若干除支納會部
祖嘗

一議會友遞年繳後之者每份照帽本銀壹拾
兩定期於三月初一日交值理會收其歲中所
獲租息除支納粮各費及以一除撥作
祖嘗餘存各會歸谷會友簽本
外議同前入會各按本均沾以帽壹一

一議各友二拘前後入做會份俱每位交執會部

一議本堂嘗項漸以積厚毋但滅中迤支數目宜
設立當部愼次分列明白以期清楚
一議本堂開會十年後始將所儲嘗銀每年勤夫
急拾兩交與保之堂值事辦祭各年仍留嘗項
在本堂俾得遞年添做會息如果積有盈
餘議送嘗田巡警坊金塔設于孫應試卷資
及入學中式紀念京嘗學田各項應試卷資以仰

副
　朝廷敬老尊賢之至意
一議生財尤貴即用凡係　太祖祠墓拜掃與故
老尊賢之例各自當公用若遇熙演戲賬
濟事訟及各欵事件不得動支所嘗嘗費
得移動各友會本嘗息以省縻費
一議本堂每年公推股資值事六位每位酬勞銀
四大員務要矢愼失公不得私心肥己遞年至
　　　　祖宗蓄積累及會下嘗至

一本存擇揀用四字經每個字壹百號分列部
之次第遞年至二月念一日各友揭部到會所
熊值事註明交銀若干方得起會本收嘗息併部携
回以免錯誤如有原部遺失到值事報明另立
新部取囘工料銀壹錢其舊部視為故紙不得
一議查確其會份永遠充公其嘗息槪與無涉
以示懲罰
一議發作
　　　　祖嘗之銀兩留在本堂經於遞年三
月初一日入敍會未息緣剛本息相生日有

息無得私分存貯其所放出之銀必先商同事
查取遞清白良田按當方得清白按業
值事徇情放出或致本息無歸惟經手是問以
重專責
一議本堂發出銀兩定於本會中進十一月十一日清
收息銀如久即於十三日將田投嘗祇息併將
所置本庭田庄全日標按將以四年為滿期投

二月念一日派交各友嘗息盡將歲中進
支數目清弁列單廿四日標貼祠內俾眾日共
見所存銀兩多少當眾點明併私自用去如
將民田入嘗按揭清完首尾如果眾稱善仍推
管理倘不合式另棄新值事廿六日接盤不
得恃強霸當眾支掛借庶用人得宜以免滋弊
議值事政入銀兩金中若未置嘗務須報生

一議各友踴躍會友嘗息公好義日後會友份
或欠
　　祖嘗項銀銀早得歸著以免拖延
要照期支收應嘗息早得歸著以免拖延
三日清交上期現租否別另嘗雞至三至四繼
租嘗手不迤即日將田另投仍要嘗項併
歸欵不得藉取該友抵償至於會友親屬
或欠
　　祖嘗項銀均不准連誠友份
祖嘗銀早得歸著以急於會友份
身以子孫如有欠下
　　　　　　祖嘗銀兩無處討追

并或被人供扳或自作不法致累親屬破嘗均
可俟遞年收嘗息之日陸續索囘原久銀數
租嘗手不追即日將田項扣從如不清
上期租銀租其嘗手銀在尾租項
出每兩即須收嘗手銀限於十八日清收
以上所列會規本堂永依而行各友經嘗合
意方可做會規如不合意併或現久
　　　　　　祖嘗銀兩無處討追

一經理以任三年為期期滿預先三個月標貼告
退俟至正月初　始太祖祠開年時帑者會東
集議研究如眾時辭善即具公函留任再擔義
務倘人多指摘即另舉賢能屆時接代
一省港鄉本會均置有物業並放出銀兩議每年
舉一董事襄理務並隨時查察揭銀各號是
否穩當以勷經理見關惟不擔任財政

一經理如有溫都暹項及不依本會章程式有意
草等件
一經理如有溫邦經理之權如辦事不遵會規
即行斜正並隨時可查閱數部及吊驗契銀
一董事有監察經理辦事並隨時可查閱數部及吊驗契銀
集議原可復舉
選以任三年為期期滿告退倘勷理妥善由眾

新增例欵
一議將舊例設值事六位管理敬目銀兩一欵刪
去改為經理一位統理敬目銀兩事務
一經理以老誠服算善於理財無有本堂會份義
不受工者為合選
一設司理一位由經理保薦薪水由公項支給如
有虧短銀兩歸經理抵償

同沽拾壹年歲次壬申孟春穀旦源義聯堂公泐
奉縣單
一議每年分息日值事請每坊董事一位經驗奧
兩竿勿入份兔致後論

集議公舉查敬員二位親到將逐欵敬目核算
清楚並點驗契券銀單無訛然後刊印分送各
大會東查閱
一查員以深曉敬目義不受工只由眾酌送川
資費者為合選
一新舊經理交樓至違限四月内交代清楚如過
期不交則集眾坐催以杜盤踞

外事故無論三年滿否董事可以聯合集祠立
著經理將全盤敬目銀兩並契券銀單繳出俟
眾集議舉經理接管
一議每三個月由司理將進支並放出銀兩
列結付交董事查閱如所放出銀兩之字號有
非穩當即通知經理收回另覓殷實安置
一每年派息後限四月内扎清殷結即通知董事

一新任經理接代時須將上手存支各欵費核清
亦須將契券敬單當面点明如銀單中有字號
不穩當接手向識之接收使將銀收回或者其容
字擔保然後接收若契則交代優或有不妥保
任經理之事毋得新舊推諉以清界限而專責
成
一本會以省城為經收支如在鄉...祖業...

單交給本人付省收領無論交何人代收均以在
省交給為憑手收到繳回憑單作安
一族内婦人所做本堂會份永為本會銀內之業如
其人中途改嫁異夫或他適不遠其會份應歸
族内承繼本夫之子孫或其至親應領者領受
外人不得干預
一本會...

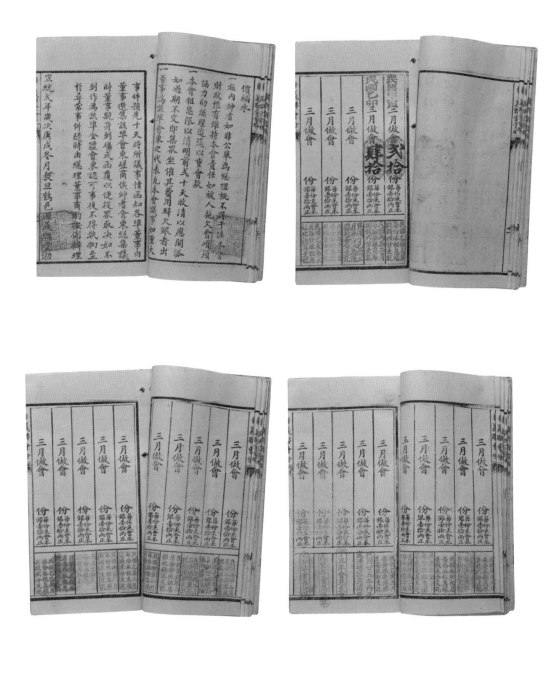

一　核內紳耆如非公衆爲經理慨不謂平法不會
　財政維有艱持本會責任如被人拖欠會項須
　協力勸繳理追還以重會欸
一　本會組息限以清明前弍十天收清以應開派
　如過期不交即集衆坐催其費用歸欠會銀者出

價補水

事件須先十天將所議事情函知各董事内
董事選集該埠會東碰商俟紳耆會東綄議
時董事覿身到場式函復以便從衆取决如不
到作爲該準全融會東諉可事後不得翻悔至
扵尋常事件隨時由經理董事商酌按例辦理
宣統弍年歲次庚戌冬月穀旦　鶴邑源義堂泐

民國乙卯三月做會　弍拾份　肆拾份

三月做會　　　份
三月做會　　　份
三月做會　　　份

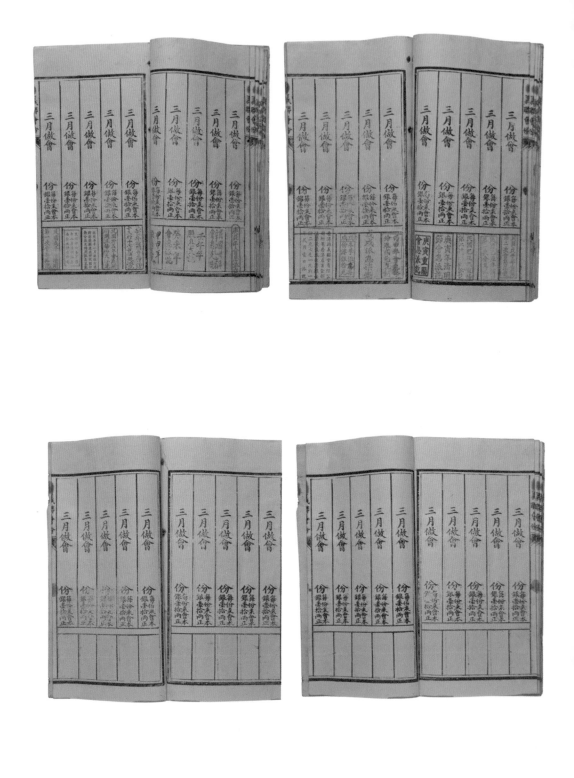

三月做會　三月做會　三月做會　三月做會　三月做會　三月做會　三月做會　三月做會

三月做會　三月做會　三月做會　三月做會　三月做會　三月做會　三月做會　三月做會

三月做會　三月做會　三月做會　三月做會　三月做會　三月做會　三月做會　三月做會

三月做會　三月做會　三月做會　三月做會　三月做會　三月做會　三月做會　三月做會

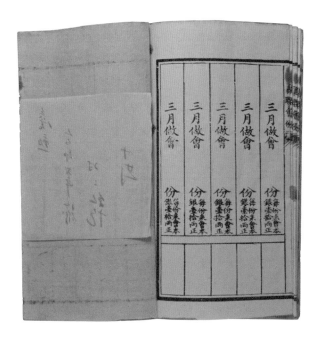

鶴邑源義聯堂會份簿　香港歷史博物館藏品

{ 編者按：從中可見該會早在同治十一年（1872）已存在，宣統二年（1910）新增例款註明"本會出入以香港通用銀紙為本位，毫子照時價補水"。此部屬源杏翹四妾劉氏所有，記錄自 1914 年開始供會，最後一期蓋章"香港源義聯有限公司所有香港產業全部沽清最後派款港銀每份二元七毛，一九六一年弍月壹日派訖"}

酒家菜單

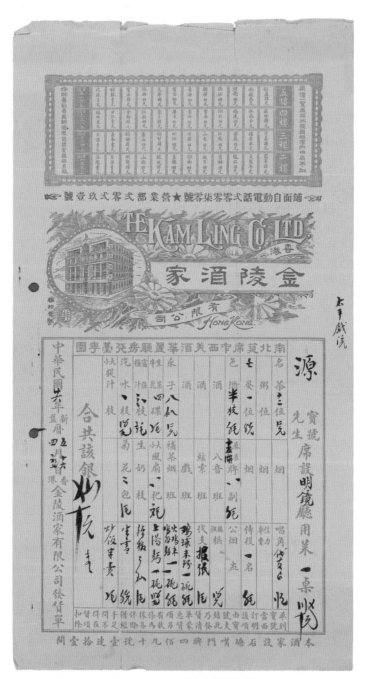

金陵酒家菜單，1937 年 5 月 16 日　香港文化博物館藏品

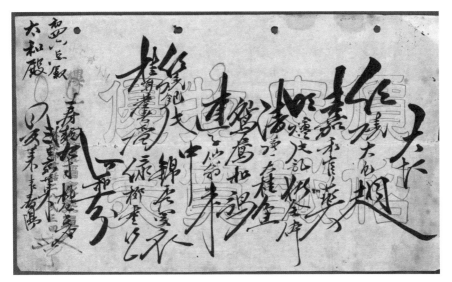

金龍酒家菜單，1937 年 4 月 14 日（背面有 "14.4.37" 等字樣） 香港文化博物館藏品

導論：
20 世紀一個 "香港仔" 的營商之道　　程美寶

　　本日記的主人源詹勳先生（1904[1]-1983），清末生於香港，80 年代初逝世，生於斯，長於斯，死於斯，銘於斯，可謂地地道道的 "香港人"。從 20 世紀 20 年代起，源先生便開始打理其父源杏翹（1865-1935）創辦的太平戲院[2]，30 年代起更兼主理馬師曾領銜的太平劇團[3]；40 年代末逐步轉向發展電影院線業務，1949 年更與人組成影業公司，出品電影。70 年代，其幺女源碧福開始幫忙打理院務。1981 年，太平戲院結業。兩年後，源先生去世。太平戲院的文獻和文物，幸得源女士悉心保存，於 2008 年捐贈與香港文化博物館、香港電影資料館、香港歷史博物館，以及中央圖書館，加上隨後源女士陸續整理分批移送各館的相關文物，總數超過一萬多件 / 項[4]。該次捐贈，堪稱香港文化界一大盛事，對香港戲院、粵劇和電影歷史的研究，貢獻良多。2015 年，在容世誠教授的統籌下，多位學者利用太平戲院的檔案

1　據香港大學的入學和成績記錄表格記載，源先生的出生日期為 1907 年 9 月 15 日，源碧福女士據其父親香港身份證及生前喜愛購買 1904 年的金幣的習慣，確認源先生的出生日期為 1904 年農曆九月十五日，即陽曆 10 月 23 日。

2　太平戲院在 1904 年落成，坐落在香港石塘咀，位於炮台山街（Battery Hill Street，今皇后大道西），源杏翹在 1907 年與何萼樓合夥租賃經營，1911 年另一商人何壽南入股，其後何萼樓於 1913 年退股，而何壽南亦於 1917 年將太平戲院的股份悉數讓出，戲院完全歸源杏翹擁有。自 1914 年，源杏翹開始經營自己的戲班，名為 "頌太平"、"詠太平"、"祝太平"，並以 "太安公司"（或稱 "太安號"）作為旗下戲班的外銷機構。詳情見吳雪君：《香港粵劇戲園發展（1840-1940）》、伍榮仲：《從太平戲院商業檔案看二十世紀初粵劇的營運與省港班的發展》、《本書論文所列太平戲院事件編年》等文，均收錄於容世誠主編：《戲園‧紅船‧影畫：源氏珍藏 "太平戲院文物" 研究》，香港：香港文化博物館編製，2015 年。

3　太平劇團在 1933 年創辦，見容世誠：《戲園‧紅船‧影畫》，載容氏主編《戲園‧紅船‧影畫：源氏珍藏 "太平戲院文物" 研究》第 19 頁。

4　容世誠：《戲園‧紅船‧影畫》，《戲園‧紅船‧影畫：源氏珍藏 "太平戲院文物" 研究》第 11 頁。

及其他資料，從不同的角度撰寫文章，共同出版了《戲園‧紅船‧影畫：源氏珍藏"太平戲院文物"研究》一書，較為全面地呈現了太平戲院和太平劇團的歷史，為日後的研究鋪墊了很好的基礎。

　　在源女士留存的父親遺物中，還有一批源先生在 1926 至 1981 年間[1] 撰寫的個人日記，基於隱私原因未有連同其他文物捐出。我在 2006-2007 年間，從業師科大衛教授處獲悉源女士這番考慮，乃乘在美國訪學之便，飛往加拿大與源女士會面，探討處理此批日記的最佳辦法。得源女士信賴，我在 2008 年 8 月收到這批日記的掃描文件，便開始了為時十多年斷斷續續的文獻整理之旅。編者不才，拖沓至今，才勉力讓此部日記選輯面世。作為學者，我的考慮很簡單，就是在保護作者隱私的同時，盡力整理出最多的內容，使之成為學者的公器，與太平戲院檔案及文物配合，作研究資料使用。但在"個人隱私"和"有用內容"之間，界線往往並非如此分明。可以確定屬個人隱私的內容，編輯整理時簡單敲個"略"字便了事，但日記記錄的，大多不屬"公事"的內容，往往還會涉及各方"人事"，是否適合和需要公開，有時不得不再三考量。幸好源女士乃通情達理之人，在審閱稿件時，"通過"絕大部分編者以為她會有疑慮的內容，並積極與編者商量妥善的處理方式，使這部日記選輯得以保留最多的內容，最終略去的部分，只屬極少數。因此，本書雖名為"選輯"，但讀者幾乎已能窺全豹。

　　誠然，"公私不分"，正是日記作為一種"文體"或"文類"的本質。"公私不分"，也是舊時代做事甚至得以成事的特色。作為太平戲院院主、太平劇團班主，同時掌管其他生意，又得處理個人財務，也是一家之主的源詹勳先生，多年來在日記裡記下的日常生活，似乎就是"晨往高升品茗"、"午大三元"、未幾在"加拿大"或"告樓士打"飲茶、然後"回院工作"，

_____

1　詳情請見本書編輯凡例。另外，編者在編輯出版此批日記進入尾聲時始獲悉，香港電影資料館藏源碧福女士捐贈之太平戲院文物亦有源先生小本日記冊一批，部分載有 20 世紀 40 年代包括日據時期的紀事，可見源先生有同時在多於一個日記本記載同一天的事情以及事後另開新本重新摘記的習慣。香港電影資料館的這批本子，相信能與源女士私藏本比對互勘，唯相關的整理和編輯工作，已非編者力所能及，他日當有有識之士更能勝任。

之後"晚飯於大同"，甚至再"宵夜於金龍"，深夜才回寓或回院休息。驟看之下，源先生每天大部分的時間都是在外吃吃喝喝，但活在21世紀的我們必須明白，在那個年代，生意就是這樣做成的。更重要的是，源先生之所以能夠成功經營太平戲院和太平劇團，成就一番事業，是由於他的能力相當全面——他是戲院老闆，又是劇團班主；既管理財務，注意投資，又編劇打曲，撰寫廣告。換言之，今天在一個企業裡要很多部門才能完成的各種工作，他幾乎能夠一個人全部包攬。[1] 當然，在打理院務方面，他長年有多位得力"拍檔"和助手，而戲班方面，有馬師曾和譚蘭卿坐鎮，亦使太平戲院暨太平劇團在激烈的競爭中長年穩操勝券。

短暫的大學生涯

源詹勳這種全面的能力，與他舊學新知同時兼備大有關係。現存日記自1926年始，剛好是他入讀香港大學的第一年，也是省港大罷工進入第二年。這一年日記斷斷續續，有多天用英文書寫，可能跟他開始入讀大學有關。他在1月15日記曰："是日下午進居於梅宿舍"，也就是香港大學的"梅堂"（May Hall），應該就是在當日開始該學期的大學生活了。查香港大學檔案中心藏源先生的入學註冊及成績記錄，他是在1925年12月參加入學試的（matriculation examination），之前在 Hong Kong Educational Institute[2] 和聖保羅書院（St. Paul's College）就讀，在港大入讀的學系

1　李小良和林萬儀亦提到，"源詹勳不只是院主、班主，也部分擔當'開戲師爺'的角色，源氏在粵劇發展史上的貢獻實在值得研究者注意"，見二人合著《馬師曾"太平劇團"劇本資料綜述及彙輯（1933-1941）》，容世誠主編：《戲園‧紅船‧影畫：源氏珍藏"太平戲院文物"研究》，引文見第175頁。

2　此"Hong Kong Educational Institute"很可能是"The Hong Kong Tutorial & Educational Institute"，1920年時位於般含道43號香港大學對面，是為培訓學生準備香港大學入學試的補習學校，以英語授課，科目包括數學、三角學、機械、物理、化學、歷史、地理、拉丁文與法文，部分課程與源先生入學後需要修讀者吻合。見該校刊登在 The Hong Kong Telegraph（1920年8月2日第4版）的廣告。

（Department）是 "Commercial Training"（商業訓練）。[1] 從日記所見，源先生在香港大學上的課，既有 "Dr. Au"（歐大典）上的《中庸》（寫作 "The Mean's of the Doctrine"），也有 "trigronometry"（三角），也有一位名為 Baron Hay 的教師任教的 "Phonetics"（語音學）；而從香港大學記錄所見，他一年級修讀的課程也只有四門，分別是英語、地理、純數，以及中國文學與歷史。也許是由於家裡有一盤生意等着他打理，源先生似乎對大學許多課程很不以為然。他 "餐後如常往聽詞章演講"，卻覺得 "很厭煩的，蓋其所講多不倫不類"（1926.4.17[2]）；"有地理演講，個中取材，味同嚼蠟，此為 Mr. Hay 所談，既無可聽之價值，又無可學之理由，徒虛負此光陰矣"（在 1926.4.30 頁面上記 5 月 1 日事），難怪他一年下來，成績未如理想，除了中國文學與歷史外，其他都不及格。他比較感興趣的課程，是 "Complete Commercial Law"（商法大全），但似乎還未來得及修讀，他的父親已經說他在讀過這年書後便應開始他的生意生涯，他也覺得無需在香港大學的商業課程上浪費時間（見 1928.8.10 記事，原文為英文），大抵由此便退學了。[3]

從香港大學退學後，不代表源先生 "不讀書"，他不時會在別發洋行（Kelly & Walsh Ltd.）和商務印書館（Commercial Press）訂書。他愛看文學雜誌，認真做筆記，記下 "鑑賞與研究的分別"（1928.1.12）。這種訂購書籍雜誌、認真閱讀並做札記的習慣，在他離開學堂之後仍保持不輟。好些他購入的書籍，很明顯都與戲劇有關。1936 年 1 月，他與馬師曾 "共往中華購慈禧書，藉以供新戲參考"（1936.1.6），大抵是因為 "適演新劇弌本《慈禧太后》"，但他對劇本的評價是 "過於誨淫，似乎不合現代化"（1936.1.12）。1936 年 2 月，太平戲院連續幾天重演馬師曾、譚蘭卿主演的

1　見 "Student Record, Yuen Jim Fan"，香港大學檔案中心藏。又據 University of Hong Kong Calendar 1926（Hong Kong: The Newspaper Enterprise Ltd. Stamped, 23 Feb 1926）[香港歷史博物館藏源碧福女士捐贈太平戲院文物，編號 E2012.2300]，Faculty of Arts（文學院）屬下的 Department of Commerce（商業系）有名為 "Commercial Training"（商業訓練）的組別。

2　為免註釋臃腫，本文提及或涉及的日記日期一律按年月日序註於正文內。

3　編者在香港大學檔案中心未見源先生的正式退學記錄，其之後的日記亦沒有再提及港大。

"轟動中西文壇古裝名劇《王寶釧》"[1]，其中 2 月 25 日，港督郝德傑（Andrew
Caldecott）更在晚上十時到院參觀，太平戲院上下十分重視，還專門印製
中英文戲橋。[2] 所謂 "轟動中西文壇"，固然是廣告用語，不無誇張之處，
但這樣的說法也有一定的背景。1934 至 1936 年間，《王寶川》曾在英語
世界掀起一陣熱潮。1934 年，時在倫敦大學攻讀博士學位的華人劇作家熊
式一，把京劇《王寶川》翻譯成英語，題為 *Lady Precious Stream*，在倫敦
出版，隨後兩年由 "人民國家劇社"（People's National Theatre）在倫敦的
"小劇場"（Little Theatre）演出了約一千場之多，之後又在美國各地演出了
400 多場，熊氏的譯作亦一版再版。[3] 馬譚可能是藉此西洋風，在香港重演粵
劇《王寶川》，並吸引了港督等西人的青睞。1936 年 3 月，源先生在日記裡
記下往別發書店 "購《王寶川》書一本" 之舉（1936.3.9），別發書店以售
賣英語書為主，他購買的很可能是《王寶川》的英譯本。類似的例子還有
1940 年他去商務印書館購買《吟邊燕語》（1940.9.16），此即林紓和魏易在
1904 年翻譯出版的蘭姆姐弟編纂的《莎士比亞戲劇故事集》，是以文言編撰
的莎翁戲劇簡寫本。[4] 此段時期粵劇不時有改編莎士比亞的作品的，從源先
生的閱讀興趣，或可窺見一些蛛絲馬跡。

1　《〈王寶釧〉明晚重演》，《香港華字日報》，1936 年 2 月 11 日第三張第二頁。"王寶釧" 也
寫作 "王寶川"，源先生的日記和太平戲院刊行的戲橋，皆作 "王寶川"，與英譯本的題目詞意
一致。當時的報紙報道，也有寫作 "王寶釧" 的。此處引文按原文書寫，其他則按源先生的寫
法書寫。

2　當日中外來賓的名單以及太平的悉心準備，詳見記於 1936.2.14 及 26 的日記。相關預告見
《香港華字日報》1936 年 2 月 24 日第二張第四頁消息 "港督參觀《王寶釧》"。戲橋見容世誠
主編：《戲園・紅船・影畫：源氏珍藏 "太平戲院文物" 研究》第 60 頁圖片。

3　參見 Huijuan Ma and Xingzhong Guan (2017), "On the transcultural rewriting of the Chinese
play *Wang Baochuan*", *Perspectives*, 25:4, 556-570。

4　據林紓 1904 年序，他與魏易在翻譯工作的分工是 "魏君口述，余則敘致為文章"，又謂此
書是 "莎詩之記事"，原著其實是 Charles and Mary Lamb 合撰之 *Tales from Shakespeare*，即莎
士比亞戲劇的簡寫本，經大肆刪減，以適合少年閱讀。中文譯本先由魏易選篇口述，在由林紓
成文，與蘭姆姐弟本又相去頗遠，每則故事長約五千字。見林紓、魏易譯，〔英〕蘭姆著：《吟
邊燕語》，北京：商務印書館，1981 年，林紓序第 2 頁。

抄曲、打曲、作告白

源先生能寫曲，在日記中好些片段都有所反映，1929 年 8 月 25 日的日記中，便有"交第一場曲與仕可"的記載；1931 年 7 月，更連續幾天"晚飯後從事作曲"、"晨十一時往外寓作曲"、"午大三元品茗，後大中華作曲"（1931 年 7 月 22、23、25 日記事）。同樣重要的是他"抄曲"的經驗（1931.8.12 記"下午回外寓抄曲"），認識粵劇粵曲歷史的人都知道，不少粵劇撰作者的生涯，往往從抄曲開始。通過抄曲，逐步掌握劇目結構、分場，以及各種所謂"介口"，同時熟悉曲牌、板腔體例、字詞韻腳。其實，在能夠"創新"之前，本來就需要通過抄寫臨摹學習的。源先生能寫曲，也是由於他懂得欣賞評述，而早年的單曲，本身就是一闋可鑑賞的詞，源先生1928 年的這條記事——"酒樓中有一歌姬名曰香君，清歌數闕〔闋〕，楚楚動人，尤以《滕王閣序》為佳"（1928.2.27）——便很有清末文人顧曲的味道，也不由得讓人想到此《滕王閣序》應該很接近《滕王閣序》原文。時人聽曲，往往欣賞的是某一唱段，而非全曲，更非全劇。源先生在日記記下某人想索取"潘影芬所唱《蟾光惹恨》[1] 之西皮"，剛巧他"旁立，乃允所請，遂喚文譽可先生抄而與之云"（1926.7.3），可見這位先生欣賞的是其中一段"西皮"，而當時要取得一曲，需要請人謄抄。

寫曲如寫詩，能熟讀前人名句，自然容易襲用。源先生讀《白香詞譜箋》，"得數佳句"，在日記裡記下——"水晶雙枕畔，猶有墮釵橫——相見爭如不見，有情逐似無情，笙歌散後酒微醒，深院月明人靜。"（1928.1.28），也很難不讓我們聯想到，一首粵曲就是這樣寫成的。某日他"閱書得佳句甚多，書之於散紙"（1928.2.25）。這些"散紙"，本來都是重要的"文獻"，可惜註定要"散失"。也許這些"散紙"夾在已捐獻到公共圖書館或博物館的源氏藏書中，也有可能已經煙銷灰滅。至 1931 年，源先生寫曲似乎在行內已有一定名聲，有人請他"合作開戲，每人擔任一樣，他

1　同年 11 月 17、18、27、28 日白玉堂領銜之新中華班，在太平戲院演《蟾光惹恨》，其中曲目未知是否與潘影芬所唱之《蟾光惹恨》相同。

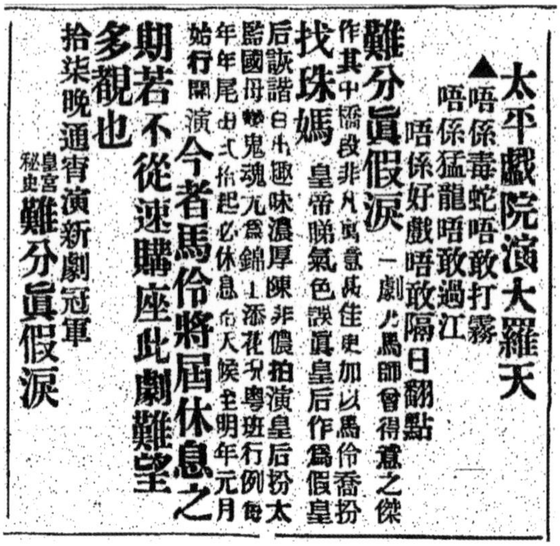
太平戲院演大羅天
▲唔係毒蛇唔敢打霧
唔係猛龍唔敢過江
唔係好戲唔敢隔日翻點
難分真假淚 一劇乃馬師曾得意之傑
作其中情節非凡寫意兼佳更加以馬伶喬扮
找珠媽 皇帝睇氣色識真皇后作爲假皇
后詼諧白出趣味濃厚陳非儂拍演皇后扮太
監國母變鬼魂尤爲錦上添花況粵班行例每
年年尾由弍拾起必休息冇天候至明年元月
始行開演今者馬伶將屆休息之
期若不從速購座此劇難望
多覩也
拾柒晚通宵演新劇冠軍
皇宮秘史 難分真假淚

圖 1：《香港工商日報》1928 年 1 月 9 日第三張第三版

講戲佔 4 成，余打曲佔 6 成”（1931.7.1）。他自己也頗有自信，遇到戲班的撰曲人因故不能及時交曲，他提出可代作一場（1931.11.1）。換句話說，他作為班主和院主，能權當撰曲人或劇作家，不至於處處受制於人。

從日記所見，好些太平戲院的廣告，也出自源先生手筆。他曾“代作告白一段，《難分真假淚》，其中非常趣致”、“下午回院代繕寫告白，並着黃灶拈往各報館落版”（1928.1.8）。查 1928 年 1 月 9 日的《香港工商日報》，太平戲院大羅天劇團演《難分真假淚》及其他戲碼的廣告及票價刊登在第三張第一版，而上述的“告白一段”，則以短文的形式，刊在同日的第三張第三版，謂“太平戲院演大羅天，唔係毒蛇唔敢打霧，唔係猛龍唔敢過江，唔係好戲唔敢隔日翻點”等，應該就是源先生所說的“其中非常趣致”的內容了（見圖 1）。未幾，他又“作大羅天告白一大段，託言有人來書讚許馬、陳二伶，故本院將牠登之於報章”（1928.3.2），這就是一般所說的“鱔稿”了。[1] 之前撰寫廣告的工作主要由文仕可負責，至 1929 年，源杏翹不理會文

1　大羅天簡單告白見於 1928 年 3 月 2 日《香港工商日報》第三版第四張，但當天及前後的廣告，未見日記中提到的鱔稿。

氏的看法，徑讓自己的兒子撰寫廣告（1929.3.17）。1931年源先生為《出妻順母》一劇撰寫報紙廣告，他在日記註明是"白話式"（1931.6.14）[1]，約兩個月後，他和兩位朋友在大三元品茗，兩位友人還在"互相口角白話文之適用否"（1931.8.19）。日記裡這些片言隻語，或可作為白話文遲遲未能在香港普及的旁證。

在報紙刊登廣告除了要提供稿件外，源先生還要與他的搭檔就版面、位置、價格等細節，與報館討價還價。他曾經就太平戲院未能用頭版刊登廣告質問有關人士謂"何以新世界有封面位而太平則無，何故，並堅持明日《天光報》封面招牌側，否則唯有不刊出而已矣，後羅文塏又電話，乞求讓位，余決不允，並不理會他"（1940.3.13）。幾乎天天都要刊登的報章廣告，是經營戲院的一項重要開支，而當時的報館，亦容許像太平這類商戶賒數，但這也為日後其父親源杏翹先生去世時增加了一群追債者（1934.11.25-26）。為宣傳新劇《盜窟奇花》，太平戲院更曾買"全架電車廣告"（1938.4.23）。除了刊登廣告外，派發曲本也能廣收宣傳之效。"明日《香江午報》將《野花香》曲本刊出，以事喧〔宣〕傳，互相利用"（1933.5.24）；"《香江午報》登出《野花香》煞科曲白，並送一千份來太平分派"（1934.5.25）。報刊為吸引讀者，刊登曲白隨報附送，戲院不用自己花費印刷，這就是所謂"互相利用"的意思。值得注意的是，刊出的只是"煞科曲白"，而非全劇的曲白；而且，源先生也要監督內部員工利用曲本牟利的情況，因此要注意曲本不能多印，以免有人發賣索價（1931.12.10）。除了刊登恆常廣告和派發曲白外，現在稱為"公關危機"的，當年源先生也是徑自處理，某次"《循環報》誤傳馬伶忽染重病，電話着他更正，順投稿各間報館，一律更正云"（1928.1.4）。總之，今天要幾個部門才能辦妥的事務，源先生和他的拍檔都是一手包辦，即粵語所謂的"一腳踢"。

1　查香港中央圖書館香港舊報紙數據庫，未見當日及前後報紙，可能已失佚。

班事院事兩分明？

"太平"既是戲院，也是戲班。從開業伊始，太平戲院便播放默片。源先生對電影播放事業非常認真，電影亦為太平帶來頗高的利潤，某次便記曰"電影《大破九龍山》空前擠擁，兩場沽清，收入 430 餘元"（1931.4.2）。有時，他又會在日記裡記下他儼如影評般的感受。某夜他"與民三往觀《東林恨史》畫戲，其中曲折，足以□空前，苦情奧妙，堪為可嘉，描寫愛情誤會之淒慘，母子之真情，可謂淋漓痛快矣"（1931.12.16）。他對電影的評論後來又可見於 1940 年播映的《西太后》[1]，認為"其中不倫不類，西太后油手指甲，載垣誤讀戴垣，殊可歎導演之無手腕也"（1940.3.28）。這樣的評論反映了源先生對電影的各種細節都有要求，也為他日後投資拍攝電影埋下伏筆。

時至 20 世紀 30 年代，源氏父子集資 700,000 元把太平戲院重建成一所能放映聲片的現代新式戲院，於 1932 年 8 月 31 日重新開幕。[2] 戲院大肆投資改造，適應聲片潮流，反映了源先生能審時度勢，隨機應變。1931 年春，他還在日記裡寫道："十一時到太平院，談及將來新院如何辦法，對於電影問題，啞片乎？抑響片乎？余極端贊成啞片，蓋屆時全港只本院有啞片，好斯道者，必駕本院方能享受此娛樂也"（1931.3.28），似乎對聲片並不看好，但太平戲院 1932 年重新開幕時，已配備播放聲片設施，座位達 1,700 多個。其後放映薛覺先主演的《白金龍》，明顯讓源先生等戲院老闆嚐到甜頭，"是日影《白金龍》，非常擠擁，必要繼續放影，以利院收入，收入四場約 1,400 元，誠破天荒也"（1934.3.1）。此時的源先生，十分註重有聲電影聲音的效果，既關心播放的設備，也留意演員的聲質。1934 年 6 月 20 日，他去高陞戲院"觀其聲機"，發現"回音太集〔雜？〕，光線不甚玲瓏，非電影格式"，認為是"枉費天一之頭首片《小女伶》也"。同年 9

---

1 此即中南影片公司投資攝製的《慈禧西太后》，西太后由譚蘭卿飾演，見《大公報》1940 年 3 月 29 日第六版娛樂消息。

2 見上印吳雪君及伍榮仲文，以及《本書論文所列太平戲院事件編年》第 334 頁。

月 14 日，他又記曰：“夜，明星公司拈《紅船外史》到來試畫……很為可觀，胡蝶表演非常深刻，且操流利粵語，娓娓動聽。”翌年“映《昨日之歌》，與高陞同時放影，余去一通稿，讚美本院聲機美妙”（1935.3.1）。

戲院既演大戲，也播電影，並出租給不同機構作演出用，源氏父子又經營戲班和賣戲公司，同時要打理幾種相關又不相同的生意，殊非易事。[1] 源先生便曾在日記感歎道：“難矣，戲班之為生意也”（1934.12.24）。1935 年 3 月 20 日，源杏翹先生去世，由於在戲院以外的投資失利，債台高築，加上香港和鄉下家中人口眾多，是非亦多，令源詹勳先生頗受困擾。友人對他說：“汝父所失敗者，衹糖、印度支那及怡和三種股份，已損失弍百萬以上”（1935.4.17）。30 年代世界普遍經濟不景[2]，拖累戲班和戲院事業，為了給政府壓力要求減稅，1935 年 5 月源先生曾“提議眾院合作，組織戲院商會”，“進行要求減稅”（1935.5.30）。就他自己的戲院而言，1935 年甚至一度有減薪的舉措：“因生意冷淡，由舊乙亥年七月初一日起裁員減薪，各人衹得八成人工矣”（1935.7.30）。

源先生日記披露的一些經營戲院的細節，與今天的情況頗有差異。首先是日夜場不同樓層的票價可隨時調整，只要調度得宜，在座位等次、售賣票數等取得平衡，自能獲利。例如，1938 年某“夜演《難分真假淚》，因價錢關係，雖座位平常，而收入驚人”（1938.2.13），便是一例，這也是戲院需要天天賣廣告列明票價的原因。其次，票務是戲院員工能上下其手，中飽私囊之所在，院內員工賣假票圖利，戲院內外有人炒票，親戚朋友經常索票，因而源先生有“戲院鬧出是非，往往都係戲票問題”之歎（1940.6.6）。此

1　見伍榮仲《從太平戲院商業檔案看二十世紀初粵劇的營運與省港班的發展》尤其是第 127 頁有詳細的分析。

2　20 世紀 30 年代中珠三角治安不靖和全球經濟恐慌對戲班事業帶來的打擊，詳見容世誠：《“一統永壽，祝頌太平”：源氏家族粵劇戲班經營初探（1914-1932）》（收入容世誠主編：《戲園‧紅船‧影畫：源氏珍藏“太平戲院文物”研究》）第 144-147 頁。

外，集資做"果枱"[1]（在戲院內售賣小食及茶水）是內部員工可參與圖利的一種途徑，戲院多年來還有一慣例，用徵收"椅墊費"的方式來使這種額外收入得以"逃稅"。源先生在 1936 年曾在日記記下，椅墊費"乃舊院習慣，一向由果枱另收，其初收法，候觀客坐定，攜一籃至客面前，每位徵收或伍仙或弍仙，看位酌收，且此樣進行，未有娛樂稅，至今都是一樣，故庫務司始准，唯每位必有一椅墊方可，向使有椅笠而無椅墊，亦不能照辦也"（1936.2.21）。這些做法一方面可增加戲院整體和個別員工的收入，但另一方面也成了互相爭執內部分裂的源頭，與合作者、戲班或個別老倌討論分成時，"椅墊費"也是考慮之列（1936.4.29）。源先生在思考如何改革戲院的經營方式時，票務和"果枱"是其中兩個經常會提到的事項。此外，在那個年代，像申領牌照繳交費稅等事，很容易給有關部門的官員製造貪污的機會。在多年日記中經常出現的庫務司職員"嘜佛"（Mugford），應該是負責稽查娛樂稅的，便經常向源先生索款，源先生多次說他"貪得無厭"（1936.11.24，1939.7.6-7，1939.8.3，1941.10.2），但彼此也需要保持友好關係。在 1936 年 9 月 17 日的一條記事中，源先生甚至明確寫下"潔淨局幫辦已受賄卅元"，這種做法在 70 年代廉政公署成立之前大抵是習以為常的。

源先生對粵劇發展，是有較全盤和長遠的想法的。本選輯收錄的源先生日記由 1926 年起，而 30 年代的記述尤其詳細，正好見證了粵劇從四鄉演出的戲班到城市戲院演出的劇團在演出風格、內容、人才使用各方面的異同與蛻變，以致在 1929 年的日記還可以見到的紅船時代的用詞（如"座艙"），在後期的日記已十分少見。據伍榮仲考，1925-1926 年省港大罷工後，源氏陸續將旗下的頌太平、詠太平和祝太平等戲班重組，隨後幾年，該三班的活動明顯減少，1928-1930 年間，又先後組成新紀元、一統太平、永

1　"果枱"的具體做法，可參見"李卓先生承租太平戲院生果枱及椅墊合同（1914 年）"、"李廣記合約（1927 年）"，分別載容世誠主編：《戲園‧紅船‧影畫：源氏珍藏"太平戲院文物"研究》第 112、59 頁；相關討論見上引伍榮仲文第 123 頁。

壽年三個以四鄉為主線之戲班。[1] 僅從為戲班起名一事，便可窺見源先生銳意革新的取向。1928 年 5 月，"太安公司源超平因討論新班事宜抵港互談，晚飯於和平酒家，着余代改名過新班，余乃撰出如下之名稱 —— 革新 —— 真善美 —— 新紀元 —— 他們各人採錄'新紀元'，遂以名焉"（1928.5.10）。這種班名在當時的確很有時代氣息，但新起的班似乎還是難以經得起新時代的衝擊，而舊班更顯得不合時宜。1929 年 10 月，"一統太平到演，非常冷淡"，源先生歸納出以下原因："（一）因日戲不改良，純屬舊式，夜戲無多之故也；（二）雖開新戲，佳劇不多；（三）佬倌不落力；（四）座艙不能疏通各伶人；（五）喧〔宣〕傳欠美術"（1929.10.4）。他思量"新班計劃，非打破舊制及取銷冗員，不足以再振班業，還要每日預算收入 750 元，而班能佔 400 元者，方可即班，成本不得多過 400 元，而什用及開戲配置須要（倘與馬分份）由公盤執出枰再分，否則'重皮'之致，殊難溢利也"（1933.7.1）。他多次在日記中記下，戲班生意興旺與否，歸根究底還在於劇本。1936 年八月"演《苦鳳鶯憐》，奇淡，蓋舊戲之故也"（1936.8.23）。時為太平劇團演員的半日安也曾提到，"馬師曾太過不註重戲本，最重之老倌祇得場口　二場，況且現時各班戲本以〔已〕不註重多唱情戲，每人幾句，若不更改，則必無望也，若不念情事頭，必不接續再做一月矣"，源先生認為"此言甚有理由"，也覺得"馬亦欠籠絡手段也"（1937.4.17）。源先生又曾為自己定下"班事班理，院事院理"的措施（1936.9.3），但他個人管院又管班，似乎不容易清楚劃分。

　　源先生的戲曲品味與生意觸角，加上以香港為主要基地，因此十分注意"港中潮流"。他曾說："余與焯哥往高陞觀勝壽年，此班配景適人，唯曲白簡陋，不合港中人士欣賞"（1936.4.6）。某次與黃鶴聲談組班事，黃意欲與他合作，"另聘李翠芳，細查港中潮流，趨向女包頭，必不能改用男花旦也，他允到安南時再行奉告"（1937.10.11）。源先生也很早便相中新星，設

1　見上引伍榮仲文第 121 頁。

法拉攏加盟。1929 年冬某夜"演大一景班，加插神童新馬師曾，收入破天荒，約 700 餘元，座為之滿"（1929.11.15）。1935 年 9 月，他去廣州觀看大羅天劇團的演出，覺得"此班之藝員黃鶴聲、麥秉文、王中王、李豔秋很賣力，年少奮鬥，不愧時下英彥也"（1935.9.7）。1937 年 1 月 20 日他"往觀女班任劍輝"，覺得她"幾好戲面"，5 月 25 日便"獻一計劃與馬師曾，即用任劍輝及少飛鴻事，他已有允意"，6 月 7 日便決定要訂之，6 月 10 日"任劍輝來函，不妥，迨亦恐其燒炮也"，9 月 28 日便着人"帶親筆函往見任劍輝"。1940 年 10 月 3 日，源先生去定時在新加坡的梁醒波，11 月 16 日記曰"梁醒波登台，甚博得好評"（1940.11.16）。從後來的歷史回看，這些當時被源先生看好的"時下英彥"，後來都成為頂尖名角，源先生作為班主，可謂極具慧眼。

名伶對名伶，電影、足球對粵劇

戲班以領銜的生旦為靈魂，大牌演員耍脾氣、真病或裝病、嫌編劇不佳而罷演、拒絕與旗鼓相當者同台或對台，班主都得使出各種法子救場。1928 年 3 月 9 日，源先生為"夜馬師曾因陳非儂病不出枱，他亦如是"，"與父親乃往皇后酒店勸他出一陣，以免觀眾鼓燥〔噪〕"；翌日"夜演《亂世忠臣》，陳非儂不登枱，馬師曾詐病，只演《盲佬救妻》一場，因此事東奔西走，弄至拾壹時始赴席"。某次新景象班演出，薛覺先佔每天價銀八分之一，"夜演北派《紡綿花》"並"扮女人"，靚元亨因此"呷醋"，"為《紡綿花》事，謂不應半途插入此齣，行中無此例云，余父、仕可及余努力相勸，着他要順潮流"，院主作出這些順得哥情失嫂意的安排，才"有些微利"（1928.5.10、14）。某次"義擎天用告白詆毀馬師曾，余等決置之不理，俟他認為了事，再作大段廣告挑之，以氣千里駒於死地，使他誨〔晦〕氣而已矣"（1934.3.10）。

太平劇團以馬師曾和譚蘭卿為台柱，從日記各種記述所見，二人的確實力非凡。1933 年源氏邀得馬師曾回港創立省港大班太平劇團，於當年 1

月 26 日首度演出，劇目《龍城飛將》。[1] 自譚蘭卿加盟後，源先生對其唱功演技，讚譽有加。"演《春娥教子》一劇，譚蘭卿表演唱做並皆佳妙，歷時兩點兩個字，非天賦歌喉，奚能臻此"（1934.3.17）；又謂"馬師曾不長於演舊戲，唱撇喉及種種腔口，不甚雅聽，而譚蘭卿則純熟自然，洵名伶也"（1934.4.1）；後來馬師曾拍電影，源先生給意見謂"如欲拍《寶鼎明珠》，必加用譚蘭卿方夠偉大"（1940.4.22）。[2] 雖然對馬和譚不時討價還價感到不滿，但二人的實力讓源先生對太平劇團始終充滿信心。某次馬師曾在上廣州前夕，"雖演舊戲《情泛梵皇宮》，仍滿座，蓋亦因本港人士風聞馬師曾上省，未知何時始返，故一連七日夜預早滿座，夜翻點《錦繡前程》，仍滿"（1937.2.17）。當時源先生認為"太平劇團極穩健，若不趁此幹下去，殊可惜也"（1937.3.18）。編者曾從現今 80 多歲的老人口中，聽聞譚蘭卿愛車的軼事，這在源先生的日記中也得到證實："譚蘭卿買 NASH 車一輛，約四千元，由馬手向余再借一千元，夜七時與二嫂、亮宣試車"（1938.3.3）。"NASH" 在當時譯作 "納喜" 汽車，美國製造，進口中國主要由上海的洋行代理（見圖 2）。[3] 譚蘭卿要滿足心頭好，經由馬師曾向源先生借錢，可見三人間即間有嫌隙，但亦惺惺相惜。

　　日記中還有不少馬師曾欲出演電影，投資聲片，到上海大展拳腳的記載。源先生在 1934 年 5 月的日記曾記曰："謂天一公司欲聘馬師曾，每月

圖 2：《申報》1939 年 7 月 8 日第 14 版廣告

1　見容世誠：《戲園・紅船・影畫》，容世誠主編：《戲園・紅船・影畫：源氏珍藏 "太平戲院文物" 研究》第 19 頁，並見該書 334 頁《本書論文所列太平戲院事件編年》。

2　這很可能即《寶劍明珠》（1941 年 8 月 10 日公映），男女主角是馬師曾和鄭孟霞，譚蘭卿亦擔演其中一個角色，並主唱歌曲《走馬英雄》，見郭靜寧編輯：《香港影片大全》第一卷（增訂本，一九一四至一九四一），香港電影資料館出版，2020 年，第 199 頁，影片編號 555。

3　見 1939 年 7 月 8 日《申報》第 14 版廣告。1938 年廣告一時未見。

三萬元，一年為期，每月拍一聲片，不得登台做大戲，未知允否，候查"（1934.5.6）。其實，早在 1932 年年底，便有風聲謂馬師曾從美國歸來後，籌謀組織影片公司。[1] 馬師曾把心思和時間用在拍電影上，一方面固然有可能縮減了他粵劇演出的場次，但另一方面也能倍增其明星效應，太平劇團亦可得益。也許由於這個緣故，源先生在日記裡對此事保持觀望態度。[2] 源先生對馬師曾的各種評價，散見於各年日記，但馬師曾為太平效力至少到香港淪陷，且沒有因攝製電影而離開戲曲舞台，則不論從日記還是其他資料看，都是毋庸置疑的事實。從日記片言隻語看來，源先生與馬師曾的關係十分微妙，可謂又愛又恨，有時小報又從旁煽風點火，某次源先生便記下："《伶星報》發表一篇言論，力證馬決不與余等合作，且下屆必不在太平戲院開演也"（1935.7.24）。許多事情到底誰是誰非，實不足為外人道，有興趣的讀者不妨通讀全書，仔細勾陳。

在銀幕上播放的電影和在台板上演出的戲曲，利用的雖然是同一個戲院空間，但在二者旗鼓相當的年代，頗能發揮互補作用。日記記載的一些臨場變動，便能反映電影這種靈活性。某天馬師曾 "突於明日聯合各佬倌歇業一天"，"是日各大佬倌休息，不支薪金，故臨時改影《傻仔洞房》"（1934.1.21-22）。1935 年某日 "下午忽然馬云足疾復發，是夜決不登台，故臨時改影聲片《英俄大戰》"（1935.5.12）；1938 年某日又照辦煮碗，"因馬足疾，日、夜改影畫《抗戰精華》及《歌侶情潮》"（1938.1.5）。20 世紀 30 年代有聲電影尤其是粵聲片的出現，又讓部分戲曲演員變成影戲雙棲，不可忽略的是，初期粵聲片的攝製，其實相當依賴以 "聲音" 為賣點的戲曲

1　見《馬師曾將到省城 組織影片公司 不討舞台生活》，《工商晚報》1932 年 12 月 30 日第 2 版。

2　據當時報紙報道，馬師曾成立了一家影片公司，計劃將其三個首本劇《鬥氣姑爺》、《野花香》、《五陵鞭掛秦淮月》搬上銀幕；源馬二人曾就馬師曾發展電影事業對舞台演出的影響作出討論，後來馬似乎為免顧此失彼，決定在華南而非滬上發展，將人才物資集中在香港。見天光雀：《馬師曾登銀幕先聲》及《馬師曾登銀幕續誌》（載《天光報》1934 年 6 月 12 日及 6 月 15 日第四版）及《馬師曾現身銀幕》（《天光報》1934 年 7 月 29 日第三版）。

伶人的參與，馬師曾和薛覺先就是最佳例子，因此經常會出現銀幕上的馬或薛與舞台上的馬或薛打"對台戲"，儘管這種"對台戲"也可以互為宣傳。

　　源先生的日記還提醒了我們，30 年代對戲曲構成威脅的另一種娛樂活動是足球。他曾寫道："是年各行（指去歲言也）冷淡，故正月娛樂者，祇寥寥人數矣，且繼以中央演《野花香》，乃馬伶主演，而本院亦演太平劇團，以初上鏡頭之片，望不影響者哉，更以華、傑[1]足球，實屬纔〔饞〕奪，故收入大不如前也"（1935.2.4）。這段話反映的情景十分有趣——馬師曾主演、在另一戲院播映的電影《野花香》，與在太平戲院演出的太平劇團打對台戲，而同時足球又在"饞奪"戲院的收入。同樣有趣的是，源先生、馬師曾和薛覺先也是球迷，甚至組成球隊——太平對覺先聲——在球場上對壘（1938.4.17）。[2] 儘管此舉於劇團和戲院來說，也是一種宣傳手段，目的是"令外界信仰馬師曾有體育精神"（1938.4.29）。

家、鄉以及家國之間

　　源先生生在香港，長於香港，源家的生意和親友人脈遍及省港澳滬和家鄉廣東鶴山霄鄉，在他的日記中因此有不少關於他與鄉下的聯繫和他自己或家人"上省"／"晉省"（到廣東省城，即廣州）的記載。源杏翹的妻妾，還有不少源氏族人，長居鄉下，會因為各種事由從鄉抵港（1928.3.12）。源氏部分族人還生產和經營至今仍存的"甘和茶"，似乎當年源氏父子也有份，所以曾"商量甘和茶與通合之事"（1926.5.12）。源氏全人還共同運作一個"義聯會"，是源先生及其家人有份參加的集資生息的組織，在日記中也屢有提及（如 1937.4.3）。查閱相關文獻，可見該"義聯會"擁有的物業遍及廣州西關和香港中上環等繁盛地帶的商舖，以及鶴山鄉下的田地，每年收租

1　此處"華"可能同時指"南華體育會足球隊"和"中華體育會足球隊"，而"傑"則是指"傑志足球隊"。

2　有關太平對覺先聲球賽報道，見《兩劇團友誼足球賽，太平戰和覺先聲》（《香港工商日報》1938 年 3 月 25 日第 12 頁），《伶人足球賽：太平劇團吃了敗仗，馬師曾全場僅踢了七隻球，觀戰者大部是女人》（《天光報》1938 年 4 月 30 日第 2 頁）。

派息給會員，並負責運作霄鄉的更練自衛團和鄉訟事會等組織。[1] 鄉下的親戚，會寄來家鄉食品，某天源先生"食排子蘿蔔煲老甲〔鴨〕，並雀仔肉"，註明後者是"由鄉章哥寄回"（1928.1.11）。源杏翹先生去世後，歸葬故里，出殯當天，"棺木由火車運至省方，再由渡船接駁至鶴山"（1935.3.23）。後來他的妻妾也大多歸葬鄉下，源先生因而需要回鄉掃墓和修整山墳，且處處遵循"鄉例"（1937.7.5-7.9、14）。此外，也少不免要經常匯款返鄉，作家人日常所需、親戚人情、重修祠堂（1948.3.8）、村中賑災之用。我們也不應忽略的是，在 20 世紀上半葉，對於有鄉下的人而言，故鄉有時也可以是避難所。1935 年 3 月父親病危、債主臨門，源老先生囑家人"宜回鄉居住，以節縻費用，且鄉間有屋有田，亦足以養口"（1935.3.12）。倒過來說，當家鄉親人有難，在香港的源家也會將之收留，抗日戰爭全面爆發後，禍延四鄉，源先生的妻子"親眷由鶴城走難至香港，暫寓舍下"（1938.12.21）。

圖 3：東江源公祠，即日記中提及之源詹勳所屬之 "東江祖"
編者 2013 年 11 月 16 日攝於廣東省鶴山縣霄鄉

1　見香港歷史博物館藏源碧福女士捐贈太平戲院文物 "1910 至 1920 年代源義聯堂遞年收租息簿連包裝紙"（E2021.2219）、"1910 至 1961 年源義聯堂遞年收租息簿連派息便條三張"（E2021.2218）、"農曆癸未年（西曆 1943 年）源義聯堂租業收支存欠報告表"（E2021.2216）、"農曆甲申年（西曆 1944 年）源義聯堂租業收支存欠報告表"（E2021.2214）、"農曆乙酉年（西曆 1945 年）源義聯堂租業收支存欠報告表"（E2021.2217）"農曆丙戌年（西曆 1946 年）源義聯堂租業收支存欠報告表"（E2021.2215）各件。

當年雖然沒有高鐵，但來往省港既可坐火車也可乘輪船，半天可至，配合好班次的話，甚至即日可返，否則在廣州新華或其他酒店過夜，也是平常事。很多時候，源先生自己或親朋來往省港，除處理生意外，也可輕鬆一下，或只是辦點小事。源氏在廣州既經營太安公司，又謀「開電影戲院於省河南」（1931.1.10），自然也十分重視廣州市場。在宣傳電影《孤軍》時，他的拍檔主張在《香港工商日報》要刊登大段廣告，因「省方銷路多也」，但源先生十分精打細算，認為廣告的費用應盡量節省（1934.3.19）。對於源先生來說，廣州更是一個可以讓他暫時離開香港繁重公務、舒展身心的地方，時間有限可以即日來回（1936.9.8，11.2），若有閒暇便會留宿一宵，稍作遊覽。1934年3月24日他乘坐輪船「約六時抵省，遂登岸……遊海珠橋，遍覓勝記不獲，遂用晚於英英齋，價廉物美，蓋勝記已易名新廣州，並尋銀海棠不見」，翌日「晨捌時許起身，十時在新亞用小食，約十一時乘汽車（郭元海請）環遊河南，轉道白雲山至紀念堂及七十二烈士等名勝地點，然後息步於甘泉用午，飽食家鄉菜色，很舒暢。」他感歎道：「蓋人生日日勞形，而有一二日遍遊郊外，吸新空氣，胸中悶氣，突然捨下，舒暢之極，終日如機器一般，無時休息，殊苦惱也，約二時許，區啟辛始有電話到問，至開船始見面，時輪已三響，而又回港復回機械生活矣」（1934.3.24-25）。另一方面，香港也處處有廣州的影子，源先生經常光顧的飯店如「海山仙館」、「太平館」、「南園」、「廣州」等即屬其例。這種情況，在源先生日記中經常提到的同事或朋友亦不例外。

「國恥其可忘乎！」

　　跟當時大多數華人一樣，源先生的國族認同，毫無疑問繫於中國。1926年6月10日，他記下「是日五卅省港罷工斷絕交通一週〈年〉紀念，國恥其可忘乎！」1928年5月2日，他在日記記下：「日本無故出兵，包圍青島，阻礙革命軍進行，焚燒街署，慘殺蔡公時，強烈手段要退南北二軍，山東濟南要被他人管轄三月，否則中日決戰，上海各界實行抗議，經濟斷絕」。我們彷彿從語氣便可感受到他當時的激憤。1929年10月10日，

"十十節政府下令各機關一律停公，本院蒙惠，特別通宵一夜"；1931 年 3 月 12 日"總理逝辰，下半旗，所有娛樂場停演日戲。新春秋到演一晚《危城鶼鰈》，收入八百餘元，應份有日戲做，為紀念起見，特將日戲停演。"同年 3 月 29 日，"廣州祭黃花岡〔崗〕，停演日戲"。九一八事變後，他在 9 月 23 至 26 一連四日的日記頁面上用毛筆或鋼筆大字書寫"抵制日本"字樣，看來是義憤填膺；27 日他以鋼筆用特殊字體大字寫道："省市黨部命令各娛樂場停十天，以誌哀悼東三省日人無理佔據"（1931.9.27），此外便無記事。源先生的日記也從側面反映了馬師曾對國事的看法。1936 年 5 月 19 日，"馬師曾發表質問日三上參次改中華民國國號為"支那"，去稿各報館，登出者祇有《華僑》、《大光》、《大眾》、《華字》"（1936.5.19）。三上參次（1865-1936）是日本歷史學家，也是《明治天皇御記》的編纂。查 1936 年 5 月 20 日的《香港華字日報》[1]，可讀到馬師曾這封洋洋千言的公開信，但當時是否有什麼迴響，則有待查考。

有時候，公眾人物義憤填膺的愛國之舉，也是要收一石二鳥之效。1936 年，國民政府為更新空軍所用的作戰飛機，着人成立"蔣公壽辰獻機紀念委員會"，以慶賀蔣介石五十壽辰為名，號召各界捐獻資金購買飛機，時稱"獻機祝壽"。[2] 香港各界表示響應[3]，馬師曾也"欲全班報效與蔣委員長生日購機用，乘勢運動上省男女班，着譚蘭卿明早早車上省，下午車返港"（1936.9.8）。馬師曾在此事上似乎心急如焚，源先生則比較謹慎行事："馬意欲上省籌款購機，為蔣委員長祝壽，余勸他慢慢從詳計劃"（1936.9.28）。1936 年 10 月 5 日，"馬師曾晨早請往他府上，商量購機慶祝蔣公祝壽事"，為什麼那麼急呢？可能是"因伶人新靚就自動捐他所有之汽車作捐

1　《馬師曾致日議員函》，見《香港華字日報》1936 年 5 月 20 日第二張第四頁。函件刊登在該頁最底兩欄。原稿見香港文化博物館藏太平戲院檔案《馬師曾致日本貴族院議員三上參次》，編號：2006.49.1465.13。

2　見《蔣公壽辰獻機案》（1936 年 10 月 24 日），台北：國史館檔案，典藏號：001-011330-00001-003。

3　見《本港工商界獻機祝壽之踴躍》，《香港華字日報》1936 年 10 月 3 日第二張第三頁。

款"的緣故，源先生也反應很快，"余等隨即登報，決實廿四日日夜馬、譚登台，報效全日院租戲金"。[1] 未幾，"華南電影從業員提議購機，在利舞台辦理，適華員會籌款之日，彼此為爭馬伶起見，必有一翻〔番〕麻煩也"（1936.10.12）。可見，報效祖國的義舉同時也是同行爭相表現甚至互相競爭的場合。同樣教源馬二人擔憂的，是當年的西安事變。源先生在 12 月 13 日記下："張學良兵叛西安，劫持蔣公，扣留十餘人"，"晨九時許馬師曾親到舍下，談及蔣公被張逆扣留，生死未卜，言論之下，甚為懊喪，呆坐半小時。余解洗畢，共往加拿大飲茶，他云，國家瓦解，何心演劇"。

　　當然，戲還是要演下去的，其後馬源兩位多次以行動支持抗日，作為一個生意人，源先生的態度顯然比較審慎。1937 年 1 至 3 月，日記多處記載二人如何參與 "賑綏運動"（即賑濟當時受日本軍隊侵略綏遠省而蒙受傷害的難民）。在香港，有關活動主要由東華醫院和華商總會牽頭。[2] 華商總會邀請馬源二人當臨時籌委，但後來源先生似乎辭退了，理由是 "以免受累"（1937.1.7）。他大抵更傾向以在商言商的方式去參與賑濟，例如積極商量放映《綏遠戰事》一片（1937.1.28;2.2），"演新劇《王大儒供狀》，悉數捐助賑綏【綏】建場之用"（1937.3.1）等。從日記的隻言片語顯示，馬師曾積極報效，亦可能與他希望能盡快獲廣州當局解禁能上省演出有關，1937 年 2 月 18-19 日源先生日記詳細的記事，就稍露端倪。[3] 也應注意的是，身處香港的華人，當時要參與 "國事"，往往是通過廣東當局——更具體來說是位於廣州的政權——來實現的。誠然，兵臨城下，國破家亡，對很多

1　有關新靚就（即關德興）捐車籌款事見《香港華字日報》1936 年 10 月 5 日第二張第三頁報道。

2　見《天光報》1936 年 12 月 5 日第四版報道。

3　綜合 1929 至 1936 年間香港報章的報道，可知馬師曾在 1929 年 8 月 6 日於廣州長堤海珠戲院演出完畢後遭炸彈炸傷，廣州市公安局未幾即勒令其停止演戲一年，至 1930 年 8 月 20 日止。但該禁令似乎一直維持，遲至 1936 年仍未見解除。各報道見《馬師曾被炸情形》（《香港華字日報》1929 年 8 月 8 日第三版）、《公安局令馬師曾停演一年》（《香港華字日報》1929 年 8 月 22 日第三版）、《馬師曾不能在廣州奏技》（《香港工商晚報》1933 年 2 月 9 日第二版）、《馬師曾將返省演劇》（《香港工商晚報》1936 年 8 月 3 日第二版）。

人來說都是萬般滋味在心頭的事，但也有很多實際的問題要處理。1938 年 10 月 22 日，源先生"晨早起閱報，得悉廣州確已失陷，港中居民失意者多，尤其馬師曾"。1940 年夏某日，"是晨西報忽來一消息，中日言和，國幣突漲至 262，後跌回 257，倘早些起身，定必購入國幣，溢利多少矣"（1940.7.16）。當時謠言四起，是投機通貨賺取差價的好機會。先是"謠傳本港凍結港紙，余即問大通施普惠先生，他着余往他處有話講，余忖其意，有着余起銀之勢，遂往各處起回貯款"（1941.11.6），翌日"閱報，得悉港府限制國幣，余隨即打聽消息，着亞廉向富源先取一萬元，後由富源買入二萬，十四寸〔算〕，預備蘭卿隨時提款，下午將所有國幣割，計溢利三十一元"（1941.11.7）。未幾，時局已經變得相當緊張，11 月 26 日，源先生準備安設收音機；12 月 1 日，政府宣佈疏散；而源先生 1941 年的日記，也在 12 月 5 日戛然而止。

黑暗之後有黎明

接下來便是我們都知道的事實：1941 年 12 月 8 日，日本發動太平洋戰爭，日軍進攻香港；12 月 25 日，香港總督楊慕琦（Mark Young）宣佈投降，香港開始了史稱"三年零八個月"的淪陷歲月，至 1945 年 8 月 15 日日本投降為止。淪陷期間，太平戲院曾短暫復業，又被徵用過做"宿泊所"。[1] 源先生 1942 年和 1943 年的日記，分別記於民國二十八年生活書店和會文出版社印製的日記本子上。在內容和書寫方面，也較以前紊亂，往往不循之前的定式書寫，有時同一天的日記內容佔去下一天日記版面，也有時一個日記版面記錄數天日記內容，其他如日期順序顛倒、日期星期對應錯亂、修改塗抹等情況也不少，這多少也反映了作者這兩年生活頗為忙亂艱苦，可能有意厲行節儉，因而減少日記記錄版面，採用舊有日記本記事；也有可能是囿於情勢，即使是私人日記，亦未敢事事暢所欲言。

即便如此，這兩年的日記許多片言隻語還是留下了一些痕跡有助我們

1　見容世誠主編：《戲園・紅船・影畫：源氏珍藏"太平戲院文物"研究》第 57 頁。

了解淪陷時期香港電影和戲曲業的情況。比如說，此時 Theatre Association 仍然運作，負起聯繫各影院的責任（1942.12.9）。1943 年 1 月 2 日的紀事，提到 "Film Association" 解散，源先生也致函辭去該會副主席一職（Vice Chairman），並謂 "At the same time, I learned that the Character was requested to change as 組合"（與此同時，我了解到有關字眼須改成 "組合"）；1 月 7 日，又提到 "上日有憲兵到查華南電影協會事，余照直說明"。這兩年源先生紀事中英夾雜，到底 "Theatre Association" 是否等同 "Film Association"，又是否即 "華南電影協會"，編者一時未能查證。[1] 未幾，太平戲院便被日佔當局徵用為 "宿泊所"（宿舍），1943 年 2 月 15 日記 "民治部有徵用本院為宿泊所，着余調查"；3 月 20 日 "港督[2] 到參閱宿泊所，九時起戒嚴"，而同年 4 月 3 日的紀事，也可能與太平戲院被徵用做 "宿泊所" 有關。[3] 此外，這段時期有兩條與唐滌生有關的記事也值得注意。1943 年 10 月 10 日，源先生 "六時往松原見唐滌生，商量新戲事，因昨夜往高陞觀《落霞孤霧〔鶩〕》下集"；10 月 28 日 "五時往松原，得悉唐滌生脫離義班"。[4] 這都反映了之前較少人提到的淪陷期間唐滌生在香港的一些

1　當時名稱接近的組織有好幾個，包括由電影界從業人員組成的 "香港電影協會"、由戲院商人組成的 "香九戲院組合"、由製片商組成的 "廣東諸影映畫所有者組合" 等，參見謝永光：《三月零八個月的苦難》，香港：明報出版社有限公司，1995 年，第 258-259、283 頁。查閱香港歷史博物館藏源碧福女士捐贈太平戲院文物，有幾份文件與 "港九戲院同業商會" 有關，其中兩份，涉及源詹勳先生致函該會辭去副主席一職等事（E2012.2815，E2012.2816），另外多份是 "港九戲院組合" 發出的通告或收據（E2012.2790,E2012.2794-2810）由此可見，"Theatre Association" 和 "Film Association" 即 "港九戲院同業商會"。

2　時為磯谷廉介，就任日期為 1942 年 2 月 20 日至 1944 年 12 月 24 日，見謝永光：《三月零八個月的苦難》第 37、51 頁。

3　見中央圖書館藏源碧福女士捐贈太平戲院書籍文獻 "太平戲院於昭和十八年（1943）2 月 25 日與歸鄉指導所訂立的合約"；並見香港歷史博物館相關藏品，"日治時期（1941 年 12 月 25 日至 1945 年 8 月 15 日）社團法人映畫配給社發給太平戲院的便條，有關香港佔領地總督部民治部歸鄉事務所借用太平戲院為宿泊所之十個月期間停止配給映畫的事宜"（E2021.2081）。

4　"松原" 即源先生戰前經常光顧的告羅士打酒店，見謝永光：《三月零八個月的苦難》第 103 頁。日據期間，唐滌生曾替 "華南明星劇團" 編劇，曾因歌詞有影射之嫌而被捕，1943 年間曾為 "新時代"、"義擎天" 等粵劇團編劇，見謝永光：《香港絕不能忘記的三年零八個月：戰時日軍在香港暴行》，香港：明報出版社，2005 年修訂版，第 159-161 頁。

生活片段。

在源碧福女士家藏源詹勳先生 1940 年代中至 1949 年的日記中，1944 與 1945 兩年未見，1946 和 1947 兩年，無獨立本子，與 1936 年、1946-1964 的紀事，摘記在同一個本子裡[1]，但與此同時，1948、1949 兩年又各有獨立本子。1946 年 1 月 20 日是當年首日紀事，明顯予人萬象更新之感。日記記載了當日發出的一份通告，清楚列明守閘員和帶位員的人員名單和分工。戰後的日記，內容和寫作風格與之前明顯不同，紀事主要與延續各種牌照、檢查消防、安裝冷氣、繳交稅費、刊登廣告有關，大量以英文記載，尤其是消防檢查，幾乎無日無之，可能是由於當時香港政府開始嚴格執行消防條例所致。

戰後太平戲院繼續運作，經營院線，播放電影，同時出租給不同團體作演出場地，但太平劇團已無疾而終，儘管馬師曾仍有租用太平戲院演出，而源馬之間仍偶有聯繫。[2] 1948 年 2 月 16 日，源先生與女兒碧翠去高陞看馬師曾演出《傀儡情人》，但不太感興趣，10 點半便離開；同年 4 月，馬師曾計劃在廣州起班演出，問源先生能否用 "太平" 的班牌，源的回答是如果馬覺得 "太平劇團" 的名字還有用的話，他不反對，並希望馬師曾徵得新班主同意，收購太平劇團全部器具；但未幾此事似乎便不了了之，源先生字裡行間亦對馬氏表示不滿（原文為英文，詳見 1948 年記於 2 月 16 日、4 月 7-8、21 日位置的記錄）。據編者閱覽過的源女士藏日記本，源先生最後一次有關馬師曾的記載是 1952 年 10 月 8 日，當天 "全日租與社會局勵志社籌款，

1　這個本子名為 "中華民國二十五年生活日記"〔美美公司（香港、新加坡）出版，權稱 "1936、1946-64 年合記本"〕，紀事年份，包括 1936、1946-64。本日記選編已從中抽出 1936、1946-49 年的紀事，插入相關年份內，至於 1950-64 年者，內容相當零碎，主要與戲院消防有關，編者幾經考慮，決定不予收入，而只是選取其中比較有意思的紀事，寫入本導論中，詳見凡例。

2　需要指出的是，早在 1941 年 3 月 22 日的日記，已有 "對於太平劇團組織事，下屆決不再起" 的記載。太平戲院在戰後重開營業，放棄長期上演粵劇，主要放映荷里活和國產電影，而馬師曾的勝利劇團，也不是太平戲院的駐院劇團，見容世誠：《戲園・紅船・影畫》，容世誠主編・《戲園・紅船・影畫：源氏珍藏 "太平戲院文物" 研究》第 21 頁。

為新馬師曾、馬師曾與紅線女等主助，日演《刁蠻宮主》及《火網梵宮十四年》，全體藝員參加，夜演《萬惡以淫為首》，滿座"。就在同一天，太平戲院"為開放冷氣首次開演粵劇，院主及董事每人日夜佔廂房兩位"。[1] 馬師曾和紅線女最後在 1955 年年底正式移居廣州[2]，也標誌着源詹勳和馬師曾這對班主名伶難兄難弟，從此分道揚鑣。

源先生 1946 至 1964 年間零碎紀事，更像工作日誌，與之前十多年也就是源先生從二十歲出頭到三十多歲少壯時期的紀事內容和風格大相徑庭，這自然是可以理解的。畢竟時移世易，不論是個人還是機構，戰後面對的香港社會和政治情景比以前更形複雜，而源先生個人的國家認同也可能發生了微妙的變化，更何況人到中年，處事也更加穩重含蓄。1952 年 10 月 1 日上午至中午，太平戲院"租與華商總會陳丕士君等慶祝國慶"，"政治部，滅火局長等均親至巡視一切"，源先生不忘記下："秩序井然"。寥寥數字，已讓人感到當時外弛內張的氣氛。

日記的價值：雞毛蒜皮，蛛絲馬跡；剖白心情，欲言又止

總覽源詹勳先生日記，較讓人感到趣味盎然的是 1926 至 1941 年的部分，此時正值源先生青壯時期，生活可謂多姿多彩。在入讀香港大學時，源先生年方廿二，又是戲院老闆的長子，五陵年少，日記滿載各種娛樂玩耍，跳舞、下棋、踢毽子（寫作"打毽"）、打乒乓球、打麻將、買馬票，以及上妓院"打水圍"，不一而足。這種生活，讓我們不其然想起張愛玲自身經歷過也寫進她的作品裡的香港大學，只不過當年流行的、可做的，後來都變成過時的，甚至非法的。"晨高陞、午大三元、加拿大飲茶、晚飯於大同、設宴於萬國、宵夜於金龍"，是源先生日記裡經常出現的"用餐"時間表。

1　1952 年 10 月 8 日的這些紀事，見於"1936，1946-64 年合記本"。

2　見 1955 年 12 月 16 日《大公報》第四版報道。據《千年一遇馬師曾》，馬紅大約在 1955 秋冬間回國（馬鼎盛策劃，彭俐著，天地圖書有限公司 2020 年出版，第二十章。）在此之前，香港媒體已報道過二人回國短暫停留的消息。據《大公報》1950 年 10 月 14 日第四版，馬、紅二人在"不久以前先後從香港回到新生的廣州來"。

我們可以想象，源先生的許多生意，就是在這些"吃吃喝喝"的場合裡談攏的。源女士提到，她曾見過父親在酒樓的筷子紙套上寫下曲詞，可見這些地點也是他創作所在。20世紀20至40年代的餐飲地點，在源先生的日記都留下了蹤跡，而他描述流連塘西妓寨所用的術語，與羅澧銘的《塘西花月痕》所記載者亦可互為參照，活脫脫一幅笙歌璀璨的繁華景象圖，分別在於，《塘西花月痕》敘述的是某某少爺"打水圍"時的排場，或與某某阿姑離離合合的故事，而源先生日記所記載的還包含許多個人的掙扎和抉擇，感情與矛盾。

日記還記載了不少源先生的日常消費。上文提到的餐飲場所，已編入索引，大體能一目了然，但散見在日記中的其他生活用品和日常細節，也頗有趣味。例如，他訂造或購買的衣物便有西裝、白斜襪、厚絨長衫、波襪、紫羅綢、印度沙龍、河南綢衫褲、白綢汗衫、白蓮帽、印度綢恤衫、印花綢衫等[1]；又例如在日記中多次提到他乘坐的"自由車"（如1928.2.2），是當時私人公司經營的交通工具[2]；又例如他在1935年6月4日購入雪櫃（冰箱），還有日記中提到的各種食品、藥品和藥膳等。某些記載，也教我們更新電影發展史的常識——原來，早在20世紀50年代，便有"3-D"電影！1953年6月19日的日記，便提到"3-D Cantonese Picture"《飛鳳游龍》，太平戲院還提供名為"polarized spectacles"的眼鏡租用。[3]此外，日記附有的通訊錄、名片、信函等，反映了源先生的人際網絡；少量50年代的剪報反映了他當時關心的與戲院和戲班有關的政府政策；還有一些單據、借條等等。這些看似雞毛蒜皮的記事和附件，都是有趣的社會文化史資料，值得我們注意。

儘管目前可檢索的數字化資料浩如煙海，但有時由於不同的原因會有所

1　有關記載可見於1928.5.25、1928.12.17、1929.6.8、1930.7.1、1931.6.8、1931.7.2、1931.7.28、1931.9.19等日記。

2　《安樂自由車公司被封》，《香港工商日報》1928年1月17日第2版。

3　據當時報紙報道，《飛鳳游龍》是南洋邵氏父子製片廠拍攝的"粵語立體片"，"適用偏光眼鏡觀看"，見《工商日報》1953年6月18日第四頁消息。

缺漏，未必能解決特定的問題，相關資料如私人日記便有可能提供一些蛛絲馬跡。例如，編者曾基於另外一些資料，想追查馬師曾在 1937 年到南洋演出的情況，最初搜索常用的香港中央圖書館 "香港舊報紙" 數據庫，都只能查出他 1939 年赴南洋的消息，而 1937 年那次則付諸闕如。其後閱讀源先生 1937 年的日記，發現其中記載了馬師曾 8 月赴新加坡，11 月返港等情，再逐頁翻閱當年新加坡和馬來亞出版的報紙，才得以將事件重組。我們深信，史料越多，便越有可能排比互證，得以重構個別事件或現象。這也是我們在尊重隱私的前提下，盡量將源先生日記的內容事無大小地加以整理與保留的動力。

同千千萬萬的日記作者一樣，源詹勳先生在撰寫自己的日記時，大概不會覺得自己是個偉人或名人，沒有刻意為自己記錄什麼豐功偉績或建立一個怎樣的形象。他青壯時期生活多姿多彩，從父親手上接過戲院和戲班事業，既以牟利為目的，但對藝術也有一定的追求和品味，遇上經濟困難，時局多艱，有時要舉債度日，經歷不少辛酸時刻。太平戲院在戰後仍然生存了數十年的光景，切實地表現了一個 20 世紀的 "香港仔" 如何經營自己的事業和志業。日記呈現的細節既離不開大時代人事件，但源先生許多 "自言自語" 式的自我勉勵和檢討的說話，也透露了一個由青年進入壯年的男子的內心和感情世界，其中也涉及不少他對自己和別人的評價，讀者應設身處地，以理解同情之心閱讀之，方能體味私人日記作為一種史料的意義。

昔日光輝原是幻
好待文物耀世間

日記
Diary

源詹勳先生日記
1926^年

YUEN JIM FAN
源詹勳

HONG KONG
12 JAN 1926[1]

1　此處的文字信息，為日記原有，原為兩個印章。為存原貌，整理時將文字信息照錄於此。

1 月 15 日 （乙丑十二月初二日甲辰） 　　星期五

是日下午進居於梅宿舍[1]。

1 月 17 日 （乙丑十二月初四日丙午） 　　星期日

是日早起飲茶於時樂，彭仔、新長、本立，余為東道。

十二點用午膳於武昌，候焯哥母親出殯，時為一點，祭於大學之側，祭罷，並送到華人永遠墳場，因候靈柩，再用午膳於香港仔之鎮南樓，約四點乃回院，嗟乎，此老何辜，因傷而死，壽夭窮昌，雖曰天命，豈昊昊者因果全無者哉，慘矣，余亦罷筆，不忍再言。

八點始回宿舍。

1 月 19 日 （乙丑十二月初六日戊申） 　　星期二

提　　要：Beginning of having An English Literature.

I woke up about 7.A.M. As usual, I dressed and washed myself. After the breakfast, I went down to the university, conjecturing that 【that】 there a chinese lecture would be given, but it was up against myself conjecture. So I went back to "May hall" until 10.45, I had another lecture which was English. It was given by Mr Hays who also gave us a passage from a certain taxt[text] book for dictation. He asked me what do mean by "propriety". But the reply was negative.

1 月 25 日 （乙丑十二月十二日甲寅） 　　星期一

提　　要：Receiving a letter from Mr Tam. Writing to Kelly & Walsh for books.

Wake up at 7. Dressing and washing as usual. After taking breakfast, I began to write an essay for my tutorial hour. Went home at 3. Received a letter

---

1　即“梅堂”（May Hall），時為香港大學學生宿舍。

from Mr Tam Fong. Phoned up to Kelly & Walsh for ordering books. Taking supper at 一品陞 with Pan and Mr Cheung Tak Kwong, I was the boss.

The tutorial master advised me to read an English Story once or twice, then shut it and tried to reproduce it in my own word.

2月3日 (乙丑十二月二十一日癸亥) 　　　星期三

提　　要：Waist coat & Yok's speech.
氣　　候：Very cold

Woke up as usual, Mr Mak Yick Sang came to visit me after 1st lecture. He was invited to take tiffin at my room. After noon, Doctor Au began to lecture on "The Mean's of Doctrine".[1] After that, went home, washing and taking supper.

A litter chattering between Yok (my sister) and me, about my father's un-father-like speech. She also represented [presented] me a waist coat woven by her own hand. At 7, I went down to theatre. At 8 returned, I studying "Inequality". After roll-call, slept.

2月6日 (乙丑十二月二十四日丙寅) 　　　星期六

提　　要：11 · 30, while reading, the boy of may hall, suddenly came up and asked for a loan of $5 and promised to pay me back at his Pay day. I loaned him $2 instead of $5.

{ 無正文 }

2月22日 (丙寅正月初十日壬午) 　　　星期一

提　　要：Photos, May hall, Starting Lecture. Tam Fong.
氣　　候：cold

It was the end of the Chinese New Year holiday. I came back to May hall and began to attend lecture. After last lecture, I went to theatre to wait for Mr

---

1　"The Mean's Doctrine" 即《中庸》，Doctor Au 很可能是歐大典。

Cheung who was one of the staff of H.K. Educational Institute. He brought me several photoes. I showed them to my father, who said something about Tam Fong with regard to his debts to Tak Cheung Loong. Returned at 8, playing Ping Pong with Kam, & Ho Ki Kit who borrowed my rain coat for the benefit of protecting his clothes.

2 月 24 日 （丙寅正月十二日甲申） 星期三

氣　　候：Extremely cold

Waking up and dressing as usual, almost late for the 1st lecture. At 5 while last lecture finished, went home, taking supper at home. Mr Cheung gave the book called China's New Nationalism & other Essays to me.

After that, Mr Cheung, Pang and I taking extra meal at Tai Pak Yuen, the amount of which has paid by me. Returned May hall at 8, seeing Mr Kovan playing chess with Dr Wong. After roll call, I did several sums on Algebra.

2 月 25 日 （丙寅正月十三日乙酉） 星期四

提　　要：Lost Sleeve Bottom. Payment of Race Ticket. Draw money from Lau. Subscription of May Hall.
社會記事：Criticism of country volunteer.
氣　　候：very cold

The Payment of the Race Ticket totally amount to 18 dollars. I drew $30.00 from Lau. The amount subscribed to May Hall was $6. I appreciated with admiration the 小引 of our country volunteer, at which some people took no care.

2 月 27 日 （丙寅正月十五日丁亥） 星期六

提　　要：Staying at May Hall almost whole day playing Ping Pong.
社會記事：being phoned by Cheung from Tai Ping Theatre.
氣　　候：Normal

{ 無正文 }

2 月 28 日（丙寅正月十六日戊子）　　　　　星期日

提　　要：Home. After breakfast. Tiffin at Tai Pak Yuen, playing Balls...Supper @ Wah Lok Yuen, Miss
　　　　　Shui & Ying's coming.
社會記事：continued
　　　　　Mr Yuen Tsun Shun's asking of what book would be suitable for his son to learn at special
　　　　　night-school.
氣　　候：Normal

{ 無正文 }

3 月 4 日（丙寅正月二十日壬辰）　　　　　星期四

提　　要：Queen's □ [Haiwai?] Dancing with Cheung Tak Kwong. Wah Lok Yuen.

{ 無正文 }

3 月 5 日（丙寅正月二十一日癸巳）　　　　　星期五

提　　要：Tiffin with Uncle Yuen Tat & Wong Kam. Brought a book called Trade of the World.
　　　　　Meeting Fung □ [Shin?] Yun at Commercial Press.
氣　　候：temperate

{ 無正文 }

3 月 6 日（丙寅正月二十二日甲午）　　　　　星期六

提　　要：Whole day staying at May hall, playing basket [basketball ?].
氣　　候：Normal

{ 無正文 }

3 月 7 日（丙寅正月二十三日乙未）　　　　　星期日

提　　要：Ordering Geographical Text Bks from Commercial Press.
　　　　　Advancing $20.00 (Temporary), Tai Pak Yuen (Supper).

{ 無正文 }

3 月 8 日 （丙寅正月二十四日丙申）　　星期一

提　　要：Meeting Cheung & Yim Cheek □ [Shun?], being an employee of Commercial Press at Hing Hon Rd. We 3 gathering @ 品珍 taking refreshment.
Paying $3.60 to Yuen Pun Lap.
Ming came to enquire for Tam Fong.
氣　　候：a little cold

{ 無正文 }

3 月 9 日 （丙寅正月二十五日丁酉）　　星期二

提　　要：Certificate Principal Young's Speech. Wife hunting or in search of a husband in Chan Shin Lane. To Chi Yuen (Supper) with Mr Cheung. Meeting Lee Hon Sang at the room of Mr Yuen Tat Cho.
氣　　候：cold

After last lecture, I went back to theatre. Feeling very lonesome, went to pay a visit to Mr Cheung. It happened that there was a quarrel between two women,—one being a proper lady while the other a prostitute.—The latter barred the way and gave no admission for the former to go in. Consequently she seated at the front of her house. Lastly, she was charged to the court by the proper one. It was rumoured that the reason why she was there was in search of her husband. Afterwards, we took sup [supper] at To Chi Yuen.

3 月 10 日 （丙寅正月二十六日戊戌）　　星期三

提　　要：Tiffin at 洞天 with Cheung & Kam. Picking up two dollars from Yuen Yue.

{ 無正文 }

3 月 18 日 （丙寅二月初五日丙午）　　星期四

提　　要：Stomach ache (Wednesday). Head ache. Returning home. Sleeping from 3 to 8.

> | | Then returned to Hostel. |
> | --- | --- |
> | 社會記事： | The commencement of <u>milk supply</u>. |
> | 氣　候： | Raining |
> | 溫　度： | Cold |

Early I felt not very well, and as usual attended roll call. After breakfast, attending lecture, came back and did some Trigonometry. Feeling not very well. I was unable to carry on. It was notified that Dr Ponsonby Fane[1] was sailing abroad & he was unable to be our tutor. So I had to go to see Mr Crown instead of Dr Ponsonby Fane. My tutorial hour was changed, be (from Tuesday 9.30 to 10.30.) Prof. □ [Simson?] regretted that he was unable to teach us phonetics, stating that this subject will be taken by Baron Hay.

3 月 26 日 （丙寅二月十三日甲寅）　　　　星期五

> | 提　要： | Sickness of mother. Playing "Mah Joh" at Loong Shang (winning $16.50). To Chi Yuen ($4.29). Seeing my brother at the theatre. Returned @ almost 9 o'clock. |
> | --- | --- |
> | 社會記事： | continued |
> | | Seeing Tam Fong at the front of Oriental Bank[2] with uncle Leung. |
> | 氣　候： | Cold |

After lecture, I went back to theatre as usual. I was told that my mother was very ill last night and had consulted Dr Ng Tin Po and Lee Wah Shek who said that the illness was not critical but had to take care of her blood-running. I then phoned up to her and asked for her recovery. At 12・30 A.M. I went to Loong Shang and was invited to take tiffin at To Chi Yuen. Afterwards, they went to pay a visit to my theatre. At almost 4, playing "Mah Joh" at Loong Shang, I won $16.50, but was forced to spend $4.29 for supper at To Chi Yuen. Returned at 9.

3 月 27 日 （丙寅二月十四日乙卯）　　　　星期六

> | 社會記事： | EASTER VACATION COMMENCES. |
> | --- | --- |

1　Richard Arthur Brabazon Ponsonby-Fane (1878-1937)，英國學者、作家，專研日本學及神道。

2　中文名〝東藩匯理銀行〞。

1926
1928
1929
1930
1931
1933
1934
1935
1936
1937
1938
1939
1940
1941
1942
1943
1946
1947
1948
1949

{ 無正文 }

4 月 7 日（丙寅二月二十五日丙寅） 星期三

社會記事：EASTER VACATION ENDS.

{ 無正文 }

4 月 9 日（丙寅二月二十七日戊辰） 星期五

{ 根據上下文，可知本日日記接續下一日，即 4 月 10 日的記錄 }
agreed. Then he sent the whole set to me at once, I signed a receipt for him, while he also signed a (money) receipt to me. I promised to pay the whole sum in instalment [installment]. I drew $50.00 from theatre. □ { 疑為 "YCF" 三字，即源詹勳的英文簽名縮寫 }.

4 月 10 日（丙寅二月二十八日己巳） 星期六

提　　要：The Book of Knowledge.
氣　　候：Raining

After last lecture, I went back to theatre and took tiffin at "Hoi San" with Wong Kam, Pui Lap & Yuen Wong. Afterwards, playing "sparrow" at Mr Man Yu Ho's private room. I won $2.00. Mr Yuen Wong owed me $3.00. I was told that Mr J. Yim one of staff of "Commercial Press" wanted to see me instantly. I hastened to the said Press and asked for the reason. He said that there was a set of Book called "The Bk of Knowledge", which was ready for sale. If I could pay $40.00 in advance, he could let me have the complete volume, I

continued above page { 接 4 月 9 日頁 }

4 月 14 日（丙寅三月初三日癸酉） 星期三

提　　要：是日即吾七庶母再生一小弟也，於晨早七句鐘。

氣　　候：大雨
溫　　度：寒

　　是日，因時間不接續，而下午又有《中庸》演講，故未回家，是事乃補敍。

4 月 16 日（丙寅三月初五日乙亥）　　　　　星期五

提　　要：馬票弍拾條，由 8881 至 8900。
氣　　候：濕

　　是日天氣有些雨水，較之前數天略為小的，柒句起身如常，點名食餐，餐後遊戲半句鐘，即上數樓溫習至十句四十五分，乃往聽數學演講，課罷，回寄宿舍用午，午後始回戲院，拍四圈麻雀，很不好運子的，竟然輸了弍圓之多，用晚在家，與源有為買了馬票弍拾條，未交銀，乃西人五月廿四日開彩。

4 月 17 日（丙寅三月初六日丙子）　　　　　星期六

氣　　候：晴

　　是日晨早七句鐘起身，盥洗畢，往閱書樓，點名事畢，早餐，餐後如常往聽詞章演講，很厭煩的，蓋其所講多不倫不類，講罷，回宿舍，與關君炎初打乒乓波兼耍棋。

4 月 24 日（丙寅三月十三日癸未）　　　　　星期六

提　　要：歡送鍾維新君及鍾德光君，會所磋商，在于兆盧。[1]

　　{ 無正文 }

1　“盧”可能是“廬”，“于兆盧”可能是某于姓人家的寓所，因情況不明，未入索引。

4 月 25 日 （丙寅三月十四日甲申） 星期日

提　　要：寶光影相，歡送鍾君等。

{ 無正文 }

4 月 28 日 （丙寅年三月十七日丁亥） 星期三

提　　要：做一份會於玉處，會銀每月五元。

　　是日下午不上課，怠之故也，事因財政困乏，問計於玉，她說做會乃唯一之計策也，她乃允於禮拜六代執會一份，利銀壹圓，然余未與她以銀也。

4 月 29 日 （丙寅三月十八日戊子） 星期四

提　　要：商務電話約以早日完數。

　　是日晨早七句起身，早餐，蓋是日有早堂也，課罷，往閱書樓，至十點四十五分，往聽英文演往〈講〉及數學演講，下午為英文練習日，時間二點至三點，課完，往戲院，至八點始回。

4 月 30 日 （丙寅三月十九日己丑） 星期五

提　　要：往寶光影相，不遇，照舊要多幾張。

　　是日原本有早堂，事因 Mr Hett 不精神，故無英文詞章演講，至下午十一點四十五分始有地理演講，個中取材，味同嚼蠟，此為 Mr Hay 所談，既無可聽之價值，又無可學之理由，徒虛負此光陰矣，以上所言，乃禮拜六事。

5 月 1 日 （丙寅三月二十日庚寅） 星期六

提　　要：是日所定 NORMAL TUTORIAL 之書已到，覺不適。

{ 無正文 }

5月3日（丙寅三月二十二日壬辰） 星期一

> 提　　要：因錯飲如意油，不能出聲，故未往聽演講。

事緣禮拜晚覺得有些傷風，冀欲早些痊癒，乃飲一樽保心安如意油，誰知凡事不〈如〉意者，十常八九，竟至是早起不能出聲，迫不得已，回家治理。

是日往劉叔處取艮廿元。

5月4日（丙寅三月二十三日癸巳） 星期二

> 提　　要：是日失了小銀包，價銀十八元左右，興可疑。
> 社會記事：此亦天之所以警余勤習也。
> 氣　　候：熱

此日，余以為課罷，則往飲茶，開消日前所欠源皇之麻雀數，價艮五〔四？〕元五毛，豈知一入寫字樓，後往艮枋如廁，竟失了此銀包，蓋余小解畢則整理下衣，如〔於？〕板位路口之側，此時無人在此，祇亞興在此塗畫及做關刀而已，問其有見此物否，彼則曰無之，余看此事，此人實屬可疑，然或者此亦是余之惰也。

5月6日（丙寅三月二十五日乙未） 星期四

> 提　　要：新走了，郎上任，與妹仔往洞天飲茶。
> 社會記事：鍾得光有信到，求借艮卅大元，不諾。

新因有小事不見容於家父，故辭工而之他，繼此任者，為醉貓狼，余案此人素無職業，終日以酒為生，一旦居高位而免在陋巷之歎，吾恐其不能終老於此，或因此而去其天年也。

1926
1928
1929
1930
1931
1933
1934
1935
1936
1937
1938
1939
1940
1941
1942
1943
1946
1947
1948
1949

5 月 8 日（丙寅三月二十七日丁酉） 星期六

提　　要：是晚區口〔菉？〕洲、潘先生、鄭先生等往戲院觀劇。

{ 無正文 }

5 月 9 日（丙寅三月二十八日戊戌） 星期日

社會記事：是日戲院鏡花影全女班《香花山大賀壽》全套由十一點起。

{ 無正文 }

5 月 12 日（丙寅四月初一日辛丑） 星期三

提　　要：為鎮勳做滿月之日即吾會標成之日也。
社會記事：以前數日乃英國工〔煤〕鑛〔礦〕工人罷工之日。
氣　　候：熱極
溫　　度：有微雨，不良於行。

　　是日七句鍾〔鐘〕早起，梳洗畢，早餐，回房做些工夫，至九句三十分，乃往聽英文演講，課〈罷〉往戲院略為散步，蓋人學堂與戲〈院〉相隔不甚遠也。

　　是日下午原有中文經學演講，但因過海之故，故告假略事週〔周〕旋云。

　　是晚歐口〔菉？〕州先生及源則海、徐叔、肥煌商量甘和茶與通合之事，略有頭緒，以吾父在之故也。

　　在銀柸支艮卅大元。

5 月 14 日（丙寅四月初三日癸卯） 星期五

提　　要：執得會艮一百零二點五元，由彩群手交來。
社會記事：珍昌宴會費用六元一毛。
氣　　候：熱

　　是日祇由〔有〕數學演講，故如常往戲院，午膳則集大成，余出艮五毛，其餘本包尾，膳畢，竹戰，輸了六毛。

　　時維竹戰，位屬東風，弗而彩群請見，乍喜乍驚，原來此事已妥矣，應得艮一百零二點五元，除前月代供艮四點五元，又扣起十元，因五月開雙，實得艮八十八元。

5 月 15 日（丙寅四月初四日甲辰） 星期六

提　要：交銀卅元往商務書局，並十九元與有韋馬票。
氣　候：熱

〔無正文〕

6 月 10 日（丙寅五月初一日庚午） 星期四

社會記事：是日五卅省港罷工斷絕交通一週〈年〉紀念，國恥其可忘乎！

〔無正文〕

6 月 15 日（丙寅五月初六日乙亥） 星期二

提　要：一雅晚飯及燒〔宵〕夜，支艮拾伍元，源子鎏之言。
社會記事：本立與祖煌發生齟〔齬〕齬。
氣　候：微雨
溫　度：如常

　　是日事本尋常，本無可記，唯有一事言之頗為有趣。是夜余覺囊已涸，乃往鎏伯處支銀。當支之時，他竟言何不支之於日，而乃偏偏支之於夜乎，迨亦有故焉，言後略休息片言，復言之曰，余知之矣，豈非預備竹戰乎。余曰，噓嗟乎，何子之多疑也，余不竹戰已一星期矣，豈非此無足以消遣乎。彼乃止，然細味斯言，亦賣柑之流也，忖其意似有謂余夜遊之意，然自問無愧，何恐其多言乎，然其言亦深於世故之流，雖稍有譏諷之意，然余亦甘之如飴也。

6 月 16 日（丙寅五月初七日丙子） 星期三

提　要：買藤椅，維多利。
　　　　是日炯哥由省來港。
氣　候：大雨

溫　度：寒

早起如故。

昨晚失眠，睡至五點乃醒，於是洗面畢，乃往戲院，約本立同往中環，在維多利亞餐館早餐，本欲往整容[1]，奈時過於早，乃往賣〔買〕籐〔藤〕椅一張，價銀弍圓半，至午時與鍾君德光往安樂園食餐，予為東道，餐後剪髮，是夜七點，炯哥由省車適，余父未暇過來，蓋大雨之故也，是夜與鍾君、祖煌、彭仔、炯哥幾人往一雅燒〔宵〕夜，車費及一概費用均余料理，用去銀約叁元左右云。

6 月 19 日（丙寅五月初十日己卯）　　　　星期六

提　　要：往隆盛，羅仔請食午餐，往德昌隆試身，約觀劇。
社會記事：解決聲浪越唱越高。[2]

　　｛無正文｝

6 月 20 日（丙寅五月十一日庚辰）　　　　星期日

提　　要：爭論，乒乓波，取回膠鞋。
氣　　候：熱

是日晨起，覺得無事，乃往隆盛，遂與李君炳源往賽乒乓波，賽罷，順道返院，適關君在府上望下，余始問他取回膠套乃返院。

是晚演新劇《孝緣》，乃楊永康君及包少莊君所作，余本欲留回一廂房，以款鍾君及其他各友，誰料祖煌竟賣之於三姑，余乃着他留回第個，他竟陽諾陰違，余乃怒之曰，如欲與余為難者，余則照價購之，他乃寂然不作一詞，彭亦在場為其吹噓，蓋此人素以欺善怕惡為主，見余發怒，他顧左右而言他，愚見此人氣燄凌人，思有以挫折之，此後余實行杯葛主義，苟有機會，必進言以去此蔓也。

1　此處應理解為 "理髮修鬚"，下同。

2　此處應該是指 1925 年 6 月開始，1926 年 10 月才告一段落的省港大罷工。

6 月 21 日（丙寅五月十二日辛巳） 　　　星期一

提　　要：本[1]請食粥及維多利亞早餐，下午又請飲茶，香港西菜。
社會記事：杯葛祖煌。
氣　　候：熱帶雨
溫　　度：無常

　　{ 無正文 }

6 月 26 日（丙寅五月十七日丙戌） 　　　星期六

提　　要：蒙呂福元君送來化床二個，適有疾不能如約。
氣　　候：熱極

　　{ 無正文 }

6 月 27 日（丙寅五月十八日丁亥） 　　　星期日

提　　要：疾作下午略。
社會記事：待〔代〕母換金仔，實銀 \$79.64。

　　{ 無正文 }

6 月 28 日（丙寅五月十九日戊子） 　　　星期一

提　　要：略愈〔癒〕，但覺頭痛，因肝火上升。
社會記事：戲院因未有牌照，不許做影戲。

　　{ 無正文 }

6 月 29 日（丙寅五月二十日己丑） 　　　星期二

提　　要：包了三番，往高陞，遇李海。
社會記事：尚在交涉，噓嗟帝國乎。

1　此處 “本” 可能是指 “本立”，見是年 1 月 17 日記事。

此數天未有戲做，因影事交涉，晨起梳洗，往觀新聞紙，因病並未食飯，祇食粉而已耳，約十一點，乃往高陞，與本立，及至下樓，適於三樓遇及李海，他說道是否你母欲做多少份子於果柏[1]乎，因是年期滿，有另租之意，以余意忖之，非欲她交銀祇有她名，蓋欲以有事為之保障也，後余到，她說及她不願意做云，是晚乃在院打麻雀四圈，都贏，至尾一鋪，偶一不慎包了三番與煌。（從此宣佈，與他絕交）？

6 月 30 日 （丙寅五月二十一日庚寅） 星期三

提　　要：Received 2 books from Commercial Press viz:- Hand Book of Commercial Geog. & Economic Geography.

　　{ 無正文 }

7 月 1 日 （丙寅五月二十二日辛卯） 星期四

提　　要：日間往隆盛。
　　　　　晚十點左右遇余瑞朝先生於途。
社會記事：影業停演。

　　{ 無正文 }

7 月 2 日 （丙寅五月二十三日壬辰） 星期五

提　　要：程豔秋班將來作事，很忙，作宵夜局出公數。
社會記事：仝上，玉妹電問取去梅郎之曲，允回。
氣　　候：熱

是日晨起閱報章及觀雜誌，心中勿〔忽〕而不安，乃往戲院一遊，午後方作竹戰四圈，竟無輸贏，乃回家用晚，自放暑假，並未用功，心殊怠慢，

1　"果柏" 即商販向戲院承租販賣小食茶水和出租椅墊的生意，具體做法可參見 "李卓先生承租太平戲院生果柏及椅墊合同（1914 年）"、"李廣記合約（1927 年）"，載容世誠主編《戲園‧紅船‧影畫：源氏珍藏 "太平戲院文物" 研究》第 112、59 頁及伍榮仲《從太平戲院商業檔案看二十世紀初粵劇的營運與省港班的發展》文第 123 頁。

不顧工作，似有從斯輟學之意，然當尚不發奮為雄，他日名落口〔孫？〕山，誰施其咎哉，此誌。

晚後落院散步，適坤林在果枇，邀為竹戰，允之，遂作局於二樓，及至八點，適四圈告終，間〔聞？〕有欲再接再厲，余不允，乃散局焉，遂落寫字樓，適有數君談及豔秋之劇評，其間有一凌某乃吹毛求癡〔疵〕之流，余乃掩耳而外出，適有電報至，乃譯焉，事後為印票交與各大公司，耽延至一句鐘始睡，故由公盆〔盤〕出銀數元作宵夜局以籌〔酬〕勞也。

7月3日 （丙寅五月二十四日癸巳） 星期六

提　　要：交鋪票銀叁圓（十點左右），英園品茗，呂福元欲租院。
　　　　　□ [Baral？] Fung came to pay a visit to me, at noon.
社會記事：鏡花影是日開演。
氣　　候：熱

是日早起觀報及塗抹袂〔褲〕夾。

與呂福元品茗於英園，他說若猶未解決秋班，以後當租院，合同例床一概猶永泰公司一樣，而租銀則在一百元左右，余則勸他與吾父面斟，用去銀約弍毫捌。

晚無事，觀劇，適在好戲之中，忽有電由北來，遂與卓哥譯之，譯後，觀劇約半句鐘，往銀枇飲茶，忽一客施施從外來，余等見與君同者，有二雛姬焉，遂索價銀弍員〔圓〕，他等入去未久而散場矣，是晚開枇左右，陳九宅口〔聞？〕取潘影芬所唱《蟾光惹恨》之西皮[1]，適余旁立，乃允所請，遂喚文譽可先生抄而與之云。

1　“西皮”是粵劇一種唱腔曲牌，其來源有兩說：一說源於京劇的“四平調”，可能因為“四平”與“西皮”的粵音相近，而北方的京劇中又有“二黃”、“西皮”等板腔，流傳入廣東後，廣東人遂把“四平”誤稱為“西皮”；另一說是來源於安徽的“四平調”，傳至廣東，因讀音相近而被稱為“西皮”。西皮原有上、下句之分，但因其旋律固定，故今天撰曲者多按譜填詞，見粵劇大辭典編纂委員會編：《粵劇大辭典》，廣州：廣州出版社，2008 年，第 282 頁。又據阮兆輝先生考，廣東粵劇的“西皮”實為“四平調”的誤稱，見“探索粵劇二黃腔之來源研究計劃第一階段研究成果：更正粵劇裡的錯誤名稱‘西皮’”（阮兆輝、梁寶華，2014 年）。

1926
1928
1929
1930
1931
1933
1934
1935
1936
1937
1938
1939
1940
1941
1942
1943
1946
1947
1948
1949

7月4日（丙寅五月二十五日甲午）　　　　星期日

提　　要：支艮卅元交商務，與李君炳源往衣力宿舍[1]找余瑞朝先生，鋪票中了四，東園（香港）。
氣　　候：熱帶雨

晨起觀報，星期日未暇用功，閱《香江晨報》，內有數段抵諆〔毀〕程郎，無他，欲搞〔敲〕竹槓而已耳。

午後，方欲往品茗，忽有電話相約，乃與李君炳源往衣力宿舍找尋余瑞朝先生，並用午焉，二點後始返，乃與鍾得光觀劇焉。

晚間無事，往院，余乃取出一單，問劉伯支艮卅二元交商務，余順口稱之曰劉叔，適余父在旁，乃謂余曰，伯則伯矣，何喚之以叔，豈稱呼尚猶不曉乎，余唯唯而退，遂如數支足，余本欲往外，忽有一事遂回步，適余父正與劉叔暢談，余入祇聞一字曰"書"，余恐其中必有變故焉。

約九點往香港，與鍾君本欲打麻雀，東圈未完，坤林與阿尹互相雀角，遂散局焉。

7月12日（丙寅六月初三日壬寅）　　　　星期一

提　　要：程豔秋開演不甚暢旺，陳等到觀，鍾早走，梁先生小到。
社會記事：用午於珍昌，父親、劉伯、浩叔等，是晚收艮約千餘左右，程郎戲極妙。
氣　　候：熱
溫　　度：（並）周瑞安之《夜戰馬超》，非他人能望其肩背。

是晚程郎所演為《玉獅墜》，內場以搭救錢郎及被擄□〔弒？〕大娘[2]，並假洞房為妙。

程郎身長玉立，素口蠻腰，誠一天仙化人，關目傳神，無微不至，喜時帶哭，哭時帶喜，形容畢至，儼然一嬌憨女郎，天真到極矣，然略有一微□〔疵？〕焉，惜其喉帶闊，不能嬌小如睍婉黃驪[3]，然亦有特長之處，他能□〔哛？〕[4]尋腔至於極點，忽而轉而為響壓〔遏〕行雲之聲，信乎，不愧為梅郎

1　"衣力宿舍"即香港大學的 Eliot Hall。

2　《玉獅墜》的主角之一名吳幻娘。

3　宋人陳傅良有詩云："睍晥斯黃鸝，律中宮之音"。

4　"哛"意指疾速的樣子，多用於形容聲音。

之第二也。

7 月 13 日（丙寅六月初四日癸卯） 星期二

社會記事：十二點半往隆盛候伍君順存，有要事。
　　　　　《青霜劍》。

{ 無正文 }

7 月 14 日（丙寅六月初五日甲辰） 星期三

社會記事：《沈雲英》。
　　　　　此劇唱做並佳，皆妙。

{ 無正文 }

7 月 15 日（丙寅六月初六日乙巳） 星期四

社會記事：代表上省商量解決。
　　　　　程郎演《聶隱娘》。
　　　　　以尾場舞劍為最佳。
氣　　候：熱極

{ 無正文 }

7 月 16 日（丙寅六月初七日丙午） 星期五

提　　要：Phone up to Yuk.
　　　　　Received a letter from my wife informing me that she【she】had gone to Canton because of
社會記事：her friends there married, but asked me not to tell my mother, who was very much
　　　　　troublesome.
氣　　候：heavy raining
　　　　　H.K suffered
溫　　度：greatly

程豔秋排演《回荊州》。

1926
1928
1929
1930
1931
1933
1934
1935
1936
1937
1938
1939
1940
1941
1942
1943
1946
1947
1948
1949

8 月 8 日 （丙寅七月初一日己巳） 　　　星期日

提　　要：Sleeping at Theatre.
　　　　　Wakening at 12. Tiffin at "Hoi Shan" .
　　　　　Putting a watch at 浩叔 's room.
社會記事：Showing "Chin Yim Chow"
　　　　　matinee, 《弓硯緣》
氣　　候：raining

{ 無正文 }

8 月 9 日 （丙寅七月初二日庚午） 　　　星期一

提　　要：Giving $15.00 to Mr Cheung Tak Kwong as a complement for him to go up to Canton.
社會記事：Burning night[1] at Nan Yan with Cheung, Rang Wong & I.
氣　　候：hot as usual

{ 無正文 }

8 月 10 日 （丙寅七月初三日辛未） 　　　星期二

提　　要：Wake up at 12. Drinking tea at "Ko Sing" with Pun Lap, meeting Cheung Tak Kwong at the above. Burn night at "Nam Yang" . Non〔？〕-playing sparrow. Sleeping at theatre. ∵ Of whistle hearing
社會記事：Mr Ho Kam Tong invited Mr Chin Yim Chow to dine at his residence. Afterward, he with his company attends our theatre. Hon. Lo Cottwall[2]
　　　　　also pays a visit to the theatre. Thanks for my giving
氣　　候：him a programme with [which?] consists of Chin's best songs.
溫　　度：Normal.

Receiving a letter from I. C. S. I determined to enrol for the "Complete Commercial Law", to which I was much addicated [addicted]. Father said that I should begin my commercial life after this year's education. I thought it was needless to waste so much time in studying Commercial Course at the Hong

---

1　疑即 "宵夜"。

2　此處 "Hon. Lo Cottwall" 疑為 "Kotewall"，即羅旭和，Robert Hormus Kotewall（1880-1949）。

Kong University.

8月11日（丙寅七月初四日壬申） 星期三

提　要：Drinking with Pang at Ko Sing, Burn night at Hong Kong Café. Find some meanings at office, promise of finding a seat for Yuen Tsun San.

社會記事：The actor Chow Shui On[1] fighting with his followers, owing to the asking of $15.00 for blackmailing.

氣　候：hot

{ 無正文 }

8月12日（丙寅七月初五日癸酉） 星期四

提　要：Sending a letter together with $10.00 to Inter. Corresd. School[2] for taking the Complete Commercial Course.

{ 無正文 }

8月16日（丙寅七月初九日丁丑） 星期一

提　要：Mr Yeung Wing Hon[3] invites me to take supper at his new home, in which Miss Lee Fai Fung lives.

社會記事：The beginning of the Kan Far Yang[4] give performance.

氣　候：hot extremely

溫　度：94°

{ 無正文 }

1　應即同年 7 月 12 日的日記中提及之 "周瑞安"。

2　據是年日記本末的 "發信表" 判斷此處應為 "International Correspondence School" 之縮寫，即 "萬國函授學堂"。

3　應即同年 6 月 20 日的日記中提及之 "楊永康"。

4　疑即戲班 "鏡花影"。

1926
1928
1929
1930
1931
1933
1934
1935
1936
1937
1938
1939
1940
1941
1942
1943
1946
1947
1948
1949

8月18日（丙寅七月十一日己卯）　　　　星期三

提　　要：Cheung Tak Kwong tells me he goes to Canton tomorrow. I went to On Lok Yuen taking
　　　　　supper.{ 此處有一連接符連至下一段 }
社會記事：meeting Yeung Yu Fan[1] at Central, then walked together.
氣　　候：Sudden
溫　　度：raining

{ 無正文 }

8月28日（丙寅七月二十一日己丑）　　　　星期六

提　　要：Seeing Cheung's letter at Loong Shing. With Chan drinking tea at "Moo Yee". Ordering
　　　　　papers.
社會記事：Showing a performaning [performance]《文姬歸漢》directed by Man She Ho[2].
氣　　候：Raining

{ 無正文 }

9月15日（丙寅年八月初九日丁未）　　　　星期三

提　　要：是晚睡於梅寄宿舍。
氣　　候：熱

　　是日下午約三句鐘，步回梅宿舍，是晚夜不能寐，怪夢頻作，乃醒，燃燭以至天明。

9月16日（丙寅八月初十日戊申）　　　　星期四

提　　要：第二學期開學之第一日，交學費式佰圓。
社會記事：是晚院演《孔雀屏》，士可排演，平常。
氣　　候：熱帶雨，十二句左右

　　是日六點起身，梳洗畢，如常往聽演講，適有告示出，說及十八號始有

1　應即同年 11 月 6 日的日記中提及之 "楊銳芬"。
2　即文仕可，在日記中又稱 Man Shi Ho，Man Shii Ho，仕可，文士可，可，文，老文。

功課，余乃往 Register Office 交學費，該銀弍佰圓，欲回院一轉，適鍾君約往打乒乓波，乃回宿舍睡至午膳乃起，下午回院賣〔買〕一電筒，十一點半乃睡。

9月18日（丙寅八月十二日庚戌）　　　　星期六

> 提　　要：是晚忽然精神不如常。

{ 無正文 }

9月19日（丙寅八月十三日辛亥）　　　　星期日

> 提　　要：於十點早起回家，邀文先生診默〔脈〕，熱極，藥後方回宿舍。

{ 無正文 }

9月20日（丙寅八月十四日壬子）　　　　星期一

> 提　　要：是日起首有演講，賣〔買〕了《英文首選小說》一本，價艮 1.1 元。
> 社會記事：綠牡丹到港，會於院帳房。
> 氣　　候：熱帶雨

{ 無正文 }

9月25日（丙寅八月十九日丁巳）　　　　星期六

> 提　　要：羅文塤[1]借銀 5 元，並往日 1 元，是晚余先生、麥益生君往太平觀劇。
> 社會記事：綠牡丹，《麻姑獻壽》。

{ 無正文 }

1　在日記中又稱文塤，塤，文壎，羅文壎。

9 月 26 日 （丙寅八月二十日戊午）　　　　　　　星期日

提　　要：鍾德光君由省返港，欲往 Java。

{ 無正文 }

10 月 4 日 （丙寅八月二十八日丙寅）　　　　　　星期一

提　　要：是日補假期一天。

{ 無正文 }

10 月 9 日 （丙寅九月初三日辛未）　　　　　　　星期六

提　　要：有恙。
社會記事：□

{ 無正文 }

10 月 10 日 （丙寅九月初四日壬申）　　　　　　星期日

提　　要：芳約往新世界觀影戲，朱惠文由省來港（恙）。

{ 無正文 }

10 月 13 日 （丙寅九月初七日乙亥）　　　　　　星期三

提　　要：是日始回梅宿舍。
社會記事：交通已復，貨物猶不許來港，相傳日有千餘人來港云。

{ 無正文 }

10 月 14 日 （丙寅九月初八日丙子）　　　　　　星期四

提　　要：晨早不往聽漢歷史演講。

｛無正文｝

10 月 16 日 （丙寅九月初十日戊寅） 星期六

提　要：觀足球，人壽年定於十二晚開枱，支銀叁拾圓。

｛無正文｝

10 月 17 日 （丙寅九月十一日己卯） 星期日

晨起早餐，打波，本欲回家，忽而入夢，乃遲而未返。

10 月 19 日 （丙寅九月十三日辛巳） 星期二

社會記事：The very beginning of performaning [performance] the company of 人壽年.

｛無正文｝

10 月 23 日 （丙寅九月十七日乙酉） 星期六

提　要：梁沃芬、譚芳、鍾德光，觀足球，並用晚於南洋，十一點始回。
社會記事：arts association Annual dinner.

　　是日晨早有英文演講，本來往 tutorial，因有些小事不暇前往，乃回宿舍，適有電話相約，乃於一句鐘往紅星，與譚兄同往午膳。

10 月 26 日 （丙寅九月二十日戊子） 星期二

提　要：賣〔買〕了彩票二條，一由關君經手，二由譚君經手，乃聖保羅女校籌款事，號碼 2371、3091。

｛無正文｝

10 月 30 日 （丙寅九月二十四日壬辰） 星期六

提　要：約芳不遇，與彭仔往觀足球。

1926
1928
1929
1930
1931
1933
1934
1935
1936
1937
1938
1939
1940
1941
1942
1943
1946
1947
1948
1949

{ 無正文 }

11 月 1 日（丙寅九月二十六日甲午）　　　星期一

提　　要：於四點左右忽然肚痛，大解乃止。

{ 無正文 }

11 月 2 日（丙寅九月二十七日乙未）　　　星期二

提　　要：得信一封，發自譚君。

{ 無正文 }

11 月 6 日（丙寅十月初二日己亥）　　　星期六

提　　要：譚、鍾、彭俱往觀足球，晚於南洋，予為東道。
社會記事：院演新中華班，頗旺，途遇楊銳芬君。
氣　　候：早寒午熱
溫　　度：晚冷

{ 無正文 }

11 月 7 日（丙寅十月初三日庚子）　　　星期日

提　　要：安樂園，彭仔試衫，觀劇。

{ 無正文 }

11 月 8 日（丙寅十月初四日辛丑）　　　星期一

提　　要：不知何故睡至四點，忽然不能出聲約有數分鐘之久，約天明又如是，怪哉。

　　是日下午並無何等演講，乃睡至四點，約友阮君、曹君往踢足球，適 Cecil Chan 駕臨，乃往遊嬉云。
　　是夜約十一點乃睡，忽睡至四點，忽然四肢不動，目不見，口不言，唯啞然之聲約數分鐘乃醒，醒後恐極，乃如廁，讀書讀至五點半，乃洗面，及後回房，倦極乃睡，睡至七點左右，忽然又感觸如前，不亦怪乎，故記之。

11 月 13 日（丙寅十月初九日丙午） 星期六

提　要：是日譚、梁二君與余午於高陞，膳後往觀劇，用晚於南洋，梁毓芬[1]為東道云。

{ 無正文 }

11 月 14 日（丙寅十月初十日丁未） 星期日

提　要：午於如意，梁約譚庭耀往，及予等，欲以表明梁確無與譚借艮五十元事，譚適到。

是日睡至八點半始起，在食飯堂打乒乓波，約至十點左右，乃回房讀書，約十二點，乃往如意茶樓一敘，譚君先到，予為第二，梁毓芬後至，梁君對余說及他屢〔曾〕約譚庭耀，又名少灼到敘，欲以口〔辯？〕他確無與他借銀此事，余乃勸之少安無燥〔躁〕，並云不若明天寫信與他，其用處較為妙云，殊不知竟出乎余等所料之外，適譚君到了，此時言語間竟有許多嘲笑之辭，二點後，乃往戲院，是日譚為東道，並允於星期六、日請食晚飯云。

11 月 18 日（丙寅十月十四日辛亥） 星期四

提　要：Pay a visit to my sister Yuen Po Yuk[2] in whose house lives my elder mother who just came back from country. Buying a race thicket [ticket] from Ah To, worth $1.00, NO. 3157.

社會記事：Mr Lai Sun Tsau handed to me the International Society thicket [ticket] which to be subscribed monthly $6.00.

{ 無正文 }

1　在日記中又稱梁沃芬，毓芬，芬，梁，梁君，梁芬，梁仔，Leung，Leung Yuk Fan。

2　此即 1928 年 1 月 26 日的日記提及之 "寶玉"。

11 月 20 日 （丙寅十月十六日癸丑）　　星期六

提　　要：Commencing to have no lecture. Tam, Leung & I football. Yu Yee Tea house.

{ 無正文 }

11 月 21 日 （丙寅十月十七日甲寅）　　星期日

提　　要：Visiting Wong Cheung Man, who resides at Pokfulam Rd. N. 43 ground floor. Leung Yuk Fan waiting me at Yu Yee Tea house. Tam phoned up to me at 9.

社會記事：& invited to take tea at Lane Crawford, the former being the boss. Leung □ [took?] supper at "New World Restaurant".

氣　　候：with Sin Chim Ngo[1]. Deceiving friendship

溫　　度：between drinkers & □ [trustees?]. Meeting Yuen Yu at theatre who resigned from the post as a □ [cashier?].

{ 無正文 }

12 月 15 日 （丙寅十一月十一日戊寅）　　星期三

提　　要：Eng. Oral exam. Yue Yee tea house. S. C. Club playing Ping Pong Race. Wong Lau [Lan?] Wai accompanying us to the

社會記事：Theatre. Buying Race thicket [ticket] which would be opened at the 18th □.

氣　　候：warm

No.s of the 3 thicket [ticket] are:- 16118, 16119, 16120, which will be divided among 3, i.e. Leung Yuk Fan, Tam Fong & I.

12 月 16 日 （丙寅十一月十二日己卯）　　星期四

提　　要：源章 paying a visit. Yue Yee tiffin. Tai Tung Supper, giving $20 to Po Yuk through her servant Ah Kam. Special dinner (10.36) at 珍昌.

社會記事：Mr. 簡文獻 & Cheung Tak Kwong visiting me.

This is belonged to Sunday.

1　應即 1928 年日記附通訊錄之 "冼占鰲"。

12 月 17 日（丙寅十一月十三日庚辰） 星期五

提　要：Fung Bui asking for a loan of $5.00 to redeem his clothes through Wan Fan Ming

{ 無正文 }

12 月 20 日（丙寅十一月十六日癸未） 星期一

提　要：Cleaning the account of Commercial Press amounting $71.52. Visiting Wong Lau [Lan?] Wai & taking supper at his house.

{ 無正文 }

附錄

姓名錄

姓名	字號	住址及通信處	履歷及雜記
譚芳		54 號九龍西貢道	
黃昌文		43 號百扶林道樓下	
梁醃〔毓〕芬		47 號高街二樓	

發信表

日期	人名	地址	事由	備考
八月十二日	萬國函授學堂	上海四川路八十三號		

雜錄

London, W. B. Clive University Tutorial Press Ltd High St., New Oxford St, W. C.		Matriculation Model Answers, for two to nine years, together with the Examination Papers. 8 vol., 20 qgd each
Matriculation Model Answer: in English, Mathematics History & Geography	2.9	English, History & Geography Mathematics
Intermediate Mathematics Paper Model Answers to Intermediate Pure Mathematics	3.6	

收支一覽表

月	日	收入要目	收入數額	月	日	支出要目	支出數額
七	初一	To From Theatre	$105.00				
〃	〃	To 〃	$40.48				

源詹勳先生日記
1928年

1 JAN 1928
YUEN JIM FAN
勳詹源
HONG KONG[1]

Address-
The Tai Ping Theatre
394 Des Voeux Road West.
Hong Kong. China.
Tel. @ 1875[2]

民國十七年要事表
弍月拾壹日九時半，鳴炮廿一響，港督歡迎李濟深（任潮）上岸。[3]

---

1 此部分信息原為一個日期印章及一個橢圓形人名印章。
2 此部分文字為手寫體，另有手寫中文地址及電話信息。
3 此段為另一頁內容。這是指廣東省政府主席李濟深於 1928 年初到香港拜會總督金文泰（Cecil Clementi）之事，是省港大罷工告一段落後香港和廣東省政府修好關係的標誌。參見鄧開頌、陸曉敏主編：《粵港關係史 1840-1984》，香港：麒麟書業有限公司，1997 年，第六章"省港復交的十年"。

1月1日（丁卯十二月初九日庚子）　　　星期日

> 提　　要：南園品茗，和平晚飯，聯陞宴會，宜香達旦，仕可量狹。
> 氣　　候：寒冷

　　晨拾一時起，十二時往南園品茗，商量仕可讓妓事，李則文之，文則李之，譚炳請飲於聯陞，余幫助拾元，香流借余二十五元，余着他不用歸趙，祇於明晚（即三號）開消〔銷〕，他允余所說，下午返院踢球，踢爛布鞋一雙，四時在寫字樓小食，五時半院請食晚飯於中環和平酒家，七時始回，余於十時往聯陞，閱《教育雜誌》，打麻雀，宴後打水圍，其初也，彼等詐為不招呼，繼後匿藏余帽，余乃睡焉，仕可屢次不行，後余強雪與之俱行，時至三時，她等三群二隊，聯席暢談，將余喚醒，余乃運用懸河之口，大傾特傾，天明始去，乘野雞車往亞力山打早茶。

1月2日（丁卯十二月初十日辛丑）　　　星期一

> 提　　要：無甚紀綠〔錄〕。
> 社會記事：四姐生辰，封利是五元。

　　〔無正文〕

1月3日（丁卯十二月十一日壬寅）　　　星期二

> 提　　要：剪髮，身價叁仟，從良着落。
> 社會記事：羅文塤在皇后結婚之期，是晚李香流將余借他的二十五元作請飲費用。
> 氣　　候：寒冷，微雨

　　晨拾點梳洗，畢，閱報章，登日記，至拾弍時往南園品茗，在座者李香流、譚芳、陳譽興、陳泉及余五人，陳譽興為東道，談及是晚請飲事，芳着香流修畫，往九龍，由陳泉傳遞，他然後可以到聯陞，因他表姊往星州一行，乃依計而行，四時回家，洗燥〔澡〕，用晚，七時往院，在寫字樓掛借二十五元，入父數，十時分票尾，每份價銀二點三元，十時左右，與文譽可聯袂往宴會，適逢細柳在場竹戰，無耐[1]，{略}，竹戰和局，"打雞"[2] 贏了拾元左右，宴罷各人散席，余、譚炳、芳、香流四人往宜香打水圍，余到步，忽折步回院，他三人跟余而行，余復到宜香而行，適夕瑞馨有客佔房，祇靜兒有房留與李八，{略}。

1月4日（丁卯十二月十二日癸卯）　　　　星期三

> 提　　要：多睡，《循環日報》傳聞失實，亞力山打早茶。
> 社會記事：大羅天班日演《女狀師》，夜演《誰是父》，收入五百元左右。
> 氣　　候：甚寒

因昨夜通宵暢談至五時，欲約細柳往乘汽車，並順道往中環亞力山打小食，後李八亦要同往，攜帶靜兒，余不允，遂罷論，至天明，各人下樓，李八忽然執余手，着余借銀五元與他界生果錢，余云此乃汝之貴相好，何在乎金錢，遂不與，他乃奮然上樓，余三人，譚炳、芳遂乘電車往早茶，茗畢回院，由八時睡至下午六時始梳洗，往帳〔賬〕房對父說及歐漢扶遲日拜候，蓋薛伶包辦他的新劇，《循環報》誤傳馬伶忽染重病，電話着他更正，順投稿各間報館，一律更正云，八時與仕可海山宵夜，十二時始睡。

1月5日（丁卯十二月十三日甲辰）　　　　星期四

> 提　　要：定做長衫一件於盧信隆，該銀二十六元，尾月廿四日起。
> 　　　　　東園宵夜。
> 社會記事：大羅天白〔日〕《分飛蝶》，夜《子母碑》，收入五百六十元。
> 氣　　候：寒

晨拾壹時起，梳洗畢，如廁大解，十二時往品茗，仕可為東道，茗後往盧信隆定做長衫一件，該艮二十六元，先交定銀拾元，廿三日起，順道往商務館買書《平民政治的基本原理》、《公文書程式舉例》，並送袖珍日記一本與李香流，夜晚後李八到探，着仕可代抄寫信一封，寄與他的友人，拾時往香港西菜館消夜，陳泉、李某及余三人，余為東道，膳畢，他着余伴他往

1　"無耐"，粵語用詞，即"未幾"的意思。
2　此處"雞"可能是莫語"dice"（骰子）的粵語音譯。

宜香打水圍，余細思他的所為，欲以余為傀儡，苟若到步，則他招呼有人，余將誰之，苟使細柳有暇與余傾談，余將何辭以對譚兄，余又恐情網誤墮，牢不可拔，此時又何以自處，況余正有為之時，又豈可耽誤於聲色哉，遂力卻之，睡至三時始入夢（下午遇高勉道君於途，允請他觀劇，他允薦余一席云）。

1月6日（丁卯十二月十四日乙巳）　　　　　星期五

提　　要：批評飲者，夜失眠，香港西菜館消夜，香雪三元，仕可二點五元。
社會記事：大羅天《都是她》夜劇，日《陶三春》，收入五百元。
氣　　候：寒

晨拾壹點梳洗，如廁，閱報章，是日穿西服，下午南園品茗，在座譚芳、香流、陳泉及余（東道），香、芳二人談及戀妓事，茗後回院，王錦送上牛乳、牛奶，俱是西灣河土產，下午四時打手毽，踢皮球，六時洗燥〔澡〕用晚，彭仔二嫂欲回鄉，蓋恐她的兒子負擔太重，而家婆與媳婦革〔格〕革〔格〕不相入，七時往中環百家利購買爆折〔拆〕膏一瓶，該銀二元，並草了一篇《八的為人謀》，大意他欲利用別人以為傀儡，況此翁無惡不作，而芳，則余決他必與細柳五十元渡此年關，何也，蓋他不忍覷她淪落，而對於籌款問題，非常易易，他的契娘可能轉借叁肆拾，他的大姊大可以挪移壹弍拾，而其他各友斷可以假借數元，此故，余斷他必畀[1]，請香雪宵夜於香港西菜館。

1月7日（丁卯十二月十五日丙午）　　　　　星期六

提　　要：文仕可擅拈《尼山日月》一劇與人壽年班。
社會記事：大羅天通宵新劇《難分真假淚》，收入一千零五十元左右。
氣　　候：寒

晨拾一時起，梳洗畢，如廁，閱報章，是日也，天氣凜冽，衣長袍，拾弍時往南園品茗，李八挑撥請飲，余祇出四元，香雪三元，仕可二點五元，

1　"畀"，粵語用詞，即"給"的意思。

作還銀計，八堅不包辦，以余個人意見之測度，（一）他未有現款，（二）未知是晚能否答允靜兒的要求，不若緩一步方進行，余則雅不欲再次流連，茗後回院，讀《公文書程式例舉》，無耐，八至，要求余出多些，余堅不允，他悻然而去，潤九餽余以豬肉羮一碗，鋪票中三個字，未知得回多少，四時回家洗燥〔澡〕，用晚，六時半在三樓與仕可傾及李八所作所為，殊乖友道，並欲以花迷余，使他有伴，半夜約九時，余對父說及仕可不應不通知余而擅將《尼山日月》一劇交與駱錦卿，余必有以處之，食粥一碗而後睡。

1月8日 （丁卯十二月十六日丁未） 　　　　星期日

提　　要：斥駁香流，科銀拾元，代作告白，買襪二對，拾一點半往聯陞酒家。
社會記事：大羅天（日）《義乞存孤記》，（夜）《寒江關》，五百元。
氣　　候：寒且雨，暫作暫停

晨拾點四姐到三樓還神，余被她驚醒，乃梳洗，如廁，是日也，寒且雨，余衣黑絨西裝，至拾弍時，文仕可到三樓，余代作告白一段，《難分真假淚》，其中非常趣緻〔致〕，事畢，往南園品茗，在座者，李香流、譚芳、譚炳、陳泉、仕可（此君身體有恙）及余，芳哥云，今夕乃尾禡日，豈可負此良宵，余個人願幫助拾元，如有人作東道，香流意動，斷不令譚炳徒餔餟也，乃強他樂助弍元半，此局遂成，炳請茶，茗後步行至昭信公司買羊毛襪兩對，譚炳佔其一，下午回院代繕寫告白，並着黃灶拈往各報館落版，四時回家，代落鋪票二條，四姐交銀一點八元，並交六毛作下會代買計，查實她代余攻〔供〕會二點四元，所以找尾六毛作叁條票三元計，拾一時始往聯陞，其初也，余欲不赴席，故託辭宴於萬國，弍時回院，三時始睡。

1月9日 （丁卯十二月十七日戊申） 　　　　星期一

提　　要：亞力山打早茶，南園品茗，大新遇美，買襪三雙，餅乾一罐，李八談話，亞六觀劇，《華強》、《國民》。
社會記事：大羅天尾日《一箭仇》，夜《難分真假淚》，收入一千有餘。分票尾，每份三點六元。
氣　　候：微寒，天晴

晨早六點半譚芳由宜香到訪，着余往亞力山打餐館品茗，並候李八，候至七時半不見，余遂回院，如廁，讀《平民政治的基本》，時屆拾壹，用

1926
1928
1929
1930
1931
1933
1934
1935
1936
1937
1938
1939
1940
1941
1942
1943
1946
1947
1948
1949

打字機將日前剪下的西報繕打，十一時半父親到院，商量改地堂及座位事，後因細故，此議打消，李八到訪，共往南園品茗，在座者陳泉、譚芳、香流及余（東道），約一時李盈（芳的故友）到座，下午回院，順道在大新公司買白羊毛襪三對及梳打餅乾一罐，買襪時與金女（芳之舊相知）相遇，步行之時，李八對余謂，細柳極為有心，她說："九[1]雖性情未定，唯可取者，他能守誠也，而且他聰穎絕倫，苟無父兄餘蔭，他亦能獨創世界，何患乎饔餐耶，倘若得與他成其美事，誠天賜良緣也。" 余忖度之，乃李八大弄玄虛，全屬子虛，欲覓伴侶，一齊流連，夜她與其母座第四行化床[2]觀劇，終夕不動。

1月10日（丁卯十二月十八日己酉） 星期二

提　　要：補敘《國民》、《華強》二報事，香江消夜。
　　　　　與黎仙儔合份買鋪票，香江消夜，游〔遊〕於藝社，剃鬚遇陳宗穎，商務局。
社會記事：永安樂租院。
氣　　候：溫寒，晴

　　昨夜拾時半與源香雪往香港西菜館消夜，拾一時回院，對父說及元月初一至初六各報館均停版，祇《國民》、《華強》二報不在此例，父着渾刊六天，談罷，與他觀劇，在於第三廂房西邊，時屆拾弍，分票尾始睡。

　　晨九時香雪到訪，乃梳洗，約他往南園品茗，拾時半往寫字樓打字，下午拾弍時乃與陳泉往南園，不見李八到座，祇芳及余等，無耐，郭元亦到，談及考入羅馬堂事，茗後步行至美璋支店，雪請飲架啡一杯，芳先行，余與雪往商務書局，購書《中國小說短篇集》，送與香雪《中國文學研究上下集》及《男女特性比較論》。

　　夜與焯哥、仙儔三份合作買鋪票，十時與香雪往香江西菜館消夜，步行回院，一時登日記，一時半始睡。

1　據文意，"九" 即源詹勳本人。
2　"化床" 應該是指 "梳化（沙發）床"。

1月11日（丁卯十二月十九日庚戌）　　　星期三

> 提　　要：如意早茶，譚芳借銀拾元，聞說香流上省。
> 社會記事：永安樂想親會租院，蘇亞簽揭單。
> 氣　　候：晴，微寒

　　晨六時半梳洗畢，香雪抵院，一齊往如意早茶，茗後順道拈一銀手錶往劉滿記收〔修〕整，該艮一點五元，約九時回院，將三樓傢私從〔重〕新鋪排，至拾壹時譚芳沖〔匆〕忙到訪，向余挪借拾元，余乃喚李式往果台市金山橙兩枚，然後與芳拾元，遂共往南園品茗，遇高勉道於鄰座，他欲薦余往為教席，茗後，余獨自一人回院，下午閱報睡着，至六時半始醒，回家用晚，食排子蘿蔔煲老甲〔鴨〕，並雀仔肉（由鄉章哥寄回），八時在寫字樓暢談，九時三樓讀雜誌，至拾時四姐到三樓觀劇，並在處暢談，拾一時消夜，食糯米飯，在座者，文仕可、陳泉、李式、任長、其照及余，共六人，無耐，彭仔到，索半價券，余與以一百條，飯後打天九，贏〔贏〕了二點八毛，十二半始睡。

　　李香流數日不謀面，余恐他有羊城之行。

1月12日（丁卯十二月二十日門辛亥）　　　星期四

> 提　　要：盧信隆衣服遲兩日始起，買白手笠。
> 社會記事：永安樂完柏，連夕非常擠擁，且竹椅阻路。
> 氣　　候：上午微寒，下午始寒，晴

　　晨拾時梳洗，閱報，拾弍時獨自往南園，因陳泉與他父往購鞋過年，余坐無耐，譚芳亦到，泉又到，他勉強食所餘的白飯，余着他食別異樣食品，他堅而為之，由此余可之〔知〕此人性硬，皆由彼之父母縱壞也，茗後往盧信隆取回所定下之衣服，未起，余乃轉出公司，步行半小時始回，在永安公司買白手套一對，值銀一點八元。

　　下午二時打毽，踢波，四時至六時亦一樣，六時用晚，八時在寫字樓與父親、老蕭等暢談女招待事。

　　夜觀雜誌《文學之研究》，內有鑑賞與研究的分別，鑑賞是隨意的評論與談話，心底的讚歎與直覺的評論，研究卻非有一種原原本本的、仔仔細細的考察與觀照不可，文學研究具有二大法子，（1）歸納的考察，（2）進化

1926
1928
1929
1930
1931
1933
1934
1935
1936
1937
1938
1939
1940
1941
1942
1943
1946
1947
1948
1949

的觀念。

　　拾一時煲飯消夜，洗足，洗面，刷牙，漱口始睡，時為拾弍時半。

1 月 13 日 （丁卯十二月二十一日壬子） 　　　　星期五

提　　要：陳泉碎杯，李八回港，硬簿得收，印差滋事，香港消夜，仕可送票，彭仔禁賭。
社會記事：始影《濟顛〔癲〕和尚食狗肉》畫〔畫〕片，收入平穩。
氣　　候：天晴，寒

　　"欲人之愛己也，必先愛人，欲人之從己也，必先從人"，"曲突徙薪無恩澤，焦頭爛額為上客"。

　　晨拾點起，梳洗，如廁，當梳洗之際，陳泉忽然碎杯，余着他賠償，他面有怒容，拾弍時往南園品茗，譚芳、李香流由省回港，陳泉及余四人在座，無耐，香雪、仕可亦到，茗後步行至□〔麗？〕華公司買磁〔瓷〕杯一對，並問花紙價錢若干，後與李八沿途傾談，至陶仙門口，各有各行，余乘人力車回院，回院之際，父着余修函與警司開除 186 號印差，事因印差欲強買草紙一大扎〔紮〕，果枴孲伴阻止他行為，他力摑亞尹，余父覩此，他欲用武，余父乃喝止之，後適余未回，他乃着卓哥｛即焯哥｝代書，余又電話着焯哥掃〔措〕詞嚴厲些，下乍打波，踢毽，四時半回家洗燥〔澡〕，用晚，六時往寫字樓，李香流在三樓候余，雪又到，云及明晚請飲，因他明日美璋分銀，他名下約有百餘元，余乃云："吾恐他言之非艱，行之為艱矣。"他（雪）出銀一元，余包尾，遂乘電車往香港西菜店消夜，拾弍時回三樓，洗面，漱口，閱書乃睡。

1 月 14 日 （丁卯十二月二十二日癸丑） 　　　　星期六

提　　要：香雪來函推卻，取長袍，訓泉票事，父親與銀一百元，拾二百元與四姐，消夜煲飯。
社會記事：電影收入平常。
氣　　候：晴，夜寒

　　晨拾壹點梳洗畢，落寫字樓，十二時往南園，茗後往盧信隆取新長棉袍一件，價【價】二十六元，下午三點香流在院候香雪請飲事，至六時未見有消息，下午三時父與余一百元為壓歲錢，並余母二百元，余親手拾往，至四時始得一函寄自香雪，力言他的困難，不能肩此重任。

夜煲飯燒〔消〕夜。

1 月 15 日（丁卯十二月二十三日甲寅） 星期日

提　　要：南園作局，謝灶，聯陞，宜香，譚芳弍元，香流拾元，達旦暢談，細柳傾及余家庭事。
社會記事：掃灰水，洗地。
氣　　候：寒，晴

　　晨拾點起，往梳洗，如廁，是日吩咐李式、陳全、高佬長三人幫手洗地搬椅，因灑灰水[1]之故也，拾二時乘電車往南園品茗，在座文仕可、芳、炳、香流、梁榮德，譚炳提議往石塘買醉，願助四元，並是請飲茶，仕可樂坐〔助〕叄元，余五元，香流包尾，譚芳和議，遂成，余乃回院着陳泉往聯陞定廳，四時回家洗燥〔澡〕，謝灶，夜九時左右赴席，此時祇金與八哥而已耳，無耐，芳、炳俱到，打雞、搓麻雀，時至拾壹時，細柳珊〔姍〕珊〔姍〕其來，與余暢談，說及她有一下人，知余底蘊，並知余以性板滯，與余妻不合，且知余尖沙咀住時，余寧願往客棧居住，不願與妻同眠，她力勸余打消此種觀念，余含糊了之，宴罷，共攜手回宜香打水圍，其初在靜兒"李八老契"房傾偈，及後在細房四人共睡，瑞馨、譚芳、細及余，余睡在亞細之側，儼如小鳥依人，非常妥貼，余則魯南子自居，坐懷不亂，所談者不外余的家事及她的終身，天明八時始起程往亞力山打早茶，在聯陞時李八借余拾元。

1 月 16 日（丁卯十二月二十四日乙卯） 星期一

　　晨八點由宜香往亞力山打早茶（李八、芳及余三人在座），茗後步行至西環，由西環余乘電車回院，十二時往南園品茗，余見精神不妥，乃速回院歇息，至四時半始醒，回家洗燥〔澡〕食飯，夜往院打毽，十一時食糯米飯，十二時半始睡。

1　"灑灰水"即粉擦牆壁。

1月17日（丁卯十二月二十五日丙辰） 星期二

晨拾時起，梳洗畢，如廁，穿衣，十二時往南園品茗，茗後步行至大同酒家定廳食晚飯，余為東道，三時余回院，着一人拈一紙與文譽可，着他赴席，適逢他在室後，他到院對余說及利舞台一律收平，並已探得他又有特別人情，一連四晚通宵，無耐，芳電話相約，他已抵步，余遂與陳泉、仕可三人乘電車全往，抵步，乘升降機而上，適香雪又到，遂竹戰四圈，終局余贏〔贏〕了十四，仕可欠余四點五元，譚芳連在昨在聯陞借款共五元，時至七時，捌哥始到，遂埋席，散後三人步行，至九時回院，拾弍時始睡。

1月18日（丁卯十二月二十六日丁巳） 星期三

晨拾時起，梳洗畢，如廁，仕可到座，至拾弍時，往如意品茗，在座者——芳、文、泉、元、香流及余，文談及醫學，各人靜聽，諄諄有味，香流有事早別，余與芳步行，途中芳向余挪借拾元，余即時與他，並找金仔二枚，價值拾元，留以為吾弟壓歲錢也，茗後順道往劉滿記取回銀手錶，並與芳聯袂往皇后觀電影，至四時影完，在安樂園食什錦粥二碗，源裕由鄉赴港，與錦往如意品茗，詐為不見，五時半洗燥〔澡〕，六時用晚，七時抵太平院，九時打毽，拾時半香雪拈一元為消夜費，炒米粉，油雞一碟，讀雜誌，拾二時始睡云。

1月19日（丁卯十二月二十七日戊午） 星期四

晨拾時梳洗畢，如廁，忽然鍾得光有電話相約，余約他四時往連卡佛午茶，拾弍時與陳泉、仕可往如意品茗，言談中張〔將〕仕可所作之小引略加數語，"演導本乎唐宮，霓裳乃天然之舞，春景宜人，豈第多情細柳春游

〔遊〕共樂，何如靜舞怡歌。"下午四時□〔理？〕□〔約？〕商量介紹郭元入聖保羅肄業事，往麗華公司購黑襪二雙、白毛巾二條，與譚芳、得光及余三人聯袂步行，途中余上車之際，得光與余一函，內貯銀十五元，除還此款，尚欠十五元，他並約余明年學算術，余允之，夜打鍵，煲飯消夜，一時始睡，臨睡之際，得數佳句：——"美見者情生，氣求者聲應，人非矇瞍，覩夷光而運眸，地非聾俗，奏咸韶而傾耳，絃歌應節，流水可以移情，同堂異鄉，停雲因而增慨，江上丈人，澤邊漁父，伊可懷也，彼何人哉。"

1月20日（丁卯十二月二十八日己未）　　星期五

提　　要：如意品茗，梁瑞生薦書，香港西菜館消夜，香雪靠不住，行蘇杭街，十二時半始回，商務局。

社會記事：是晚《濟顛三集》，是晚劇務暫告段落　五姐壓歲錢拾元。

　　晨拾時梳洗，如廁，往寫字樓打字修函，往商務館購《行政文牘》一套，着陳泉拈往，十二時往如意品茗，抵步時無座位，候半時，仕可到，入房座，與梁瑞生先生遇，余懇他代書一函與史伊尹先生，俾得郭元易於入保羅[1]學校肄業，茗後步行回院，瑣談花事。

　　夜香流到訪，着余代為設法籌備式叁佰元與他表兄，如要按當，有屋契及圖章為擔保，余卻之，至拾時，他着余往香港西菜館消夜，其始也，他允作東道，及付銀之際，他詐為不懂，竟余代找，是可忍也，孰不可忍也，余必報復以相當也。

　　香雪為人好奇立異，每有所論，必加以個人批評，且無信，每有所約，必食言而肥，自此以後，他必不能見信於余也，余懇謝他盛意餽送糭粍一小笠。

　　消夜後，步行蘇杭街，一時洗面漱口，閱書始寐。

1月21日（丁卯十二月二十九日庚申）　　星期六

提　　要：晨理髮，域多利小食，登日記，李八到訪，如意品茗，與芳步行，論及李八，四時與譚炳遇於途，夜步行至永綸興購鞋一雙，四姐拾元。

1　按上文應即聖保羅學校。

社會記事：滿城風色，急景凋年，是日起休息二天，陳泉還回一元，其照又一元。
氣　　候：大寒，略應節
溫　　度：晴

晨捌點起，往漢民理髮，往域多利小食，回院登日記，李八到訪，聯袂往如意品茗，茗後與芳步行，論及李八他之為人好矜誇且大言，吾恐將來必有一失也，四時與譚炳相遇，因團年之故，遂早回家，四姐界拾元為壓歲錢，夜抵院帳房暢談，馮富之三伯到訪，八時半與陳泉步行至永綸興購鞋一雙，先施公司帽頂一個，沿途由海旁而回，打毽，食蘿蔔糕，洗面，漱口，閱書始睡。

七時着其照拈利是三函與父親、堯仔、鎮仔。

香流行蹤非常鬼〔詭〕秘，好大言，性好狡，狎妓，外觀不理，不事邊幅，類似省之政客，然手段卑污，談是非，開罪人不計其數，此人所長者，膽汁而已矣，與其交也，慎之。

芳稟性乖張，好勝，每有□〔思？〕，信以為無有出其右者，迂緩寡斷，且懦，好色，即英語所謂 "Wet Blanket"。

1 月 22 日 （丁卯十二月三十日辛酉）　　　　　星期日

提　　要：和平品茗，商務書館，先施購手帕二條，遇陳君逢基，七姐利是，仕可 4.5 元。

晨拾時起，梳洗，如廁，拾壹時在寫字樓傾談之際，適商務館嚴君到訪，並結了九點八元數，拾弍時獨往和平酒家品茗，約候半時，芳亦到，互談至一時半，二人找數，下數層樓，步行之際，與源常之兄相遇，他與余咭片 [1] 一個，述及同樂汽車事，蓋此車時候于皇后掌〔像〕側，行至紅星公司門口，余與芳分手，乘車而回，他亦入紅星公司。

夜七時父代七姐與余壓歲錢拾元，他怒源福，謂他非常怠惰，八時半與源本立步行至先施公司門口，購手帕二條，價民一點八元，此際與陳逢基君相遇。

院每位夥伴打賞五元，源其照與余衹得三元，蓋余二人半年始入院授職

1　"咭" 是英文 "card" 的粵語音譯，"咭片" 即名片或小硬紙片。

也，仕可還回四點五元。

拾時回四姐處消夜，拾一時拜神，拜候〔後〕與四姐拜年，並與彭仔老母拜年，她封利是二毛，事畢，復回院三樓，食餅干〔乾〕二塊始睡。

1月23日（戊辰正月初一日壬戌）　　　　星期一

提　　要：往大府拜年，毓芬到訪，恭賀新禧。
社會記事：人壽年班日《梨花壓海棠》，收入九百四十計，夜《情鴛鬥夕陽》，收入一千零九十元。
氣　　候：晴
溫　　度：暖

晨拾點由大府回院，蓋是日新年正月初一也，七時梳洗，八時往大屋，與父親暨五姐、七姐拜年。

父與余利是一元，七姐亦如是，唯五姐則五毛，余畀二弟、三弟各人一半鏹金仔，拜跪之際，適彭仔之妻亦到恭賀新禧，余與她利是一元，亞好亦五毛，三弟之駛媽五毛，授廉五毛，其他各小童或一毛或五先，下午在四姐處用午，睡至三時往院觀察收入若何，是日天朗氣清，惠風和暢，故收入為歷年之冠，約四時登日記，梁毓芬到訪，略敘寒暄，並蒙他錫〔賜〕以蜜餞番薯干〔乾〕一包，余與利是一包他的公子，五時擲色〔骰？〕，六時洗燥〔澡〕用晚。

七時抵太平院，與焯哥道賀，是晚分得仁〔人〕壽年班位七座，艮二十一元，祖煌佔三元，門口票分五點二元，華臣在三樓傾偈，消夜食粥及蘿蔔糕，羅文塤到訪，述及鰲哥非常拮据。

拾弍時洗面，漱口，閱 Eassy[Essay] on Clive[1] 始睡。

1月24日（戊辰正月初二日癸亥）　　　　星期二

社會記事：日《狸貓換太子》，五百四十元　夜《奇女子》，一千八百五十元。
氣　　候：晴，夜拾一時微雨
溫　　度：暖

1　應該是指 Thomas Babington Macaulay (1800-1859) 撰寫的散文集，名為 *Essay on Clive*，查香港大學圖書館較早的藏本，為 1910 年代（準確出版年未有載明）由牛津 Clarendon Press 出版者。源先生閱讀的很可能是這個版本。

1926
1928
1929
1930
1931
1933
1934
1935
1936
1937
1938
1939
1940
1941
1942
1943
1946
1947
1948
1949

晨捌時梳洗，如廁，九時回家用朝，拾時抵院，閱書半時，打鍵至拾式時，往南園品茗，適出門之際，焯哥示余以假拾元紙幣一張，其色蒙糊，不及真幣之鮮明，看罷，余乃與陳泉往品茗，時至一時，梁毓芬又到，陳泉找數，三人乘電車回院，下午其照、芬、泉及余四人打天九，輸銀二點五毛，細柳及瑞卿到觀劇，座云叁三、叁四位。

五時洗燥〔澡〕，六時蘇州妹及亞娘到四姐處拜年，余匿而不見，六時半勉之家叔又到，無耐他去，余遂用晚，七時抵院，買票各等位亦非常暢旺，唯上等位略欠銷流，遂將梳化床每位三元改而為式元，沽去約二百餘〔餘〕元云。

九時鍾得光到訪，十時半乘二二四汽車往銅羅〔鑼〕灣一遊，遊罷，本立請香港西菜館消夜，一時登日記，洗面，漱口，閱書始睡。

1月25日（戊辰正月初三日甲子） 星期三

提　　要：南園陳譽興、譚炳相遇，芳喉痛，作告白，香雪拜年，小鶯鶯恭賀新禧，英開干涉。
社會記事：日《柳為荊愁》，一千零四十元，夜《梅花樂》，一千七百三十五元。
氣　　候：晴，有風
溫　　度：暖

晨拾點如廁，梳洗畢，穿衣，剃鬚，洗頭，拾式時往南園品茗，譚炳、陳譽興、文仕可約半時之久又到敍談，譚芳因喉痛連夕未過海，臨起步往飲茶之際，仕可着代作初七日《殘霞漏月》告白一段，余乃振筆直書。

下午回院，適瑞馨到銀台換票，見余報以一笑，未發一言，她們姊妹花均到場觀劇，香雪到院拜年，小鶯鶯在寫字樓言及新班，他欲與駱錫源另起一班，余父佔一半，他佔一半云。

約四時半，有一英差干涉人多企在路口事，余對他言及因將戲場，故人多企立在路中，而余等尚有好多座位，猶未沽清，他乃行。

夜五時洗燥〔澡〕，六時用晚，七時抵院，對父說明此事，余穿回西裝，與鍾得光同座〔坐〕第四個廂房觀劇，至十時食粥，十時半與鍾君往香港西菜館消夜，消夜之後，步行半時始回院三樓，洗面，漱口，至四時猶未入寐，起身小解，五時入夢，陳譽興夜深一時許到院借宿，因趕火船不及。

1月26日（戊辰正月初四日乙丑） 星期四

提　　要：陳請品茗，必素定牙糕〔膏〕二筒，《南中》未落告白，德昌隆定做西衣一套，並雨衣一件，宴於萬國。
社會記事：日《醋淹藍橋》，三百七十元，夜《梅花樂》下集。
氣　　候：晴
溫　　度：暖

　　晨八時三個骨[1]，陳[2]起身，梳洗，陳泉亦隨之而起，他去後，余亦梳洗，如廁，穿衣（西服），十一時在寫字樓傾偈，父親而〔與？〕堯仔亦到，父親教訓，凡人處世作事，務而能忍，兼有毅力耐性，拾弍時與陳泉往南園品茗，候至一時，陳亦到，文仕可又到，陳作東道。

　　陳譽興之為人也，性直率謹樸，知世故，殊可靠也。

　　下午回院，在梳化床與梁瑞生、鍾得光相遇，共傾談片時，乃上三樓，適上樓之際，人班駱錦興問余，何以《南中報》漏版，殊不知有的有落，有的無落，蓋趕印不及也。

　　茗後往德昌隆定灰西衣一套，雨衣一件，禮拜六試身。

　　下午四時回家洗燥〔澡〕，寶玉候余拜年，暢談片時，乃往萬國酒家晚飯，太平請春茗，是亦今年初次到酒樓也，十時請其照食粥，一時洗面漱口始睡。

1月27日（戊辰正月初五日丙寅） 星期五

提　　要：剃鬚，南園品茗，芳到有恙，推卻啟東汽車事。
社會記事：日《幻鎖情天》，夜《智探鸚珠》。
氣　　候：熱，晴

　　晨捌時醒，拾時起，如廁，梳洗畢，往寫字樓閱報，拾一時剃鬚於漢民，拾二時往南園品茗，約一時陳譽興、譚芳均到，芳患喉症，過港調治，二時回院，與鍾得光先生同座〔坐〕第四個廂房觀劇。

1　"骨"是英語"quarter"的粵語意譯，即四分之一，八時三個骨即八時四十五分。
2　應指上文提到借宿的陳譽興。

夜八時張四姑對余說及："聽老婆話易發達。" 勸余不可持獨身主義，並謂盲婚制勝過自由戀愛，余笑答之曰可。

拾時與文仕可往香港西菜館消夜，出門之際，啟東在銀枱與浩叔傾談，余直說余不加入汽車股份事，蓋余父不允也，乃與仕可起程到香港飯店，在櫃面買了華商會館馬票 1 條，18382，該銀拾元。

八時將屆，李香流有電話到，謂有羊城之行，初七始見，初一至初四他已上省，明天有信到。

李式失衣服一套，疑醉貓狼所為云。

1 月 28 日 （戊辰正月初六日丁卯） 　　　　星期六

提　　要：秉請茶，泉一元，三邊交銀，送焯哥上省，適園消夜，香雪允送《東方雜誌》於明晚。
社會記事：日《玉樓春怨》，夜《智探鸚珠》下卷。
氣　　候：晴，暖，夜翻風
溫　　度：C 二十四度，F 六十五度

晨拾點梳洗，如廁，拾弍時品茗，譚秉為東道，陳泉彿冷絨衫裡袋突出新紙仔一張，余拈去作消夜費，下午回院，往德昌隆試西裝、雨衣，中華書局購書三套——《白香詞譜箋》、《現行新刑律彙解》、《續古文辭類纂〔纂〕評註》——並寒暑表一個，共銀叁元弍毫，打毽，洗燥〔澡〕，用晚，支二金四十元，交三邊馬票銀拾元與源香祺。

約八時三十分送焯哥搭東安上省，他請往適園消夜，香雪同時亦往，雪允送《東方雜誌》——二十四卷十六號與余，明晚送到。

姚姬駁斥蘇子瞻，謂李斯以荀之學禮天下，云行其學而害秦者，商鞅也，捨其學而害秦者，李斯也。

一時洗面，漱口，閱《白香詞譜箋》，得數佳句——水晶雙枕畔，猶有墮釵橫——相見爭如不見，有情逐似無情，笙歌散後酒微醒，深院月明人靜。

1 月 29 日 （戊辰正月初七日戊辰） 　　　　星期日

提　　要：譚秉、陳全及余三人品茗。
社會記事：日《殘霞漏月》，夜《亞蘭賣豬》、《穿花蝴蝶》。
氣　　候：微雨，晴

溫　　度：C15°，F62°

　　晨九時起，如廁，梳洗畢，往寫字樓，在票枱閱《南中報》，至十二時獨往南園品茗，陳全、譚秉已在座，茗後步行買西報一張回院，乘人力車到步之際，適瑞興亦下車，互談數語，分道入座，下午四時在三樓換過長棉衲，回家洗燥〔澡〕，食飯。

　　夜黎鳳緣到，定實新景象，二月由廿一至廿七，共十四套。

　　鍾得光日夜俱到訪，文仕可云大羅天班到，代作梳化床數位云。

　　簾外雨潺潺，春意闌珊，羅衾不耐五更寒，夢裡不知身是客，一餉〔晌〕貪歡，獨自莫憑欄，無限江山，別時容易見時難，落花流水春去也，天上人間。

　　香雪爽約，不見拈《東方雜誌》到來，十一時半食盤粉，洗面，漱口，登日記。

1月 30 日（戊辰正月初八日己巳）　　　　星期一

提　　要：李香流由省回港，南園品茗，分票尾，每份得銀。
社會記事：日《可憐女》、《泣荊花》，夜《智探鸚珠》下卷，通宵。
氣　　候：微雨，寒
溫　　度：C15°，F58°

　　晨拾式時起，如廁，梳洗畢，往寫字樓閱報，聞說源勉之妾侍二娘，即寶煌之母，已於昨夜四時逝世，拾時往南園品茗，其始也，祇余與陳泉二人，其後李香流（由省返港）又到，三人共傾，式時回院，四時小食，五時和平酒家晚飯。

　　譚芳式日不見到南園，陳譽興亦然，夜寒甚，打鍵，約九時三個骨交銀一千四百六十五元於黎君仙儔（馬票三邊，由 6791 至 6800，Club Lusitano NO.6194）。

　　香流允於明晚召集各路同志請春茗，未知是否有當，文仕可允於明日作大羅天床位四位或五位。

1926
1928
1929
1930
1931
1933
1934
1935
1936
1937
1938
1939
1940
1941
1942
1943
1946
1947
1948
1949

1月31日（戊辰正月初九日庚午）　　　　星期二

氣　　候：不晴，微雨
溫　　度：54°F

　　晨拾點梳洗，如廁，拾弍時南園品茗，二時回院，夜，香流、譚秉到訪，商量明晚事，即香流請春茗，他二人約余往安樂園，余食了三碗什錦粥，然後步行，香流追一"車貨"至高陞街轉出西湖街，余乃乘人力車回院，早睡。

2月1日（戊辰正月初十日辛未）　　　　星期三

提　　要：過海探譚芳，香流春茗，廳中籌款，飲後乘自由車送譚秉回府，電車辦法。
社會記事：在德昌隆取回西裝一套，未起"雨衣及汗衫"。

　　晨拾一時起，如廁畢，梳洗，穿衣，往南園品茗，茗後仕可、陳泉及余三人往對海探候譚芳，順一齊拜年，陳全無去，祇香流、仕可及余而已矣，抵步之際，譚八嫂着余請觀劇，余允之，約三時三人及芳聯袂往香港，蓋是夜香流請春茗於洞庭蘭亭廳，余與仕可允到，四時回院，適李甲記請食晚飯於萬國智利廳，乃洗燥〔澡〕，〔□〔與？〕其照五時始往，七時宴罷，回院作《亂世忠臣》告白一段，剃鬚，並着電車公司人員以後每晚十時入寫字樓，問明幾時散場，乃可派專車接候，約十時赴席，李八忽然外出一陣，候至拾弍時始謂輸去柒拾餘員〔圓〕，着余幫助，余不允，他遂向老文挪移拾元紙幣，宴後與譚芳、細柳、譚秉、香流及余五人乘坐自由車一遊，三時回院，四時始睡。

2月2日（戊辰正月十一日壬申）　　　　星期四

提　　要：南園品茗，香流東道，"遊車河"，萬國宴客，瑞容鬧事，李八口〔恐？想？〕煎糕。

　　晨拾一時如廁畢，梳洗，拾弍時往品茗，下午與芳哥、郭元開[1] 共往遊

1　在日記中又稱郭元海，海，元，元海，郭元，郭君元開，郭源海，郭源忠，源忠，郭兄，源開，Y. H. Kwok，Kwok Yuen Hoi。

香島，乘自由車 224[1]，四時回院，與陳泉打波，李八向余借銀四十元買海味寄上省，余卻之，他向陳先生着他代賒，他不允，香流悻然而去，乃回洗燥〔澡〕，七時抵院，拾時半與文仕可聯袂往萬國酒家，拾一時先起甜菜，賭雞，余贏〔贏〕了六元左右，一時埋席，座中蔡某允於本月十四晚請飲於萬國酒家，文仕可則拾五續請，忽然譚芳不知因何故與瑞容互相衝突，他云："你地的人真無解，然則我病你地好安樂咩。"芳乃赫然震怒，有欲打之勢，余乃勸陳某從速發揩[2]，以免各人情面有礙，且她又好似帶雨梨花，大有難言之隱，殊為掃興云，散席，陳全、仕可、亞陳、香流及余五人回院瞌睡，李八謂靜兒力着她往煎茶云。

2月3日（戊辰正月十二日癸酉） 星期五

提　　要：威靈頓午餐，蔡凌宵到訪，海山消夜，單口〔絨？〕雨衣，織補大樓。

昨夜四時入夢，故是日拾弍時始起，往南園，各人未到，余乃與陳泉共往威靈頓午餐，着他往德昌隆取雨衣，及已織補妥的大樓，回院觀劇，四時回家，{略}，身體不安，剛洗澡已完，用晚之際，適父親電話所邀，余乃速到寫字樓問明根細，原來問及政府庫房事，七時半蔡君凌宵到訪，文仕可伴坐，拾時余與其照往海山宵夜，蔡君欲改請洞庭云。

2月4日（戊辰正月十三日甲戌） 星期六

社會記事：是晚大羅天夜演新劇《亂世忠臣》，收入二千四百六十元，全場沽清。

晨拾點梳洗，拾弍時南園品茗，列位不到，祇余、陳全及仕可而已耳，無耐，郭元開亦到，夜，梁瑞生先生修介紹信一函與郭某投考聖保羅書

1　當時的 "自由車" 類似今天有固定路線的公共汽車，由私人公司經營。"安樂自由車公司"是 1928 年在香港營運的這類公司的其中一個例子，見《香港工商日報》1928 年 1 月 17 日《安樂自由車公司被封》一文。

2　在塘西召妓，須先寫 "局票"，又稱 "花紙" 或 "花箋"，妓女必須接到局票，方能應召。每張局票代價一元，俗稱 "揩銀"。羅灃銘：《塘西花月痕》，商務印書館（香港）有限公司，2020 年，第 5、12-13 頁。

1926
1928
1929
1930
1931
1933
1934
1935
1936
1937
1938
1939
1940
1941
1942
1943
1946
1947
1948
1949

院，夜梁毓芬由省赴港，宿於三樓，余請他往海山消夜，拾弍時半洗面，漱口始睡。

是月各班收入以是晚為一新紀元，時未屆八點，各座位均已沽清，若照余價錢，收入約弍千柒佰餘元，但各人並無此膽，祇收下列價目，梳化十四元，貴一點五元，對號一點二元，樓位七毛，口〔枱？〕位三毛，故收入祇得銀二千四百元。

2月5日（戊辰正月十四日乙亥）　　　　星期日

提　　要：南園品茗，李八連日不見，譚秉爽約，芳用晚於余處，分票尾，汗衣，與芳買華商馬票1條於香港西菜館。
社會記事：票尾每份七點二元。

晨拾壹時如廁，辦公，梳洗，穿衣，拾弍時往南園品茗，譚秉約余在院侯〔候〕他，他竟爽約，余與霍漢奎君互行至院觀劇，余在三樓打天九，芳用晚於余處，晚後共往香港西菜室買華商馬票一條，陳全已在德昌隆取回絲汗衫二件，香流數日未謀面，凌宵兄未知請飲如何。

2月6日（戊辰正月十五日丙子）　　　　星期一

提　　要：照請早茶，理髮，二叔到南園，夜到院觀劇，電話李八謂有盤斜[1]，消夜海山。
社會記事：始演新中華。

晨六點半起身，梳洗，往寫字樓，叫醒其照，一齊往如意品茗，他為東道，茗後往漢民理髮，回院打字，作成二首問答詞，預備郭元開往聖保羅赴考，允於明日九時半聯袂而往，下午南園品茗，梁二叔與譚芳一齊到座，余為東道。

晚飯後拈雨衣往改，着仕可電話，於陶仙找香流謂："前日所還之價一千七百元，而足下所允賣者則一千五百元，尚有商量乎？"他適不在陶仙，而答話者則曰，他正出門去了，由此觀之，他在香港，並非有羊城之行，且連日之所以不見者，迨煎茶之故歟，七時半，二叔電話到，着候他，

1　此處"盤斜"未知何解。

後與他二人（二叔及夫人）共往院內觀劇。

十時打鎚，十時半陳泉、仕可及余消夜於海山仙館。

焯哥交余收條一張，書明打卑馬票，由 19801 至 19810，余佔銀拾元，余尚未清款。

新中華明晚床位七個，仕可手交，並戲作《春口〔花？〕有感》一首。

2月7日（戊辰正月十六日丁丑）　　　　　　星期二

提　　要：彭仔因不允讓墨水筆事，他謂："余寧願益外人，不願益自己人。"余必去其惡。

晨六時半醒，問陳泉為何時，他答云七時半，余乃起視鐘，原來六時半，余乃怒之不應如此糊塗，後着李息[1]煲茶，叫全開門，他竟反問余："開邊度門呀？"余乃奮然起身開門，於亞式，他日日如是開門，口〔已？〕成習慣，而竟作此語，顯然播弄余耳，余乃謂之："足下既然如此，不如回家再睡。"乃梳洗，他竟詐睡不起，余則利用其詐睡，與李式談及他的短處，忘恩負義，反骨祖宗，非人也。

八時三十五分抵域多利亞，約十分鐘，郭元開亦到，遂與他往聖保羅宿，找鍾得光先生，余順道往兵頭花園，拾弍時南園品茗，芳為東道，郭元開又至，蓋他已入了第三班丙矣。

大舅父到訪，仕可由侯王廟回來，送菜數紮，夜炒糧秘宵夜，余決不與陳全談云。

2月8日（戊辰正月十七日戊寅）　　　　　　星期三

晨拾時起，如廁畢，梳洗，拾弍時與仕可往南園品茗，後蔡凌霄到，謂他決於明晚宴客於洞庭，余乃答謂，香流不在，何如。

父請大舅父晚飯於萬國，他今年已六十八歲，健步如常，好飲健飯，與堯仔墨水筆一枝。

取票折款事，幾露破綻，幸仕可善為說辭，不至不可收拾，以後作事也

1　即李式。

1926
1928
1929
1930
1931
1933
1934
1937
1936
1937
1938
1939
1940
1941
1942
1943
1946
1947
1948
1949

要三思。

香流數日未謀面，得毋有羊城之行乎。

2月9日（戊辰正月十八日己卯） 星期四

晨拾時香其先到三樓，催余起身往寫字樓有要事，余乃不俟梳洗，祇乾抹面口，即往代寫股份單（怡和紗廠）人名及號數，往收息，事畢，如廁，然後梳洗穿衣，午時品茗於南園，與李殷權相遇，謂新景象有言說過，所來告白不許擅改隻字云。

下午回院代父打信一封，寄往上海，轉名收息，打鍵至四時洗燥〔澡〕，用晚，七時往德昌隆取衣，未起，乃回，拾時請仕可、其照往海山仙館消夜。

香流連日不見，蔡凌霄春茗事全屬子虛，交友豈可不慎乎。

陳全漸有覺誤。

源燦在梳化床拾到玉鉅一對，值銀四十餘元，他不匿藏，竟然報於銀枱，此風可嘉，後失主得回此物，賞以一元。

2月10日（戊辰正月十九日庚辰） 星期五

晨六時起，如廁畢，梳洗，穿衣，與其照、仕可往如意早茶，茗後步行回院，作新景象告白，下午南園品茗，茗後回院，四時着仕可繕函於〔與〕李香流，謂明晚譚芳請飲於頤和，其照拈往，文譽可請用晚於香港西菜室，飯後洗燥〔澡〕。

夜馬師僧〔曾〕之弟贊着仕可代賣酬醫告白段，三樓代印，呂惠文到訪。

陳泉拈回麻雀一套返家，時為一點，四點始對余說及，余笑而答之，着他順便帶歸麻雀板，以免有板無麻雀，臨淵羨魚，空思鱸美，夜其照在三樓歇宿，他十二時始回，好似余等要候門過闊佬番來，余關門不理他，未知往何處歇宿云。

2月11日（戊辰正月二十日辛巳） 星期六

　　晨拾時李八由省返港，拾弍時半品茗於南園，夜余出拾元，文仕可出銀拾元，芳包尾，宴於頤和，宴罷，宜香達旦，細柳所談，將來不能見她面，解救除非帶她埋街云，座中有一妓，名喚肖姬，乃六姐的外家人，仕可欠余五元，下午德昌隆取回雨衣。

2月12日（戊辰正月二十一日壬午） 星期日

　　昨晚宜香達旦，故明亮時一齊與芳往 Lanecrawford [Lane Crawford] Cafe 飲茶，無耐，香流亦到，下午睡至五時始起。

　　夜宴於萬國，因無廳，改為頤和，在座文仕可、蔡凌霄、李香流、譚芳，拾弍點半埋席，一點散局，與芳、細柳、八共座汽車兜圈子，二時始睡。

2月13日（戊辰正月二十二日癸未） 星期一

　　晨拾時如廁畢，梳洗，下午南園品茗，茗後商務書館訂購書籍，打毽，六時用晚，九時赴席，未赴席之前，着陳泉往睇吓有人到底否，適有三人在廳，余等抵步打麻雀，他三人謂去打水圍，不久就到，余等任他施為，候至拾弍時，他猶未到，余等商量辦法何如，仕可就利用此時以代禮拜五晚他請，李八親自去找他講數，回來謂他已借去叁拾元與他，宴後回院，他着陳全拈信往東園枝店找數，與頤和函云："請即交銀叁拾元與來人帶返。"余忖度之，苟使借銀與他，何不極力索還焉，用此句語，想必利用此以敲詐老蔡多少，並亦用以口〔擋？〕靜兒之刀，且陳泉對老蔡談話之際，他祇說在電話之中已語李八商量妥，並無說及見面事。

2 月 14 日 （戊辰正月二十三日甲申）　　　　　星期二

　　晨拾式時如廁，梳洗，南園品茗，余為東道，夜李香流請飲於頤和酒家，余着梁牛（二叔）一齊同往。

　　夜九時着陳泉往頤和觀察李八到否，回報尚未抵步，候至九〈時〉三個字，他由電話着余等速往赴席，芳、陳、二叔乃往，他竟作怒，鬧他二人何以許久隨至，豈他囊空乎？拾時余與文仕可聯袂而往竹戰，屆一時埋席，余與細柳傾談，李八埋來對余借銀廿元，余不允，並謂他不應三番四次至臨急臨忙之際乃出聲，豈不是將余等撚化[1]乎，斯時也，舉動失措，狼狽非常，卒乃向仕可借銀拾伍元、梁二叔五元，他允於明日交還，遂埋席，散席後，余與二叔、細柳坐汽車至銅鑼灣，始回宜香打水圍，見李八、仕可、譚芳在此，余欲折回，忽芳、二叔行去，余為細柳所阻，她謂是夜瑞馨有客，而李八與靜兒在此，余若不陪她，她則不知如何過夜矣，余遂從之，她在余身上拈去金仔一枚，余漏了銀包仔一個，約銀柒元，砲〔跑〕馬證章一枚。

2 月 15 日 （戊辰正月二十四日乙酉）　　　　　星期三

　　南園茗後，仕可隨香流仕陶仙討款，他撚化譽可，謂五點必交還，全屬子虛，共欠仕可二十四元，由此觀之，余可以定論，余既一誤於蔡凌霄，復誤於李香流，擇友豈可不慎乎，孔子有云，君子固窮，小人窮斯濫矣，李某以數年之相交，尚能幹些無廉恥事，將來何事不能幹者耶，決於〔與〕他割席，否則害伊胡底。

　　余、二叔、仕可三人共消夜於海山仙館，二叔至早，適余由宜香回來之際，他怒余："年少無知，揮金如土，且不慎於擇友，恐必為友累。"余甚感謝他言，故茗後共遊皇后掌〔像〕（街名）。

2 月 16 日 （戊辰正月二十五日丙戌）　　　　　星期四

> 提　　要：口〔色？包？〕月理髮。

1　"撚化"，粵語用詞，"作弄"的意思。

昨夜梁二叔宿於三樓，是早晨早上環，拾時梳洗，下午南園品茗，香流不見面，自後余亦不願與他來往，他欲迷余堅持飲局，余決非之，戲院馬票中有四條轉賣於奇花寮，五婆適中三邊，首彩得銀叁萬餘元，傭銀叁仟元，余父佔銀一千二百元。

余有一計畫，可以止李八不能在靜兒面前亂造是非，使余等刁〔丟〕面子，余決於明晚請飲於金陵酒家，着仕可畀叁拾元或伍拾元與靜兒，那時節對她說及："李八所為，余等盡知，余等亦不願宣佈，但余亦不願他誤卿，故余作此，非有別想也。"

梁二叔及他住眷在三樓觀劇。

新景象座位四個，余佔拾元，煌四元。

2月17日（戊辰正月二十六日丁亥） 星期五

晨拾時起身，如廁畢，梳洗，穿衣，在寫字樓練習打字，拾弍時與文仕可仝往南園品茗，余獻策謂，欲想挽回全體面子，決於明晚余宴客於金陵，那時節出李八名，喚靜兒侑酒，仝時說到李八所作所為，殊乖友道，然仕可不欲誤了佳人，故畀銀叁拾元與她找埋酒局數，未知這計劃能否實行，明晚始揭曉，茗後與二叔、譚芳共遊山頂，遊罷，取道於石塘咀至金陵酒家，定下水晶廳，過宜香，適細柳在騎樓以手相招，乃與二叔回院觀劇，夜在院借銀五十元，畀銀過煜哥買馬票（224、250、850、175）七點五元，二叔在三樓觀劇。

余與其照二人往海山宵夜。

2月18日（戊辰正月二十七日戊子） 星期六

提　要：靜兒上省，{略}，仕可生色，薛伶討一口氣，金陵買醉，銀色仔已檢〔撿〕回，由月華手交還。

夜八時，將屆開演之際，薛伶忽由枱上怒氣奔出，余覩此狀，立着李殷權上前止截，並同時奔入寫字樓對父說及此事，事因歐漢扶派曲太遲之故也，薛伶經余父所勸，遂登枱〔台〕。

余在果枱食粥之際，陳泉忽然報到靜兒、細柳一齊上省，余乃奔至金陵問明原委，不外經濟而已矣，事因李八恐吓〔嚇〕靜兒，謂他日前着人拈銀六十元來，不知何人拈去，他必報案懲辦云，故是晚靜兒忡〔匆〕忙至廳，欲找李八結數，不知此人不在，祇有文仕可代為找清，遂令亞靜五體投地，無限感想。

{略}

2月19日 (戊辰正月二十八日乙丑)　　　星期日

晨早八時半往亞力山打早茶，茗後（南園）練習打字，下午南園，梁二叔向余借長叁拾元，余允是晚交銀，是日無甚紀錄，早睡。

新景象漸有起色，收入六日半約壹萬零叁佰餘元，每份票尾柒元零五先。

與仕可商量開新劇。

2月20日 (戊辰正月二十九日庚寅)　　　星期一

晨七時梳洗，其照請品茗於如意，在座者文仕可、陳泉、梁玉泉，茗後回院練習打字，下午南園品茗，茗後步行至中環街市，乘人力車而回，並在寫字樓對數，計余去歲八月內約用銀六百五十元。

夜觀劇，欲開一套新劇與新景象，名曰《劫後英雄》。

焯哥、香其、文仕可、本立及余共買馬票一套，號數 119 or 115，未知焯哥買得否。

消夜三樓，食麵一碗，一於星期六田雞局，香雪加入。

李香流自頤和失敗以至是日尚未謀面，得毋【毋】面見江東者也，以古為鑑，可以鏡今，以人為鑑，可以警己，以香流之所為，可以警少年之色累，陳白沙先生云："寄語江門諸子弟，莫因花酒誤青年"，誠哉是言也。

2月21日 (戊辰二月初一日辛卯)　　　星期二

晨七時半梳洗，往維多利亞早茶（其照、本立及余），本為東道，茗後，途遇二叔，順入大新公司買平沽什物——尺、皮帶、衣架，及袂〔褲〕

夾——步行回院，寫字樓練習瞽摩打字[1]，至拾弍時與仕可往南園品茗，李國盈作東道，茗畢，往孔聖會取特別通宵人情，並往盧信隆定下衣服，香雪允於星期六晚到助弍元半，仕可先收弍元，夜洗燥〔澡〕，用飯之際，余將欲帶細柳之事稟於四姐，她允出銀總要審慎她的性情，然後可行，否則將來有誤，余亦懷疑未決。

粉嶺馬票買了二十五條。

其照借銀一元。

2 月 23 日（戊辰二月初三日癸巳）　　　　　星期四

晨拾點起身，打字，支人工，交良叁十元與源香其，乃馬票銀，下午品茗於南園，內有粉嶺馬票二條，仕可佔三毛，陳佔三毛，炳佔三毛，至於 119 號馬票，陳、炳、芳各人佔一點五元，仕可佔五點五元，茗後與炳步行，買西裝鞋一對，並購 Tit-Bits[2] 一本，前者六點五元，後者一點五毛，往皇后電影，五時返院，與四姐談及帶妓事。

夜往海山消夜，畢，在香江門口與細柳相遇，她着余禮拜六往飲，並請說她已搬開別房，仕可、她及余步行海旁，轉回石塘咀，然後余等始回，其照在場，個人踽踽而回云。

2 月 25 日（戊辰二月初五日乙未）　　　　　星期六

晨早茶於如意，下午南園品茗，余為東道，中了馬票三彩（119），該銀五百八十三點九元，夜每人科二點五元，往頤和，宴罷，打水圍達旦。

譚芳先取去十五元，蓋是馬票他佔十七點五一七元。

譚秉華、文仕可、陳譽興及芳哥允將所得請飲，定下星期弍頤和。

是日閱書得佳句甚多，書之於散紙。

1　疑應作 "瞽摸打字"，即不看鍵盤打字。

2　"Tit-Bits" 全名為 *Tit-Bits from all the interesting Books, Periodicals, and Newspapers of the World*，英國一本通俗新聞週刊，1881 年開始刊行，1984 年停刊，參見 Kate Jackson, "The Tit-Bits Phenomenon: Geroge Newnes, New Journalism and the Periodical Texts"，*Victorian Periodical Review*, Fall, 1997, Vol. 30, No. 3, pp. 201-226。

代細柳寄書於金女及棠仔。

2月26日（戊辰二月初六日丙申）　　　　星期日

提　　要：亞力山大，南園，大同，分票尾，文盛送到太平信紙100。

宜香達旦，晨早往亞力山大早茶，譚炳東道，回院與秉華傾偈至拾一時半，始往南園品茗，午後與陳譽卿步行至上環，乘人力車而回，在院之時，沉沉欲睡，乃略息一時，至四時堯仔喚醒往大同晚飯，在廂房觀劇片時，始"動員"晚飯，後着堯仔（此子有些天份，若有賢父兄，洵可造之材，惜乎慈母多敗兒也）拈去九宮格三簿。

拾時始睡。

2月27日（戊辰二月初七日丁酉）　　　　星期一

提　　要：獲彩，分派，攜回牙刷一個（宜柳）。
氣　　候：不佳，濘泥，微雨

晨早其照請早茶於如意，茗畢，順道剃須〔鬚〕，拾一時往林珍洋行收馬票銀，拾弍時往上海銀行收則紙，南園分彩，下午打麻雀，至六時用晚，因中馬票，四姐着做衫一件。

夜譚炳宴於頤和，宴罷，打水圍通宵，仕可已自迷，譚秉大量浪，酒樓中有一歌姬名曰香君，清歌數闋〔闋〕，楚楚動人，尤以《滕王閣序》為佳。

文仕可在南園貯下弍拾元，留為禮拜六晚開消云。

焯哥粉嶺馬票二部（3501 & 3540），佔銀五元，林珍處買一條。

2月28日（戊辰二月初八日戊戌）　　　　星期二

氣　　候：不晴，雨

早如意品茗，八時回院，香其請食白粥，由九時起睡至下午五時半，回家用晚，洗面，畀弍拾元與四姐縫衣，夜觀影戲半小時，畀九宮格紙一套與堯仔，此子寫大字有些筆氣，苟能循循善誘，將來必大材也，惜其幹事非常性急，恐天不假之年也。

本立請消夜於香港西菜室——其照、榮及余。

香雪與其夫人到場觀劇，余着他下星期六到頤和一敘，因弍哥（文譽可）請客也。

夜八時清算二月數目，拾壹時始睡。

2月29日（戊辰二月初九日己亥）　　　星期三

晨早余請其照、本立往域多利早餐，回院練習打字，閱書，下午南園品茗，茗後與其照步行至上環，乃乘電車而回，未回院之時，往照信買牙糕〔膏〕二筒、牙刷二個，四時洗燥〔澡〕，用晚，夜代父親回帖，多謝督憲請飲，並討論泰西儀箸，約九時俊臣、香雪、仕可及余雀戰，余其始四圈皆北，卒至再戰一圈，總共口〔除？〕輸溢銀弍元有餘，食炒飯，洗面，漱口始睡。

3月1日（戊辰二月初十日庚子）　　　星期四

> 提　　要：如意早茶，南園品茗，下星期六仕可請飲，着他三人回寨，余與芳缺席云。
> 　　　　　黑襪二對，同生縫衣，焯哥珍昌。

晨如意早茶，回院閱書，練習打字，下午南園品茗，暢談之際，余對仕可說及下星期六祇陳、炳、仕可三人往打水圍，余與芳二人缺席，睇吓彼等招呼若何，步行麗華公司，購黑襪二雙，拈西衣絨往同生代縫，禮拜試身，手工十三元。

中華書局購書三本——《室內八分鍾〔鐘〕練身》、《男女交際論》、《步兵操典》——共銀五毛。

夜焯哥請消夜於珍昌（九時半），在座莫練、黎仙儔、焯哥及余。

3月2日（戊辰二月十一日辛丑）　　　星期五

> 提　　要：冒名騙位，國仍傭長，如意早茶，昨夜不寐，作大羅天告白一大段，明晚頤和曼倩。
> 社會記事：李任潮抵港，拜候督憲，九時半鳴炮廿一響致敬。
> 氣　　候：晴

如意早茶，後打字，閱書，着本立投函一封與文仕可，謂焯哥有戚友四位到場觀劇，懇求柏舟給他化床四位云，事屬子虛，不過欲作數元集用而已耳。

南園午茗，國仍問及所得傭銀如何辦法，余謂以前律清數，自後每月總結云。

代仕可作大羅天告白一大段，託言有人來書贊〔讚〕許馬、陳二伶，故本院將牠登之於報章。

其照及余往海山宵夜，洗面，漱口，十二時始睡。

3 月 3 日 （戊辰二月十二日壬寅）　　　　　星期六

提　　要：如意，剃鬚，整錶劉滿記三元，交回廿元與仕可，仕可借五元，唱腳五元，宜香達旦，生果艮五元。
社會記事：粉嶺馬票，七姐頭票，太平式彩。

如意品茗，順道剃鬚，回院代作大羅天告白，下午南園品茗，拈錶往劉滿記收〔修〕整，交還仕可貯下艮式拾元，夜宴於頤和，余報效唱腳費拾元，連仕可所借五元在內，宜香達旦，余代芳界生果銀五元。

細柳與余牙刷二個，對余說及她有一客楊其姓，靜兒施其卑污手段，初次應召竟弄至不可告人言之事，此客對她說道：“余不能再召汝侑酒，蓋無得食也”，觀此可知石塘風味不能作長久計也。

且歷見不爽，上爐香再為馮婦，婦人二三其德，青年其可造次乎，對此言情，何如對牛鳴琴，緣木求魚，雖不得魚，無後患，以若所為求若所欲，後必有災。

3 月 4 日 （戊辰二月十三日癸卯）　　　　　星期日

晨早由宜香而回，睡至拾壹時，南園品茗，往同生試衫，晚飯於和平，十一時與仕可傾談，文盛願每月酬勞式拾元，以後所有印件由他擔任，余着仕可答允，並云欲速則不達，續〔逐〕漸則可以，余請李國仍君於頤和（李靖），星期三晚。

3月5日（戊辰二月十四日甲辰） 星期一

晨早仕可、其照及余三人品茗於如意，茗後閱書打字，下午南園飲茶，午後回院晝寢，四時回家與四姐以治凍瘡藥糕〔膏〕一瓶，洗燥〔澡〕，用晚。

夜與其照行街，欲買平錶，蓋威行收盆，抵步之時，適閉戶之際，乃順道格價找條金鍊〔鏈〕，需銀若干，並往安樂園食粥，買九宮格二百，該銀6毛，早睡。

3月6日（戊辰二月十五日乙巳） 星期二

提　　要：譚芳借銀五元，皇后電影，嚴君相遇，過訪陳譽卿，文盛備銀。

{無正文}

3月7日（戊辰二月十六日丙午） 星期三

提　　要：頤和宴客，自由車送秉華回府，文仕可獨自回宜香，香雪商量劇務。

{無正文}

3月8日（戊辰二月十七日丁未） 星期四

提　　要：鋪票合股，其照欠一元，國仍請消夜，代抄股份號數，着人守路以免亂秩序。

{無正文}

3月9日（戊辰二月十八日戊申） 星期五

提　　要：早茶，南盛金鍊〔鏈〕，商量午餐事，每人每月科民三元，明天改組高陞。

早茶於如意，茗後與仕可往南盛找金鍊〔鏈〕一條，價艮三十三元，下午在南園提議，每人每月科銀三元，改組高陞茶樓品茗。

下午打毽如常，打字，閱書。

1926

1928

1929

1930

1931

1933

1934

1935

1936

1937

1938

1939

1940

1941

1942

1943

1946

1947

1948

1949

　　夜馬師曾因陳非儂病不出枱，他亦如是，余與父親乃往皇后酒店勸他出一陣，以免觀眾鼓燥，他乃回院過場云。

　　玉葵饒贈糧□〔卷？叁？叄？〕，在寫字樓點心。

　　同生西服店送來西裝一套，余乃與之款，他着余買埋一大褸，價銀弍拾柒元上數。

3 月 10 日 （戊辰二月十九日己酉）　　　　星期六

提　　要：芳借拾元，國仍請飲，甘麟角着往踢波，天縱，仕可及余亞力山打小食。

　　下午高陞飲茶，與甘麟角先生、麥君達豪、魏鴻升兄相遇，甘君着余往踢足球，夜演《亂世忠臣》，陳非儂不登枱，馬師曾詐病，祇演《盲佬救妻》一場，因此事東奔西走，弄至拾壹時始赴席，是晚李國仍"指鼻"[1]請飲於頤和李靖，宴罷，宜香打水圍，芳與余約返香巢，秉華亦往，無耐，他們（即李某朋友、黃某、潘某等）一齊至，其初也，余三人關門不納，後奈朋友何，乃請他入座，夜深，余欲回院，屢次不得，約四時，他們盡往遊戲牌九於瑞馨房，祇余與細柳宿於房內，雖然蓋大被以同眠，然淡如水也，天明起程，約再會於星期三。

　　下午四時，與陳天縱、文仕可三人共入亞力山打餐室小食。

3 月 11 日 （戊辰二月二十日庚戌）　　　　星期日

社會記事：分票尾，每份與銀四點六元。

　　晨早如意飲茶，九時亞力山打，十二時高陞，二時大睡，七時起身，九時半海山宵夜，拾弍時始睡。

3 月 12 日 （戊辰二月二十一日辛亥）　　　　星期一

社會記事：中山日，大母親因寶玉誕子，由鄉抵港。

1　"指鼻"一詞在日記中出現過幾次，都與飯局飲宴有關，似乎是認頭付賬的意思。

晨拾時如廁畢，梳洗，打字，閱書，下午高陞品茗，李國仍及黃某又到，茗後分途而去，四時打鍵，五時用晚。

夜國仍帶黃某、李某到來觀劇，余着本立收他二人票費，黃某去了，適夕收票，李某被本立糾纏，卒至躲避於文仕可房內，余吩咐各伴，以後無論何人，不能放入擅用余名字者，若查出，必責無捨。

文仕可、其照及余三人海山消夜，其照宿於三樓，談及各人家事，將來不知若何處置，至二時始入夢。

3月13日（戊辰二月二十二日壬子）　　　　星期二

> 提　要：梁甘棠請飲茶於高陞，譚芳與余談及國仍品行，恐將有變。
> 社會記事：薛覺先生辰，請飲於金陵酒家。

晨貪睡至拾壹時始起，拾弍時高陞品茗，不久甘棠至，爭出錢，余與芳二人步行，談及李國仍行為，余恐此人亂言，於余等有礙，夜香雪還回二元，在仕可房內鮑少莊、雪、文及余四人商量《今宵重見月團圓賦》。

與香雪、本立三人宵夜於海山仙館，宜香瑞馨、靜兒，及細柳三人座於浮四第一、弍位，觀《毒玫瑰》新劇，宵夜後余與雪、國仍座第四廂房觀劇，瑞馨覷余，而彼二人詐為不見云。

薛伶請宴，父子二人俱不赴席。

｛略｝

3月14日（戊辰二月二十三日癸丑）　　　　星期三

> 提　要：高陞，《百科全書》，仕可代作化床四位，譚芳借銀拾元，茶樓着仕可不可亂言及余等行為對
> 　　　　於鶯鶯燕燕。

拾壹時着黃灶往商務書局取《百科全書》一套，十弍時剃鬚，往高陞品茗，譚芳借銀拾元，謂與一西人往大酒店飲酒，余在談話中着仕可不可亂談及余個人私事，下午打鍵，回家洗燥〔澡〕，夜譽可將文盛傭銀拾元及利源二點五元請飲於頤和，在席中，他的阿嬌與余等觥籌交錯，她將仕可之酒傾些落地，用手巾仔抹過杯邊，然後接入口中，由此觀之，青樓妓女大底無情，宴罷，芳及秉華預早乘車而回，祇余、陳、李、文四人打水圍，所傾各

1926
1928
1929
1930
1931
1933
1934
1935
1936
1937
1938
1939
1940
1941
1942
1943
1946
1947
1948
1949

事，不外如是，時約五點，他二人靜局潛回，余候至天明乃與細柳行至神廳門口，乃乘人力車而回，留下眼鏡一個在她處。

3 月 15 日（戊辰二月二十四日甲寅） 星期四

社會記事：《今宵重見月團圓》出世[1]。

晨由宜香而回，食白粥，睡至拾弍時，文仕可向余借銀五元，余卻之，下午一時往高陞品茗，茗後與譚芳步行往先施公司，買糖果一包，回院後打毽，夜演新劇《今宵重見月團圓》，因價錢太昂，收入約仟陸餘元，與李國仍、文仕可往海山宵夜，並觀劇約一小時，十弍時半登日記始睡。

靜兒對待仕可事，國仍亦睇唔過眼云。

3 月 17 日（戊辰二月二十六日丙辰） 星期六

提　　要：國仍設宴於頤和。

　{ 無正文 }

3 月 18 日（戊辰二月二十七日丁巳） 星期日

提　　要：譚芳往陽江，約一月而回，着余代取回手錶，和平晚飯，見細柳與其僕漫游〔遊〕，分票尾。

　{ 無正文 }

3 月 19 日（戊辰二月二十八日戊午） 星期一

提　　要：未有〈往〉上環，並無往高陞，下午海鮮食粥，維多利晚飯，游〔遊〕汽車，香雪占卦，夜海山宵夜，仕可一元，國仍有份，毓芬赴港。

　{ 無正文 }

1　此處"出世"即首演，正文也提到這是新劇。

3 月 20 日（戊辰二月二十九日己未） 星期二

> 提　要：梁仔赴港。

　　晨拾壹時始起，無耐，蔡子銳、梁毓芬及文仕可到，邀往高陞品茗，蔡為東道，下午往先施聽唱碟，並往遠東唱片公司一遊，後乃回家用晚，在先施公司買了 Eassy [Essay] on Clive 一本，並第四期《笙簧集》。

　　夜在票柏傾談之際，忽有電報一封寄自省城，乃代譯，原來源祖煌寄與其兄祖芹，因祖權已於廿八晚兩時逝世，余聆此話，忽為愕然，乃將馬票銀廿四元交與他清數，並交拾肆元與溫焯明[1]。

　　請梁仔往海山宵夜，因遲到趕船不及，宿於三樓，明日搭早車云。

3 月 21 日（戊辰二月三十日庚申） 星期三

> 提　要：梁仔晨早赴省，高陞，維多利，白絨袜〔褲〕，陶仙消夜，途遇靜兒。

　　｛無正文｝

3 月 22 日（戊辰閏二月初一日辛酉） 星期四

> 提　要：文仕可聯陞宴客。

　　晨拾時往寫字樓抄寫股碼，下午高陞品茗，夜文仕可設宴聯陞，宴後余三人——炳、李——共往宜香達旦，其中黑幕重重，非靜者不能見微知著，輸去捌元打雞，連日難寐，不知有感，想精神困乏，形容損瘦，得毋為卿憔悴卻羞人乎，李仍商量印務事，股本約叄仟元，余着他擬價，是年起班，着起手定洪船[2]，聞說已定黃醒伯云。

1　在日記中又稱焯哥，焯，焯明，焯兄，卓哥，卓明，卓兄，卓，溫某，溫兄，溫，老哥，Wan Chuck Ming，C. M. Wan，C. M.，Wan，Mr. Wan。

2　此處很可能即 "紅船"，指戲班所乘的船。過去廣東戲班行走於珠江三角洲特別是省城、南海、番禺、順德、香山、新會等地，皆仰賴水路交通。

3 月 24 日 （戊辰閏二月初三日癸亥） 星期六

是日巡遊宣傳，英差干涉，下午與父親往七號差館說明此事，到堂之際，余說英語，英弁不準，祇由傳話翻譯，自後若再往巡遊，必攜帶警司來函，不設鑼鼓，不得多過拾人。

夜，交拾柒員與譚秉華，請飲於聯陞酒家，宴後打水圍，文仕可與陳譽興、李國仍先到，譚秉請座汽車，然後共往香巢，余與細柳共睡了坑床，她謂余善忘，且恐余撚化她，余力否認，謂余苟有能力，必拔她於火坑，她已知余之肺腑，余亦不論如何求其放心而已矣，天明食粥，拾壹時始返。

3 月 25 日 （戊辰閏二月初四日甲子） 星期日

提　　要：和平晚飯，字格及《駢林摘豔》。

{ 無正文 }

3 月 26 日 （戊辰閏二月初五日乙丑） 星期一

四姐應允向余說明余立亥事，

3 月 28 日 （戊辰閏二月初七日丁卯） 星期三

晨如意品茗，下午高陞，夜海山宵夜，後在三樓竹戰，國仍欠余八元，揮函譚秉華，定於星期六晚作局於聯陞酒家，每位科銀叁元，陳譽興宿於三樓，國仍騎騮王馬[1]，將所收之數盡行用去，未知結果若何。

1　"騎騮王馬"，源碧福女士謂過去曾聽過這個說法，即中飽私囊，與下文 "將所收之數盡行用去"，意思亦吻合。

3月30日（戊辰閏二月初九日己巳）　　　星期五

　　晨早食白粥，下午高陞飲茶，午後美璋影相，四點美利權小食，與仕可回來之際，有一電車，內有二女客，一西裝少年，二女之中有一穿黑絨長馬甲頸巾，掛一玳瑁眼鏡，類似細柳，然余當時奮〔憤〕甚，熱氣填腔，乘第二電車尾隨於她，誰料沿途不遇，後忡〔匆〕忙回家晚飯，後往皇后觀電影，冀與此夕相遇，看她舉動若何，然後再作良圖，與霍漢奎、李漢生相遇於皇后院側。

　　余仔細思量，所作所為，都係神經過敏，風月場中，豈有真情，當初亞彩之定情，今也何在，倘她記有情，何不早為此語，時至今日，始作此言，銷金窩、藏春洞，不知害盡多少男兒，然一點紅青樓妓女，大半無情，今日與爾囓臂，明日又與他人談心，為金是問，況彼姝善應酬，初歷情場，豈有不墮其圈套也，苟當時與她遇於途，她與此少年並肩攜手，置余於度外。

3月31日（戊辰閏二月初十日庚午）　　　星期六

余又將何以為情，少年人大都草率從事，後其慎旃。"｛此段接前一條日記｝

　　是晚余借銀五十元與文仕可，內有弍拾元作飲費，其余叁拾元作借宴於聯陞榆廳，宴罷，打水圍達旦。

4月1日（戊辰閏二月十一日辛未）　　　星期日

　　提　　要：廖祥底〔抵〕港，聯陞夜宴，水圍身價，廿元與四姐，順喜二元，中馬票一百五十元。

　　　｛無正文｝

4月2日（戊辰閏二月十二日壬申）　　　星期一

　　提　　要：廖祥同底〔抵〕聯陞，身價，堯勳、囗〔郭？〕仔囗囗〔單？筆？〕，廖祥禮物，代得光譯信一函。

　　　｛無正文｝

4月3日（戊辰閏二月十三日癸酉）　　　　　　　星期二

提　　要：所派餘之傭銀，請萬國晚飯，大東遊車，函達秉華，梁仔赴港。

{ 無正文 }

4月4日（戊辰閏二月十四日甲戌）　　　　　　　星期三

提　　要：電影，安樂園，聯陞，水圍。

晨早拾壹時往訪廖祥與其參謀長黃少伯，往大同品茗，下午高陞，與梁毓芬、陳泉、李殷權共桌談心，二時回院，下午四時往大東候細柳，全往皇后觀電影，屆時，她珊〔姍〕珊〔姍〕來，余乃喚人力車，廖祥、她，及余三人一齊同往，到場已開影了——Flesh & Devil——往安樂園晚餐，乘汽車往宜香，然後返院，拾時許往聯陞酒家，宴罷，打水圍達旦，廖祥跳舞。

4月5日（戊辰閏二月十五日乙亥）　　　　　　　星期四

提　　要：郭元開到訪，大東韻事，新世界電影。

是日五時晚飯於大東，飯後與細柳往新世界觀電影，喚汽車送她回寨。

4月7日（戊辰閏二月十七日丁丑）　　　　　　　星期六

晨早拾壹時起，下午高陞品茗，李國仍與仕可借銀請飲，余與焯哥遊車河，拾一時抵聯陞，余推不欲再履香巢，無奈文、李、梁毓芬一律全行，時至四時，余忽下樓回院，毋奈良心不忍，恐佳人怨責，乃乘車而回，他〔她〕竟作嬌發嗔，謂余尚有些良心，苟若不然，她以後唯有置余腦後，余安慰她幾句，然後共宿，雞鳴而起，女友三人，男朋三位，共車大炮，仕可欲與靜兒共階〔諧〕魚水，無奈天不造美，神女無心，空廢襄王有夢，醋海翻瀾，屢見不爽，余勸其不若打消此種觀念，喚她往皇后酒家，再作良圖。

4月8日 (戊辰閏二月十八日戊寅)　　　　　　　星期日

晨早九時由宜香出門口──梁毓芬、李國仍及余三人共往亞力山大小食，談及仕可與靜兒事，下午洞天品茗，四時與銀二元與焯哥，買西洋會馬票七條，約四時拾伍分往新世界觀電影，南洋酒家晚飯，與仕可約由三月初一起，每人尾沽盡行貯下，他則將所有筆金貯下一半，暫停風月一月，實行開定幾出新劇，以待新班，分票尾，每份得之六元柒毛。

國仍所為，有些大炮，修書與譚芳，備述各人熱度，仕可欲開房於皇后酒家，喚靜兒伴枕，未知能否達到目的。

4月9日 (戊辰閏二月十九日己卯)　　　　　　　星期一

晨拾一時梳洗畢，與梁毓芬往南唐酒家午膳，茗畢，共往公司購物，下午午寐二小時，四時回家，洗燥〔澡〕，用晚，夜往院，家君中馬票頭彩，獎銀一千六百餘元，余（焯哥中二票）、仕可、得光、毓芬遊汽車至必打街，與國仍相遇，共往海鮮消夜，再遊至西灣河而回，本立對余說及，謂父怒余等太放肆，並無隔宿糧云，以後必要撿〔檢〕點。

4月10日 (戊辰閏二月二十日庚辰)　　　　　　　星期二

提　　要：德昌隆定衣，查數。

高陞品茗，候至二時，尚不見國仍到步，乃往德昌隆定下衣服，下午四時往連卡佛小食，五時皇后電影，七時海鮮公司用晚，回院，仕可對余說及國仍虧空，宋藝追數，他出一元，共往聯陞消夜，適細柳有病，仕可診脈，梁仔執藥，宴罷回院。

4月11日 (戊辰閏二月二十一日辛巳)　　　　　　　星期三

國仍事敗，余着梁仔拈一飲帖與他，說及仕可中馬票彩票，是晚設宴於萬國亞州，並着秉華全往，至夜七時許，他竟到探文仕可，至九時，梁毓芬、文二哥、李國仍及余四人託醉往覓知己，至士丹利街，仕可敦促他入宋藝印務公司對明此數，他乃簽字於單後，一概費用，他個人負責，與他人無爭。

事因他將所有收得之數盡行用去，各號列單，向余戲院討取，故出此計謀，對明真相。

宴於聯陞，仕可食煙過度，大病。

4 月 15 日（戊辰閏二月二十五日乙酉） 星期日

提　　要：晨。
氣　　候：熱

晨拾壹時起，梳洗畢，穿衣，剃鬚，往大新公司購荳笠肆個，與梁毓芬往大同品茗，茗後在三樓——父親、堯、振、連喜、陳泉及余一律“種豆”，堯仔、鎮仔均喊，約三時廖展衡到院，謂覯月華等在大東訪友，余乃與他聯袂而往，余詐為打電話與文仕可，使她們聽聞，她等中計，一齊與余傾談，至四時半與廖往先施購物——軟領硬領、白橡皮帆布袱〔褲〕帶，五時院請和平晚飯，飯後與仕可往大東一敘，八時返院洗燥〔澡〕，九時打毽，十時分票尾，每份□銀二點八元。

4 月 16 日（戊辰閏二月二十六日丙戌） 星期一

提　　要：往高陞，取衣，大東晚飯。
社會記事：彭仔誕一子。

晨十一時起身，梳洗畢，往高陞品茗，下午大東晚飯，夜在新世界門口與細柳相遇，是夜宴於聯陞，約廖展衡不到，仕可因收租事，一時始抵步，彭仔因誕子事，奔至聯陞，尋覓仕可開方，二時散席，返香巢達旦，梁仔允應去，一時復返，誰料食言而肥。

余在銀枱拈去拾元，故是晚埋數有差，苟余不好買醉，何以至處飲之累也，亦余之失德也。

4月17日（戊辰閏二月二十七日丁亥）　　　星期二

提　　要：芳過港，仍請南唐，頤和晚飯。

　　晨由宜香回院，睡至拾壹時，芳由陽江奉命回港，仍請品茗於南唐，下午回院洗燥〔澡〕，請芳兄——{原文此處的確用破折號}廖祥、仕可、陳泉，共往頤和晚飯，竹戰至九時埋席，細柳、芳哥及余遊車河，半時送芳哥落船（西安），然後余與譚秉坐汽車送她回寨。

4月18日（戊辰閏二月二十八日戊子）　　　星期三

社會記事：李濟深由寧返粵。

　　文仕可請飲茶於南唐，儘債，芳由省返港，廖祥欠棧租，取物現銀，拾時往大東，候芳不見，至一時返院，數日海員籌款，陳非儂因失聲，祇表演數場而已耳。

　　仍與艮叁元，余十二員〔圓〕，仕可包尾，明晚宴於聯陞男廳。

4月19日（戊辰閏二月二十九日己丑）　　　星期四

　　是晚余與仕可拾元肆毫，宴於聯陞男廳，列席者梁毓芬、李國仍、譚汝芳[1]、陳澍泉及余，適靜兒有疾，仕可躬自撫問，余則乘人力車而回，時至五時半，梁仔返院，趕赴早車，余乃梳洗，穿衣，共返香巢，屆時天已大白，傾談至明日拾壹時。

4月20日（戊辰三月初一日庚寅）　　　星期五

　　拾壹時由宜香返院，共乘電車往連卡佛小食，與芳哥購物，中途遇李香流，約他往高陞品茗明天，陳泉在如意與二叔梁相遇，下午四時乘汽車往美利權飲茶，候細柳，請觀電影，李仍、芳哥、她及余五時全入皇后，七時許

1　在日記中又稱譚兄，芳，芳哥，芳兄，龍石，Tam Fong，Tam，Fong，譚亞芳。

順往昭信購物，"海鮮"用膳，乘汽車送她回寨，她送余一罐餅乾。

竹戰至拾式時始睡。

宿於三樓，李仍、陳興。

4 月 21 日 （戊辰三月初二日辛卯） 星期六

提　要：連卡佛少食，和平晚飯，海鮮，游〔遊〕汽車，即禮拜事。

{無正文}

4 月 22 日 （戊辰三月初三日壬辰） 星期日

是晚點演《佳偶兵戎》，收入一千八百元左右，余設宴於聯陞酒家，宴後大雨，喚自由車送陳譽卿返太平院歇宿，余與國仍、細柳全返香巢，暢談達旦，明日拾壹時始往院相〔商〕量新較〔校〕[1]電風扇（禮拜六晚事）。

晨由宜香直到連卡佛少食，下午陳請食麵於三樓，不久梁瑞生先生到步傾談，三時半小寐，五時往和平晚飯，夜在院閒談，適屆拾時，與梁毓芬共往海鮮食粥，出門之際，在票枱與她相遇，乘電車往食粥，後坐汽車一凋，送她返香巢云，分票尾。

4 月 23 日 （戊辰三月初四日癸巳） 星期一

提　要：海山，畫〔劃〕鬼腳，焯哥着梁毓芬一於壹號上工，其照返港。

{無正文}

4 月 24 日 （戊辰三月初五日甲午） 星期二

提　要：聯陞設宴，宜香達旦，晨國仍連卡佛，下午高陞。

{無正文}

1　"校"，粵語用詞，此處即"安裝"。

4 月 29 日 （戊辰三月初十日己亥）　　　　星期日

聯陞，陳譽卿爽約，宜香達旦。

4 月 30 日 （戊辰三月十一日庚子）　　　　星期一

> 提　　要：梁毓芬上省借拾元，國仍中四鋪票，該銀八十餘元。
> 社會記事：家君生辰，鍾府叩賀。

{無正文}

5 月 1 日 （戊辰三月十二日辛丑）　　　　星期二

> 提　　要：志昂喪偶，晨早往祭，下午一別亭辭靈，夜聯陞翻瀾，《賓虛》。

代郵駱錦興。

5 月 2 日 （戊辰三月十三日壬寅）　　　　星期三

> 社會記事：革命軍破獲濟南府。[1]

　　日本無故出兵，包圍青島，阻礙革命軍進行，焚燒街署，慘殺蔡公時，強烈手段要退南北二軍，山東濟南要被他人管轄三月，否則中日決戰，上海各界實行抗議，經濟斷絕。

5 月 3 日 （戊辰三月十四日癸卯）　　　　星期四

> 社會記事：日本強佔山東，阻礙北伐完成。

1　5 月 2 日的社會紀事及正文，以及 5 月 3 日和 8 日的社會紀事，記錄的都是當年 5 至 6 月間在山東濟南發生的史稱 "濟南慘案" 的事件。1928 年 5 月，國民革命軍在北伐途中經過濟南時，與日軍發生衝突，國民政府談判代表被害，5 月 10 日，日軍進入濟南城，肆行屠殺。詳見郭廷以編著：《中華民國史事日誌》第二冊，台北：中央研究院近代史研究所，1984 年，第 339-346 頁。

5月5日（戊辰三月十六日乙巳）　　星期六

晨早如意品茗，買西報一章〔張〕，欲知行情炮〔跑〕馬點樣，下午高陞品茗。

早茶後與梁毓芬往名園影相樓上工，夜交銀拾柒員〔圓〕與四姐攻〔供〕會，夜李國仍請飲於聯陞酒家，仕可送梳化床位二個與靜兒，宴罷，打水圍達旦，李借銀拾壹元，送廂房一個與瑞馨。

5月6日（戊辰三月十七日丙午）　　星期日

提　　要：修函送禮，和平晚飯，皇后遇她，干諾道步行，分票尾。
社會記事：《月下釋刁蟬》日戲開一新紀元，收入約玖佰陸十餘元。

晨拾點由宜香返院，睡至一時，有電話約往飲茶，尋尋入寐，弍時始起，父親着繕函於薛覺先，寫字樓傾談，小食，五時和平晚飯，七時順道皇后電影，與她相遇，遂與仕可購票入座，九時仕可與余二人乘汽車返院，十時她電話相約，往海傍一遊云，拾弍時返院始睡。

5月7日（戊辰三月十八日丁未）　　星期一

是晚拾時電話至，謂她有恙，特着國仍、仕可前去慰問，事畢遊汽車，然後入寐。

5月8日（戊辰三月十九日戊申）　　星期二

社會記事：濟南案漸推和緩。

在寫字樓借銀拾元與李君國仍，請飲於聯陞，宴後返香巢，仕可始叫碧霞，並借余8元畀生果錢，靜兒覩此舉動，終夕不離左右，至三時，余乃往頭房歇宿，其初余睡在酸枝床，其後乃共她睡於大床，終夕暢談，將她戲弄，始由半推，後乃准余一撫，並無特殊舉動，余對說及："倘你係女仔，而在青樓當老舉，真係可惜咯。”她竟悽然一天，在寨與蘇少岐相遇。

譚芳函至，謂在江門逗留三天，饒嘗乳豬風味云。

5 月 10 日（戊辰三月二十一日庚戌）　　　　星期四

> 提　　要：謝謝李君國仍樟木槓成個，超平抵港，商量新班事。
> 社會記事：《甘達軍令慰阿嬌》

晨拾點梳洗畢，十二時往高陞品茗，下午往德泉取樟木槓（李君相送），余乃乘汽車載之而歸，太安公司源超平因討論新班事宜抵港互談，晚飯於和平酒家，着余代改名過新班，余乃撰出如下之名稱——革新——真善美——新紀元——他們各人採錄“新紀元”，遂以名焉，夜送床一張與她。

在三樓竹戰，抽對家，共得銀廿三元。

商量買新景象，一天價銀五百元，薛伶佔八份之一，若演《香花山大賀壽》，另補三百元，夜演北派《紡綿花》，薛伶扮女人。

5 月 11 日（戊辰三月二十二日辛亥）　　　　星期五

> 提　　要：聯陞宴客，送藥丸，彭仔無理取鬧。

{無正文}

5 月 12 日（戊辰三月二十三日壬子）　　　　星期六

> 提　　要：聯陞買醉，游〔遊〕汽車二次，炯哥由省抵港。

{無正文}

5 月 14 日（戊辰三月二十五日甲寅）　　　　星期一

> 提　　要：炯哥請滿月酒於中山酒樓，細約往宜香，余送她返香巢。

是夜（新景象班戲院買來做，該銀八百元，三百元做《香花山大賀壽》）

1926
1928
1929
1930
1931
1933
1934
1935
1936
1937
1938
1939
1940
1941
1942
1943
1946
1947
1948
1949

靚元亨〔亨〕呷醋，為《紡綿花》事，謂不應半途插入此出〔齣〕，行中無此例云，余父、仕可及余努力相勸，着他要順潮流，未知誰是誰非，遂如余等辦法，日夜收入，有些微利。

細柳個人到來觀劇，而〔無？〕耐，雪梅又至，余候她至完場，一共步行，因天雨，余張傘把她擁護至香巢，余乃赴席，余封利是二元與炳哥之孫，天九遊戲，在席間有紙相約，共返香巢，明天始行。

5 月 15 日（戊辰三月二十六日乙卯）　　　　星期二

提　　要：麗從過訪，聯陞夜宴，仕可代文盛交五元，國仍借銀十七點八元，印傳單，折扣。

{無正文}

5 月 19 日（戊辰四月初一日己未）　　　　星期六

提　　要：朱懷民抵港，聯陞夜宴。

{無正文}

5 月 20 日（戊辰四月初二日庚申）　　　　星期日

提　　要：明發開張，請飲於聯陞，指鼻，和平晚飯，兆康全席。

{無正文}

5 月 21 日（戊辰四月初三日辛酉）　　　　星期一

提　　要：南唐午膳，皇后電影，海鮮晚飯，德昌隆定衣。

晨早由宜香返院，上三樓，共往南唐午膳，乘汽車而往，午後理髮，四時洗燥〔澡〕，有電話相約往皇后觀電影，乃於六時三個骨起程而往。

細柳請觀電影，毓芬全坐。

5月22日 （戊辰四月初四日壬戌）　　　　　星期二

提　　要：朱懷民返省，牙粉事，香港仔晚飯。

　　晨早九時宜香早起，適瑞馨有佬在隔鄰，余不察，乃往拈牙粉一樽刷牙，十時與李仍返院，共往連卡佛飲茶，後返院，下午四時有電話相約往香港仔食晚飯，乃與文仕可先生乘自由車而往，並在食晚飯之際，草了告白一段，蓋是晚李仍與一磚客商量磚窰事，余因前者約了細柳往觀電影，故敦促早些用膳，以備失約之虞，於五時半起程返港，因時計太速，屆時未開演，遂遊蕩一陣，適與楚云、瑞馨、細柳相遇，余遂直駛前往皇后掌〔像〕，她竟將余包圍，細遂過車，對余說及因牙粉事，已與大□〔姨？〕互相嘈吵，此人小氣太甚，不宜太過不羈云，由是觀之，不怪乎古語有云，熱鬧場中，每多苦況，且鴇母盡屬拜金，何暇與她接洽耶，以後檢點云。

5月23日 （戊辰四月初五日癸亥）　　　　　星期三

提　　要：源彭往診脈，高陞，游〔遊〕車河，談心，借款。
社會記事：《新景象》。

　　晨拾時起，梳洗畢，與源彭往趙學醫館診脈，適其時非診症之時，乃於拾壹時始再往，候至拾弍時半，趙醫生始返。

　　下午品茗於高陞，共談細故，茗後試衣，返院登數，做日記，打錢，四時洗燥〔澡〕，五時返屋用晚，與四姐借銀拾元，允送《新景象》雜誌二本。

　　夜合股購買499馬票一套，拾時有電話相約，着余往火井覓她，梁毓芬一齊全往乘車，至先施公司改乘二二四車往海鮮食餐，然後游〔遊〕車河，車中她強余問及從良事，余答允實行，但非其時也，{略}，她允與余相賭，但願早日完成，至堅尼地城又再遊云。

　　拾弍時始返院睡。

　　以德化人，勝過以力服人云。

5月24日 （戊辰四月初六日甲子）　　　　　星期四

提　　要：如意早茶。

晨早如意早茶，茗後返院讀書，下午高陞李仍請飲茶，余助銀一元，他允於星期五（明日）下午三時借銀五十元與余。

余將所買之馬票 394 與焯哥所買之 361 互相合計，若 361 得彩，余佔拾分之叁，若 394 得彩，他亦佔拾分之叁，相〔雙〕方握手為實，並無異言。

因馬票事，余將鑽石針付諸長生庫中，該民一百元，每月息銀叁元，梁君毓芬代勞，時為將八時。

牀席已換過藤席，珠袓枕頭亦換過。

5 月 25 日（戊辰四月初七日乙丑） 星期五

提　　要：毓芬式拾元。

晨拾點半起身，往連卡佛小食，梁仔交馬票 394 全套與余，余詐為未交銀，着李仍借銀八十元，他允於是日三時如數交足，連卡佛小食後，與梁仔往趙學醫生處等候彭仔，適趙某外出，梁仔交信一封與余觀看，是他的愛妻寄來，不外乎經濟而已耳，余遂與他式拾元，付上羊城應用，並在泉興定下西裝一口〔件？〕、白斜袜〔褲〕二條，先交定銀二元，星期一試衫及袜〔褲〕，因時候太早，不能久候，遂着梁及彭仔徃高陞品茗，陣輝為車道，相遇馮二哥，並一齊往趙醫館，後返院打錢，連中數次，李仍電話約五點半方能有效，竟至夜間八點，仍屬子虛，託辭推搪，余亦態〔泰〕然處之，九時細柳相候於後門，余云未有暇，着梁仔伴她全往，九時三個骨乃乘二二四汽車往安樂園消夜，將余原有之手鏢〔錶〕頂手與本立，並交銀二元與他，然後他允將鏢〔錶〕□〔薦？發？〕賣，游〔遊〕□〔繞？〕香港，在車內與她銀一百元，代〔待〕遲些始找數云。

5 月 26 日（戊辰四月初八日丙寅） 星期六

社會記事：新景象收入二千餘元，《余美顏》。

是日焯哥中了馬票，請余遊車河及往海鮮食野，時屆十時，始往聯陞夜宴，宴罷，往宜香打水圍，李仍悶悶不樂，四時返院，仕可天明始返，余與細柳傾談，{略}，她又謂荒哥[1]之所以住口〔漢？院？〕者，因吾二人之故也，未知是否查明，讀報，約她於明晚觀電影。

李仍作事膽質，具有手段，疏爽，唯性好揮霍，隨手而去，寡諾輕信，與交，訪之雖密，待之雖寬云。

5月27日（戊辰四月初九日丁卯）　　星期日

晨拾壹時由宜香返院，洗燥〔澡〕，品茗於高陞，與梁炳照[2]相遇，請他到院觀劇，下午和平晚飯，共堯仔往定西服，該艮拾元。

夜八時許着梁仔乘二二四車，往約細柳全觀電影，抵院之際，適鄰座乃她的八哥，未至完場，共往安樂園小食，然後送她返香巢，車中余忽已入夢，至堅尼地城始醒云。

與仕可商量對待李仍事，他已於下午三時往省一行，明晚始返。

5月28日（戊辰四月初十日戊辰）　　星期一

夜，仕可攪〔搞〕腳，作局於聯陞酒家，宴罷，返香巢，仕可睡至天明始返，余至半夜欲行，適她之母上省，余為她泥留至三，與她傾談，二人熱烈，幾至作不可告人的事，然余捫心自問，倘鹵莽而為，將來纏綿至緊，必不肯罷手，而她又恐余屬王魁，故終罷手，然長此以往，必能達到目的。

5月29日（戊辰四月十一日己巳）　　星期二

下午二時返自宜香，與其照往海鮮公司小食，然後往寄信，乘電車回院之際，與仕可遇於車內，共談互防國仍之事，回院後打錢，四時洗燥〔澡〕，休息至捌時始醒，適她電話相告，謂她在大東與四家仝行，問余若何，余謂她，余因頭痛不能與爾作長時間談話，祈為原宥，她着余早些休息。

1　可能是指譚芳。

2　在日記中又稱梁秉照，炳照，秉照，梁兄，梁君，炳，梁某，炳兄、丙照。

1926
1928
1929
1930
1931
1933
1934
1935
1936
1937
1938
1939
1940
1941
1942
1943
1946
1947
1948
1949

九時其照請海山宵夜，余、本立、照仔三人中了鋪票十二元，拾一時返院始睡。

5月30日（戊辰四月十二日庚午）　　　　　星期三

晨拾點起，拾弍時往高陞品茗，着仕可往新中華班討取梳化床肆位，說及乃焯哥請客所用也，竟能如命，下午觀梁任公白話文，得悉"敬業與樂業"為人生要素之一。

夜拾時與細柳二人共行，由般含道至希路道，停立於希路道側，傾偈三個骨，她意恐余有變，余亦恐她為金錢所動，亦將屬意於他人矣，時至拾弍時，共行至柒號差館側，適二二四因事逗留，乃乘之往炮〔跑〕馬地一游〔遊〕，然後送她返寨，回院之際，任某對余說及，是日下午聯陞持單往明發討數，適陳玉棠在店，怒罷李仍，不應擅自出鋪各請飲，而不向他通知，是誠何心哉，余回院，時為一時半，食麵，對梁仔商量辦法。

5月31日（戊辰四月十三日辛未）　　　　　星期四

氣　　候：熱
溫　　度：大雨

晨拾時起身，梳洗畢，小食，至拾弍時，將新中華所得之四座位換銀拾元，畀弍元與祖煌，請文仕可、其照、陳泉、毓芬往和平，午膳畢，往皇后定座位，理髮，買頭水二磚〔樽？〕，至三時始回院，適李仍由省返港，乃與仕可商量作局，乃設宴於聯陞，時至七時，着梁仔往宜香攜全亞細往觀電影，余先至，後往安樂園食餐，乘汽車送她返香巢，至拾時半，與梁仔共往聯陞子廳竹戰，輸了二千二百，合算該銀一千元。

打水圍，與她仝睡，傾至明日下午四時始返院。

李仍允於明日繳納八元，芳哥來函，準於是月十五日抵港。

孔子曰，群居終日，言不及義，好行少慧，難矣哉，青年人豈可不慎旃哉。

6月1日（戊辰四月十四日壬申） 星期五

{略}

梁仔請海山宵夜，下午四時睡至夜九時始醒。

6月2日（戊辰四月十五日癸酉） 星期六

夜宴於聯陞酒家，將所有麻雀數作飲費，李國仍又施故智〔伎〕，謂他收款不能，故拖欠一時，遲日歸趙，席上李仍着仕可請觀電影，仕可反嚙曰："如國仍請聯陞一晚，任由余寫菜，余則願出拾元，為〔唯〕國仍馬首是瞻。" 二人幾至反面，宴罷，打水圍，二時半仕可返家，余則入夢矣。

6月3日（戊辰四月十六日甲戌） 星期日

> 社會記事：是日英皇壽辰，明日補假。

拾一時返自宜香，拾弍時用午，一時半返太平，至三時欲睡，忽堯仔到探，代他打領帶，四時寫字樓小食，四時三個骨和平晚飯，七時返院，打乒乓波至八時，略睡一小時，拾時分票尾，每份八點五元，落鋪票一條，現銀六毛，拾一時彭仔請消夜於海山——因中了鋪票——李仍往達觀美明[1]，尚不見返。

新中華合約反悔，因尾沽事宜。

6月4日（戊辰四月十七日乙亥） 星期一

> 提　要：皇后電影，教仕可對待李仍法，聯陞電話，謂口〔片？定？〕廳爽約事。

{無正文}

1　此處 "達觀美明" 未知何解。

6月6日 （戊辰四月十九日丁丑） 　　　　　　　　星期二

提　　要：與她——細柳——漫遊般含道，至拾二時始回院。

晨七時彭仔到來，着余打電話叫德醫生非士往診家姊玉葵，至八時返生，診後執藥未回，她已於八時半魂歸天國矣，嗚呼，人生如朝露，霎眼又一生，芸芸眾生，求名求利，亦不過一抔黃土，青塚長埋，其死也，富貴王侯，貧賤乞丐，亦都不過如是，間有前者不得其死，而後者反得其死焉，顏回雖命短，然死於安貧樂道，周幽天子也，富有四海，然其死也，不死於正寢，而偏死於犬戎之禍，屬全致之荒淫無道之故也，故語曰，死或重於泰山，或輕於鴻毛。

家姊逝世之時，層〔曾〕吩咐焯哥，她所遺下之數千員〔圓〕——已買了置業公司股份——不可亂動，為將來她們的兒子計，又指她的二家婆而言曰：“余死後，汝決不可將余的兒子們刻薄，若不然，余雖死之日亦不瞑目矣。”然細索斯言，則二婆平日之酷詐已略 ｛編按：下條日記正文接續｝

6月7日 （戊辰四月二十日戊寅） 　　　　　　　　星期四

｛編按：接續上條日記正文｝露矣，共有子女四人——二子二女——長子八歲，次子六歲，第二女溫惠芬最有性，她哭至暈了數次，死者亦也層〔曾〕對她的第四家婆說及：“余死後，恐汝亦不久人世矣，且將來被人刻薄更有甚焉。”兆明痛哭不已，余的大母親覩斯狀，哭至倒地：“她平生最愛之女反而不幸早死。”由溫府沿途哭回光景台，大聲不止，七姐非常憤恨，謂人死不能復生，且家有兒女，不可作如是哭，恐遭外人密議，她不理，着人瞞寶玉謂：“亞嫂全她上省調理云。”晨捌點往祭，拾式時往送殯。

拾一時芳哥到訪，往海山午膳，譚秉亦在座。

是晚設宴於聯陞，李仍出銀八元，余包尾，用去銀二十元。

6月8日 （戊辰四月二十一日己卯） 　　　　　　　　星期五

晨拾時返自宜香，拾式時高陞品茗，下午五時往皇后觀電影，祇余與她二人而已矣，七時往海鮮公司用晚，步行回院，九時半赴席，是晚芳哥設宴於金陵酒家錦繡廳，馮鎰康與余打對手雞，余輸去約拾陸元左右，埋席時碧霞始到，對余說及謂："呢個就盲八喇。"並與瑞馨打手勢，宴罷，余返院，各人均返院歇宿。

6月9日（戊辰四月二十二日庚辰） 星期六

社會記事：錯攀紅杏。

高陞品茗，扣了李仍八元作宵夜費，夜芳哥到訪，余請他往特色宵夜——陳全、毓芬、李仍、譚芳及余。

6月13日（戊辰四月二十六日甲申） 星期三

提　要：聯陞夜宴，余始有恙。

是晚因李仍與什可有意見，余對李仍說及，余出銀拾元，他包尾作局，偽言他請什可，使他二人言好如初，此致，余是晚忽覺沾寒沾冷，有些微恙，宴後抵香巢，飲了盒仔茶，覺略些痊癒，明日拾弍時許，梁仔到尋，余等始起，弍時始出門口。

6月14日（戊辰四月二十七日乙酉） 星期四

提　要：與她往觀電影，有恙。

｛無正文｝

6月15日（戊辰四月二十八日丙戌） 星期五

提　要：有恙。

｛無正文｝

6月16日（戊辰四月二十九日丁亥）　　星期六

提　　要：有恙。

{無正文}

6月17日（戊辰四月三十日戊子）　　星期日

提　　要：新瘥，玉棠兄有信到。

　　晨起身，梳洗畢，拾式時往味腴品茗，病後新瘥，胃口頓加，下午回院，父親着往和平晚飯，四時小食，余對老文說及，着他對花鶯對余說道，余能文，且於喧〔宣〕傳工夫具有心得，何不新班羅置自人，與以五十車馬費，則他不能代人作二，而且可以直接代自己賺錢矣，未知能否實行。

　　和平晚飯後，觀電影《少奶奶的扇子》，回院之際，細柳電話相約往行，余允之，中途傾談談故事，她着余明晚如約，遺下手帕及銀九毛，拾式時返三樓，食麵始睡。

6月18日（戊辰五月初　口己Ⅱ）　　星期一

提　　要：十一時往宜香。

{無正文}

6月19日（戊辰五月初二日庚寅）　　星期二

提　　要：大羅天陳、馬二伶鬥氣，是晚派翻錢——《原來我誤卿》——游〔遊〕汽車，海鮮公司。

{無正文}

6月20日（戊辰五月初三日辛卯）　　星期三

提　　要：聯陞酒家設宴，宜香打水圍，找數八十六元，與她鬥氣。

　　晨拾時梳洗畢，拾弍時往味腴品茗，玉棠哥亦到，下午着仕可往宜香找數，並扴票請她往觀電影《情海波瀾》，亞力山打用晚，至八時往大屋問候父親病狀——事因昨夜一勞，熱火大起，故耳朵作痛——九時洗燥〔澡〕，拾時電話相約往海旁一遊，中途之際，互相爭氣，余竟乘人力車往聯陞，她企立於煤氣局覩余車過，着余下車，余不理，直往聯陞，無耐，她亦到，大鬧一翻，聲淚俱下至拾弍時，一時埋席，打水圍。

6 月 21 日（戊辰五月初四日壬辰）　　　　星期四

> 提　　要：晨早取錢六十元，亞六請食飯，推辭，她的苦況，夜遊海旁，陳坤借債。

　　{ 略 }

6 月 22 日（戊辰五月初五日癸巳）　　　　星期五

> 提　　要：味腴品茗，做節，代小鶯鶯揮函，分票尾，還回八元，一百零八元與仕可及陳坤。

　　{ 無正文 }

6 月 23 日（戊辰五月初六日甲午）　　　　星期六

> 提　　要：味腴品茗，電話約往宜香，坐汽車，大借款，皇后西餐，廖君福培抵院觀劇。
> 社會記事：《毒玫瑰》三卷。

　　九時她有電話相約，着余拾一時候她於香江門口，如約，坐汽車往皇后西餐，遊汽車，同返香巢，歇宿一宵。

6 月 24 日（戊辰五月初七日乙未）　　　　星期日

　　晨拾壹時由宜香直往 "味腴" 茶室，與李炳源、伍老、何某相邂逅，伍某請飲茶，茗後回院觀劇，適鍾君得光又至，四時和平晚飯，五時與次乾[1]

1　據源碧福女士謂，此處 "次乾" 即鄧肇堅弟鄧次乾，是源寶玉的丈夫。

一齊往淺水灣酒店探問寶玉病況，余安慰她幾句，並將細柳事詳說一番，蓋她於般含道也層〔曾〕目覩余與伊出行，並將玉葵家姊一事一蓋〔概〕瞞她，八時用餐，十時抵院，代父修函返鄉，十一時與她漫遊海旁，拾式時始返。

廖君福培到訪。

6 月 25 日（戊辰五月初八日丙申） 星期一

提　　要：是日家姊玉葵三旬之期。
　　　　　仕可味腴品茗，皇后電影，亞力山打用餐。

晨捌時起，與堯仔往祭已故的家姊玉葵，九時維多利亞早茶，下午還回拾元與仕可，着請飲茶於味腴，五時美利權小食，與她往觀電影後，往亞力山打用餐，乘汽車送她返香巢，夜八時返家飲湯，並與四姐叄拾元供會應用，對父說及勸亞嫂不如返鄉，略事休息，若不然難免河玉掛望，於她病體很有礙。

其照請食紅豆粥，余則裹蒸粽，代仕可作曲。

6 月 26 日（戊辰五月初九日丁酉） 星期二

夜一時她出門，余跟蹤，對她說及不能候至完場，她強余步行至式時，坐汽車共遊西灣河，回寨，她房已有人佔了，余遂與她乘車返皇后酒店共宿一宵。

6 月 27 日（戊辰五月初十日戊戌） 星期三

晨捌時略醒，再睡，昨晚肆時，與細柳全歇宿於皇后酒店三樓二十六號——捌元房，由晨至夜，半步未離，約二時半她往公司購物，肇華送來內衣一套，該銀三元，余代找數，八時膳後，始乘汽車返院，她亦返香巢矣，在店中借銀廿元，她云送一長衫與余，余力推辭。

6 月 28 日（戊辰五月十一日己亥） 星期四

晨起，梳洗畢，往"味腴"品茗，下午回院，四時洗燥〔澡〕，五時美利權小食，觀電影，捌時返院，寫字樓唱〔暢〕談，夜拾壹時任仔——二二四揸車——對余說及，謂她約余共遊車河，余乃立刻起程，遊了一周，返香巢共宿，{略}，十二時半由宜香直往"味腴"。

6 月 29 日（戊辰五月十二日庚子） 星期五

陳譽卿請品茗於"味腴"，商量遷舖事宜，買電車月票云。

6 月 30 日（戊辰五月十三日辛丑） 星期六

提　要："味腴"品茗，後口竹戰，梁仔拈衣服當長生庫，允於一號贖回，宜香赴約，與她細談。

{無正文}

7 月 1 日（戊辰五月十四日壬寅） 星期日

提　要：分票尾，和平晚飯，源綿赴港，送糯米糍與父親大人，大新覲美，文仕可商量劇務。

{無正文}

7 月 2 日（戊辰五月十五日癸卯） 星期一

晨拾點半梳洗畢，拾弍時往"味腴"品茗，理髮，皇后定位，與鍾得光仝行，回院洗燥〔澡〕，四時三個骨美利權小食，與本立同座，無耐，她亦抵步，五時拾伍分一齊往觀電影，七時海鮮夜餐，捌時回院，父對余說及，玉已於昨日抵光景台，並已知玉葵身故事，仕可向蕭叔廉籌款為余事不遂，余着他向李甲挪借，未知如何，若不允，則從小入手，未知仕可如何辦法，他又向何萼樓運動。

7月3日 （戊辰五月十六日甲辰）　　　　星期二

四時半本立、毓芬及余連卡佛飲茶，夜與她漫行，道遇彭仔及啟庭於火井之側，余回院，候啟庭於後闈，至一時洗燥〔澡〕始睡。

7月4日 （戊辰五月十七日乙巳）　　　　星期三

晨拾壹時起，梳洗畢，往品茗"味腴"，至一時錦興適至，且為東道，毓芬因有事，不暇底〔抵〕步，下午找錢，夜與其照遊電車河，安樂園互用冰琪琳，威建購藥。

夜十時半與她步行，中途她又發嗔，謂余言語冒犯，好似她緊，余不要，懶懶慢慢，余又對她說，倘有一人｛略｝，竟向汝母面說，｛略｝，以余意，不若擇其善者而從之，致〔至〕於余個人問題，並無討論價值云，她乃指月而言曰："余有否者，天奪吾魄。"拾式時始返。

7月5日 （戊辰五月十八日丙午）　　　　星期四

提　　要："味腴"品茗，還回8元與仕可，共拾元，代焯哥打地紙會同，細柳，八姑共遊汽車，荔枝，皇后電影，海鮮。

　　｛無正文｝

7月8日 （戊辰五月二十一日己酉）　　　　星期日

提　　要："味腴"遇李仍，和平晚飯，皇后電影，她中途多事。

"味腴"遇李仍，謂不久又有汕頭之行，改期再會，晚飯於和平酒家，膳畢，往皇后定位，途遇李君秉元，步行一周至上環街市，乘車而返，夜捌時拾個字，往香江會她，一齊觀電影，十一時完場，步行，她始終不發一言，至上環海旁，余乃怒之曰："此數天余見汝份外得意，好似有野噉樣，一味向余不發言，唯有自嗟自怨，若有事不妨直說，若此一個悶胡〔葫〕盧〔蘆〕，殊令人難索也。"遲了一陣，她泣而言曰："人人說到汝有別情，是否另有別人？若子愛余，盡是年亦要住埋，不可緩也，｛略｝"余乃誓曰，余焉能有別人，且余確是一心為你，余必達到目的而後已，然此數月非其時也，子姑待之，至拾式時始返。

7月9日（戊辰五月二十二日庚戌） 星期一

晨早起，梳洗畢，拾式時與仕可往先施公司，知會源啟東，商量仁壽燕梳[1]事，並在先施茶室品茗，啟東為東道，說及："此乃無本生利之生意，若得佣銀，三人均分，貯下多少，留為交際費。"

美利權小食，聚英樓買書籍——《魯逸遺著》、《最新雄辯學》。

{編按：是日日記頁上六處有"water"字樣筆跡。}

7月10日（戊辰五月二十三日辛亥） 星期二

> 提　要："味腴"品茗，仕可交銀五十元，還回叁拾元與陳坤，因電話謂阿妹失蹤，直往宜香尋人，竟直睡至天明。

夜拾壹時五拾五分忽有電話由萬國打來，發自雪梅，冒認八家聲謂："阿妹自星期晚與汝全觀電影後，攜了衣服數件，不知去向，亞媽——亞六——特地着余訪問，若汝知其下落，可否通知，若不知，請代為細查，余料汝必知情。"余知此事全屬子虛，乃曰："余數天不見她，非常渴望，且她的失蹤，余一概不知，或她與別人同行，余焉能得知，且如此所為，余斷斷不為將聲名掃地耶，至若擔任代查，更受嫌疑云。"收線後，上至三樓，着梁仔往宜香觀察是否屬實，回報她在房內，余乃躬身前往，指摘他一番，宿於宜香終夕，各有各睡，好似生客一樣，一經此番教訓，余已心灰意冷，等若閒事而已耳，難保她不將余撚化乎。

7月11日（戊辰五月二十四日壬子） 星期三

> 提　要：拾點由宜香返，適陳玉棠兄抵步，拾式時往"味腴"品茗，晚飯梁毓芬自己動手，坐汽車候阿妹。
> 社會記事：譚秉華全二三知己宴於金陵景泰。

---

1 "燕梳"是英語"insurance"（保險）的粵語音譯。

1926
1928
1929
1930
1931
1933
1934
1935
1936
1937
1938
1939
1940
1941
1942
1943
1946
1947
1948
1949

{無正文}

7 月 12 日（戊辰五月二十五日癸丑） 星期四

提　　要：昨夜服了安眠藥，睡至天明，拾弍時玉棠駕至，乃起，共往味腴，是日梁仔親手貼花紙，夜
　　　　　與八家、阿妹共遊汽車云。

{無正文}

7 月 14 日（戊辰五月二十七日丁卯） 星期六

提　　要：夜拾弍時往宿於宜香，代覺紅寫信，代她修書二封。
社會記事：颶風。

{無正文}

7 月 15 日（戊辰五月二十八日丙辰） 星期日

提　　要：一時許由宜香返，往連香品茗，和平晚飯，安樂園消夜，汽車而回。

{無正义}

7 月 16 日（戊辰五月二十九日丁巳） 星期一

提　　要：拾弍時往送殯，源鶴朋的二房已仙游〔遊〕，高陞品茗，國光定畫，修書與超平。

{無正文}

7 月 17 日（戊辰六月初一日戊午） 星期二

提　　要：先施公司品茗，皇后電影，夜深腹疾。

{無正文}

7 月 18 日 （戊辰六月初二日己未） 星期三

提　　要：二人往"美腹"，利園遊樂，利舞枱〔台〕觀劇，支人工，修函於超平。
社會記事：新班開首，每年支回一千元，四百元家用，六百元與余，每月上省一次。
氣　　候：熱極
溫　　度：F58°

{ 無正文 }

7 月 20 日 （戊辰六月初四日辛酉） 星期五

提　　要：夜宿於宜香，午於美腹，綿叔在座，國光睇畫景。
社會記事：優善大集會。

{ 無正文 }

7 月 21 日 （戊辰六月初五日壬戌） 星期六

夜駱錫源及小鶯鶯薦余在父跟前擔任喧〔宣〕傳，每月支回車馬費八十元，拾壹時與她共行海旁，夜深始回，連夕腹痛。

7 月 22 日 （戊辰六月初六日癸亥） 星期日

提　　要：電影。

{ 無正文 }

7 月 24 日 （戊辰六月初八日乙丑） 星期二

晨拾壹時起，梳洗畢，與各人往品茗，下午美利權小食，代父繕寫家書，謂鐵閘不宜收〔修〕整，拾一時往海旁一行，與八家及她坐汽車至筲箕〔箕〕灣，中途余表視〔示〕不悅色，未知她意下何如，落車之際，約余明晚再會，邀余往觀電影，余不允。

1926
1928
1929
1930
1931
1933
1934
1935
1936
1937
1938
1939
1940
1941
1942
1943
1946
1947
1948
1949

8 月 27 日 （戊辰七月十三日己亥） 　　　　星期一

提　　要：工作。

　{ 無正文 }

8 月 31 日 （戊辰七月十七日癸卯） 　　　　星期五

　是早余與細柳梳櫳。[1]

9 月 12 日 （戊辰七月二十九日乙卯） 　　　　星期三

提　　要：芳兄南園品茗。

　　晨拾點睡於宜香，梁仔到訪，促余往品茗，下午二時抵南園，與芳
兄、耀芝兄、梁芬同桌，至二時半皇后觀電影，四時回家用晚，商量攜妓
事，夜觀劇至拾壹時，細着余往皇后開房——式拾壹號——同衿共睡。

9 月 13 日 （戊辰七月三十日丙辰） 　　　　星期四

提　　要：味腍，皇后，薪金。

　{ 無正文 }

9 月 14 日 （戊辰八月初一日丁巳） 　　　　星期五

提　　要：大同宴客，皇后。

　{ 無正文 }

1　"梳櫳"又作"梳弄"，舊指妓女第一次接客伴宿。妓院中處女只梳辮，接客後梳髻，稱作
"梳櫳"。

9 月 15 日 （戊辰八月初二日戊午） 星期六

> 提　　要：味腴品茗，學能相遇，德光過訪，麗松抵港，理髮。

{ 無正文 }

10 月 9 日 （戊辰八月二十六日壬午） 星期二

> 提　　要：陳惠芬[1]（即細柳）於歸，於七時入夥〔伙〕於永安三五八號五樓。

{ 無正文 }

10 月 26 日 （戊辰九月十四日己亥） 星期五

> 提　　要：惠芬往大屋斟茶，五姐與七姐非常惡作劇，父、余及堯仔晚飯於和平。
> 社會記事：此乃十月二十四日事。

{ 無正文 }

12 月 5 日 （戊辰十月二十四日己卯） 星期三

> 提　　要：陳惠芬往大屋斟茶，五姐、七姐非常惡作劇，是可忍孰不可忍，父、余及堯仔晚飯於和平。

{ 無正文 }

12 月 16 日 （戊辰十一月初五日庚寅） 星期日

> 社會記事：欠鋪票銀七十二元，已落了八條，在亞高處一條，自己八條，肆份。
> 溫　　度：68°F

　　拾時早起，早餐畢，拾壹時往太平與其照 "搶拾"，至拾弍時和平品茗，茗畢，回太平戲院踢毽，"捌捌" 陳泉輸了三元，陳永貞、譚芳、梁毓

1　在日記中又稱惠芬，蕙芬，細柳，細，亞細，阿妹，亞妹，妹，柳娘，妾，細嫂，內子，母，內人，Chan Wai Fan, concubine，wife，W.F，mother。

芬四人往"連卡佛"午茶，五時回府，因飽不食晚餐，夜七時往太平拈了"香雪"的《字紙簏》，院連夕演電影，因浩泉[1]弄計之所致，夜玖時回家用晚，看小說始睡。

代芳尋回小印，並印咭片一百。

買了馬票一條，現銀（1542）。

12 月 17 日 （戊辰十一月初六日辛卯）　　　　　　星期一

晨八時早起，食早餐，往太平戲院，與其照往品茗於和平，下午回院，與毓芬、陳泉、其照賭牌九，三時返寓打天九，月華、瑞容等到探，晚飯後往院，在三樓帶票，高還回五元，梁毓芬詐言往轉利，曩者將余之厚絨長衫及衫袂〔褲〕二套押之於長生庫內，他實行拈了五元作返省費用，余候至八時，尚不見返，永貞與余、其照往海鮮公司消夜，回寓，因地埗事與阿妹吵鬧，她哭了數小時始睡。

陳坤取債卅元。

阿平人工叁員〔圓〕。

12 月 18 日 （戊辰十一月初七日壬辰）　　　　　　星期二

晨拾壹時梳洗畢，往太平戲院支取人工，子流說道："汝之人工並無劃一，又叫呢個支，又叫個個支，或叫其照，或叫亞芹，又或由外出支轉至，怕兩頭唔受中間受，屆時不認數，爾叫我點樣辦法。"余喏諾應之，乃細味斯言，殊為有理，和平品茗，談及梁仔馬票事，余決不代出，並代繕函

1　未知是否即是年 1 月 27 日提及的"浩叔"。

追數。

三時返寓，適阿妹有人 —— 五家、二娘、小紅契、三家姊及五妹契後至 —— 到探，余往華美採取電燈罩，較妥，然後返院，因人多食飯不便。

八時許與陳泉往海山用膳，□〔九六？〕毛。

12 月 19 日 （戊辰十一月初八日癸巳） 星期三

> 提　　要：四姐處問安，涎香品茗，交屋租。
> 社會記事：溫焯明喬遷九龍城四十三號啟仁道。

晨九時起，梳洗畢，早餐後往四姐處問安好，午往涎香品茗，與陳泉。

下午四時回寓，交屋租銀叁拾元，洗燥〔澡〕，晚飯後再往太平，追問文仕可文盛事，他謂遲數天方能如命，因偉其有喜慶事云，陳永貞到訪，父到余說及寶玉病重，恐難痊癒，余欠芹哥馬票銀叁元。

夜九時許返寓始睡。

開閱《新聞編緝〔輯〕法》。

12 月 20 日 （戊辰十一月初九日甲午） 星期四

> 提　　要：送禮與七姐，涎香品茗，其舉借銀拾元。
> 社會記事：夜電影，滅火局員到查。

晨九時起，梳洗畢，早餐，命順喜送禮與七姐，往院 —— 大洗 —— 適芳兄抵步，下午一齊聯袂往涎香品茗，約一時仕可駕臨，茗後返院遊戲，四時返寓洗燥〔澡〕。

晚餐後返太平，其謙謂泉到訪，余與仕可、永貞、陳泉與芳合股竹戰，陳泉大勝約五員〔圓〕，先消夜於海山，其餘明天大三元品茗。

夜約八時滅火局員到查，因近於戲牌事，各事也要小心。

下午拾式時與其舉借銀拾員〔圓〕，言明票尾還。

12月21日（戊辰十一月初十日乙未） 星期五

　　早起，梳洗畢，往太平戲院，品茗於大三元，茗後打毽子，連卡佛午茶。

　　夜繕函於電話公司，改換座枱電話。

　　陳麗松由廣西回港，到訪，竹戰，十一時回寓。

12月22日（戊辰十月十一日丙申） 星期六

提　　要：冬節，亞妹往拜冬，堯勳、鎮勳到訪，大三元見梁牛，足球，四姐處。
社會記事：白玉棠不出，因病，板位甚為鼓燥〔噪〕，擲下椅墊及垃圾，後親身上去拉了二個肇釁者，然後始屏息。

　　是早六時亞妹早起，梳洗畢，約七時往大府拜冬，約九時始回，拾壹時堯仔及振仔均到，與余賀冬，其初也，堯仔與振仔為四姐所阻，回府再由毓輪帶到，余與堯仔往大三元品茗，下午麗從、永貞及余三人往觀足球。

　　夜六時四姐在本寓用晚，七時返太平，八時開演，至九時半猶未見白玉棠表演，板位客大為鼓燥〔噪〕，間有一干人等擲下椅墊及霉爛果子，為本院治安計，余與"集〔雜〕差"上板位將一少年帶下，威逼指證誰開先河，後將一戴氈帽黑衫者帶下，將他鞫問，遂拘之上區以完手續。

　　拾壹時半始回。

12月23日（戊辰十一月十二日丁酉） 星期日

提　　要：大三元芳哥請品茗，下午連卡佛，夜啟東取消希仕廷律師事，他允簽字作收，定西衣一套三十元，梁牛食言。

　　源啟東，同村兄弟也，傭於先施，傲甚，少丈夫氣，曾辦一野雞車，號為二二四，浩昌佔有一百元，亦股東之一，前者因坐車事，所欠之款，尚未清數，乃留下一函，狀類恐嚇〔嚇〕，謂交希仕廷收，余乃藏之，並對浩叔言，他若以法律從事，余必以法律解決云，他於冬節之日抵四姐處，以〔已〕屬不賞面到極，是夜以詣戲院討債，余乃怒容以對，若要清款，除非見訟，他乃對余直說，謂是項並非交往狀師，蓋已入他個人數耳，余遂答之，俟余有現

-199-

金，然後交數則可已，若速，唯有任兄如何。

12月24日（戊辰十一月十三日戊戌）　　　星期一

提　　要：攻〔供〕會，靴已□到，竹戰。

{無正文}

12月25日（戊辰十一月十四日己亥）　　　星期二

下午約弍時往視寶玉病狀，余抵她府時，少長函〔咸〕集，余詣她的身前問候安好，她呻喘困苦，應答停滯，辛苦萬分，余乃與二姊及七姐談及她的病狀，着他等不可太近她的病前，恐有傳染，並勸母親不用悲哀過甚，約三時回院。

二姊返院。

12月26日（戊辰十一月十五日庚子）　　　星期三

提　　要：寶玉已於是夜七點一個骨仙遊。

五時太平宴於和平，父親往睇玉病，至七時始回，據她說道，極為危險，當醫生抵步之時，她大叫"救命"，醫生謂她只有數小時生命矣。

晚飯後回院，電話問她如何，回報已身故了。

其為人也，幽閒貞淑，與人無患，與世無爭，純孝之女，其致死之由，亦思愛之致，及其留離也："余最恨陳鐵生之人，次乾汝須努力前程。"乃將死之言也，遺下一子，年方三歲。

12月27日（戊辰十一月十六日辛丑）　　　星期四

余與堯弟往輓寶玉。

12 月 28 日 （戊辰十一月十七日壬寅） 　　　　星期五

余與堯弟、振弟送殯，余半途折回，二弟辭靈而返。

1926
1928
1929
1930
1931
1933
1934
1935
1936
1937
1938
1939
1940
1941
1942
1943
1946
1947
1948
1949

附錄

姓名錄

姓名	字號	住址及通信處	履歷及雜記
譚芳		九龍城西貢道 54 號	
阮少崙	新隆	江門新市街	
朱懷民		西關連慶新街新門牌 24 號	
梁毓芬	華德洋行	德商，廣州市西濠二馬路口	省寶華正中約 68 號
源煥容	李雲橋	廣州河南寶恕一巷廣益學塾	
冼占鰲	AH Pong	Ship of House Painter 35, Connaught Rd. e.	
羅文塤		堅尼地城加多近街 4 號二樓	
陳宗穎		希路道，拾壹號，弍樓	
譚秉華	譚公和	銅鑼灣筲基〔箕〕灣道 14 號 A，電話 1066	由十二時至一時，五時至九時（建造）
朱懷民		廣州長堤光樓美國三藩市人壽保險公司	
譚龍石	省河南	洲咀德和新街 8 號黃厚德堂	

收信表

日期	人名	地址	事由	備考
元月六日	李香流（發）	陶仙酒樓	上省。	恭賀新禧，人日回港。
二月廿八日	譚芳（發）	香港九龍	赴兩湯樓身。	代為致意柳娘，表單。
五月十八日	7/5/8 TIT BITS	LONDON	Received.	
5 月 29 日	□ [Waiey?] Lo	Canton	Mis-delivery of the letter sent to Chü Wai Man.	
6 月 16 日	李國仍	本港	上省。	初四再見。
6 月 16 日	陳□松	廣州	梧州鐵路事。	代通知李仍。
六月十七日	陳玉棠	本港□〔所？明？〕發	招生意，幫對稿。	一千元紅股及時加青睞。
六月七日	譚龍石（收）			

發信表

日期	人名	地址	事由	備考
2 月 20 日	MARVO BEAUTY LAB.,	Dept., 300-A, No. 1700, Broadway, New York, N. Y.	Free Booket [Booklet?].	
2 月 20 日	Wm. Davids, M.D. 124.F, grove Ave.	Woodbridge. N. J.	" "	One dollar enclosed.
2 月 20 日	FARMER BURNS School	3999 RY{ 即 "Royal" }. EXCHANGE BLDG. OMAHA, Neb.	" "	
2 月 27 日	Tit-Bits	———	Order for regular subscription.	5º' postal order.
3 月 20 日	Tam Ping	14A Shaukiwan Rd., Causeway Bay.	Party at 聯陞 .	In the name of Man Shi Ho.
5 月 30 日	The Saturday Evening Post		Annual subscription (52).	$2.00 (max).
5 月 30 日	Chü Wai Man	Canton	When he will come to H.K.	
五月二日	源超平	太安公司	論劇務不可輕信。	
十一月六日	梁毓芬	羊城	馬票未交銀	
十一月十一日	何浩泉	本港高陞戲院	速確答覆，每月六天，期仕可帶〔常？〕往。	

雜錄

三月拾壹日 父親生辰、	十月初十惠芬生日
十二月初十日 四姐生辰	十一月初九她的祖母生
九月初八日 大母親生日、	十一月式拾她的母親生日
九月初式 鄧次乾生日	
二月初四 堯勳生日、	
三月初三 鎮勳生日、	
十二月十六 寶玉生日	
九月十五 源詹勳生日、	
二月初八 寶玉誕生一子	
3831 to 3840	
16124 16126	

源詹勳先生日記

1929年

1月2日（戊辰十一月二十二日丁未）　　　　　　星期三

社會記事：新紀元班祝融下降，電來，全燒，船返省。

　{無正文}

1月4日（戊辰十一月二十四日己酉）　　　　　　星期五

提　　要：和平耀芝請品茗，連卡佛，郭元開到訪，代妹寄書，購馬票，查冊。
社會記事：是日始購國民日記。

　　拾時起，早餐畢，往太平戲院，着其照、陳泉相相聯袂品茗，在和平暢談之際，共賭眼光，余與永貞合份輸了連卡佛一餐，下午院三樓嬉戲，至肆時，連卡佛午茶，回寓，適華民委差查冊。

　　夜郭元開到訪，代妹繕函與其姊金女，購馬票一部。

　　四份均分，溫焯明、源詹分（已交銀）及黎仙儔，各佔五元，源香其佔四元。

　　永貞之友請消夜於海山仙館。

　　拾壹時始睡。

　　多謝仕可日歷〔曆〕牌一個。

1月5日（戊辰十一月二十五日庚戌）　　　　　　星期六

提　　要：其照請和平，元開贈簿，打毽，交銀五十二元，陳彬衣服銀。
社會記事：本立由鄉返院。
氣　　候：寒
溫　　度：64°F

　　下午拾式時與陳泉往和平，其照為東道，將找數之際，郭元開到，贈一日記簿與余，式時回院，阿靜拈菜乾水來飲，打毽遊戲，梁毓芬因輸錢，怒氣而行，四時回寓洗燥〔澡〕。

　　晚飯後往太平寫字樓，代寫信皮，聆偉論，三樓間坐，約九時陳彬到，收衣服銀五十二元，回寓之際，與陳天縱相遇，問及新紀元火燒事。

　　是晚鈞天樂在太平演新劇《胭脂波》，因不設喧〔宣〕傳品及誓不派傳單，以致非常冷淡云。

　　拾時始睡。

1 月 6 日 （戊辰十一月二十六日辛亥）　　　　星期日

提　　要：譚芳候余，瑞生到訪，和平品茗，晚反〔飯〕於和平。

　　晨拾時早餐畢，往太平，芳哥候余，代寫薦書，不久梁瑞生到，欲是晚攜同愛妻看大羅天表演《傻大俠》，余允之，共往和平品茗。

　　下午返院，馮耀芝與盧冠英到訪，晚飯於和平酒家，六時回院。

　　代西洋女寫信皮四個。

1 月 7 日 （戊辰十一月二十七日壬子）　　　　星期一

提　　要：理髮，仕可拾元，代籤則[1]。

　　{ 無正文 }

1 月 8 日 （戊辰十一月二十八日癸丑）　　　　星期二

提　　要：和平竹戲，南洋晚反〔飯〕。

　　馬票號數──2089，2091，─2，─4，─5，─6，─7，─8，2100，共九條，佔二元。

　　{ 略 }

1 月 9 日 （戊辰十一月二十九日甲寅）　　　　星期三

提　　要：竹戰，特色晚飯。

　　晨拾時梳洗畢，早餐往太平，與陳泉往和平品茗，午後返院，竹戰，抽

1　"則"是英語"cheque"（支票）的粵語音譯。

1926
1928
1929
1930
1931
1933
1934
1935
1936
1937
1938
1939
1940
1941
1942
1943
1946
1947
1948
1949

對家食晚飯後，仕可回院，作五毛算，四時返寓，飲湯"菜干〔乾〕"，然後往特色晚飯，在座馮耀芝、譚汝芳、陳泉、梁毓芬及余、陳永貞。

晚飯後，返寓洗燥〔澡〕，適瑞祥到訪，傾談半小時，然後往太平，是晚開演《花蝴蝶》，永貞與女、妻坐第十行，床前有二人黑氈帽戴而觀劇，後着源常趕他別座。

拾時半返寓，{略}

1月13日（戊辰十二月初三日戊午）　　星期日

晨拾時梳洗畢，食燉疍〔蛋〕，拾一時往太平，共往和平品茗，余為東道，下午在院竹戰，贏了四元之多，芳哥有江門之行，請連卡佛午茶，晚飯於（院請）和平。

支工金四十元，鎏伯竟追舊債柒拾元，此人視財如命，殊無人情，倘如此待余，余必響以相當報法，決不令其唯我獨尊，"以〔倚〕老買〔賣〕老"。

1月14日（戊辰十二月初四日己未）　　星期一

晚飯與阿妹吵鬧，余用毛巾向她面擲，彼此相還，竟至互相反面，深至夜間弍時復相好如初。

1月15日（戊辰十二月初五日庚申）　　星期二

提　要：支馬票銀，親戚到探。

{無正文}

1月20日（戊辰十二月初十日乙丑）　　星期日

晨早拾時往四姐處恭賀生辰，下午郭元開請品茗於和平，請四姐食晚飯於余寓，珍昌菜，該艮六點九元。

收到文盛拾元，老文扣了五元。

票尾七點八元。

夜拾時三個骨返寓，新中華尾戲，並定頭枱[1]戲目。

何其傑到訪，約八時送日歷〔曆〕二個與陳永貞。

代寫謀席位書。

因大府還神，是晚不設席於和平。

1 月 21 日（戊辰十二月十一日丙寅） 星期一

提　　要：業榮、阿朱抵港，萬國宵夜，其照請品茗於和平，送芳兄船。

{ 無正文 }

1 月 25 日（戊辰十二月十五日庚午） 星期五

提　　要：新景象無端十一點忽然停演。

{ 無正文 }

1 月 27 日（戊辰十二月十七日壬申） 星期日

提　　要：妹因問四姐往省見她祖母病狀，竟被四姐無辜罵她而回，繼又謂其欲余買燕梳等語（十八事）。

{ 無正文 }

1　"頭枱"（"枱"，日記中又寫作 "臺" 或 "台"）可理解為某戲班首次演出某劇目在某戲院登台，"元月頭臺" 則是指戲班每年正月第一輪的演期，據李小良、林萬儀考，太平男女劇團從 1933 年起元月頭臺均從正月初一開始演至初四（見李小良、林萬儀：《馬師曾 "太平劇團" 劇本資料綜述及彙輯（1933-1941）》，所附表格也列舉了其下半年其他月份的頭臺演出（見容世誠主編：《戲園·紅船·影畫：源氏珍藏 "太平戲院文物" 研究》，表格見第 200-215 頁）。是日述及 "頭枱" 事，發生在農曆十二月，應該是為來年正月演出準備；而從 1930 年 8 月 4 日（農曆閏六月初十日）、1931 年 8 月 1 日（農曆六月十八日）、1936 年 6 月 19 日謂 "鐵定六月初一頭台"）、1939 年 9 月 12 日謂 "八月十四晚頭台" 等紀事看來，除元月外，下半年也經常有 "頭台" 演出。

1月28日（戊辰十二月十八日癸酉） 星期一

提　　要：父親查數，將所有掛借入他數云，並謂與銀二百四姐，余與阿妹每人一百過年。

社會記事：代函上省，為《世外桃源》頭柏事，並謂有日子代駁。

{ 無正文 }

1月29日（戊辰十二月十九日甲戌） 星期二

提　　要：大三元品茗，代繕函與金女及陳眾（口〔師？編？〕口〔移？得？〕之母），寄銀弍拾元致祭她的祖母。

{ 無正文 }

1月31日（戊辰十二月二十一日丙子） 星期四

提　　要：父與銀一百元與亞妹，又一百元與余。

{ 無正文 }

2月1日（戊辰十二月二十二日丁丑） 星期五

提　　要：交銀一百零七點五元與四姐。

{ 無正文 }

2月2日（戊辰十二月二十三日戊寅） 星期六

提　　要：父親上省，為銀兩事。

{ 無正文 }

2月4日（戊辰十二月二十五日庚辰） 星期一

氣　　候：寒嚴

溫　　度：52°F（未時三刻十六分交春）

日拾壹時阿妹斟茶，後返寓叫醒余，往大三元品茗，下午三時許午茶於連卡佛。

夜往院見父親，父問及盧信隆數合否，並問有無欠德昌隆，余答曰，若叁佰餘元，父乃怒答曰："得掂？"余不出聲，焯哥上省，詢於余二姊地坺，無耐，紅堪主會到，暫停一頓，李伯口〔洵？〕有信，謂周壽臣二太欲到觀劇，於元月初二、三晚，主會去後，父說及趙口〔土？〕吉，即佗仔，謂坐食山崩〔空？〕，好闊乃亡家之兆，誠敗家子也，語多譏諷，殊難心忍，余雅欲修函辭職，自尋生活，自食其力，不至為他人看小，耐〔奈〕阿妹正身懷六甲何。

成昌交大摟到，陳永｛"永"字旁邊有一類似"之"的字｝貞到訪，雪梅在寓晚飯。

2月7日（戊辰十二月二十八日癸未）　　　　星期四

提　　要：着梁毓芬往取次乾日歷〔曆〕牌。

｛無正文｝

2月8日（戊辰十二月二十九日甲申）　　　　星期五

提　　要：代仕可借款，文仕可說及玉棠事，郭元開見林珍，五姐、七姐壓歲錢。
社會記事：始休息開演。

晨拾時早起，梳洗畢，早飯，後往太平，仕可說及玉棠，謂余有言冒犯，決意收拾足數，不留餘地，並懇余代籌拾伍員〔圓〕，約十二時半往大三元品茗，陳永貞為東道，郭元開請連卡佛，見林珍事，着他遲日再見，午茶於連卡佛，五時返四姐處團年，六時往院見父，與余利是二包，一為五姐，一為七姐，每封拾元，余代四姐交利是三封與父親、堯仔、鎮仔。

着卓哥交拾伍員〔圓〕與仕可，言明下月人工扣數，柒時許在寓內，着源行、溫駒擔回花盆一對往大府，並於明天再回一對。

戲院鞋金五元。

2月9日（戊辰十二月三十日乙酉） 星期六

提　　要：大三元品茗，梁仔說及仕可與玉棠按揭一百四十元事，其照借四元，先扣二元，連卡佛飲
　　　　　茶，買皮帶，妹代支十元與木匠。
社會記事：文仕可非常惡靠，張道膺論宗教事。

　　晨拾時梳洗及早餐畢，往太平戲院與張道膺君共談新劇《小霸王》，文
仕可於拾一時底〔抵〕寓傾談，下午品茗於大三元，梁仔毓芬到坐，說及文
仕可因代玉棠朋友按揭事，先借一百四十元，迄今尚未清還，故玉棠怒他不
應左推右搪，將他撚化，仕可不對余切實談話，竟詐謂玉棠欲要對余父說明
此事，着余無論如何必要代籌拾伍元云。

　　夜與芳兄行街，與黃鐵輝相遇於永安公司門口，互談舊事，先施分
別，送芳兄至油麻地火船埗頭，恭賀新禧而別，拾時返四姐處拜神，並
拜年。

2月10日（己巳正月初一日丙戌） 星期日

提　　要：是年維新，政策以儉。
社會記事：恭賀新禧，新中華。

　　晨玖時與阿妹乘汽車往大府拜年，禮畢返寓，往太平戲院賀新禧，陳永
貞請海山仙館午膳，與其照推牌九，將所贏請連卡佛午茶，羅文塤亦與焉。

　　堯仔與鎮仔全到寓恭賀新春。

　　夜有一老人，約四十歲，由板位欄桿〔杆〕跌下，傷了頭部，後用轎由
橫巷將他抬往國家醫院。

2月11日（己巳正月初二日丁亥） 星期一

提　　要：四姐到探，大三元與梁毓芬品茗。
氣　　候：晴

　　晨七時妹起身往四姐處斟開年茶，順道往大府斟茶，事畢，四姐攜全她
回寓飲茶，畢，四姐返宅，余乃梳洗，畢，食飯，往太平，與其照往大三元
品茗，梁毓芬在座，略談片時，然後返太平，永貞又到，余返寓。

2 月 17 日 （己巳正月初八日癸巳） 星期日

提　　要：大同晚飯，分票尾，美璋送拜年卡，張道鷹講戲。

{無正文}

2 月 18 日 （己巳正月初九日甲午） 星期一

提　　要：果枢請春茗於統一酒家。

{無正文}

2 月 19 日 （己巳正月初十日乙未） 星期二

提　　要：哈德安[1]，芳請食大餐。

{無正文}

2 月 20 日 （己巳正月十一日丙申） 星期三

晨拾點起，阿妹詐嬌，作告白"大民國班"，其照取回三元，實欠柒元，品茗於先施天台，與陳瑞祥全座，茗畢，回院，阿靜佈〔報〕告謂有契姊到，着余不用回來食飯，余回潛入府內，不見各人，祇見平、靜及五，詢問何往，始知行街，行蹤鬼〔詭〕秘，令人可疑，至於初九晚瑞祥底〔抵〕府，她又匿而不告，顯而有詐，必靜以觀其後。

夜彭仔對余說及，謂王棠於廿八日非常大怒，謂余不應懶慢招呼，左推右搪，顯然有詐，且余三樓之爛鬼傢私不藉〔值〕他房百分之餘，在二樓大為鼓噪，余若覩他面，必有以警之。

播寶，芳請食大餐。

1　"哈德安"和下一則日記提到的"播寶"，是當時西南輪船公司租用的來往香港江門的輪船，見《香港工商日報》1928 年 9 月 28 日第三張第二版消息。

2月21日 (己巳正月十二日丁酉) 星期四

提　要：明發事，文盛事。

昨夜嬲妹，三哥抵寓，不發一聲，竟日不睬〔睬〕，作告白，午品茗於先施天台，下午三時往四姐處，談及大嫂來港事，余極不贊成，略有抵觸，四時返寓，八家到府拜年。

夜玉棠着人繕函交杏翹收，為明發告白事，余得聞之下，親往見玉棠，交十五元了事，謂此數乃仕可用去，此信適落在本立手云，中途與亞口〔奶？〕相遇，余勸她不應每月供給仕可廿元，並書一咭片與她，外人不得藉端騷擾。

電車與金女相遇，她到訪。

2月26日 (己巳正月十七日壬寅) 星期二

提　要：萬國晚飯，繼凡抵港。

劉伯訓子在於父親面前，謂余在三樓群埋一班人大賭特賭，如在一俱樂部，父對余說及，余決與其照割席。

2月27日 (己巳正月十八日癸卯) 星期三

提　要：用偽幣五十元，共宴於萬國酒家。

陳永貞與梁毓芬在大馬柵用偽幣五十元，是晚宴於萬國酒家。

3月1日 (己巳正月二十日乙巳) 星期五

提　要：昨夜失眠，連夕走身。

｛無正文｝

3 月 8 日 （己巳正月二十七日壬子） 星期五

Mr Ho Kai Kit in a visit to Hong Kong owing to the defraudment by Mr Lee Ka Po, the man of Honourable Lee Yau-chuen, a prominent figure in H.K. gave a sound tiffin at South China Restaurant in order to be introduced to interview Mr Lee thrü [through] Mr Man Shii Ho's introduction.

I went to see my born mother.

3 月 9 日 （己巳正月二十八日癸丑） 星期六

Taking tea at Sincere Co. Ltd with Yuen Kai Yiu, I came back to the theatre at 1.30 P.M., demanding Mr Yuen Ki Chue for $1.15 as compensation. Miss Chan Wai Fan paying a visit to her sister at 11.30 A.M. & coming back at 10 P.M., probably played sparrow whole day long. I came back at 9.30 bathing and taking lunch before retiring.

3 月 10 日 （己巳正月二十九日甲寅） 星期日

> 提　　要：Sincere Co., Defraying salary, Paying debts to Lai $7.85. Lending $10.00 from Kwok Yuen Hoi.

{ 無正文 }

3 月 11 日 （己巳二月初一日乙卯） 星期一

> 提　　要：Nam Yuen Tiffin.
> 社會記事：Yuen Yiu Fan & Tsan Fan my younger brothers sailed back for country.

Getting up at 10. A.M. I went to theatre with Yuen Kai Yiu and met Mr Kwok Yuen hoi at theatre, accompanying him to go to Nam Yuen for Tiffin. I came back at 8. P.M. When dark, I went to see my father who told me that our troupe "New Era" had send [sent] a letter to us with a bundle of programmes and bid me to see my way to be able to propaganda. I agreed and inquired Mr Man

Shii Ho for the matter. Returned home at 10. P.M.

3 月 12 日 (己巳二月初二日丙辰)　　　　星期二

Going to the theatre at 11. A.M., I was invited to take tea at Tung Tin by Yuen Kai Yiu. Afternoon tea at Lanecrawford [Lane Crawford] by Mr Kwok Yuen hoi, to whom I returned $5.00. Returning home, met several girls – Sui Hing, Fung Kün & Sui Yueng – playing sparrows with my concubine.

3 月 15 日 (己巳二月初五日己未)　　　　星期五

Taking tea at Wü Cheung Restaurant. Writing a letter to apply for leaving form for Mr Kwok Yuen hoi, I was invited by Mr Chan Wing Ching who proposed to organise a synicate [syndicate] to speculate "gold Exchange", for which each one should pay $50.00.

Many so-called female relation retained to take supper at our home. I went to have hair cut. Returned home at 9.00 P.M. with Kai Yiu. Taking lunch before returning, I went to bed at 10.30. P.M.

3 月 16 日 (己巳二月初六日庚申)　　　　星期六

提　　要：Tiffin at Sincere.

{ 無正文 }

3 月 17 日 (己巳二月初七日辛酉)　　　　星期日

提　　要：Dinner at "International" with 謝繼凡, advertisement; Lane Crawford.

A new troupe named "New China" was performed in our theatre in a run of six day [days], probably, we might gain money from doing so. I was instructed by my father to write advertisement, without any apprehension of Mr Man

Shii Ho's dislike. Chai Kai Fan came to H. K. for the arrangement of "New Era"'s performing in our theatre, & at the same time, we dined at the "Hotel International".

3 月 19 日 (己巳二月初九日癸亥) 星期二

I was invited to dinner at Hong Kong Restaurant by Mr 蕭叔廉 ∵ of gaining money thrü[through] buying shares by my father. We gathered at 10. P.M. and finished at 11.50. P.M.

3 月 20 日 (己巳二月初十日甲子) 星期三

I was asked to partake in speculating "gold Exchange" with Mr Wan Chuck Ming who promised to give out $100 for deposit, & Chan Wing Ching agreed to allow me free from advances payment ($200). Mr Kwok Yuen hoi promised to hold up $50 with me without letting Chan know I had participated. Mr Lai Sein Tsau brought 5 Club de Crecio[1] Race thicket [tickets] with us; – Kwok Yuen Hoi, Chan Wing Ching, & I. Miss Chan Wai-fan accompanied her mother and relatives attending the show at our theatre.

3 月 26 日 (己巳二月十六日庚午) 星期二

Her mother coming to my house for the matter of engaging a maid servant to look after her bringing forth of a child; I told him [her] to do what she liked. Her relative, 五家 requested me to present her a bed to attend the show of "New Era", I promised and went back theatre to give her 4 seats as required.

1　應即為 Club de Recreio（西洋波會），由香港葡萄牙裔社群於 1906 年建立的草地滾球組織，見該會官方網站 https://www.clubderecreio.org/。

3 月 27 日 （己巳二月十七日辛未） 　　　　　　　　星期三

My mother came to my residence to take supper, and I talked with her about my concubines' [concubine's] birth. I went to theatre at 6. P.M. and a black Indian rang up to father to apply for a place for advertisement inside our theatre. My father agreed with him and told him to interview with his companion at Friday next.

3 月 29 日 （己巳二月十九日癸酉） 　　　　　　　　星期五

社會記事：李耀東趕上省，度鈞天樂入口〔水？〕，改太平原定之枱腳[1]。

是日先施公司品茗，下午帶書往紅磡新紀元班，堯仔一同前往，午茶於連卡佛。

晚飯後往太平戲院，修書與林德文，為改日子事，並作合同，為告白事，文仕可於八時對余說及，趁此時可趕告白一段往《南中》，余否之，此人妒忌太大，專臨急臨忙然後策畫，彼連夕都係為私事而已。

拾時半陳永貞請海山宵夜，何其傑及郭元開均在場，余於九時全陳永貞、郭元開抵永貞住家，約往觀劇。

4 月 8 日 （己巳二月二十九日癸未） 　　　　　　　　星期一

提　　要：士丹利廣告公司立合同，並同時中和簽合約，與家母吵鬧，為陪月事。

｛無正文｝

4 月 9 日 （己巳二月三十日甲申） 　　　　　　　　星期二

提　　要：她的母親到訪，謂及她的閱歷，夜父親怒士丹利人員，謂其借意騷擾。

｛無正文｝

1　此處 "枱腳" 相當於台（舞台）腳（角），即指原定的演員。

4月10日（己巳三月初一日乙酉）　　　　　星期三

> 提　　要：陳永貞代余請陪月。

　　{無正文}

4月11日（己巳三月初二日丙戌）　　　　　星期四

> 提　　要：陳永貞挪移肆佰元，言明星期一交還，余立回字據與劉伯，元海請消夜。
> 社會記事：分票尾。

　　她的五家到來，謂陪月六決於初六七抵港上工。

4月13日（己巳三月初四日戊子）　　　　　星期六

> 提　　要：觀足球，收太安伕馬費三百元，她的媽搵[1]余寫信。

　　{無正文}

4月14日（己巳三月初五日己丑）　　　　　星期日

　　是日晚飯於萬國，因超平抵港，再宴於萬國，劉君為東道。

4月20日（己巳三月十一日乙未）　　　　　星期六

　　是日家嚴生辰，晨早往賀，各母親俱在堂，唯六姐在鄉而已矣，三姐對余說及，本待與余妻來港，但未知汝母親意下若何，並謂余太過對余妻不住，何不趁此時機叫她來港，順便飲茶，余答曰，汝亦母親一份子，汝何以不待父之命，而汝竟來港，她亦能如是，況她不待余命，善〔擅〕自往省，況家公生日，不待余命亦本該來港者乎。

　　細嫂亦無往食飯，余對她們說道，余不允之故也，七姐因脫牙大病，不

1　"搵"，粵語用詞，"找"的意思。

能赴席云。

4 月 28 日 （己巳三月十九日癸卯） 星期日

提　　要：赤灣之遊。

{ 無正文 }

4 月 29 日 （己巳三月二十日甲辰） 星期一

提　　要：陶園戀妓白玉蘭。

{ 無正文 }

5 月 11 日 （己巳四月初三日丙辰） 星期六

代借 溫焯明 $150.00

太平院 150.00

三家姊（50ø Int）200.00

黃順（100ø Int）100.00 共 $600.00

以上各款代借交與陳永貞，訂明於禮拜式交還，決不食言，並問郭元開代買麥粉□〔二？三？〕罐，譚芳臭水一罐。

5 月 25 日 （己巳四月十七日庚午） 星期六

提　　要：日局於香江，並宵夜。

{ 無正文 }

5 月 26 日 （己巳四月十八日辛未） 星期日

提　　要：萬國晚反〔飯〕，又多謝劉桂平請萬國宵夜，代十二叔呂海如寫□〔字？〕
　　　　　□〔帶？常？〕□〔巾？中？〕。

{無正文}

6月5日（己巳四月二十八日辛巳）　　　　　星期三

提　　要：十時半阿妹誕生一女。
　　　　　父親無故怒余。
社會記事：中央紙 675 賣出。
　　　　　655，二千，689，二千，660，一千。[1]

　　早七時妹着余起身，蓋她已有報信者，看不久就臨盆矣，余即起食早飯，往四姐處對她說知，立即命順喜往叫□〔西？〕接生，無耐，余與四姐抵步，而八姑（□〔西？〕執）已先在矣，余吩咐煲茶，並與撞針往喚文仕可抵府，她的媽又到，約十時余往金銀貿易場，返寓約十一時，她已出世矣。

　　是晚七時往院，對父親說知中紙已盡沽，他謂余不應今早不對□〔出？

1　"中央紙"，簡稱"中紙"，意即中央銀行發行的紙幣。中央銀行在孫中山於廣州就任陸海軍大元帥時籌設，1924 年 8 月開幕，在香港及廣東多個城市設有分行，發行紙幣。1927 年，國民政府建都南京，翌年 11 月宋子文在南京設立中央銀行總行，廣東的中央銀行遂有名無實，至 1929 年 3 月正式易名為"廣東中央銀行"，並於 7 月 10 日另發行新紙幣，10 月將舊券悉數收回銷毀，換發新幣。"中央紙"自 1924 年發行伊始，便因政情多變而屢現擠兌風潮，價格起落頻仍，省港商民因為同時使用港紙、中央紙、廣東雙毫和其他貨幣，亦時刻留意中央紙的價格，炒賣圖利。國民政府北伐成功定都南京後，中央紙價格一度上升。據 1929 年 6 月 4 日（週二）《香港工商日報》報道，"中央銀幣，自從桂軍大敗，粵局轉危為安後，即日見起色，由五幾一躍而為六五六，在最近一二日來，中紙起跌皆在五六上下。查平時中紙十足通用時，亦不過□□無幾，據銀業界云，中央總行乃能恢復兌現，則中幣不難復原，蓋在一般商人，以粵省金融關切於本□〔港？〕極大，故無不渴望中紙價起也，又查昨（星期一日）中紙市價，與星期六星期日，無甚差異，起跌在六五五或六五之間云。" 6 月 14 日《香港工商日報》又謂："中央紙自中行復業，與廣州局勢轉危為安後，即逐日起漲，詎近一二日來忽爾低跌，計昨日開盤為六五八，二盤為六五，未幾又跌至六二，至晚市後跌至五九六，查廣州市價亦略跌，前日為六五五七，昨日跌至六三五，一般人感莫名其妙，僉口宋子文口來，既為整理廣州財政，則中紙當呈向上之象，何竟於此時間，忽爾大跌，省云：中紙之跌，原因不一，近日有某政客放出中紙於市面，為數約八百萬，故爾口跌，加以近日謠言蜂起，口宋子文此來，口籌口口軍費，故一般口收集貯中紙之炒口家，見有利可圖，故亦多放出，一時供過於求，乃有此現象，料口日便可恢復原價云。" 由此可見，源氏在該年 6 月 5 日以港幣 675 的價格賣出（另外似乎還有 2000 以 655、2000 以 689、1000 以 660 等價格賣出），在該段期間是相當及時的。有關 1924-1929 間中央銀行的情況，見吳志輝、肖茂盛：《廣東貨幣三百年》，廣州：廣東人民出版社，1990 年，第 216、230、264-265 頁。

上？〕便各人說知，余不發一言，後余大聲對芹哥及焯哥說及，當他出世之時，余亦不在寓中，且她自有孕已〔以〕來，何常〔嘗？〕見有一人到來探及，豈吾等乃卑輩不足以相配耶，而竟謂余不知，且向使余早早報之，她們亦能躬逮府上耶，草莽寇仇，人之常情也，余不發展猶自可，與有機會，必更有甚焉，以後當努力發奮，不示人以弱。

6月6日 (己巳四月二十九日壬午)　　　　星期四

交銀三十元與接生，原價十五天廿五元，每日車錢四毫，余一概交足，交六婆人工六員〔圓〕。

七姐命人拈餅及葡萄往四姐處，謂她欲到來觀看｛原文此處劃掉了兩個字｝蘇仔，未知許可否，四姐答以任她主意云。

6月7日 (己巳五月初一日癸未)　　　　星期五

昨夜宴於統一，是晚陳永貞與劉桂平輪賭，彩娟埋席同食，陳勝，彩娟竟食至散席而後行。

6月8日 (己巳五月初二日甲申)　　　　星期六

四姐謂六婆不應着亞靜煎雞旦〔蛋〕及平倒腳盆水，六婆蓋非出自本心，而四姐竟肯〔悻〕然而去，余乃親自到她寓所問明底蘊。

大母親、三姐、五姐及七姐均抵步戲院觀劇，余祇叫七姐一聲，而入寫字樓。

先施公司余請啟廷、撞針及梁、陳、郭、廖午膳。

購波打 [1] 二枝、棍一枚、灰水一樽及波襪一對。

夜與本立宵夜於海山，余為東道。

譚秉電話問余往何處設宴。

1　此處 "波打" 應即 "波打酒" (Porter Wine)。

6月14日（己巳五月初八日庚寅） 星期五

夜捌時因落石改近椅位處，回頭應聲，偶一不慎，至令足部屈傷，即行用藥酒搽患處，夜足疼，不能入夢。

6月15日（己巳五月初九日辛卯） 星期六

提　　要：足傷着醫調治。
社會記事：大統一以余秋耀為柏柱，收入略佳。

{ 無正文 }

6月16日（己巳五月初十日壬辰） 星期日

提　　要：是日為小女十二朝之期，邀請各人飲雞酒云。
社會記事：收入略佳。

晨早四姐抵寓，實行請飲雞酒，各母親均到寓探問小女及亞妹，六姐已於昨夜由鄉抵港。

六姐在寓與四姐及余用晚，余並無往萬國。

四姐允請六婆服侍小女，每月工金拾元，衣服冷、熱各一□〔落？若？〕，不折回港幣。

劏雞□一隻，有隻生 { 原作 "剓" 字，被劃掉 } 雞。

足傷已略癒。

下午父親着余對四姐說及滿月用艮多少，可直向劉伯代支，他以〔已〕對劉伯說及。

6月22日（己巳五月十六日戊戌） 星期六

提　　要：代借銀一百元與永貞，共三百，連前日焯哥所借在內。

{ 無正文 }

6 月 23 日 （己巳五月十七日己亥）　　　　　星期日

提　　要：永貞代買金仔二百，價銀四十五點零五元。

　　約拾弍時余與妹傾偈，講及家□〔庭？〕事，着她小心聽余教導，她竟然反面，余大怒，她謂不應因小事而在分娩後雙珠流淚，汝既與余共訂百年，想圖安樂，不應三翻〔番〕肆次對余表示不安之狀，汝既不安，大可以另尋別侶，余乃穿衣欲行，她仍不止淚，而靜及平則詐諦，祇六婆個人多方解釋，她又就睡，余亦解衣下榻。

　　按她的稟性非常嬌憨，且凡事不懂，徒以任性妄為，將來必有不安之處，且在分娩之後，猶不靜養，且欲身體妥適，難矣哉。

　　萬國晚膳後，余往四姐處，問及何時與阿女光彩及洗蘇[1]，她吩咐余每日着阿妹每晨必飲夷吾當歸川芎煲茶一杯。

7 月 3 日 （己巳五月二十七日己酉）　　　　　星期三

提　　要：小女剃頭，兼送雞酒及洗蘇。

　　{ 無正文 }

7 月 4 日 （己巳五月二十八日庚戌）　　　　　星期四

提　　要：小女滿月，阿妹上大屋斟茶。

　　{ 無正文 }

7 月 11 日 （己巳六月初五日丁巳）　　　　　星期四

提　　要：大集會[2]。

1　舊俗嬰兒滿月時，用柚子葉燒水，調至適當水溫為其洗澡，寓意嬰兒長大，稱為 "洗蘇"。

2　"大集會" 一般指由不同戲班人員組合而成的綜合戲曲演出。

{無正文}

7月12日（己巳六月初六日戊午） 星期五

> 提　　要：阿六着余代覓工人，她不能勝任，且見小女日夜苦啼，余諾之，着她好自為之。
> 氣　　候：溫，漸雨

　　侍婢勞平品行非常是非，當余昨夜往觀劇之際，她與亞六大談特談，是以是早阿六着余從速覓人，余亦唯唯諾諾。

　　下午觀劇，與四姐全座，她謂已着人代搵矣。

　　陳永貞請彩娟日〔是？〕夜到觀大集會，夜黃棠請宵夜於海山。

　　為《賽昭君》事函三面言明，在寫字樓向國光定畫景二套，先交定銀一百五十元。

　　座上談及果枱事，好多人願做份。

7月19日（己巳六月十三日乙丑） 星期五

　　是日回寓大怒，阿妹不應着撞針大聲叫余，方余在四姐處，謂她百事不理，眇〔渺〕視家姑，她大哭至暈，至六時與她共乘汽車往其姊處，蓋金女請食晚反〔飯〕也，如此來往，余極端反對。

　　下午另雇一工人服侍小女，已講妥。

　　晨着亞靜攜小女往診，適患吐嘔。

　　文仕可代說余欲新班，每月支回工金壹佰元，父允代為籌劃，並着細嫂每月往戲院支駛用[1]艮弍拾元，親自到取。

　　黃棠設宴於萬國海棠。

7月20日（己巳六月十四日丙寅） 星期六

> 提　　要：黃棠借艮一百元與陳永貞，余為中人，四天期。

1　"駛用"是粵語用詞，即"開銷"、"支出"的意思。

家嚴上省，着亞妹每月到院支艮廿元，以為己用，余則必需用心理院務，不可廢弛。

7 月 21 日 (己巳六月十五日丁卯) 星期日

小女往四姐處暫歇，四姐殊不滿意阿六所為，不用她服侍，她覺得無味，屢欲辭行，妹亦不安，身體不舒，{略}，着仕可診脈，且胃口全無，余在戲院候她至十時始共返寓。

連日着撞針看屋。

7 月 22 日 (己巳六月十六日戊辰) 星期一

提　　要：阿六已去，工金連小腳六點一元。

{無正文}

7 月 23 日 (己巳六月十七日己巳) 星期二

提　　要：身體略欠安。

{無正文}

7 月 30 日 (己巳六月二十四日丙子) 星期二

提　　要：利舞枱〔台〕、太平、統一分份。{此句原文用紅筆書寫}

{無正文}

8 月 1 日 (己巳六月二十六日戊寅) 星期四

提　　要：九點奶媽容上工。{此句原文用紅筆書寫}
　　　　　國光畫社交來百分之十，與仕可均分，每人得艮十三點五元。

{無正文}

8月10日 （己巳七月初六日丁亥） 星期六

提　要：No friendship with Mrs Chan Wing Ching & Wong Tong.

　　{ 無正文 }

8月12日 （己巳七月初八日己丑） 星期一

提　要：Reced [Received] $216.00 from Canton for 3 months salary.

It was reported that the house in which lived my mother had been subject to larceny. Lost one gilted [gilt] old watch and few silver instruments and no other things lost. I hastened to the scene and bid them (the guards) to look after carefully.

Mr Chu Wai Man came to Hong Kong last night and was invited to take meal at my house. Reced [Received] $226.00 from Canton being 3 months salary, given $300 to Tam Fong as subscription to Mr Chan Wing Ching's "son's full moon".

8月13日 （己巳七月初九日庚寅） 星期二

Mrs Lau Kwai Ping & Tam Cheek came to visit us for the finding of Mr Chan Wing Ching who owned the former about $1500.00. I told them about his credit to us which was entirely out of belief and he had not seen me about 4 days (This belong [belongs] to Wednesday).

This night I invited Mrs Wong Tong, Yuen Pun Lap & Kai Chue to take dinner at Hotel International.

8月19日 （己巳七月十五日丙申） 星期一

提　要：屋喉開放，由六點至六點。

早九時抵院，叫醒黃棠及郭元開，共往 "加華" 銀行起銀，簽字後余與元開共行，棠留□〔收？〕，銀行員以手續不合，不允交與他，他乃往覓余，竟謂余將他撚化，至今當堂見醜，而余確無此心，且一心為他，余奮〔憤〕然而去，取回廿元，往皇后餐室早膳，而後返寓，是晚余約他到院伸〔申〕明此事，並着他所欠余之數交余個人，不可比對，余親自交銀廿元與郭元開，以清前數，此人脾氣非常惡劣，不足以謀大事。

陳永貞所欠他之款壹百元，余立紙為據，苟貞不還，豈不是余個人負責，余唯快刀斬亂麻，先發制人。

撞針取回貯下之廿元中五元，實存十五元。

8 月 21 日 （己巳七月十七日戊戌）　　　　星期三

拾式時品茗於新紀元，在座者源其照、劉桂平、張榮及余，討論永貞之債務，均原諒，着他早日謀面，不可避而不見等事，後往播寶覓汝芳，郭元開全行，在船面，余見陳永貞、黃棠、趙仲良及梁毓芬，一全往行，四時返寓。

8 月 25 日 （己巳七月二十一日壬寅）　　　　星期日

是日芳哥請品茗於新紀元，劉桂平亦約往大同，述及陳永貞欠款事，劉非常怒氣，並謂不應晚晚花天酒地，置債務於不理，必有以報之，下午漢民理髮，返寓適金女到訪，余洗燥〔澡〕畢，返院，往海鮮用晚後返院，交第一場曲與仕可。

8 月 26 日 （己巳七月二十二日癸卯）　　　　星期一

品茗於新紀元，其照、郭元開及余，茗畢，往船探譚芳，適棠路抵步，共往陶然小敘，余勸他不可造次，須要提防趙某人及貞交手，下午返院，是日開演覺先聲，櫃台有人對余說及，眼見有人將門口沽餘之票退回銀枱，且此票非常殘舊，難兔〔免〕不令人思疑，余着他再有如斯，實行面斥。

夜平往觀劇，余與姜二人弄麥粉宵夜。

8月27日（己巳七月二十三日甲辰）　　　　星期二

提　　要：與妾口舌。

{ 無正文 }

10月1日（己巳八月二十九日己卯）　　　　星期二

提　　要：新中華尾戲，分票尾十點六元，梁威林請連卡佛午茶，與鍾得光相遇荷李活，約定衣。

早四姐着順喜拈信過來，大嫂欲來港，問余辦法如何，余後往四姐處着她做主，夜她對父親言及，父着仕可修函不用來港矣。

10月4日（己巳九月初二日壬午）　　　　星期五

陳熾英攜全住眷到院觀劇，余送券。

新紀元品茗後，往一葉竹購藥散與小女搽瘡。

妹無端啼哭。

一統太平到演，非常冷淡。

（一）因日戲不改良，純屬舊式，夜戲無多之故也。

（二）雖開新戲，佳劇不多。

（三）佬倌不落力。

（四）座倉[1]不能疏通各伶人。

（五）喧〔宣〕傳欠美術。

1　"座艙" 是 "櫃枱"（即戲班的行政管理部門）五個職位中最重要的一個，即總管，職責包括參與班主的組班計劃、檢閱各式老倌演出是否合格、安排 "走趯"（跑差）到各地賣戲（組織演出台期）、在紅船上擔任領航員。見黃冠口述，招鴻整理：《粵劇紅船班中的櫃枱及其坐艙》，收入廣州市政協文史資料研究委員會、粵劇研究中心合編：《粵劇春秋》（《廣州文史》第四十二輯），1990 年。

10 月 5 日 (己巳九月初三日癸未)　　　　　　　　**星期六**

提　　要：妹無故啼哭。
　　　　　一統太平支取一百五十元。
社會記事：收入破天荒。

是日早膳，惠芬無端啼哭，謂余不應叫她遠去及嘲笑她"與陳老四"往亞金女處，竟與余吵鬧，女子與小人誠難養也，且余確逼汝大歸，必不至如是看待，{略}，余豈容汝如是乎，庸人自擾，余亦不與她答話，決不讓步。

晚她往觀一統太平佳劇《雷峰塔二本》，極為暢旺，收入一千一佰陸十餘元，完劇之際，余問她歸否，竟不答，復怒向余："你行先咯。"任她如何便如何。

10 月 8 日 (己巳九月初六日丙戌)　　　　　　　　**星期二**

早南園品茗，文仕可、駱錦興、李海帆及李海帆之友余伯耀、李善卿等，往九龍西鄉園素食，余伯耀為東道。

並是夜余妻馮氏違余父命，獨自來港，寄居於四姐處。

怙惡不悛，是亦不屑教誨。

10 月 10 日 (己巳九月初八日戊子)　　　　　　　　**星期四**

提　　要：家母李氏壽辰，家人齊集，番生大姊亦與焉。
社會記事：十十節政府下令各機關一律停公，本院蒙惠，特別通宵一夜。

女子小人的確多事，七姐與余等同酌，而決不與她等同桌，可謂"大無屍樣"，持勢橫行。

10 月 13 日 (己巳九月十一日辛卯)　　　　　　　　**星期日**

朱懷民已竣〔晉〕省矣。

10 月 14 日 （己巳九月十二日壬辰） 星期一

余與其照及阿妹三人往新世界，觀電影畢，往和平晚飯，其照先回。

10 月 15 日 （己巳九月十三日癸巳） 星期二

余、郭元開及溫焯明往海鮮宵夜，余為東道。

10 月 16 日 （己巳九月十四日甲午） 星期三

理髮。

余對父說及，若能加插千里駒，可將七點至八點的時間先影畫，後【後】做鑼鼓劇，（一）可以同時提高國片位置，（二）可以收入多些，父然，余說未知能否實行。

是晚演大一景，收入略好。

現目各班以視，太平為一舊式院，隨時可以租賃，永不預早通知，若能有法警之，則其高傲可以盈〔迎〕刃而解矣。

郭元開允代購 "保腦藥汁" 二瓶。

11 月 10 日 （己巳十月初十日己未） 星期日

亞妹生辰，眾賓函〔咸〕集。

11 月 11 日 （己巳十月十一日庚申） 星期一

社會記事：假期。

小女中痘，往那打素潘醫生處。

11 月 12 日 （己巳十月十二日辛酉） 星期二

社會記事：假期。

1926
1928
1929
1930
1931
1933
1934
1935
1936
1937
1938
1939
1940
1941
1942
1943
1946
1947
1948
1949

{無正文}

11 月 15 日 （己巳十月十五日甲子） 　　　　星期五

南園品茗，招呼不週〔周〕，實行杯葛，交四十元與亞妹云。

是晚演大一景班，加插神童新馬師曾，收入破天荒，約七百餘元，座為之滿。

12 月 14 日 （己巳十一月十四日癸巳） 　　　　星期六

提　　要：麥益生夜到訪，談及夜口〔多？〕事。

{無正文}

12 月 15 日 （己巳十一月十五日甲午） 　　　　星期日

提　　要：是日家庭小故，以致大衝突，環境不佑。

下午二時許回家，正欲夫妻敘談，誰料亞妹竟逼余返四姐處，又謂余話她，"弄到家散人亡，母子不和"等語，又口〔每？〕口〔每？〕見余，必苦口苦面，似余將她不知若何刻薄，致〔至〕於家母所言，雖屬傷心，不應將余痛罵，且當汝{此處原文劃掉了兩個字}入我門之時，家父已有言，吩咐四奶所講，不可當為實，此人專弄是非也，試問余有何樂趣，回四姐處則怒罵，及至汝是余之愛人，尚又如此，豈余甘受人主使耶，余母雖向汝討罵，此乃反間計也，老公見得爾好，何患無着落耶，因吵鬧余將她痛打，非余欲為之，奈奮〔憤〕火何，致將杯碟碎在地下，後她母及小紅契姊到勸息，然余亦不欲處於此環境也。

百事發生，必肇於吾母也。

....

姓名錄

姓名	字號	住址及通信處 {下一欄原來是履歷及雜記，但實際上是跨欄填寫地址}	
譚芳	龍石	九龍城西貢道 54 號，省河南州咀德和新街黃厚德堂 8 號	
阮少崙	新隆	江門新市街	
朱懷民		省西關連慶新街新門牌 24 號，廣州長堤光樓四樓曹氏洋行	
源煥容	李雲橋	廣州河南寶恕一巷廣益學塾	
何其傑		廣州西關耀華大街廿號	
陳蝦女		汕頭崎嶐〔碌〕廣州街 19 號之一三樓	
朱懷民		Chü Brothers & Co., Mission's Bldg, The Bund, Canton	Miss Lo, No. 8 Door Po Fong, Western Suburb, Canton

發信表

日期	人名	地址	事由	備考
尾月拾七日	陳瑞祥	省河南	他不上省	
〃月十八日	仝上	仝上	式拾元致祭	
〃月十八日	陳蝦女	汕頭崎嶐〔碌〕	佈告祖母去世	
〃月十八日	H. K. Telegraph Co	Hong Kong	Adding theatre after "Tai Ping"	
〃月廿七日	黃栢（代彭仔書）	省	組織女班事	交太安轉交
己巳元月八日	李芸魁，廣益學塾	省河南寶恕一巷	恭賀新禧	
月廿九日	陳蝦女	汕頭		代寄簽

雜錄

共欠黎仙儔君 90 元。

{ 另頁 }

三月十一日	父親生辰
九月十五	余生辰
二月初四	堯芬
三月初三	鎮芬
九月初八	大母親
十二月初十	四母親
十一月十弍	七母親
九月初二	鄧次乾
十月初十	陳惠芬生辰
十一月初九	她的祖母生辰 已故
十一月弍拾	她的母親生辰

收支一覽表

月	日	收入要目	收入數額
六	廿一	上期薪金	$100.00
		國光畫社	13.50
七			100.00
九	三		150
九	八		50

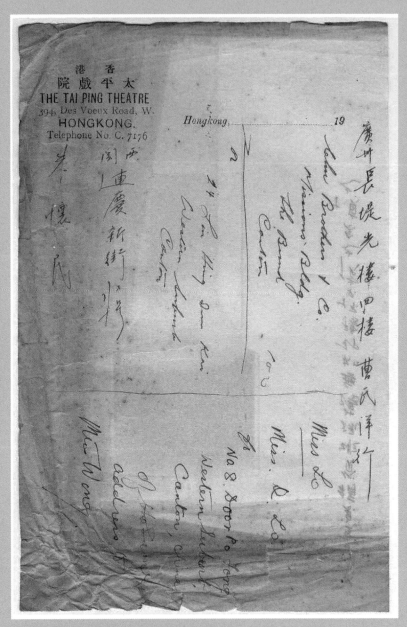

寫有 "廣州長堤光樓四樓，曹氏洋行。Chu Brothers & Co., Mission's Bldg, The Bund, Canton, 100; 24 Lin Hing Sun Kai Western Suburb, Canton; 西關連慶新街 24 號 朱懷民；Miss Lo, Miss. D. Lo, No. 8 Door Po Fong, Western Suburb, Canton, China, Of the same address to Miss Wong" 的太平戲院信紙

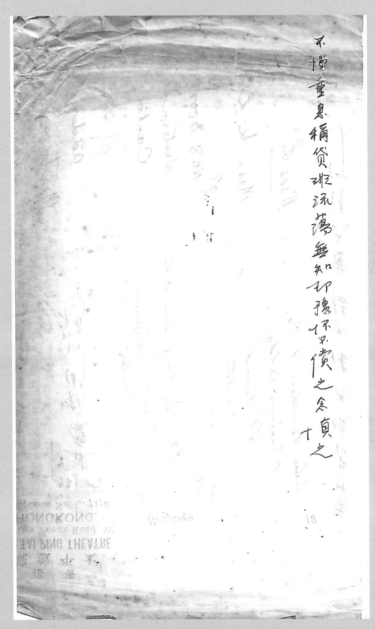

同一信紙背面寫有"不憚重息稱貸,非流蕩無知,即豫懷不償之念,慎之"等字

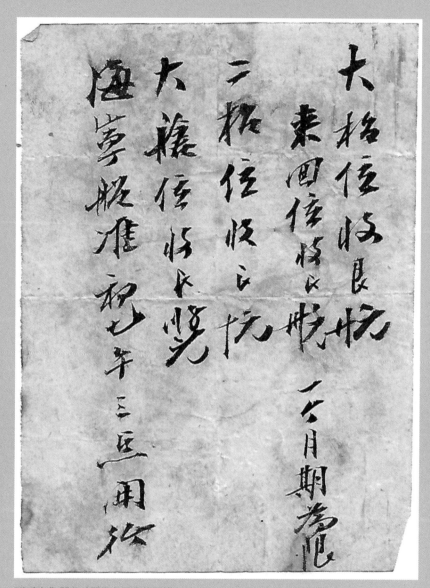

大格位收長悅　　來回信格長悅　一六月期為爬

二格位收七悅

大糖位收長覺

海寧船准初七午三兵用行

"海寧船"開行時間及各種座位價格

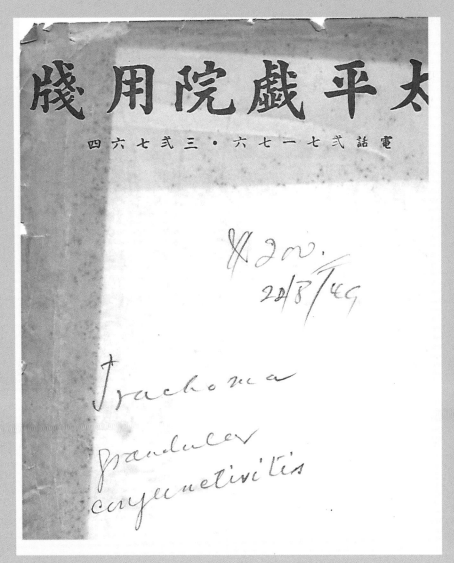

寫有 "Trachoma granular conjunctivitis"（即 "砂眼"、"顆粒性結膜炎"）等字的 "太平戲院用牋"

源詹勳先生日記

1930年 [1]

Best Wishes 15.6.1930 [2]

1　此年日記與 1933 年日記合記於 "中華民國十九年自由日記" 本。

2　此行字寫於日記本的目錄頁上。

1926

1928

1929

1930

1931

1933

1934

1935

1936

1937

1938

1939

1940

1941

1942

1945

1946

1947

1948

1949

6月15日 （夏曆〔曆〕庚午五月十九）

家君着交壹佰元與四姐，作次女滿月用。

6月16日 （廿日）

郭君元開與余往中央觀電影《璇宮豔史》，執會二百三十二點七元。

6月17日 （廿一日）

晨晴，午雨，拾時半與郭元開〈到〉上環，往"海鮮"食畢，往購牙糕〔膏〕，至大新門口，忽大雨。

大三元品茗，着郭君代贖金頸鍊〔鏈〕三十一元。

夜與黎君尌頂手"南賓"印字館事。

黃海兄擔保，嚴卓臣，商務書館僱工，明日十點往見司理。

代做汗衫，英華消夜。

6月23日 （廿七日 夏曆 五月）

是日乃次女滿月之期，本應赴大屋尌茶，各人不悅，而七姐更有甚焉，蓋因派雞酒之日，特意造謠，謂阿容不稱呼七太，而竟稱呼七奶，故意是日面黑黑，凡大小不和，往往子女們受氣，大家同是家人，尚且如此，竟含有不願富貴，寧願閉翳之概〔慨〕，且凡余有大件事做，彼等皆如是，欲採頭勢也，是日陪月玉｛"玉"字似有刪去痕跡｝桂到期他往。

6月25日 （廿九日）

初駛媽容允看護長女及次女，後連捱兩夕，覺得痛苦，借與靜嘈吵，請四奶另請別人撫育少女，而四奶謂任我們如何便如何，余着阿妹不理，暫時自己做，遲日處決。

6月30日 （夏歷〔曆〕庚午六月初五日）

與家嚴往皇后兩次，與千里駒接洽至夜深一時許始斟妥，白玉棠準潤〔閏〕六月初十開演，即交定艮每人二千元省毫。

7月1日 （六月初六）

請譚芳、秉華、元開及華開大三元晚飯，約十元，並購紫羅綢 3¼ 碼，家君今早赴省，還回徐勝二十五元，交其照手，尚欠七十五元云，下午四時忽雷電交馳。

7月3日 （六月初八日）

是晚約七時許院左鄰永裕祥油倉失火，灌救多時，濃煙密佈，至三時始滅，幸院各伴齊心協力用喉注射，否則不堪設想矣。

下午借陳何氏弍佰大元，允於來月交還，每佰元行息一元。

7月4日 （初九）

四姐晨拾一時來寓，攜全小女往院觀劇。

阿蓉非常多事，實在厭尖，詐謂洗細女衣服，亞靜多嘴，藉端推委，並謂此處門口太低，應份唔做，不過人工價高，不得不為，由此觀之，此人好做是非，專賣面光，余雅不欲用。

7月5日 （六月初十）

理髮。

7月7日 （六月十二）

次女食瀉油，肥黃仲文借款。

家父與龍章欲送一聯與東江祖祠[1]入伙〔夥〕，余覆函擇首聯而非次聯。

7 月 8 日 （六月十三）

新馬師曾之父母反覆甚大，竟謂他們倆之子乃台柱也，又謂事頭有錢，何愁無人用，而祥仔雖無戲做，未必餓死等語，且落鄉亦要着人擔任保護云，父怒他，着她立即行人。

7 月 14 日 （六月十九）

父親大罵四姐，謂七姐播弄是非。

7 月 26 日 （潤六月初一）

陳蕙芬剪髮，余亦剪髮。

8 月 4 日 （潤六月初十日）

永壽年班頭枱，《六國大封相》、《千里攜蟬》[2]（頭枱冠軍）。

8 月 5 日 （十一日）

日演《風流騷客》（良），夜演《神鷹》（始縮）。

8 月 6 日 （十二日）

（日）《十年人事幾翻〔番〕新》（常），（夜）《虎穴情鶼》（更縮）。

---

1 此處“東江祖祠”即鶴山霄鄉源氏以源乾曜為始祖的二房竹主祖派下亦即源杏翹家所屬之“四世東江源公祠”（東門坊），至今保存完好。詳見程美寶：《源杏翹在鄉下》，收入容世誠主編：《戲園．紅船．影畫：源氏珍藏“太平戲院文物”研究》，香港：香港文化博物館編製，2015 年，第 64-71 頁。

2 一般作“《千里攜嬋》”。

9 月 6 日 （庚午年七月十四日）

是日家母燒衣，一干人等過府用晚，侍婢顏又名九妹，哭訴於四奶，謂余半夜將她趕出，即夕七時對余姜云立刻要辭工，稍遲猶覺汗顏，此人年方十五，非常膽足，竟與余姜駁咀。

9 月 10 日 （十八日）

細女連屙十餘次，阿蓉怙惡不悛，且是非，不能久用，暫且忍耐，遲日必辭，蕙芬育女，殊覺艱辛，理當覓人代撫，又恐養成驕惰，黃靜與阿蓉均乃同黨，大有挾制主人之舉。

9 月 11 日 （十九）

溫焯明借款二拾元，言口〔明？〕廿一晚交還，交馬票一元與其照。

9 月 22 日 （庚午年八月初一日）

長女始行，四姐脫牙｛以上日期及正文均用紅筆書寫｝，前星期六七姐乘車被劫之金頸鍊〔鏈〕及玉墜，已由華探朱培搜獲，｛略｝，六姐赴港已回歸。

9 月 24 日 （初三）

譚芳上省就職，借艮拾元黃巨祥，請英華消夜，余借其照四十七元，乃粉嶺馬票數。

｛本則日記原記於下一則 9 月 26 日日記之後，開頭有“補敘 初三晚”等字用紅筆書寫｝

9 月 26 日 （初五日）

星架坡三姑｛以上日期及正文均用紅筆書寫｝贈小女金頸鍊〔鏈〕並呂宋墜，厚義隆情。

郭元開虛報余與其之六毛澳聯得中五店，如此玩笑，殊屬可鄙。

｛ 新曆日期未能確定 ｝ （初五日）

陳金女到探並留飯焉，聞說馬伶起班，四姐中四店鋪票。

1926
1928
1929
1930
1931
1933
1934
1935
1936
1937
1938
1939
1940
1941
1942
1943
1946
1947
1948
1949

雜錄

夏曆三月十一	父親生辰
九月初八	大母生日
十二月初十	四姐（生母）壽辰
十一月十式	七姐生辰
九月十五	余生日
拾月初十	陳惠芬生辰
四月廿八	長女生日
四月廿七	次女生日
二月初四	堯勳生日
三月初三	鎮勳生日
十一月廿一	陳何氏生辰

姓名錄

姓名	字號	地址及通信處	履歷及雜記
朱懷民		省長堤光樓四樓美商曹氏洋行	
陳瑞祥		省河南龍溪首約奧福里十八號	
陳麗松		省榮陽街致安洋貨店	
余束立	瑞朝	廣州市倉邊街路三十六號二樓	利民生號 土木工程師

收信表

日期	人名	地址	事由	備考
六月十六日	Charles Boni	80 Fifth Avenue New York	Paper Books	May 24 1930
九月二十六日	Charles Boni	〃 〃	Mangant Fuller	

收支一覽表

月	日	收入要目	收入數額
八	五	永壽年薪	100
〃	六	十年人事幾番新	25
〃	六	代鄧美打曲	30
九	5	永壽年薪	100
〃	26	〃 〃 〃	30
〃	〃	〃 Wages	40

源詹勳先生日記

1931^年

1月5日 （陰曆歲次庚午十一月十七） 星期一

Fornication.

Lewdness.[1]

繳納娛樂稅 $14750。

《政府公報》伍毛。

代支日期印四毛。

1月6日 （陰曆歲次庚午十一月十八） 星期二

Cable to Annam.

Desk.

$5.00 to Y. H. Kwok.

Compliments to Tam.

Cards to get seats.

Printing.

二毫、一毫，五仟以下印紅色。

二毫芬（B1）、 毫芬（B1），每樣印一千，共二十。

收〔修〕整手錶。

1月7日 （陰曆歲次庚午十一月十九） 星期三

定永壽年價目。

寫字枱已交妥 $28.00。

郭元海晉省。

鄧英[2] 函，與班齊到。

《循環鏡》佳音，一千四百餘元。

---

1 "Fornication" 及 "Lewdness" 的中文意思分別是 "通姦" 和 "淫蕩"。為何源先生會在這天日記的開頭寫上這兩個詞，難以查考。源碧福女士稱，其父經常會記下一些新學的英語生詞。

2 鄧是人壽年的開戲師爺。

印式。

鉛筆刨。

No. 機。

鎖。

印《星期娛樂報告》。

書架。

臭丸。

樟腦。

寄函與譚芳。

文盛，無號數、無日期、無稅、無價之票共印一千。

已印備有號數而無日期、無票價、無稅之票一千。

欲將免票改為襟章。

溫卓明兄二時添男。

1月8日 （陰曆歲次庚午十一月二十） 星期四

筆桿 ✓。

膠水 ✓。

棉花 ✓ —— 一點四元。

密〔蜜〕糖——一點六元。

火漆 ✓。

明早十時轉襟章。

果枳佔三十個，八毛。

化裝〔妝〕品，黃棠。

告白，《循環鏡》傳單明日出版。

文仕可，婦科丸二個，昌婆，二個。

執會二佰三十元。

冧吧機拾五元口〔八？〕毛半。

七姐由鄉返港。

1月9日 （陰曆歲次庚午十一月廿一）　　星期五

□〔李？〕炳婦科丸。

陳蕙芳一函。

由咭片轉襟章。

中華馬票拾元，1399、1396、1395、1394、1400。

點票。

修函與超平，代製婦科丸。

何平、朱黃氏，免票各一。

修函與六姐，息爭。

借五元。

奇寒。

函源超平，代製婦科丸，一百。

英華 $275 入數。

南濱《星期報告表》已收到。

銚仔往宵夜，文譽可。

定做膠印太平戲院一個，及銚仔膠印一個。

1月10日 （陰曆歲次庚午十一月廿二）　　星期六

對號位一個。

奇寒。

鄧英取票太多，父怒。

設法謀開電影戲院於省河南，約六千元。

宴於萬國。

支八十元，入永壽年數。

1月11日 （陰曆歲次庚午十一月廿三）　　星期日

祖□〔王？〕騙票。

本立解釋。

金中鳴返港，已度妥戲本。

收娛樂稅二百七十二元。

《胡奎賣人頭》告白及傳單□〔景？〕□〔後？〕□〔寄？〕。

柏玉霜[1]曲。

1 月 15 日 （陰曆歲次庚午十一月廿七） 星期四

宴於文園。

1 月 16 日 （陰曆歲次庚午十一月廿八） 星期五

交艮五十元。

1 月 18 日 （陰曆歲次庚午十一月三十） 星期日

陳金中欠艮五點一元。

2 月 24 日 （陰曆歲次辛未正月初八） 星期二

家父設宴於萬國。

專請千里駒、白玉棠，為解釋鄧英事。

2 月 28 日 （陰曆歲次辛未正月十二） 星期六

借銀廿元。

李鑑潮請飲於陶園桂廳。

賽馬。

---

1 柏玉霜乃《胡奎賣人頭》角色之一。

3月1日 （陰曆歲次辛未正月十三）　　　　　星期日

余設宴於萬國歐州〔洲〕，二十九點五元。

共楳〔謀？〕《血染芭蕉》。

3月2日 （陰曆歲次辛未正月十四）　　　　　星期一

金鍊〔鏈〕、金表〔錶〕、玉珊，共五十元（長生庫）。

細女不精神。

賽馬，微雨。

□□□□□□ ｛原文此行墨水已化，字模糊不清。｝

欠黎四十元。

焯哥五十元。

3月3日 （陰曆歲次辛未正月十五）　　　　　星期二

郭元海設宴於萬國含笑。

3月4日 （陰曆歲次辛未正月十六）　　　　　星期三

寄信安南。

3月11日 （陰曆歲次辛未正月廿三）　　　　　星期三

郭元開借銀拾元。

在義興購皮鞋一對，十八點五元，並黃色皮鞋補及打掌。

3月12日 （陰曆歲次辛未正月廿四）　　　　　星期四

萬國，三十點九六元。

是日總理逝辰，下半旗，所有娛樂場停演日戲。

新春秋到演一晚《危城鶼鰈[1]》，收入八百餘元，應份有日戲做，為紀念起見，特將日戲停演。

交銀三十三元與黎仙儔。

3 月 13 日 （陰曆歲次辛未正月廿五） 星期五

太平戲院是日租與鍾〔鐘〕聲慈善社，是夜奇寒，觀眾減色。

娛樂捐員到查。

大三元品茗，英華宵夜，這幾天精神困乏，每每欲睡。

其照、元海到府晚飯，遇塵影，商量繪畫事，余伯耀欲與余組織一畫社，余答俟上省與超平磋商始允合辦，徐勝取款甚急，余允遲數天云，細女有病。

瑞祥住趾〔址〕乃十八號。

3 月 14 日 （陰曆歲次辛未正月廿六） 星期六

十二時始起，大三元品茗，英華消夜，黎請。

《斷崖飛絮》，澳來函，收入九百｛原文該數字有劃掉痕跡｝餘元。

歐漢扶到訪。

3 月 15 日 （陰曆歲次辛未正月廿七） 星期日

大三元棠請品茗，下午傾盆大雨，往訪南濱黎老板〔闆〕。

連卡佛品茗。

夜觀劇，鐘聲《璇宮豔史》。

金中鳴由澳返港。

交銀卅元與住家。

---

1 原文 "鰈" 字部首作 "鳥" 字，置於右側。

3月16日 （陰曆歲次辛未正月廿八）　　　　　　　星期一

娛樂捐員到驗。

萬國瑞雪，十七點一九元。

黎老板〔闆〕，卅元。

金中欠八元。

在院借卅元。

文仕可欠十一元。

實行崇儉，宿償外債。

對海演《循環鏡》，九百餘元。

棠兄之器小哉，區區三元，猶遲疑不給，類似爾等昏迷，我焉能陪汝顛乎之勢。

《銀晶報》登明鄧英下野之原因，想亦局內人之作也。

3月17日 （陰曆歲次辛未正月廿九）　　　　　　　星期二

十二時起，大三元品茗，下午工作，夜萬國合石口〔罐〕[1]十六點七六元，除黎老板〔闆〕三元外，實欠他｜二點乚一元，到座者棠、海、照、文共六人，徵妓未有埋席，一時許返寓，揮函與譚芳。

傾盆大雨，七時至九時。

黎民三輸雞，欠一元，黃棠欠一元，其照代仕可還艮一元。

電影，雖大雨，收入尚不弱，約八十四元。

內子探親，七時始回。

3月18日 （陰曆歲次辛未正月三十）　　　　　　　星期三

十二時半大三元品茗。

李鑑潮下午有電相約，為新戲事。

瑞蓉、靜兒到訪。

1　參見下文 3 月 29 日有相似字，故認作〝罐〞字。

內子、大姊有恙。

牙痛。

夜往探李鑑潮，適彭天生在座，談及金中事。

英華宵夜。

是晚影戲非常擠擁。

郭元海之執倒〔到〕馬票恐不能收效。

週三姑催息，二十四元。

譽可二元尚未交回。

3 月 19 日 （陰曆歲次辛未二月初一） 星期四

大三元品茗，千里駒母有病。

明日改戲油麻地普慶院。

新劇《鷦鴣王子》下卷。

八時許與亞妹往觀金女病狀若何。

九時到英華，拾一時回寓。

電影兩場均沽清。

3 月 20 日 （陰曆歲次辛未二月初二） 星期五

大三元品茗，與金中輸賭千里駒夜車返港否，余得勝二元。

支《鷦》下[1]艮一百五十〔一〇五？〕元，請歐漢扶、金中及黎民三於萬國酒家美州〔洲〕，約十七元。

晨往觀金女病狀，兼擔任傳話。

下午往見李鑑潮，商量新戲事，他要求先度五十元，余支吾以對。

歐漢扶意欲開《愛妻劍化吳宮去》，未知能否實現。

金中照計前後欠銀五元。

借仕可一元。

九時英華小食。

1　此處應指《鷦鴣王子》下卷。

張四姑取免費券二位，云送花與余。

3 月 21 日 （陰曆歲次辛未二月初三）　　　　　　星期六

是晚本立外出，父命將所有銀幣數過交與劉伯，照數實欠十餘元。
後他返詐謂有定[1]未交，由袋[2]補回，此人可謂墮落之極。
掃灰水。

3 月 22 日 （陰曆歲次辛未二月初四）　　　　　　星期日

金中宴客於萬國倫敦。

太平設宴於北洋晚飯。

下午回家，妹對余說，有人說到你叫彩鳳非常妥適，後瑞卿、瑞容、靜兒均到，眾口一聲謂余有此事，且謂余等好作狎邪遊，並專趂寮口婆，不準〔准〕人催人，因源杏橋〔翹〕去歲不許支錢，致有元月初六始到萬國飲，金中執廳，不過想吼四家而已矣。

黃棠專門詐諦，好行精便，且於他有利則為，非也則反面，祈慎之。

還回五元與黎老板〔闆〕，實欠四｜五元，取華美新衣一套，三十元，香旂交關口票一打。

着香旂交銀與彭天生。

3 月 23 日 （陰曆歲次辛未二月初五）　　　　　　星期一

大三元品茗，夜三元每份。

黎、元、棠萬國消夜。

代元海寫信，收馬票款項。

歐漢扶欲借艮拾元，後對父說及，給以十五元晉省。

交娛樂捐二百八十八點五五，交銀八十元與亞妹作為家用，購牙糕

1　即定金／訂金。

2　“由袋”一詞，原文如此，未知何解。

〔膏〕、牙粉。

繕函與域景洋行，追收告白費＄80.00元。

3月24日 （陰曆歲次辛未二月初六）　　　　星期二

九時起，往院繕函，代元海收馬票，十時往域多利餐室，大三元品茗，酈基理髮，下午三時回寓。

阿妹脾性太惡，勸余不可往叫彩鳳，謂余瞞她，不知何人唆擺，始則口角，繼則用武，余用椅擲去，致傷頭部，當時余將她抱起敷藥，其照、撞針、樹燦紛紛慰問。

余亦悔過矣，余非蕩子，不過與二三知己暢談而已矣，亦悔不該起手動足，亦深悔孟浪。

文仕可、郭枝開到訪，在舍下暢談。

3月25日 （陰曆歲次辛未二月初七）　　　　星期三

借郭元海廿元西紙。

上午大三元品茗，下午回寓，適靜怡、瑞容及她的大嫂到訪，由省至，四時洗燥〔澡〕，夜往英華，阿妹怒由〔猶〕未息，無他，不過欲余贖回些錢，不可浪用。

她終宵痛哭，令余心欲碎矣，余將《血染芭蕉》交回文仕可，允打下卷《癡心胡〔蝴〕蝶》曲白[1]，在華美定下衣服。

3月26日 （陰曆歲次辛未二月初八）　　　　星期四

其照借銀壹元。

黎民三請南華餐室午膳，此餐館食品美味適口，黃棠兄有恙不到。

林珍有信到，謂馬票無效。

1　"曲白"即曲詞和口白，"打"曲白即為某套或某場戲撰寫曲詞和口白，一般還包括曲牌的選用。

夜阿妹到院觀電影。

購奶粉，六元。

下午在院內午睡。

3 月 27 日 （陰曆歲次辛未二月初九） 星期五

電燈公司專員到訪，詢問院是否下月始拆，若果係拆，則不到試驗電鏢〔錶〕及電線矣。

————{ 原文此處有一分割線 }

大三元黃巨祥等品茗，夜因馬票事修函與元海，回寓消夜云。

頭弍場電影非常暢旺，可為電影之新紀錄。

3 月 28 日 （陰曆歲次辛未二月初十） 星期六

十一時到太平院，談及將來新院如何辦法，對於電影問題，啞片乎，抑響片乎，余極端贊成啞片，蓋屆時全港只本院有啞片，好斯道者，必駕本院方能享受此娛樂也。

人三元品茗，譚芳抵港。

夜英華。

周三姑是月討回一百元，余再議並轉單。

3 月 29 日 （陰曆歲次辛未二月十一） 星期日

譚芳大三元品茗，茗畢行街，猜詩謎，中了十罐煙仔，夜英華消夜。

寄信馬會及別發書館。

是日廣州祭黃花岡〔崗〕，停演日戲。

送市太平關口票肆條與譚芳，修〔收〕到南濱洋紙部兩個。

3 月 30 日 （陰曆歲次辛未二月十二） 星期一

源惠三由省抵港購郵票。

郭元開、源其照在寓晚飯。

早晨對父說及，無論如何，必要教子姪讀書，始成大器云。

大三元品茗，適隔鄰馬寶山開辦，燃放炮串，以至〔致〕全座為濃煙所閉。

下午回院，打足球。

夜英華消夜。

彩鳳攜同大家到觀劇，余因吵鬧之後，不敢肆意傾談。

3月31日 （陰曆歲次辛未二月十三） 星期二

拾時起，梳洗畢，用早膳，大三元品茗，下午足球。

連接二函，（一）歐漢扶發自廣州新亞，云新劇準廿四晚出世，（二）星州〔洲〕契娘發來。

向黎老板〔闆〕借八十元，允明日交。

夜英華消夜。

下午金女到訪。

周三姑欲於十七日討回卅元，月尾又七十元，共討回一百元，此人有夫而認無，奸詭異常，必要慎之。

4月1日 （陰曆歲次辛未二月十四） 星期三

彭天生由省早車抵港，謂白玉棠已接成別家，着余父設法挽留，計工艮四萬元，余恐用計，夜余父着代修函，謂因院事不能晉省，俟抵港時，然後互商完滿解決云。

黎民三貸出六十元與余，訂口〔明？〕十八晚交回。

郭元海在寓晚飯。

夜英華消夜。

此函由彭天生搭夜船上省。

4月2日 （陰曆歲次辛未二月十五）   星期四

晨梳洗畢，往院，連接三函，（一）發自本港別發書局，（二）省歐漢扶（隨即回音），（三）美州□〔仍？為？〕定新院座位事。

夜由八時賣票至十時半，電影《大破九龍山》空前擠擁，兩場沽清，收入四百三十餘元，事畢回寓，飲糖水一碗始睡。

郭元海已謀得一席位在省，約六十元，明早啟程，向余挪移數元，適余不便，不能答允。

4月3日 （陰曆歲次辛未二月十六）   星期五

（日）梳洗畢，疲極，大三元品茗畢，往猜詩謎，連中十罐大來香煙。

下午回院，夜英華消夜，黎民三作東道。

彩鳳到觀電影，着余代留梳化床一張，明晚。

偶染傷風。

4月4日 （陰曆歲次辛未二月十七）   星期六

偶染風寒。

夜家君請萬國，商量新班事，駒曰已允合作，余因疾缺席。

借五十元。

彩鳳到場觀劇。

代本立沽票，蓋他已旋鄉。

4月5日 （陰曆歲次辛未二月十八）   星期日

支班薪一百元。

交卅元與三姑，由文仕可手還回二十元與民三兄。

往華石伯處診脈，服藥一劑，小女亦有病。

七時下雨。

4月6日 (陰曆歲次辛未二月十九) 　　　星期一

下午 11.30 診脈，往華石處。

大三元霍伯垣請茗。

回院沽票，傷風猶未癒。

夜彩鳳到索票，余允之，十二時消夜在寓內。

三姑交回廿元，不用還一百元，祇交息銀十二元，下次轉單，尚欠一元。

4月7日 (陰曆歲次辛未二月二十) 　　　星期二

繕函與超平（為《愛妻劍化吳宮去》一事）。

另函鄧英新戲事。

4月8日 (陰曆歲次辛未二月廿一) 　　　星期三

十二時李鑑潮電話相約，為新戲《英武將軍》事。

着余往品茗，誰料他分毫不備。

夜《血染芭蕉》出世，甚擠擁，鑑潮謂余，應允加一五、一五、二，余見他如此吝嗇，余將名下所佔之一份割一半與他，後香其扣他五十元，他非常鼓噪〔燥〕，由此觀之，此人非常惡靠，以後交手，務必慎之，專為着數，不提場[1]，不講戲[2]。

1　"提場" 在戲班中猶如今天的舞台監督，負責溝通演員與後台，就劇目內容找適當的 "下欄演員" 並分配角色，通知服裝部適當的服飾與數量，準備道具與佈景等等。由於提場熟悉整套戲的操作，甚至能夠指導演員唱戲和練功，對劇本提出意見。

2　過去戲曲演出往往沒有劇本，或至少不會人手一個劇本，"講戲" 是指在演出之前，向演員交代劇目大概，具體的場口如何演出等等。

4 月 9 日 （陰曆歲次辛未二月廿二）　　　　　　星期四

晨梳洗畢，食麥粉，下午大三元黃棠作東道品茗，贏了拾罐大來香煙，夜文仕可請大春秋消夜，黎民三、陳金中及文錫康。

金中因懷煙落伙〔火〕船，被走差謀為挾帶私煙，遵納煙餉九毛二，此人五十三號麥進。

購西譯《聊齋志異》乙本，該艮二點二八元。

票尾捌元，其照還一元。

4 月 10 日 （陰曆歲次辛未二月廿三）　　　　　　星期五

收鄧英函及瑞祥家信（借款作家用）。

購奶粉乙罐，該艮五十五元。

理髮。

小紅契、金女到寓晚飯。

夜羅文塏到訪，着代譯合同。

六姑由安南匯返安南紙八十元，另細姑廿元。

娛樂捐員到檢。

南華消夜，黎民三東道。

4 月 11 日 （陰曆歲次辛未二月廿四）　　　　　　星期六

下午大三元與文仕可、其照三人品茗，購《聊齋誌異》一本。

夜觀劇至十一時半，回寓，回信與郭元海兄。

4 月 13 日 （陰曆歲次辛未二月廿六）　　　　　　星期一

李鑑潮請茗於大三元，合作《鸚鵡將軍》，對分。

夜南華消夜，黎民三及其照。

伯舟到，租院二日。

4 月 14 日 （陰曆歲次辛未二月廿七）　　　　星期二

由妹手借艮一百元贖回鑽石針，連本息一百二十一點四元。

夜支工金廿元，收到會銀二十一元。

4 月 16 日 （陰曆歲次辛未二月廿九）　　　　星期四

黎民三請消夜於文園酒家抗風廳，文仕可及余等三人，彩鳳贈余一玉照。

借民三兄五十元。

4 月 17 日 （陰曆歲次辛未二月三十）　　　　星期五

永班在石歧唱演，不甚唱〔暢〕旺，繕函與元海及超平，謂謀東山俱樂部事。

三姑到，問對於謀席位事何如。

太平設宴於萬國酒家。

其照欠六元，黎民三欠二十四元。{ 此則日記正文部分有一條似為表示劃掉全文的藍色斜線 }

4 月 23 日 （陰曆歲次辛未三月初六）　　　　星期四

夜千里仲設宴於萬國亞洲，全席蔡昌及余父等。

是柏永壽年非常之淡。

4 月 24 日 （陰曆歲次辛未三月初七）　　　　星期五

新紀元消夜。

4 月 25 日 （陰曆歲次辛未三月初八）　　　　星期六

文園設宴，黎民三代支。

彩鳳夜到哭訴，謂做老舉難，究竟不知何故，余亦不徹底查究云。

4月26日 （陰曆歲次辛未三月初九） 　　　　　星期日

夜與阿妹、其照及民三中華酒家消夜。

4月27日 （陰曆歲次辛未三月初十） 　　　　　星期一

六姑由安南回。

4月28日 （陰曆歲次辛未三月十一） 　　　　　星期二

日大三元品茗，歐漢扶在座，茗畢閒遊，夜英華消夜，六姑宿余家。
家嚴生辰。

4月29日 （陰曆歲次辛未三月十二） 　　　　　星期三

　家嚴壽辰，八時往祝賀，余先至，阿女等候至，七奶頻頻催促，似有嫌
晏之語，此人狡詐非常，恐非腹心，食粥後始回。

　下午四時抵父處食晚飯，焯哥亦在座焉，七時未終席，余先回，因其
照病，未有人代替印票，夜黎民三作東道於英華，並託代印咭片一百，自己
電版。

　　　　　　_____｛原文此處有一分割線｝
以上十一日之事。

　小紅契、五妹契、金女等抵寓晚飯，七時往院，九時英華消夜，炯芬來
函，着做生意，內云以免孤立寡援之句，殊屬不通，豈太安字號亦要望汝等
照顧銀口耶。

5月11日 （陰曆歲次辛未三月廿四） 　　　　　星期一

　是日《香花山大賀壽》收價太昂，如下，2.50，1.80，70，55，20｛後
三個數字即 "70"、"55" 和 "20"，與 "2.50，1.80" 的 "50" 和 "80" 對

齊，應表示小數點後之數目，即 0.70、0.55、0.20}，所以收入不及往年，祇得 $615.20，另捐 $76.00，所以家君口口聲埋怨於余，竊思此劇，全利用中下位，而上位平常，歷年有經驗，不能如斯造次云。

華民檢查署有紙約文仕可往見，為告白事。

5 月 13 日 （陰曆歲次辛未三月廿六）　　　　　　星期三

惠芬有病，往華石先生處診脈，云大腸受熱兼"冷親"[1]，新劇下卷《愛妻劍化吳宮去》，收入一千八百元左右，佳劇也。

還回四元與溫駒，其照代扣。

與黎民三珍昌消夜，三元。

還五十元與彭天生，着香其、彭兄託代打曲[2]云。

5 月 15 日 （陰曆歲次辛未三月 廿八）　　　　　　星期五

廣州太平有電到，謂駒、白不允做《捨子奉姑》。

5 月 16 日 （陰曆歲次辛未三月廿九）　　　　　　星期六

早覆電布〔報〕太平，謂任如何辦法，隨駒、白主意，至夜十時又拍一電，問對於是劇妥否，未見回覆至二時。

電影因起價五先，所以淡些。

惠芬病熱。

十一時夜炯勳去世。

5 月 18 日 （陰曆歲次辛未四月初二）　　　　　　星期一

交息銀十二元與三姑。

1　"冷親"，粵語用詞，"着涼"的意思。

2　"打曲"即寫曲，包括撰詞和選用曲牌。

1926
1928
1929
1930
1931
1933
1934
1935
1936
1937
1938
1939
1940
1941
1942
1943
1946
1947
1948
1949

5 月 25 日 （陰曆歲次辛未四月初九）　　　　星期一

太平戲〈院〉興工拆卸，遷往外寓，No.1G，水街，西營盆〔盤〕樓下。

5 月 29 日 （陰曆歲次辛未四月十三）　　　　星期五

電燈派人來講，謂火牛不用納租，並允代為保全，且允覆函，代理妥當，留下咭片，如院屆竣工時，電器大可以委他代理，"昭明電器公司，中環士丹利街卅六號"，"羅枝"。

永班在石歧唱演，不甚唱〔暢〕旺。

三姑問謀席位事。

其照欠六元。

黎民三，二十四元。

太平設宴於萬國。

6 月 1 日 （陰曆歲次辛未四月十六）　　　　星期一

家君因步行至外寓，足部受傷，抵外寓時覺略痛，余代"刀卒" [1] 㩧酒，始覺自然，後往林珍洋行，忽然見得十分痛苦，乃回住家，適浩叔抵步，代敷跌打藥，當堂落地能步，此方非常靈驗，即晚宴於文園。

6 月 2 日 （陰曆歲次辛未四月十七）　　　　星期二

油麻地普慶。

6 月 3 日 （陰曆歲次辛未四月十八）　　　　星期三

將《銷金窩》改為《出妻順母》，與汝權傾偈。

夜九時半返寓。

1　"卒"，粵語動詞，即用力"塗擦"的意思。

民三往奇花飲湯，下午去至夜深猶未返。

二家姊由省返港，問候父親足疾。

6月4日 （陰曆歲次辛未四月十九）　　　　　　　星期四

永班在利舞台唱演，亦樂觀也，收入約壹仟壹佰元，演《愛妻》上卷，歐漢扶新劇屢次改期，以後仔細。

6月5日 （陰曆歲次辛未四月二十）　　　　　　　星期五

與黎民三往利舞台觀劇，監票員糾察謂汝等既屬永班人員，不應坐位，如必要坐下，亦必要購卷〔券〕，余亦一笑了之，下午往寶星購印度絲籠[1]，三十七點五五元，黎代簽字，取白絨袜〔褲〕一條在榮芳西衣鋪，並定下內衣一件，工艮一點二五元，夜宴於文園，代歐漢扶支艮卅元，除輸去，他欠黎廿元，澳聯每份＄2.90，已交他云，金中鳴呷醋，幸而這出《出妻順母》屢次延期云。

6月6日 （陰曆歲次辛未四月廿一）　　　　　　　星期六

郭源海由省帶銀二百元落港，扣回欠款廿元，並水腳[2]拾元，唐食房計寸〔算〕，並要求請文園十二點四元，金中十時電話，往文園問余是否與漢扶同席，且云不見有曲交到，既云無曲，何不老早通知，而迫於夜深始告，不外呷醋，謂不張〔將〕戲劇銀口交回而已矣。

6月7日 （陰曆歲次辛未四月廿二）　　　　　　　星期日

利舞台參考座位。

1　此處 "印度絲籠" 很可能是指 "Indian Sari"，即傳統印度女性服裝或布料。

2　"水腳"，粵語用詞，即旅費。

6月8日 （陰曆歲次辛未四月廿三）　　　星期一

英華，9.30 歐漢扶到座，商量往澳事，他云明早搭中興往澳，借款十元。

隨後宴於文園藻秀。

黎輸了二十元左右，欠余卅元，由漢扶數比對，黃棠在座。

_____ ｛原文此處有一分割線｝

下午品茗於大三元，金中亦到，只寒暄數語，余絕對不提新戲事，此人立心險惡，與東家為難。

在榮芳定下河南綢一套，＄32.00，星期下午試身，並白綢汗衫二件。

父吩咐星期三往美璋，候轉按揭。

6月9日 （陰曆歲次辛未四月廿四）　　　星期二

大三元黃巨祥請品茗。

夜覆函與庫務司，提及娛樂捐事。

大中食物店佔股伍員〔圓〕，已交。

覆函大闊，問及漢扶叫有批澳。

晨早與黃灶在中興碼頭相候歐漢扶，不見，遂往域多利早茶。

四姐將火鑽耳環及戒指交與亞妹。

余伯耀傾談美術事業。

黎民三、黃棠英華消夜。

6月10日 （陰曆歲次辛未四月廿五）　　　星期三

日，黃巨祥請品茗於大三元，午後往美璋，與晉□〔臣？及？〕氏候簽字，殊不知昨夜家君已通知劉伯不往，誰料他竟然忘卻了，遂令我輩空候一場，可謂喪心病狂矣。

夜消夜於英華，談及免票火船事，黃牛謂棠，對於取免票必要小心，恐防人誤會，串同出賣他，遂悻悻然云。

與黎民三行至鹹欄始回寓，陳蕙芬出瘋癢。

6月11日 <small>（陰曆歲次辛未四月廿六）</small> 星期四

日大三元品茗，取汗衣二件，夜設宴於文園，文公及黎民三均在座，十二時散席，家君交銀廿四元，代工〔供？〕會。

三姑到寓訪問，謂不見郭元海到訪，亦不見此人，後余着她往沙面相覓，其照返鄉，欠款五十五元，尚未繳還。

交銀五十元與陳蕙芬。

6月12日 <small>（陰曆歲次辛未四月廿七）</small> 星期五

細女生辰。

交銀卅三元與黎民三，代交與黎仙儔云。

6月13日 <small>（陰曆歲次辛未四月廿八）</small> 星期六

十點卅分往東亞，始取保管箱乙個，該銀四十一元，該號二二九。

取回金鈪兩對。

夜捌時往利舞觀劇，候至 12.40 始與亞妹回寓云。

三隻金鈪已值 $300.00 矣。

黎民三請消夜於英華。

6月14日 <small>（陰曆歲次辛未四月廿九）</small> 星期日

午與文仕可大三元品茗，往利舞台，適天降大雨，座〔坐〕至下午三時許，彭天生請午茶於娛樂戲院。

黎民三約銀蘇及其母往中華晚飯，十二點七三元，他云着余準備五十元過節，余否諾。

捌時在外寓，代漢扶作《出妻順母》報紙一段白話式，拈往萬國校對。

歐借去二元，金中欠一元，黃棠在英華，電話催速還款與黃四，然則他欠我之款又如何。

6 月 15 日 （陰曆歲次辛未四月三十）　　　星期一

下午十二時半往贊臣仕篤孖士打狀師樓簽新按契，下午大三元品茗。
夜歐漢扶設宴於文園抗風廳。
欠黎七元。
黃棠又催款甚急。
三姑送小鳳餅，由省回，收到殺蟲香露。

6 月 16 日 （陰曆歲次辛未五月初一）　　　星期二

黃棠屢催款項，以保守他的信用，而於余則不計清，從此後仔細與他交手，午茗於大三元，後命他往其生押金鈪一隻，一百七十元，以償此項，夜宴於文園，他臨散席時又催，可知此人全無面子留存，不顧友道之極也，余交銀一百元與彩鳳。

6 月 17 日 （陰曆歲次辛未五月初二）　　　星期三

夜又宴於文園，二人同席，源、黎、歐，前晚四個菜，共銀九點八元，而是晚則用三個菜，共五點四元，只尠一個菜（嫣紅百花姑），而相差四點二元之多，可見二、三樓價錢不同矣，祈慎旃。
正午十二點命李任拈銀一百元交與黃棠，着他簽回收據，余亦謝絕矣。
還回五十元與黎民三，他允代繳馬票廿元。
交銀一百元作家用。

6 月 18 日 （陰曆歲次辛未五月初三）　　　星期四

李鑑潮及盧少懷之父請飲於廣州南江，着余定，盧少懷云。
余不到埋席，託言有要事，夜十一時回寓，父親明日晉省。

6月19日 （陰曆歲次辛未五月初四）　　　　　星期五

下午大三元品茗，鑑潮與盧少懷俱至，余為東道，因昨晚贏麻雀，於是晚請飲於文園抗風，十二時回寓，家君是早晉省。

6月20日 （陰曆歲次辛未五月初五）　　　　　星期六

蒲節。

上午大三元品茗。

下午娛樂戲院與黃棠同觀電影。

夜九時回寓。

十時民三到訪。

6月21日 （陰曆歲次辛未五月初六）　　　　　星期日

午大三元品茗，適亞□由省赴港。

夜往英華。

搭王錦代買西灣牛奶及牛乳。

父親由省夜輪回港。

漢扶有信由省來，云及《出妻順母》情形不佳云，未知如何。

6月22日 （陰曆歲次辛未五月初七）　　　　　星期一

是日下午往視父疾，因昨夜由省回，感冒伏熱，痾嘔肚痛，連痾數十次猶不止，余勸他服施德之神功濟眾水，服畢隨嘔，他云略略痊癒，五時後余回寓，是夜往文園飲，約九時余往觀父疾，因七姐電話相告，謂他嘔吐，非常艱辛，余與文仕可乘汽車往觀焉，夜深四時許，忽然七姐又電話往外寓，着人速往住家，叫余上去，謂父不省人事，暈倒在地，余即醒，與阿妹遂往，賭〔覩〕他形神面青眼黑，各人均□然飲泣，隨召西醫吳天保打針，止痛止痾，繼云胃弱，必要仔細，七姐更﹝下續，寫在6月23日的空格上﹞

6月23日 （陰曆歲次辛未五月初八） 　　　　　　星期二

為驚恐，後叫中醫潘致和診脈，謂為霍亂過瀉，脈理則合，惜乎藥不應驗，隨服隨嘔，各無主宰，余乃叫人往着李華石到診，他斷為虛寒過瀉，用附子理中湯，服藥後覺略為好，再服半劑，尋尋睡去。

　　　　　——————　{ 原文此處有一分割線 }

　　當暈倒在地，父完全不知，忽有一衣湖水長衫之人着他："快的起身，瞓喺呢處，整乜野呀。"隨醒，全身大汗淋灘〔漓〕，七姐謂他在新亞廿五號房居住，那晚覺有一女人埋床撫他，猶以為閒人竊物，七姐乃口〔匿？〕焉，後覺房關閉，何以有此蠱怪，乃疑明日父往太安，回店遂起事，後求簽〔籤〕，謂此症有驚而無險云。

　　下午四時華石到診，勸他節食生冷，夜服藥後，大便略紅，大抵炮天雄之力也，年老過瀉，四姑（即豆皮張四姑）到探父疾，順談及朱晦隱事。

6月24日 （陰曆歲次辛未五月初九） 　　　　　　星期三

　　李鑑潮信件，盧少懷事，大三元與阿妹品茗，購遮[1]與她，購 victor 墨水瓶一個。

　　十時往視父疾，已略癒，精神頗倦，約十一時華石伯至診脈，用附子理中湯加北歧〔芪〕，亦能食飯，大抵虛寒之至也。

　　十二時與阿妹往大三元品茗，並着亞灶往油麻地取艮一百元，購洋遮一把，$8.50，在大新公司與她。

　　夜七時與啟東往寓問疾，適逢俊臣兄、鯉公、旋仔、棠仔均到寓探問，此亦富在深山有人識，窮在路邊無人問之故也，聞說卓明亦口{此字有劃掉的痕跡}往探問。

　　與黃棠、黎民三英華消夜，蒙三兄賜金山橙半打。

---

1 "遮"，粵語"雨傘"的意思。

6月25日 （陰曆歲次辛未五月初十） 　　星期四

十一時與亞妹往視父疾，並覆電上海耀東。

大三元品茗，黎民三借銀拾元。

煥蓉姊與五姐輪賭一元，為"早安"二字。

華石謂父疾不用服藥，祇飲炮天雄、高麗參茶足矣。

朱晦隱到外寓，交信件二函，發自陳鐵軍與歐仲吾。

朱欲接班往上海，每月二百元，大小洋計寸〔算〕。

鐵軍來不外借債及詆毀，惠三抄曲廿五元，此人奸滑，藉千里駒為名，敲詐為實。

是日夜永壽年在油麻地收入約一百六十餘元（大雨傾盆）。

6月26日 （陰曆歲次辛未五月十一） 　　星期五

晨十時父命繕函與源超平。

午大三元品茗。

夜宴於文園，每人三元。

初歐漢扶電話相告，謂有五元在袋裡，攪〔搞〕局，將出門口時，又云往覓友人，不久就到，及抵文園，他又電話相告，謂雖〔需〕候友人片時方至，及抵步，已屆十一時半，屢云不可如此早埋席，雖〔需〕候一個骨，忽有電話搵他，他又云要往金陵一轉，原來覺先聲請飲，大弄玄虛，卒之不科三元，又話明晚留廳，未知真否，姑妄言之，姑妄聽之，黎民三實欠廿元。

父已癒，精神頗足，唯必要休養云。

6月27日 （陰曆歲次辛未五月十二） 　　星期六[1]

上午十一時拈信往父寓，云及炯芬用過二百餘元，下午大三元品茗，祇余與民三二人，回外寓，朱晦隱到訪，擔任往上海喧〔宣〕傳，每月二百

1　日記本此頁此日印有"太平戲院專演名劇"字樣，說明此日記本很可能是印刷商向各商號招攬廣告集資製作。

1926
1928
1929
1930
1931
1933
1934
1935
1936
1937
1938
1939
1940
1941
1942
1943
1946
1947
1948
1949

元，由六月初一日，計大洋六成，小洋四成，俟耀東抵港，簽妥合約，通知先行，約五十元費用，並廿元作定。

　　此人□〔家？字？〕□〔計？什？〕活〔話？〕，然無奢望，必能樂於做工，恐□〔陋？酒？〕過多矣，必防範之。

　　夜與家君、七姐三人座〔坐〕汽車往利舞台，九時回父寓，余往文園赴歐漢扶之宴，他詐云得四十元，輸去二十七元麻着〔雀〕，黎民三代籌，余未有埋席，十一時半再往利舞台，與阿妹同返住家。

　　此晚出頭[1]為《出妻順母》，收入實銀一千三百元。

　　父精神略佳，健飯。

　　代七姐拈手錶往收〔修〕整。

6月 28日 （陰曆歲次辛未五月十三）　　　　星期日

　　下午十一時往父寓，十二時大三元個人品茗，茗後往利舞台，約三時父攜同五姐、七姐、堯芬、鎮芬往利舞台。

　　夜往南濱見黎民三，他云漢扶謂余大發皮〔脾〕氣，好似兩仔爺，好｛“好”字有劃掉痕跡｝睇〔體〕貼，大抵因借不遂，與乎棠仔二票事，君子犯而不校，況與小人交乎。

　　余睡在床，而妹瞓帆布床，因炎熱，三時起身往騎樓納涼，四時始入房再睡。

1　“出頭”也寫作“齣頭”，指夜戲。清末徐珂《清稗類鈔》謂廣州戲班中的本地班“畫則演正本，夜則先演三出頭，再演成套，演至天明，又演一尾戲，曰鼓尾”，見徐珂：《清稗類鈔》，商務印書館，1928年，第50頁。據熟悉20-60年代的廣東戲曲和各種掌故的羅澧銘謂，日戲稱為“正本”，夜戲叫“齣頭”，“齣”、“出”二字通，過去首晚先演開台例戲，包括用以破台的《祭白虎》、《八仙賀壽》、《六國封相》，再演三套崑劇，然後演三套粵調文靜戲，又名“三齣頭”，由名角擔綱；第二晚開始便減去前面的例戲和崑劇，開鑼鼓便演粵調齣頭（見羅澧銘：《顧曲談》，朱少璋校訂，香港：商務印書局（香港）有限公司，2020年，第11-13頁）。源先生這裡記的是太平戲院演出的情況，此處“出頭”只是指由名角擔綱的夜戲。

6月29日（陰曆歲次辛未五月十四）　　　星期一

上午大三元品茗，黎、棠，談及生電，謂余未知是否每出扣她開戲銀廿元，何以至今尚未允找尾打雞數，余意此款請飲作了，誰料出於此款，而又加口〔己？已？〕王棠之索二位乎｛此句語意未明，故未加標點｝。

下午二時半與家父全往連卡佛，候白玉棠、白千駒[1]，商量往滬事。

四時往問李華石燉參及燉雞之法。

夜往南濱代譯告白，後往英華消夜，十一時回寓。

永壽年始演於高陞，夜收入一千零五元，余着黎代找雞數問明。

6月30日（陰曆歲次辛未五月十五）　　　星期二

大三元品茗，後買奶粉，往高陞調查，是日演《千里攜嬋》，收入約六百元，香其交民一百五十元與余，夜往見家父，因謝醒儂電報不得要領，往問千里駒，他云再電往安南，惜乎安南戲院老闆已走路矣。

夜九時往高陞，與金中往威靈頓飲鮮奶，十時往廣州，余為東道。

棠欠二元云。

7月1日（陰曆歲次辛未五月十六）　　　星期三

上午大三元個人品茗，下午往高陞戲院，與彭天生相遇，三時請他娛樂戲院飲茶，他謂與余合作開戲，每人擔任一樣，他講戲佔四成，余打曲佔六成，隨後黎民三到，定黃色皮鞋一對，每艮六點三元。

夜肚痛，二家姊往探余寓，與文仕可往英華消夜，回寓時與歐漢扶相遇於途，余遂言金中謂他云，余要每套扣艮廿元，他堅不吐實，余乃謂金中已於十五晚上省定王醒伯，余佈下一局，着仕可、民三、黃棠等謂未與余品茗已三天矣，適十三日與金中品茗，談及余逃席事，故有此舉，傾至十二時分道云。

1　此處 "白千駒" 未知是否 "千里駒" 之誤。

代仕可定戲[1]，往省海珠太平。

{略}

7月2日 （陰曆歲次辛未五月十七）　　　　　　星期四

上午大三元棠仔請飲茶，後返外寓——購白蓮帽一頂，四點二元，四時許回寓，黎民三到訪，夜與仕可往高陞，後往南濱，適漢扶在座，着香其交他廿伍元云。

黎民三代交廿元與歐漢扶作請廣州飲，以準雞數，約十二時半始散，余着他早日講橋[2]與白、駒二伶知，免將來有誤云。

民三兄饋我以金山橙半打。

廣州北洋四人宴樂。

阿妹往睇差利《城市之光》。

7月3日 （陰曆歲次辛未五月十八）　　　　　　星期五

晨起，梳洗畢，十二時往大三元品茗，後黎云昨夜試彩鳳之駛媽，所得之句語如卜。

（問）所有毛布佬若干？

（答）共五條。

（問）琵琶仔乎，抑大老舉矣？

（答）此乃她個人之事，問她自己至知。

（問）最溫者何人？

（答）無乜。

（問）有無人客過夜及打水圍？

（答）絕少，大抵每晚台腳都有五六枱，幾難應酬人客翻去打水圍。

（問）品性似乎好正氣。

1　同"訂戲"，即向戲班或老倌商定演出劇目，一般需付訂金初步落實。

2　"橋"是粵語詞彙，即"主意"、"想法"或"辦法"，與戲曲相關的意思是"劇本故事"和"故事情節"（橋段），這裡很可能是說源先生將某個劇本或橋段的想法講給兩位伶人知道。

（答）此少女（俗語）非常正品，惜乎皮〔脾〕氣好自己抑鬱，並往往見她有時遲到九少處，或為人客所阻，必奮然作怒狀，而直走至九少處云。

（問）對於九路感情如何？

（答）她〔他〕倆似乎互相有情感，倘非也，九少未必叫之許久，而她亦未必如許招呼。[1]

與歐漢扶、黎民三三人適園消夜（實欠黎 $37.65）。

7 月 4 日 （陰曆歲次辛未五月十九） 星期六

晨十時梳洗畢，往外寓，十二時與阿妹往大三元品茗，並邀黎民三與她往寶星購物，共十六元六毛半。

下午二時回寓洗燥〔澡〕，四時往萬國酒家商議上海點戲事。

夜因候耀東訂合約至八時，往高陞，演《出妻順母》，收入約二千元左右。

初，生電約往文園文會廳宴飲，有事商量，不料抵步祇交三元作費用，交余包尾，並約明日往大三元品茗云，在香其處取艮四十作上省費用云。

7 月 5 日 （陰曆歲次辛未五月二十） 星期日

上午十一時三個骨，李耀東抵外寓訂合同，並允於明日下午六時簽約。

1　據前後文，此處 "黎" 應是黎民三，他向一位名為 "彩鳳" 的傭婦（馱媽）打探彩鳳的個人情況。對話包含不少當年風月場中的術語，參考羅澧銘著《塘西花月痕》（初版 1962 年）解釋如下："毛布佬" 應該是 "毛巾佬" 之筆誤，又稱 "毛巾老契"，即妓女會用某種手段刻意逢迎的客人。凡有一定身份的客人到達妓院召喚某妓，傭人會奉上毛巾、拖鞋和水煙（後以香煙代替），為博客人歡心，毛巾款式甚至標新立異，但羅氏也註明，"毛巾老契" 並不表示與應召之妓女關係密切，只是互相捧場的方式。"老舉" 是一般妓女的通稱，"琵琶仔" 則有兩種，一是指尚屬處女，只陪酒不伴寢者，另一種則是唱曲的歌姬，不肯陪酒侍筵。最 "溫" 者何人，與客人關係密切的妓女稱為 "溫心老契"，"溫" 字大概源出於此。"打水圍" 指客人在散席之後，到妓女或其姊妹的房間吃水果抽大煙，通宵達旦，例有傭婦招呼，以獲打賞。各詞解釋見該書商務印書館（香港）有限公司 2020 年版第 4-15 頁。其他粵語用詞解釋如下："問她自己至知" 即 "要問她自己才知道"；"無乜" 此處意即 "沒有幾個"；"大抵每晚台腳都有五六枱" 即 "大抵每晚要招呼的客人都有五六桌"；"翻去" 即 "回"（房間）。

大三元後往高陞院，是日演《循環鏡》，收入一千二百五十，破天荒收入，夜尾戲下卷《千里攜蟬》，收入千餘元。

文園宴客。

歐漢扶約家君明日兩點南華餐室傾偈，談及新班事云。

7月6日 （陰曆歲次辛未五月廿一）　　　　　星期一

上午十二時候耀東合約不至，乃與阿女往大三元品茗，她見羅文塤至，恐慌，乃着文仕可攜她返寓。

下午歐漢扶到訪，並交《出妻順母》曲本，遂往娛樂早茶。

夜因候耀東上海合約至九時不至，余往四姐處，並允按月交回卅元作贍養費云。

十一時因戲弄黎民三，往文園先候，余恐失了朋情，余遂為東道，至文園，彩鳳僕人云有恙不能出局，余遂個人親往詠花慰問而回。

7月7日 （陰曆歲次辛未五月廿二）　　　　　星期二

是早省港船開七點，阿妹與阿五上省，余睡至十時起，往院候耀東至簽合約，內云按月每百元七元及每日惠顧五元，並每月佣民一百元，至三時始簽云。

歐漢扶到大三元品茗，余請他觀電影《百勝將軍》，途中遇張四姑，云千祈不可告人說知白、駒二伶初四啟行往滬，恐抵岸時忙於應酬，不暇與各人接洽云。

夜十時返寓。

與黎民三往南華晚餐云。

羅文塤請品茗於大三元。

7月8日 （陰曆歲次辛未五月廿三）　　　　　星期三

十時梳洗畢，往外寓，與朱晦隱立合約往上海喧〔宣〕傳，午大三元品茗。

夜得接省香其來函，云及關口票太多，父得聞之下大怒，謂余等不應在高陞取票，是否以此換錢乎，並罵文仕可，云：「若汝入息不敷，大可以向余面談加工，不應如此辦法。」又謂四姐不應請人睇戲云，後着余繕函，質問香其何以敢膽大，余目覩此狀，將來不堪設想矣，止謗莫如自修。

後往文園點數，十七點八元，文仕可擔任指鼻，傾至三時始睡，余處此二難地位，不知去乎還是留也。

彩鳳因病不至，着余叫彩英代替，余不允。

7月9日 （陰曆歲次辛未五月廿四） 星期四

晨十時梳洗畢，往外寓。

下午一時往大三元品茗，適王棠在座，態度似乎不適，恐余等追數。

下午回外寓，有信來自省，求太平接濟款項開身云，余恐家君又怒，於七時託言往外食飯，遂一去不返，至夜深十一時始回。

阿五已於是日日船返港，新黃皮鞋已交到。

攪〔搞〕局不成，余回寓。

睡至夜深，忽然大哭，似乎夢魘，想亦"怕黑"之故也，後往廳眠，至天光十時始起。

南華晚餐，黎民三為東道。

7月10日 （陰曆歲次辛未五月廿五） 星期五

晨十一時往外寓，十二時文仕可、阿女三人往大三元品茗，甫坐，女一見女招待，大哭，余遂着文先生抱她回寓，茗後往榮芳試新衣，並代白玉棠取汗衫，下午在南濱傾談。

夜余父着繕函，問何以日輪兩點埋頭要補艮柒拾弍元作茶資，出夜紙，往文園宴飲，文先生收每份三元登數，余不叫彩鳳，以觀其對自己如何。

十二時半返寓，在廳睡至三時，忽為夢魘，遂醒，未交睫[1]，忽大雨，難

---

1 意即入睡。

入夢。

7月11日 （陰曆歲次辛未五月廿六） 　　　　　　星期六

晨十一時父喚往外寓，詢問太古船事，余遂着黎代查，下午大三元品茗，李鑑潮在座，往父寓晚飯，因還神之故。

文仕可對余謂，徐勝有函與杏橋，謂余欠他柒拾伍元云，余乃着文仕可表白此款乃梁毓芬借去，並非余手用。

夜文園，歐不知情，誤叫彩鳳。

黎借三十元。

7月12日 （陰曆歲次辛未五月廿七） 　　　　　　星期日

晨十二時往視母疾，遂往大三元品茗，下午回外寓，夜無往外寓，為避嫌起見，歐漢扶電話相邀南濱夥伴，謂不見余面，阿妹由省返港，搭佛山，十一時四十分始拍〔泊〕碼頭云。

7月13日 （陰曆歲次辛未五月廿八） 　　　　　　星期一

晨十二時往大三元品茗，後鑑潮至，商量新劇事，夜往南濱，候歐漢扶還回廿元，誰料此人中途詐云外出一陣，至累文仕可久候不見，後又電話南濱，着余往英華相候，又不到，有心機械，必要想法以懲此戇，可惡之極，必殺而後已。

仕可在英華，由十時候至十二時。

7月14日 （陰曆歲次辛未五月廿九） 　　　　　　星期二

晨十一時父喚往外寓，商量往滬水腳事，下午大三元品茗，作局中途遇文塤，糾纏代譯章程。

夜往文園宴飲，余包尾，每份三元。

歐漢扶連夕避面，因欠款事，父着仕可往催他，謂千里駒、白玉棠不日抵港，至緊講橋云。

黎還回卅元。

7月15日 （陰曆歲次辛未六月初一） 星期三

晨十一時往外寓，下午大三元品茗，大雷大雨，所有電車一律停行，茗後往大中華旅店訪李鑑潮，談及三人合作開新戲，每日預寸〔算〕棧租六元，互相擔任云。

夜往英華消夜。

仕可上午十一時往對海訪歐漢扶，適人去黃鶴，不見數日矣，又云三姑非常咆哮，對於轉單事云。

7月16日 （陰曆歲次辛未六月初二） 星期四

晨十一時往外寓，後大三元品茗，黃芝棟先生到談，茗後回外寓，適大雨，遂往視母疾，順談及貯物在銀行事，三時電話羅文塤連卡佛午茶，五時許回寓，晚飯後在外寓與李耀東兄談論如何組織新班事，他極表同情，九時後往大中華旅店與李鑑潮商量新劇三套，後往英華消夜。

着黃棠代買山東綢一匹，明日送往美璋卓哥手，該銀卅捌元。

7月17日 （陰曆歲次辛未六月初三） 星期五

晨十一時往外寓，十二時大三元品茗，後往大中華度戲，夜文仕可代索卅元交棧費，父不允，恐作怪，後用盡許多言語方允如約，大概老文與余信仰全失，不外是非讒口。

着文仕可再將金鈪再押一百五十元，以濟燃眉。

夜文園碧山三人往焉，黃棠、黎及余云。

父云汝等不能往滬，大抵上海口〔互？互？〕人咸集，恐有不測，究不如不去為高。

7月18日 （陰曆歲次辛未六月初四）　　　　　星期六

晨父喚往大東見耀東，再訂合約，加多"如班候船期，院是必將日子"等語｛原文在"加"字前有一前引號，卻無後引號，此處編者根據文意重新標點｝耀不允，遂電話父親，不用加多，一諾千金云。

大三元品茗，勉興、源棉、耀東及其伴，余為東道，託棉叔帶"恤衫"與白玉棠。

夜已交卅元與李鑑潮，余為東道，設宴於文園碧山，為黎民三兄祝壽云。

借銀五十元與民三，訂明下星期交還。

黃棠對於余全無信仰，恐余用了焯哥買山東綢之銀云。

7月19日 （陰曆歲次辛未六月初五）　　　　　星期日

晨十一時往外寓〈登〉日記，在外寓暢談至一時始往大三元品茗，午後大中華講橋，三時回寓，妻忽然染疾，大抵食滯，風寒嘔吐，夜八時□〔往？〕大中華，交曲與鑑潮，滴馬師贄到談，十二時始往英華消夜云。

鑑潮借銀十元，訂明下次扣還。

7月20日 （陰曆歲次辛未六月初六）　　　　　星期一

晨十一時往外寓作曲，大三元交與李鑑潮，下午大中華度橋，忽然彭天生抵步，至四時回府，換衣服，往南唐薦〔餞〕行酒，與駒、白暢敘，至七時半始散，至十時回寓。

7月21日 （陰曆歲次辛未六月初七）　　　　　星期二

晨十一時十五分往東亞取回鑽石鈕一對交父親，往押銀壹仟元。
　　　　　＿＿＿＿＿＿＿｛原文此處有一分割線｝
太安人員大抵私〔尸〕位素餐，何以忽有一函，謂保證費三百二十元尚未交妥，父因班開身，尚欠萬餘元，故問余取物往押，余遂回家對妹說及，他不允，余怒之，後乃問四姐，她允所求，並說鈪乃大嫂之物，即管拈去，而戒指與耳環切不可云，余乃如話速行，在林珍洋行交與父親。

下午回寓，適亞妹外出，余遂往見四姐，交回保管鎚與她，夜亞妹打電話與老爺，問他是否拈對石鈪，十時回府。

父與七姐晉省，其照亦有份焉。

婦人大抵不信丈夫，祇知金錢是慕，必要戒焉。

7月22日 （陰曆歲次辛未六月初八） 星期三

晨十一時往外寓作曲，下午大三元品茗，棠先到，問及山東綢事，余答，余決不代收，事因你思疑，我拈去先用云，不久黎民三又到，約二時往百步梯雅真，後往宜華藥房，購祛風水一瓶，晚飯後從事作曲，至九時始返寓云。

仕可云，千里駒似乎十分高傲，對於余等，余必細察是否。

7月23日 （陰曆歲次辛未六月初九） 星期四

晨十一時往外寓作曲，下午大三元品茗，午後與煊叔傾談。

夜作局於文園抗風，據肥佬司理云，謂歐漢扶詐云定廳講戲，騙取錢，八公唾此人人格破產，必慎之。

無線碼為 0032。

7月24日 （陰曆歲次辛未六月初十） 星期五

晨十一時往外寓，適鑑潮電話相約往大三元品茗，後往大中華度橋。

夜永班由新寧上海船落。

7月25日 （陰曆歲次辛未六月十一） 星期六

晨十一時往外寓，由香其手交五十元作人工用，午大三元品茗，後大中華作曲，夜在外寓傾談至九時，往大中華消夜始返，鑑潮還回拾元，繕函往壽濂，着他即管往壽明處棲身云。

7月26日 （陰曆歲次辛未六月十二） 星期日

晨十一時往外寓，適父在，傾談至下午一時，始往大明星品茗，後乘電船往"新寧船"，其照云："要我瞓枱，寧願唔去。"棉叔潦草，不能成大器，後往大中華度橋，而仕可與鑑潮尚未有橋，不過庸庸碌碌而已矣。

夜每份三元，文園藻秀消夜，代贖歐漢扶公煙一盅，一點一五元。

彩鳳之寮口催埋席，突然大聲叫"埋席"，離遠而叫，殊無規矩，余喝令趕她速去，不準〔准〕入廳云。

7月27日 （陰曆歲次辛未六月十三） 星期一

晨十時往外寓登日記，後往大三元品茗，與之棟同座，後大中華度橋，而鑑潮謂要返省相理《紅玫瑰》事，余料他不外想慳回些棧租，作自己用，他取五十元，講明合作，而竟找棧租十七元，其餘入私囊，何以服人，大丈夫忍而已矣，以後看爾如何，民三兄允送"恤"衫一件，明日送到大三元云。

7月28日 （陰曆歲次辛未六月十四） 星期二

晨十一時起，往外寓如昔，大三元品茗，後回外寓，代文塤譯有限公司章程，至三時半返寓，夜往南濱探黎老闆，作局不成，九時返睡，適妹之母及其姊到探，竹戰，余睡至天明，淺夢。

多謝民三兄印度綢恤衫一件。

7月29日 （陰曆歲次辛未六月十五） 星期三

晨十一時往外寓，大三元品茗，往探民三兄，後往日隆消夜，文塤出銀，託余包尾。

7月30日 （陰曆歲次辛未六月十六） 星期四

晨十一時往外寓，大三元品茗，後往購長行電車票，下午代打滅火局來函二份，至五時回寓。

三時收電一封，發自上海，謂永壽年平安抵滬。

夜宴於文園文會，借黎民三廿元。

超美取回黎民三送之汗衣，該艮一元。

7月31日 （陰曆歲次辛未六月十七） 星期五

晨十一時往外寓，十二時往大三元品茗，文塤、芝棟到座，談及印書出版事。

夜往南濱取一百"富仕及"[1]紙，以便打字用。

英華消夜，黎為東道。

大女食冷飯後身熱，大抵傷食之過也。

8月1日 （陰曆歲次辛未六月十八） 星期六

晨起，忽報大風至，至十一時懸十號風球兼鳴炮，以示颶風抵港，損失甚鉅，余候風略靜，約一時半始往外寓一行，是日適三家姊到訪，云在余寓歇宿。

七時晚飯，後往南濱，與黎民三往皇后餐室飲喋啡茶，至九時回寓。

是日所用之杯無故自裂。

永壽年在滬頭枱，頭一晚唱演收入未詳。

8月2日 （陰曆歲次辛未六月十九） 星期日

十二時往外寓，至十二時四十五分始往大三元品茗，約一時文仕可至，余着他往見四家，謂欲做果枱，先埋份三千元，每股五百，方能生效，

---

1 似為"foolscap"（paper）的音譯。

後獨自往觀《忠節難存》電影於娛樂戲院，後黎民三請食晚飯於南華餐室，夜郭懷開到訪，黃棠請消夜於大三元。

阿妹是日過海拜觀音，棠兼在大觀園消夜，夜十二時始返寓云。

押鑽石針，壹佰元，妹手。

8月3日 （陰曆歲次辛未六月二十） 星期一

晨十一時往大三元，與鑑潮品茗，願報效《苗宮夜合花》，與他請飲作酬謝。

安樂園鑑潮與女友、文仕可消夜，他已取四十元。

8月4日 （陰曆歲次辛未六月廿一） 星期二

晨往外寓，後往視四姐之疾，渠云發熱氣喘，至十二時往大三元品茗，黃芝棟先生為東道，後往屈臣氏購疳積餅，一元，往大中華傾偈，至夜五時始返寓，上海有電來，云收三千零捌元，未知真假，覆電再問。

8月5日 （陰曆歲次辛未六月廿二） 星期三

晨十時半余命拍電與上海永壽年，問明是否廿晚收入叁仟捌元。

大三元品茗，後往大中華起《苗宮夜合花》，與鑑潮講明請飲以酬。

榮芳交到西裝一套，着他星期一來收銀。

夜往文園牡丹宴樂，棠到外寓傾談，願出民三元，黎借十元，並出三元，遂往飲焉。

永班在滬第三晚，《循環鏡》收入銳減，其中必有原故，恐前途非樂觀也。

8月6日 （陰曆歲次辛未六月廿三） 星期四

晨往外寓登日記，後大三元品茗畢，往大中華，將整套《苗宮夜合花》橋度妥，交李鑑潮編。

夜譚秉鏞到訪，允交卅元作息銀，試身後往大中華，鑑潮請消夜於大三元地下經濟菜，黎民三亦在焉。

是日下午託黎代拍電與香其，速匯弍百元與余也，交南濱轉交。

8月7日 （陰曆歲次辛未六月廿四）　　　　星期五

晨八時往外寓，着老文一齊往大中華五十五號覓李鑑潮，度橋完返外寓，然後往飲茶，下午修電，謂"駒嫌太淡，欲回粵"，即覆，任他卓奪，七時許復繕函上海永班櫃枱[1]及駒、白二伶云。

8月8日 （陰曆歲次辛未六月廿五）　　　　星期六

晨十時梳洗畢，往外寓，大三元品茗，祇余與民三二人。

奇熱難睡。

夜與文塤遊電車河，後往英華消夜。

8月9日 （陰曆歲次辛未六月廿六）　　　　星期日

晨十一時往外寓，下午大三元黃之棟及文塤品茗，後理髮，回院候電報，四時回寓。

夜七時往外寓，九時上環與民三兄消夜於日隆。

十時許候□□□〔該三字已被劃掉，難以辨認〕鄧英於東西安碼頭，不見，返睡。

8月10日 （陰曆歲次辛未六月廿七）　　　　星期一

晨十時父叫余往外寓寫信與駒、白二人，並安慰之語，下午品茗於大三元，之棟、文塤，及民三均在座。

1　此處"櫃枱"指戲班的行政管理部門，一般由五人組成，包括"坐艙"（即總管）、"管數"（財務）、"走趯"（負責一切對外差事與水陸交通安排）、"掌班"（負責福利工作）和"中軍"（後勤），見上印黃冠口述，招鴻整理：《粵劇紅船班中的櫃枱及其坐艙》。

1926

1928

1929

1930

1931

1933

1934

1935

1936

1937

1938

1939

1940

1941

1942

1943

1946

1947

1948

1949

〔略〕

夜民三託繕一函，請消夜於廣州南江，十二時散席，順遊汽車。

永班來電匯仟捌，由永安公司匯交。

8 月 11 日 （陰曆歲次辛未六月廿八） 星期二

晨十一時父叫往外寓，回信與永班，余繕函與他等，下午大三元品茗，之棟代租太平告白位。

夜代黎民三寫一英文信件，往各德國行云。

8 月 12 日 （陰曆歲次辛未六月廿九） 星期三

晨十一時梳洗畢，與妹嘈吵幾句，不外游〔遊〕戲而至頂頸云，往外寓，未有電報收獲。

下午回外寓抄曲。

夜塤送上茶葉壹包，後往訪文三，英華消夜云。

下午往問永安公司，又有銀由上海匯返等語，答云未有。

8 月 13 日 （陰曆歲次辛未六月三十） 星期四

晨十一時往外寓候電報，不見交至，甚焦焯〔灼〕，大雨傾盆，往大三元品茗，祇黎、文及余三人而已耳，下午回寓繕函與其照及郭元海。

夜往英華消夜，余為東道，並着民三兄代交一函與仙儔兄，託代攻〔供〕萬國儲蓄會云。

8 月 14 日 （陰曆歲次辛未七月初一） 星期五

晨十時往外寓，午大三元品茗，找數，下午回外寓。

夜有電拍自耀東，電文云：〝貴班因戲不足，續約則恐班、院同受損失，速派編劇來維持，本約期內，約滿送貴班返港，如何，速覆，東。〞隨即繕函永班櫃台，着彼等往晤駒、白，如何處置云。

至十一時請黃灶、李任、曾昌及仕可往英園消夜。

8月15日 （陰曆歲次辛未七月初二） 星期六

晨十時許往外寓，覆電耀東："請同駒、白、棉三君面商再續否，訂實如何，速覆，太。"

前晚寫完之稿屢覓不獲，不知失在何處。

夜在外寓候電報，十一時始返。

8月16日 （陰曆歲次辛未七月初三） 星期日

晨十一時往外寓。

8月17日 （陰曆歲次辛未七月初四） 星期一

晨十一時往外寓，午大三元品茗。

夜七時覆函與惠三兄，並繕函質問香其何以不回覆。

九時往南濱，取信封二百。

是夜七時收到上海匯票，永安公司仟捌元。

在寓消夜，白粥炒粉。

8月18日 （陰曆歲次辛未七月初五） 星期二

十一時催出外寓，欲修函勸慰駒、白，切勿各懷意見，余力諫不可彼此互相水火，當然詐為不知。

據來函云，駒設宴於南園，商量戲務事，白託辭不適，不至，後駒說往見白，商量欲將《捨子奉姑》貢獻，以求博的[1]收入，白堅不允，寧願多演新劇云，由此觀之，白玉棠殊無良心者哉。

夜十時返寓。

---

1 此處 "的" 字似應作粵語 "啲" 理解，"博的" 即 "博取一點"。

徐勝親自到外寓，為梁仔借去一百元事，余修函着他往見郭元海，自有辦法。

並接其照來函，謂香其如不允將銀匯返，必反面云，姑妄言之，姑妄聽之。

8月19日 （陰曆歲次辛未七月初六） 星期三

十一時往外寓，午大三元品茗，之棟與文口〔煊？〕互相口角白話文之適用否。

下午三時三姑再轉單陸佰元，並允暫不還息，約十一二再借四十或五十元與余。

夜晚飯，亞容謂的餸不合口味，着人買燒甲〔鴨〕，後竟用白滾水沖飯與亞女食，絕對不夾餸，余當時瞠目不語，夜七時阿妹鬧她幾句云。

8月20日 （陰曆歲次辛未七月初七） 星期四

下午大三元品茗，忽然黃灶到，謂父叫下午二時速回外寓，拍電往上海，問實何日返港及初三晚收入如何。

下午三時許往四姐處。

夜修一函與區仲吾，着他不用灰心，並全時一函張四姑，託她勸慰幾句。

收到國民銀行通知收銀信乙封。

金女到，食晚飯，明天阿妹上省，帶隻火鑽戒只〔指〕。

8月21日 （陰曆歲次辛未七月初八） 星期五

晨八時梳洗畢，因亞妹上省，一律早起，九時往南濱，與黎民三往皇后早茶，飲喫啡後，往國民銀行，收上海匯來之款，計云壹佰元，而余着他電匯弍佰，隨即覆函詢問，並存下字據於此銀行，異日收款，易如反掌也。

下午接來電，云決意初一啟程返港，立即定下利舞台，初五晚開台，隨拍電通知。

夜宴於文園貫虹，適逢文仕可生辰之秋。

家嚴欲數人合份，敦請侯先生鼎芬教學云。

8月22日 （陰曆歲次辛未七月初九） 星期三

午大三元飲茶之際，曾昌報到，謂父命立即回外寓，有電報要譯，誰知要定妥利舞台才能拍電。

夜亞蓉不知因何事故，連日不代買餸，又謂："如果咁樣[1]，要請多個打什。"余怒之，云佢地上省□｛該字有劃掉痕跡｝不過二三日就返，比〔彼〕此伙記，點解不能相就，倘若此，即與余作對云，此人跋扈非常，余甚惡之。

夜代修函，由七姐交六姐，十時半始往英華消夜。

拍電往上海，云廿七定實□□｛該二字有劃掉痕跡，原字似為"利舞"｝油麻地，廿三由四川船返，不能再改。

8月23日 （陰曆歲次辛未七月初十） 星期四

六時醒，七時再睡，｛略｝，十一時往外寓，隨後父至，略談，十二時品茗於大三元。

下午在黎民三處電話劉伯，速着黃灶拈十元往南濱應用。

四時回外寓，五時返住家，由溫駒燉草羊。

夜做工至十一時，往接船，｛略｝。

四姐送來二甲〔鴨〕，已斃其一。

8月24日 （陰曆歲次辛未七月十一） 星期五

晨十一時往外寓，適勉興由省抵步，修函與超平。

下午大三元品茗，後回寓，香雪着人催收會金，余不理。

夜焯哥抵外寓，余對他說及前後欠他六十二元云。

---

1 "咁"，粵語，"如此"、"這樣"的意思，日記中有時又寫作"噉"。

夜英華消夜，民三作東道，奇熱難睡，阿妹睡在地上。

8月25日 （陰曆歲次辛未七月十二）　　　　星期二

晨十一時往外寓，十二時許大三元品茗。

下午回院，無甚工作。

夜燒憂[1]。

六時半往外寓，周三姑交來銀九十四元，共息銀截至八月上九十六元，二柱共一百五十元，訂物五十元，八月初先還，其餘每百元行息二元，九月至還云。

是日熱極。

夜睡於騎樓，與亞妹二人。

8月26日 （陰曆歲次辛未七月十三）　　　　星期三

廣生[2]轉利十點三八元。

宴於文園貫虹。

奇熱。

8月27日 （陰曆歲次辛未七月十四）　　　　星期四

晨十一時往外寓，下午大三元品茗，後理髮，三時回外寓，然後回住家洗燥〔澡〕，隨即往四姐處食晚飯云，後遊電車乘涼，七時回外寓，寄食物及利是與六姐生日之用。

外界虛嘑〔傳〕太平不能復興，因欠債累累〔纍纍〕云，想亦彭仔及戲院各伴在外喧〔宣〕嘑〔傳〕之故，此亦小人之心也。

收到省方預告。

1　此處“燒憂”未知何解，時值陰曆七月，可能指燒紙品祭幽魂。

2　很可能是指廣生行，“十點三八”或為給股東的每股派息，從香港中央圖書館檢索的香港舊報刊所見，在時間上較接近的消息是 1935 年 3 月 20 日《工商日報》的報道，當時派息為每股十二元。亦有可能是一間典押店，一時難以確定，未入索引。

夜往香港西菜館消夜。

還回五元與黎老三。

大雨，隨即返住家。

8月28日 （陰曆歲次辛未七月十五） 星期五

十一時往外寓，下午大三元品茗，李鑑潮為東道，後傾偈於陸海通酒店。

夜李鑑潮請飲於文園靜香，文仕可代指鼻云。

8月29日 （陰曆歲次辛未七月十六） 星期六

晨十時，忽然大幫差人及副船政幫到隔鄰肥四姑處大搜特搜，謂彼等帶私煙及軍火，適逢嚦囉仔與余素稔，故不至騷擾。

十一時往外寓，下午大三元品茗，後往陸海通。

夜七時許往見李鑑潮，着他預備喧〔宣〕嘑〔傳〕，及將《苗宮》之人名交他云，因余着仕可指鼻文園，他不允，余謂鑑潮，則代認數，而余則不能顯見輕此重彼也，余肯〔悻〕然往南濱，與民三英華消夜焉。

家君親交鄧英寄來一函。

8月30日 （陰曆歲次辛未七月十七） 星期日

晨十時洗燥〔澡〕，後往外寓，下午大三元品茗，祇余、仕可及黃灶三人，回寓。

夜與仕可往大世界用晚，後乘電車納涼。

仕可收新細倫[1]數，至夜一時，始允交二百元，並息銀卅元，遲日交清。

---

1 難以確定是人名或機構名，未入索引。

8月31日 （陰曆歲次辛未七月十八） 星期一

晨十一時父叫往作告白，諾之，下午大三元品茗，託之棟往買《香港律》一通，該銀三點五元。

夜往高陞觀劇《碧雲天封相》，後往南濱。

九時許回外寓，消夜於英園，與劉伯借廿元。

9月1日 （陰曆歲次辛未七月十九） 星期二

晨十一時往外寓登日記，作永壽年告白，並發稿與李鑑潮，及《苗宮夜合花》事。

黎民三代收永壽年匯款一百元，由國民銀行匯返。

夜英華消夜，後坐汽車回寓。

連日覺得精神舒暢，有些"熱氣"。

惠三來函，講及他的新戲事。

修一函與商務局，並內夾一元。

郭元海寄來　函，未覆。

9月2日 （陰曆歲次辛未七月二十） 星期三

颶風突然襲擊本港之海陸，惶駭情形，來勢太驟，抵禦無從，損失重大，舟車交通若斷若續，擾攘終日，各處船舶沉沒，損失不可勝數，幸無多大傷亡而已。

下午大三元依然品茗，後因大風回家，夜風略息，往黎民三處，適大風又至，與仕可冒風雨，乘紅邊車回寓云。

9月3日 （陰曆歲次辛未七月廿一） 星期四

晨十一時往外寓，十二時與文仕可大三元品茗，後往南濱，與之棟往美利權飲冰，並允每月計回伏馬費卅元，作港報喧〔宣〕嗶〔傳〕用。

夜文園藻秀，彩鳳話前晚見鄧英在文園寫個碧字廳云。

大雨，余十二時返寓。

9月4日 <small>（陰曆歲次辛未七月廿二）</small> 　　　　　　星期五

晨十一時往外寓，登日記，下午大三元品茗，後往南濱，與香雪往商務館，參覽書籍，與他行至電車路，搭電車回寓，隨即寄函太安，並稿二張，收到其照上海信一封。

夜民三請萬國餐室消夜，午時攜同大女、細女及阿妹往大三元品茗，後往大發剪絲綢，$18.80。

9月5日 <small>（陰曆歲次辛未七月廿三）</small> 　　　　　　星期六

太平院已簽妥合同，實行建設，往外寓，下午品茗，託民三買小說一本，並往問郵局《郵政指南》需銀若干。

夜英華消夜。

連雨，永班有電到，云廿四早由上海開行，搭四川。

9月6日 <small>（陰曆歲次辛未七月廿四）</small> 　　　　　　星期日

晨十一時往外寓，大三元品茗，之棟作東道，阿妹、大女、細女通往金女處晚飯云。

余夜六時與民三南華晚餐，後又英華消夜，明日一時駒、白由上海抵港，乘威以信總統郵船。

9月7日 <small>（陰曆歲次辛未七月廿五）</small> 　　　　　　星期一

晨往外寓，譚芳由省抵港，有電話相約往大三元品茗，下午與香雪遊，遂回外寓，適鑑潮又由省落，故往亞州〔洲〕探訪，夜白玉棠親身到訪，講及上海與千里駒發生風潮事，雙方誤會收入，焦燥之故也，隨交《寶芙蓉》曲本與他云。

夜文仕可在亞洲度長衫，云咁夜不如唔去飲罷喇，可見得得自己的野就開心，人地就不理，余憤然往英華，與民三慢談，十一時回寓。

香雪大大不是，屢向父面前追討加入鶴山商會青年團之五元，父代交，余怒他。

9月8日 （陰曆歲次辛未七月廿六） 星期二

晨往外寓，後修函與鑑潮，託言有疾不能代作告白，與民三中華品茗，下午回寓洗燥〔澡〕。

夜作局於文園，鈞芳、劉唐、鑑潮及仕可、民三等，每人三元，民三因銀蘇有病，不埋席就走，祇食一碗麵而已矣。

十二時半始返睡。

9月9日 （陰曆歲次辛未七月廿七） 星期三

晨照常往外寓，午大三元黎民三作東道，下午在鑑潮亞洲三一八房傾偈，至五時返寓晚飯。

七時再往外寓，大雨，彭天生由對海電話約往東山六樓四十九號，與焜生傾上海他與千里駒發生風潮事，他極持放棄主義，亦云駒在申買通報界，專事捧場，而四姑非常攬權，陳鐵軍謂朱晦隱與余有賄賂之嫌，力主千里駒不合作，而所以決烈〔裂〕者，在乎陳鐵軍之嫥〔傳〕單過於頌揚駒，而對於白玉棠則書"尚有白等"字眼。

一時半在東山消夜，彭天生請，並着催緊鄧全事。

9月10日 （陰曆歲次辛未七月廿八） 星期四

永壽年由滬歸來，首次在（利舞台出世）油麻地普慶開枱，因《捨子奉姑》事，父大怒，欲散永班伶，【大】大抵無良心，比比皆然，何足為奇。

9月11日 （陰曆歲次辛未七月廿九）　　　　　　星期五

往油麻地，日戲《五月梅花》，白與駒貌合神離，伙頭鄧泉之款，立心摧擋，天生陰謀不軌，必有以糾之。

夜與其照過海，至十一時返港，大三元消夜後回寓。

9月12日 （陰曆歲次辛未八月初一）　　　　　　星期六

利舞台首次演永壽年《出妻順母》兼《封相》，夜十二時始回寓。

9月13日 （陰曆歲次辛未八月初二）　　　　　　星期日

晨十時往外寓，大三元品茗，黎老板〔闆〕作東道，交會銀廿元，往利舞台睇《循環鏡》，彭天生請飲冰，講及鄧泉事，澳門翻來定妥云，夜鑑潮請食西餐於南華餐室，夜十一時回寓。

9月17日 （陰曆歲次辛未八月初六）　　　　　　星期四

文仕可二時往澳，鑑潮與余度新劇《孝婦慟獅兒》。

夜與黃某、季某、黎某及余宴於文園崑崙。

交息銀三十元與三姑，潤九索取膏藥一瓶。

9月18日 （陰曆歲次辛未八月初七）　　　　　　星期五

往四姐處。

9月19日 （陰曆歲次辛未八月初八）　　　　　　星期六

晨仕可由外澳返，換稿，大三元品茗，夜晚飯後，忽然家父請萬國，與超平、勞但等，至八時半始散，後英華消夜。

日往寶星，賒印花綢衫二件，並購衫一件與亞大女，該艮共十八點六元，黎民三代支。

大女不適。

9 月 23 日 (陰曆歲次辛未八月十二) 星期三

彭天生在亞洲酒店五樓五〇八房，七時交艮式佰元，當作鄧泉酬勞費。

上省。

抵制日本。[1]

9 月 24 日 (陰曆歲次辛未八月十三) 星期四

鄧英請龍泉品茗。

夜鑑潮晚飯於太白樓。

抵制日本，風潮擴大。

9 月 25 日 (陰曆歲次辛未八月十四) 星期五

省鄧英請太平館，為新戲事。

抵制日本。

9 月 26 日 (陰曆歲次辛未八月十五) 星期六

回港。

中秋節賞月於西安輪船，郭元海、其照及余。

抵制日本。

9 月 27 日 (陰曆歲次辛未八月十六) 星期日

由是日起，省市黨部命令各娛樂場停十天，以誌哀悼東三省日人無理佔據。[2]

---

1 此處 "抵制日本" 等字，源先生以大字書寫，24-26 日亦同。

2 此日全篇記事均以特別字體手書，應該是源先生想藉此表達憤慨之故。

10 月 6 日 （陰曆歲次辛未八月廿五） 星期二

晨代仕可打理告白，下午大中國品茗，李鑑潮先借卅元，後往文園貫虹，AA 局，是柏永班在高陞，受抵制東三省影響，略淡。

鑑潮此人太奸詐，前云取廿伍元作租寫字樓，至今尚未租到，分明"搵着數"，並同時要每次仕可與余負責棧租一半，余暫允，屆時如無工作，準可以取消。

10 月 29 日 （陰曆歲次辛未九月十九） 星期四

永壽年在利舞台唱演，夜演《孝婦慟獅兒》，千里駒患"心疾"，不能坐枱。

夜宴於文園酒家菊飲，李鑑潮因輸麻雀，食詐糊，大怒，竟然立即離位不玩。

10 月 30 日 （陰曆歲次辛未九月二十） 星期五

阿妹患腹刺之疾，後着八家往見西醫，並交他四十元作調治費。

10 月 31 日 （陰曆歲次辛未九月廿一） 星期六

是夜演新劇《靈魂戀愛》初集，非常暢旺，收入一千九百元，千里駒不出，白玉棠堅持要另寫一牌，寫明"梁玉英由余非非暫代"等字眼，後恐暴動，而頭一二場非常動人，故卒之不書明。

11 月 1 日 （陰曆歲次辛未九月廿二） 星期日

晨起，梳洗畢，時屆十二時，乃往鑑潮處，共往茶香室品茗，後文仕可至亞洲，對他說明，如確不暇，可暫交一場曲與弟代作，並訂明已〔以〕後切勿多言多語，話人地搵埋你着數，此人白日雖然四處奔波，唯《姑嫂墳》之曲已定先，然後千里駒起病，奚能藉辭卸責，分明好似無佢唔得，立心扭計[1]。

　　下午往四姐處交民十元，並同時交十元與亞妹云。

　　代千里駒卜一卦，云：“君佔〔占〕疾病有何妨，輕重星辰相見傷，作福祈神三煞退，庚辰方許見安康。”大抵來月十二以後方癒。

11月5日 <small>（陰曆歲次辛未九月廿六）</small> 　　　　星期四

　　鑑潮與仕可爭執酒店費，弄至不可收拾云。

11月6日 <small>（陰曆歲次辛未九月廿七）</small> 　　　　星期五

　　往東亞銀行藏寶庫，下午 2.20.P.M 至 2.40P.M. 取鑽石耳環兩對，託文仕可往當柒佰元。

　　交四姐一百五十元。

　　阿蓉與亞妹吵鬧，此人太刁蠻，當然要警戒。

　　{在“訂明”二字左側有一類似左括號的分隔線} 訂明利息，首利伍元，其次每月叁元。

　　宴於文園菊飲。

11月9日 <small>（陰曆歲次辛未九月三十）</small> 　　　　星期一[2]

　　晨一時始起，梳洗畢，往英華午餐。

　　下午往南濱傾談，至四時回寓，七時往外寓，九時英華，民三東道，十一時與他步行回府，阿妹贏麻雀，與二樓四[3]往高陞，觀覺先聲《銷魂柳》，十二時始回。

　　文仕可夜車晉省。

1　“扭計”，粵語，意即製造麻煩。

2　此日日記印有“太平戲院為香港唯一娛樂場所”的廣告字樣。

3　此處“四”字未知是否指“四姐”。

12 月 3 日 <small>（陰曆歲次辛未十月廿四）</small>　　　　**星期四**

文園作局，十二時始回。

千里駒由澳旋港，調理嘔症，允於油麻地照常登枱。

鑑潮與劍雄溫極。

12 月 5 日 <small>（陰曆歲次辛未十月廿六）</small>　　　　**星期六**

永班在普慶戲院第二次唱演《郎心花塔影》，因千里駒不願演餵飯一場，以至〔致〕十一點十個字殺科。

押鑽石耳環一對，三百一十五元。

往四姐處，對她云，已押了一百五十元金仔鈪。

12 月 6 日 <small>（陰曆歲次辛未十月廿七）</small>　　　　**星期日**

南唐品茗，在堂座，而仕可、鑑潮攜同劍紅、碧云在房座〔坐〕，後往亞洲取曲交惠三。

夜亞妹宴於廣州，□〔同？周？〕四姑擺滿月酒云。

細杞請飲於文園文會，因欲取《血淚灑良心》曲本云。

余非常討厭彩鳳她無理取鬧，既索《姑嫂墳》戲票，而又推卻不暇往觀，分明搗鬼，決不再邀，由此駛出愛河。

鑑潮欲借五十元，余着他問家君。

12 月 10 日 <small>（陰曆歲次辛未十一月初二）</small>　　　　**星期四**

千里駒突然告病，是晚停演，余、鑑潮、仕可、民三往萬國宵夜。

並繕函與香其、蔡棣、惠三，着他切勿多印曲本，因鑑潮拈往向細杞處發賣，索價式佰元云。

李鑑潮奸滑異常。

彩鳳索票，余靳不與，因《姑嫂墳》事云。

12 月 11 日 （陰曆歲次辛未十一月初三）　　　　　　星期五

晨梳洗畢，往外寓。

接海關回函，云由 1931 年十二月卅一號起，放假五天，至 1932 年正月四號止。

夜阿妹往觀劇。

是晚舊病復發，不能如常唱演。

在高陞戲院演《忠節補情天》，至十一點半止。

12 月 13 日 （陰曆歲次辛未十一月初五）　　　　　　星期日

下午六時，白玉棠、馮醒錚、黎少珊、新珠、李海泉、唐朗秋、余非非及朱聘蘭等宴於萬國歐州〔洲〕，商量千里駒病如何處置，此六星期內工作，是否多排新劇以維持現狀，俟他痊癒後再作商量云。

（白答）"余願計數矣，倘是六星期內多編新劇，及千里駒復出，豈不是全數推翻，再開新劇；又未知他是否痊癒後一概不病，向使他痊而復發，做做□〔他？地？〕又唔出，豈不是做寃嘅，屆時，搵人同佢做至得喇，現在兩件辦法，究竟千里駒幾時好番，能否保佢永遠不病？至於另聘別人否？加人之後如何處置？事頭你舌〔蝕〕本唔緊要，之我白玉棠名譽緊要呀。"說完後作思想介，隨即行埋煙床，亦不答覆此星期內如何維持，大意即欲永班決不再用千里駒，另聘別位包頭[1]，且云千里駒對他講決不再做等語。

12 月 14 日 （陰曆歲次辛未十一月初六）　　　　　　星期一

蕭叔廉新翁之喜，梅酌於廣州三、四、五樓，余與仕可到片時，即往文園作局。

余對彩鳳云："余將晉省，煩將所欠之揩列舉帶來，以便即晚清找。"她不允，散席後，余將仕可往找數目如右：

1　"包頭"是傳統戲班對旦角的俗稱，參見粵劇大辭典編纂委員會編：《粵劇大辭典》，第 332-333 頁。

　　揩，三十三元。

　　工人，五元。

　　寮口，十元。[1]

臨行時她對仕可言："我無衫過節，煩對大少講句，做件衫我呀。"

余決意不叫，余想其中好多曲折云，一了百了。

仕可欠四元。

12 月 15 日 （陰曆歲次辛未十一月初七）　　　　星期二

南唐品茗，芝棟到訪，談及敏之欲見余云。

鑑潮是夜攜同老契劍虹晉省。

七時往南濱，與黎民三往英華消夜，亞肥封回利是六元，云 "璧謝□〔贏？〕金"。

　　文仕可開一房在亞洲，家□〔用？〕交銀一百五十元，着贖回金鈪，再當三百元云。

　　家嚴晉省，為白玉棠計數事。

12 月 16 日 （陰曆歲次辛未十一月初八）　　　　星期三

上午南唐品茗，買鉛筆刨一個，$3.00。

　　夜與民三往觀《東林恨史》畫戲，其中曲折，足以□｛該字有劃掉痕跡｝空前，苦情奧妙，堪為可嘉，描寫愛情誤會之淒慘，母子之真情，可謂淋漓痛快矣。

　　十二時回寓，｛略｝。

　　家嚴返港。

1　"寮口" 即 "寮口嫂"，是守在妓院每一層樓迎接客人的傭婦，比一般的傭婦或工人高級，但又未到 "廳躉"（在寨廳應酬東家和指揮妓女上廳的主任）的地位，見羅澧銘：《塘西花月痕》，第 5、12-13 頁。

12月17日 （陰曆歲次辛未十一月初九）　　　星期四

大中國曾昌及其友、余三人商議太平果枱事，余着他先交銀一千五百元作定，其餘任由余支配，他允於星期六日交銀一千五百元，簽回鬚印單。

余於下午一時許回南唐，後往亞洲，與仕可在餐室食生□〔窩？〕，夜往英華消夜，並找清欠數。

購買案頭日記，十四元，及《史記貨殖傳新詮》，二點九毛。

12月18日 （陰曆歲次辛未十一月初十）　　　星期五

交林珍粉嶺馬票 314、408 二套，共銀三十四元，由黎民三手交，訂明 314 與民三兩份，其餘自己個人，交民時並無馬票帶返，祇由溫卓明證明。

民三借民廿元，訂明十三四交還。

12月19日 （陰曆歲次辛未十一月十一）　　　星期六[1]

十二時往大中國，與曾昌、劉九等品茗，談及新院果枱事，後交銀一千五百元與余，並立回一仕擔紙如右。

茲收到

劉九通用港紙一千五百元正。

訂明如租成太平戲院果枱，此款則作為定銀，如不合，則一月以前通知，原款交還，此據。

陰曆歲次辛未年十一月十一日，源詹勳立據。

　　　　　　{原文此處有一分割線}

八時郭元海由省來港，商量借款事，謂已交過弍佰餘元，九時英華消夜。

1　此日日記印有"太平戲院為香港唯一娛樂場所"的廣告字樣。

12月20日 （陰曆歲次辛未十一月十二）　　　　　　　星期日

　　黃耀甫請南唐品茗，郭元海借銀壹佰元，訂明還回徐勝卅元，及阿妹借款一到廢歷年尾找回西紙陸拾元，不得借意欺騙，余並送領帶一條，價艮二點九五元，在大新購的，與郭元海。

　　下午二時在亞洲理髮，並在四三二還回雞數廿元與大偉。

　　＿＿＿＿＿＿｛原文此處有一分割線｝

　　文園作局，余未有召妓，據民三云，前晚在永花左右與彩鳳相遇，謂通通事幹與她無涉，不過大家之過也，且結揩時向仕可索衣服銀，乃大家在冷巷監督所至，並着余勿怪問候等語，且有電話相召，不日未知是否，此亦可知為妓之難也，此女將來必被鴇母凌辱至不堪也。

　　余甚希望廢娼三年計畫完成，以減□〔窮？〕女之苦也。

12月21日 （陰曆歲次辛未十一月十三）　　　　　　　星期一

　　晨十時往外寓，下午南唐品茗，覆信梁朋，收半價，新歷〔曆〕年。

　　花碧雲到探，盡將鑑潮之借款事披露無遺，交銀一百元。

12月22日 陰曆歲次辛未十一月十四　　　　　　　星期二

　　是日演《猛獸皇宮》，白玉棠因欠一關，竟然不出，夜七時家君即着香其如數照找，始登枱〔台〕，雙方感情已達極點，此人驕傲，必撲殺此獠，以警〔儆〕效尤。

　　鑑潮被花碧魂、劍雄、慕荊等糾纏。

　　黎民三還回廿元。

　　印信部四個，每部六毛。

　　上午南唐品茗，一見鑑潮到步，余即托〔託〕辭，往大三元見譚芳，十二時電話相約，先代扣伍拾元，交與文仕可的花碧魂。

12月23日 陰曆歲次辛未十一月十五 　　　　　　星期三

是日冬節，晨早妹及女等往大府斟茶，余食早飯，下午並無品茗，往亞洲到探仕可及耀甫等，適碧魂、慕荊在座，鑑潮隨後亦到，云"四家夜的交回四十元過你"，即下三樓，余亦隨之，夜文園牡丹作局，祇余及仕可、耀甫三人，仕可□〔毛？〕其中焉。

　　　　　_____{原文此處有一分割線}
鑑潮弄至不可收拾，總而言之，大聲夾無貨云，一時許，余回家。

　　　　　_____{原文此處有一分割線}
是晚永班在利舞台唱演，收入僅捌百元矣。

　　　　　_____{原文此處有一分割線}
與黎民三兄共購南華馬票一條，23140。

　　　　　_____{原文此處有一分割線}
余個人購一票，23126。

12月24日 （陰曆歲次辛未十一月十六） 　　　　　星期四[1]

上午北極品茗，下午亞洲暢談，花碧魂請食牛腩，五時回寓晚飯，四姐到探，並給銀拾與亞女等上省，余給西紙五十元，另五元，又屋租卅元與亞妹，夜作局於文園，筠芳、黎民三、馮坤、黃耀甫、仕可及余，仕可欠麻雀數七十八元，另欠四元，共十八元。

夜十二時半始回寓云。

12月25日 （陰曆歲次辛未十一月十七） 　　　　　星期五

上午（南唐）新紀元品茗，下午亞洲傾談。

---

1 此日日記印有"太平戲院為香港唯一娛樂場所"的廣告字樣。

12 月 26 日 （陰曆歲次辛未十一月十八）　　星期六

是早妹及小女等齊晉省，余一早往亞洲與黃耀甫及馮坤食早粥，下午品茗於南唐。

夜往利舞台觀新劇《七字奇冤》，因寒風及微雨，收入頓減，竟至伍佰餘元，開新劇以來□〔律？〕頂籠[1]，此翻可為一新紀錄也。

白玉棠因見馮醒錚、李海泉頗能叫座，頓起疑心，以後決不再點云。

12 月 27 日 （陰曆歲次辛未十一月十九）　　星期日

上午亞洲用午，下午與李君博度戲。

夜文園作局，輸廿元雞，與馮坤並往長樂打水圍，黎民三準於廿五以前帶銀蘇上街，懇余相助式佰元云，並在余舍下歇宿一宵。

仕可極流連，恐怕公事有誤。

鑑潮棧租九元。

下午五時托〔託〕其照交銀拾元與昌婆。

12 月 28 日 （陰曆歲次辛未十一月二十）　　星期一

得接徐勝來函，已收到元海匯返三十元。

南唐品茗。

託仕可往其押金鈪一隻，價銀一百七十四元。

茗後往泉州，訪陳越菴不遇，返亞洲雀戰，贏了八元左右，往新紀元晚飯，順道文園作局。

12 月 29 日 （陰曆歲次辛未十一月廿一）　　星期二

上午新紀元，余與民三兄二人，下午亞洲四〇九房，竹戰輸了拾餘元，約五時民三兄有電話到，謂彩鳳欲見余一面，遂約往南唐焉，抵步候半

1　"頂籠"，粵語用詞，此處即全院滿座，可容納人數已達極限。

1926
1928
1929
1930
1931
1933
1934
1935
1936
1937
1938
1939
1940
1941
1942
1943
1946
1947
1948
1949

小時始到，祇寒暄數語，她竟不用膳，告辭臨行時只說“對不住”一語。

據民三兄云，她屢次〔問〕余有無叫人，並謂從此日起，她咳症復發，狀甚可憐，奮極，故上省行幾日云。

民三兄宿於余家。

劉棠代做西衣絨長衫袱〔褲〕三套，四十元。

仕可晉省。

12 月 30 日 （陰曆歲次辛未十一月廿二）　　　星期三

民三借銀一百五十元，並允代交衣服銀七十八元，餘七十二元，找清過尾牙（即舊歷〔曆〕十二月十六以前）。

準備十一月廿五日帶銀蘇埋街。

余允將馬票 314 送一半與民三兄作禮物云。

下午與她倆往購傢俬，夜黃鳳池到訪，商量新戲事，允四份均分，合作式在亞洲斟妥，民三兄請英華消夜，馮坤及耀甫俱在座焉。

省方偵緝羅傑在欠薪事，非常鼓噪，已覆函照交。

省收半價，略形有效。

12 月 31 日 （陰曆歲次辛未十一月廿三）　　　星期四

上午十一時往林珍洋行，交粉嶺馬票三十四元，與民三兄二人品茗於南唐，下午黃耀甫借銀十一元，並他請晚餐於南華。

十一時宵夜於新紀元。

耀甫兄說余在黃棠定下之絨長衫約卅元左右，他開多伍元，因睞數之故，如交現款，儘可以平的，因他本錢短少，要往外間睞貨云。

多謝南濱、奇雅日歷〔曆〕各六枚。

繕函與超平，着他每月交足三十元與公安局偵緝羅傑等，免多生枝節，並通知鄧英到賀民三兄與銀蘇共賦同居之好。

備忘錄

{第一頁}

柳州沙街福昌寶號轉陳麗松先生

河南寶恕一巷廣益學塾，源煥容。

F. M. S.

Str., Settlement,

Ipoh,

11 Tai Lock Street,

Miss Lim Ah Nooi,

安南堤岸水兵街德昌大寶號，壹姑交何三姑收入便妥，二三〇號。

合成打字公司，電話弍壹四弍零。

鄧英，光雅里萬鍾新街十三號三樓。

陳貽昌堂八宅收。

陳蕙芳，南海九江雙涌高橋市東成押側便。

陳麗松，省榮陽街致安洋貨店。

譚芳，省河南德和新街捌號黃厚德堂。

港灣仔光明街十八號三樓。

郭元開，省白鶴洲鶴鳴三巷（河南）十六號。

【第二頁】

郭元海，河南後樂園街二十號，六十一號。

Chü Wong Sze 73716　Yuen Sev Nui 96413

Yuen Fang Sze 85814　Mak Tang Sze 96412

Yuen Chün Fan 50588　Mak Pan Hing 96411

Yuen Shin Fan 46439　Chü Wing Lung 11737

J. F. Yuen 40774　Yuen Loo Nui 88355

Hong Kong

Kenneday[Kennedy] Town

No.15/1 Belcher St.,

1st Floor

Steam boilers of all kinds of Engine of machines

Old Metal Materials

Agents for

Wing Kee

【第三頁】

歐漢扶，彌敦道七一三號弍樓，即旺角差館對面。

廣東大舞台戲院。

上海北四川路中，上海昌興有限公司。

176 Connaught Rd. West

Man Sung Contracting Co.,

Ko Po

Canton, China,

Auto:- 10909, P.O. Box 94,

No.16 Shameen, F. C.

Mr Kwok Yuen Hoi, The Honwan Trading Co.,

{ 第四頁 }

上海北四川路公益坊醫生朱彤章（朱晦隱）。	上海北四川路橫濱橋長春路長興里三號。	廣州市叢桂西居安里九號晦隱美術館。	Mr. Wong Lau[Lan?] Wai	Fook Tai Company	2nd floor	Bank of Canton Bldg.	Hong Kong		廣州大德路內尚果里三號振益石版公司，李鑑潮住趾〔址〕。		黃沙梯云西路十四號太安公司。		

{ 第五頁 }

										Holidays for Custom
								25/12	20/6 9/7 26/9 10/10 12/11	1-3/1 12 & 29/3 3/4 5/5

{ 第六頁 }

Cash Account, Jan. 一月份收支表

Date 日份		Received 收入	Paid 付出
1st	Entertainment tax	67	80
2nd	〃	41	45
3rd	〃	38	25
5	Treasurer.	147	50
12th	Treasurer.	117	10

{ 第七頁 }

Cash Account, Feb. 二月份收支表

Date 日份	Received 收入	Paid 付出
18th	20000	3000
20th Wages	4000	
24th Wing Shou Lin	5000	
28th Borrowing from T P	2000	

{ 第八頁 }

Cash Account, Mar. 三月份收支表

Date 日份		Received 收入	Paid 付出	
2nd mon	To Cash	5000		
6th	〃 Wing Shou Lin Wages	5000	T. P. returned	20.00
13th	〃 Wages Tai Ping	4000		
20th	〃 Wing Shou Lin (play com:)	15000	T. P. returned	30.00
21st	〃		Cheung Por {昌婆？}	20.00
25th	〃 Borrowing from T. P.	3000		
	〃 Borrowing to Kai Chue			100

源詹勳先生日記

1933 年 [1]

1 此年日記與 1930 年日記合記於〝中華民國十九年自由日記〞，未見單本。

6 月 23 日　(夏歷〔曆〕癸酉年閏五月大（初一日）)

廣告主任鄧劍魂因文仕可、呂倉亭唆弄東主，致有立即下場，遠因近果，不外金錢不均之故也。

鄧向余欲討取恩餉[1]半月，余轉達卓兄代詢，父盛怒不答，且謂他日前對於報紙數，不特收佣，且賺價云。

並借去伍元。

6 月 25 日　(同上初三日)

內子晉省，因其母售屋故，事〔是〕日午膳於新非士，夜周基到訪，擬將報價大割云。

《天明》畫租為百分之二十五折賬，以後俱三七均分云。

6 月 29 日　(同上初七日)

晨備函往環球公司，斥駁其非，午南唐品茗。

是日大風，懸掛六號風球，兼大雨淋灘〔漓〕，故停演，原是《金絲蝴蝶》上卷。

內子由省回港，天一公司電話云，《雨過天青》一片已到港，並欲在院首次放影，細查此片乃日本製造，不敢造次，嗣明日與卓哥磋商，再行答覆，讀 Bay's Business Law。

6 月 29 日　(閏五月初九)｛日記原文記日期為"民國廿二年六月廿九號 閏五月初九"，新舊曆日期並不對應，"閏五月初九"對應新曆應為"7 月 1 日"。｝

夜七時周基到座，講及報紙事，據云，羅文堪在鄭德芬面前多造是非，並謂太平已按揭最甚，不允支持所有報紙數，例宜追討，否則必有危險矣，余熟思與堪無仇，何出此言，以破壞本院信仰，余必思考一法，以制其

1　此處應是指遣散費。

死命。

　　夜與妹｛略｝，她並謂外人謠說紛紛，謂余二世祖，｛略｝。

7月1日　（初十）｛日記原文記日期為"七月一號 初十"，新舊曆日期並不對應，"初十"對應新曆應為"7月2日"。又，是日日記提到"是日起，全港放水喉"，查1933年7月1日《香港工商日報》第三張第一版一篇標題為"六號風球已除下，暴風雨後之香港"的新聞提到："因水量之劇增，水務當局已覺無限制食水之必要，遂於昨日發出佈告，由今日起，恢復全日食水之供給"，由此可斷定是日日記記於新曆7月1日，對應舊曆應為閏五月初九。｝

　　午於大三元，夜作局於廣州，八時往，十一時半返，李遠輸個不了，廖曙光說欲薦鄧往馮其良處服務。

　　是日起，全港放水喉，因大雨關係，太平劇團收〈入〉銳減，且與薛覺先拍台[1]。

　　余稔新班計劃，非打破舊制及取銷冗員，不足以再振班業，還要每日預算收入七百五十元，而班能佔四百元者，方可即班，成本不得多過四百元，而什用及開戲配置須要（倘與馬分份）由公盤執出枱再分，否則"重皮"之致〔至〕[2]，殊難溢利也。

　　｛略｝

7月2日　（即五月初十）

　　晨照常工作，午南唐與堯仔、振仔品茗，夜溫伯祺到，索閱車票，余允之，並往新非士食粥，他允明日請食午膳，並代發通稿。

1　此處"拍台"應該是與薛覺先"對台"，當時"覺先聲"班連續多天在高陞戲院演出，見《香港工商日報》1933年7月1日第三張第四版廣告。
2　"重皮"即"皮費（成本）過高"，"之致〔至〕"是粵語表述，即"相當"、"非常"。

7月4日 （十二）

晨父催出交娛樂捐，午南唐品茗，送十元與溫伯祺作電車月票，並送是晚《拗碎靈芝》座位壹個與伯祺二奶。

宴於萬國南洋，臨出門口時，與彩鳳相遇於電梯，她的女僕頻頻詢問，唯她則脈脈〔默默〕不言，似有隱情在於其間，余冷笑乘車，則無限感觸矣。

張瑞亭到斟加拜事。

7月4日 （又五月十二日）

午大三元品茗，祇余與伯祺及李遠，後伯祺兄請食晚飯於同日地點，荔坡｛"坡"字有刪去符號，在日記中又寫作"波"｝亦在焉。

夜盧保怡到訪，余請他睇戲，並暢談小時，自別後至今，倏忽已數年矣。

7月4日 （又五月十三日）｛日記原文記日期為"4：7：33又五月十三日"，新舊曆日期並不對應，"五月十三日"對應新曆應為"7月5日"。｝

晨如常工作，午大三元品茗，夜歐漢扶到座，欲拉攏馬師曾及薛覺先同埋一班，薛反串旦角式〔色〕，唯馬不允，故家君推卻之，余亦不甚招呼，蓋甚鄙其為人也。

7月9日 （又五月十七日）

日南唐品茗，夜照常工作，太平劇團是台在油麻地減收半價，收入大增，回港亦照辦云。

連夕演《都會的早晨》，收入銳〈減〉，（一）因於明星不足號召，（二）跟住大戲往往收入影響云。

8月3日

是日起減收日價，甚有起色。

8月4日

《平民報》收艮人到催收，余謂已交與區量行手，且有親筆簽字為據，雖然將通知單收艮，但以前收銀，俱□〔非？〕區某收，且書名□〔明？〕{該字似有劃掉痕跡}司理，余料《平民報》不敢抵賴也。

同日失去日記部，並銀卅元。

1926
1928
1929
1930
1931
1933
1934
1935
1936
1937
1938
1939
1940
1941
1942
1943
1946
1947
1948
1949

源詹勳先生日記

1934^年

1月1日　　　　　　　　　　　　　　　星期一

提　　要：{略}亞式起首助理。
社會記事：新歷〔曆〕新用不似舊歷〔曆〕之擠擁。

恭賀新禧。

是日演太平劇團，（日）《青樓薄倖名》，（夜）《古怪老婆》、《一曲成名》，夜戲一至七點半，各式座位一概沽清。

晨十時，廖展衡攜同夫人到訪，順往南唐品茗，約埋譚芳兄，茗畢，遂回院。

廖曙光先生請消夜於珍昌，召妓焉，余與花玉清回□〔到？〕，花暢談至十一時許始回太平云。

{略}

1月2日　　　　　　　　　　　　　　　星期二

余晨起梳洗畢即服藥{略}

午南唐品茗，拈一手鏢〔錶〕往修理，約二時許，在街上與同興郭鏡清相遇，談及戲劇事。

{略}

馬師曾意欲休養，幸□〔喜？〕家嚴導以大義，遂允照幹云。

與陳、鍾、余四人宵夜於珍昌，落樓時與曾相遇，慕蘭因一語遂哭。

1月3日　　　　　　　　　　　　　　　星期三

{略}

卓哥請中華午茶，暢談一二。

{略}

十一時廖曙光請珍昌，余召彩鳳，書到現二字並宴罷，回寨打水圍，唯她感覺非常不妥，淚痕滿面，余等遂伴之下樓而去矣。

1月4日 　　　　　　　　　　　　　　　　　　星期四

　　晨往院工作，｛略｝，遂往南唐品茗，並談及彩鳳之事，眾笑焉，下午回院，內子在院觀劇，｛略｝。

　　｛略｝

　　｛略｝

　　廖鴻明先着培仔到取肆拾元。

1月5日 　　　　　　　　　　　　　　　　　　星期五

　　晨往院，｛略｝，午茗於南唐，下午回太平工作。

　　夜曾報效十元，請埋他的花口〔肇？〕云共酌，余召花玉清，似覺感情稀薄云，余亦淡然處之。

　　｛略｝

1月6日 　　　　　　　　　　　　　　　　　　星期六

　　晨，｛略｝，隨即往太平照常工作，午馬公權請午餐於連卡佛，談及馬師曾欲往上海電影，補回弍萬元與家君了事，余（指公權言）見及此，不發一言，着令余妻怒之，現已告一段落矣，｛略｝，下午四時，彩鳳、慕蘭□余及文芳午茶於中華百貨公司，余為東道焉。

　　｛略｝

1月7日 　　　　　　　　　　　　　　　　　　星期日

　　晨，｛略｝，並往太平工作，｛略｝，午與吳元君往南唐品茗，｛略｝。

　　下午約三時回院，｛略｝，黃耀甫兄到訪，暢談於萬國，余召花玉清，據云有些小事，她略知端涯〔倪〕云，余云汝若能動心讀書，至七八年後，再謀職業，尤勝於長久為娼也，余允每月遵〔津〕貼一百五十元與她，已〔以〕為膳宿費云，她似有樂意，未稔能否實行，約十一時半回院，再回寓。

1月8日 　　　　　　　　　　　　　　星期一

提　　要：《華僑》散期一元，星期五毛。
社會記事：《華僑》告白費 $1087.97。

晨如常，{略}，午南唐品茗。

夜七時找《華僑日報》數，一千零八十七點九七元，潘日如君到收，並允此後《華僑》告白每寸壹元，逢星期日伍毛收實，不發回佣金云。

鍾兄請宵夜於珍昌，余不召妓。

約十二時回寓云。

派拉蒙公司着人到定二月七號至十一號□{此字被劃去}《蝴蝶夫人》□{此字被劃去}《獅人記》。

1月9日 　　　　　　　　　　　　　　星期二

提　　要：《華字日報》告白費已找清，五折，收實 $1191.05。
社會記事：明天始演《覺悟》。
氣　　候：寒

晨十一時回太平工作，{略}，午南唐品茗，隨與廖曙光兄往長虹商量搬房事，在亞力山打午茶，夜修函與省方，畫片事，彩鳳電問胃痛藥水，余答以明天隨往廣州，余為東道云。

{略}

蝴蝶影到院觀劇，余代家君繕一函與英皇書院，代堯勳告假云。

1月10日 　　　　　　　　　　　　　　星期三

晨，{略}，午南唐品茗，是日，黎仙儔兄借萬國儲蓄會□〔按？〕銀，{略}。

夜送一藥水與彩鳳止氣痛，並與她同座觀尾場電影云。

1月11日 　　　　　　　　　　　　　　星期四

提　　要：找清《循環日》、《晚報》，由民廿二年壹月起至十二月止。

晨照常工作，是日兩點至四點租與西南中學行畢業禮。

品茗於大酒店，張醫生與余同往，隨後返南唐與廖略談數語始別。

｛略｝

夜請余文芳、仕可、亞式四人宵夜於珍昌。

找《循環日》、《晚報》數，弍仟六佰餘元，六折，一千八百元，作充〔亮？〕云，此後《循日》、《晚》決不刊登長短期告白云。

1月12日　　　　　　　　星期五

｛略｝，南唐品茗，下午回院，｛略｝。

夜，彩鳳到觀劇，余購票三條與入座，宵夜於珍昌。

連日各友似乎消極，不欲流連矣，而曾兄況不日與她的愛人分手矣，陳貞似有打消意，大概經濟問題有關。

余獻議與卓哥，欲將英明照相院攝一預告片，以作宣傳，未穩能否實行。

1月13日　　　　　　　　星期六

晨十時回太平，｛略｝，後往南唐品茗云。

曾慶祺在院內打一電話與余，謂他已在萬國等候，着余早些去，余誤以為他真在萬國，遂與余文芳同往，詎料廳猶未定，余迫不得已，親自執行，約半點之久，他兩人珊〔姍〕珊〔姍〕而來，他交三元與余，着余座〔坐〕東位，並謂因囊中不敷，余知其詐，亦不識破，唯此後慎之可也，埋席時他不知何故，憤然與花口〔肇？〕云｛"花"之後一字被劃去｝[1]吵鬧，離去萬國而之宜香，無耐又回，余不順，遂與老文、文芳三人共嚼，佢到廳時衹食其餘，此人大抵恐余不座〔坐〕東位，故弄玄虛，總而言之，含有機械性也，余必用奇謀以警其非云。

1　前文曾出現"花碧雲"此人，已入索引。

1月14日　　　　　　　　　　　　　　星期日

晨如常工作，{略}，無甚紀錄。

1月15日　　　　　　　　　　　　　　星期一

提　　要：《循日晚》由二月一日起決不交易，因伯祺太惡作劇也。

晨九時許，{略}，下午十二時許，{略}，往南唐品茗畢，與鄭德芬來院，因他往光華接洽印件事，下午四時往中華午茶。

廖曙光拈《循環》及《華字》之價目與余相較，院佔優勝，後往珍昌宵夜，俱召妓焉，余召彩鳳，廖甚討厭鄭德芬云，謂其多言及是非。

是日揮函取消《循環日》、《晚報》，溫伯祺回函認罪，非其主使也，荔坡亦有函，希望照舊辦理，□〔通？〕函《華字日報》、《工日》減價，同時取消伯祺通過證及其他襟章。

1月16日　　　　　　　　　　　　　　星期二

晨｜　時往院，{略}。

午大三元品茗，隨後與陳永貞行，{略}。

{略}

1月17日　　　　　　　　　　　　　　星期三

晨如常工作。

馬師曾對余說及，決於來年二月中旬動身往上海做影戲，屆時該班停演，各大佬倌不計人工，或度全班往上海，余不然其說，並問他取一照片以作電版{原文寫作"版電"並加一調換符號}用。

晚飯於萬國，余並將此事對家嚴稟告，以備其忽於十二月往上海□〔一？之？〕行之故也。

1月18日　　　　　　　　　　星期四

晨如常工作，午南唐品茗。

{略}

焯哥與余午茶於中華。

余往彩鳳處，適花的工人亞□〔直〕在，□〔到？〕花門口，及出門時，她亦在神廳，□□奇異，然余亦不畏也。

1月19日　　　　　　　　　　星期五

晨，因大女患病，即麻症，隨往院備函告假，午大三元，廖先生請品茗，在座者為一新友及薛兆章，余並送入場券弍張與他們觀劇，並送三張與梁炳照先生。

{略}

《工商》半版。

下午，忽染些風寒，隨服阿司匹靈二片，略事休息。

{略}

早睡，食麥片。

1月20日　　　　　　　　　　星期六

晨工作如常，{略}，上午南唐品茗，下午，{略}，黃棠到座，夜演新劇《我見猶憐》，滿座。

十點餘鐘，回院睡。

黎仙儔欲向余借壹佰元，余諾之而不決。

{略}，今年經濟恐慌，設法調劑。

1月21日　　　　　　　　　　星期日

晨如常工作，午與吳元君往南唐品茗，後乘 TAXI CAB 回，下午與陳三元往中華，忽往美利權小食，途得一詩，以贈千里駒之"義擎天"，云：

郎心傷母淚頻頻，燕歸人未寂無聞，可憐笑聲成淚影，斷送七十二銅城。

夜觀《銀宮豔盜》，此劇非常豐富，惜乎過短，未屆十二時則散，余遂回寓焉。

｛略｝

馬伶突於明日聯合各佬倌歇業一天，如下此照樣，則東主損失甚大矣，且下屆組織約章內必登明："如有聯同歇業，未經東主許可，當罷工要挾論"，夜發通稿，並去特別廣告。

1月22日 星期一

晨如常工作，午南唐品茗，戴某亦到，｛略｝。

是日各大佬倌休息，不支薪金，故臨時改影《傻仔洞房》。

夜往珍昌宵夜。

父着繕一函與伯魯商量元月新戲事，因利舞台頭台演白玉棠組織之《大砍〔歡〕喜》，女角為關影憐、倩影儂云。

1月23日 星期二

提　要：千里駒來函，質問初五晚報事。

晨如常工作。

夜七時許，千里駒有一函至馬伯魯及太平戲院，謂初五日之告白內有一句"頹唐假鳳"，含有侮辱性，並相當對待等語，馬隨即回一咭，謂不關他事，另有告白專員料理，後請余上後台暢談，謂其太過於器小，而且有直認"頹唐"之意，並決將來函登報，余遂存其函，以備將來挑戰也。

約十時與彩鳳二人宵夜於珍昌，後召余仔至。

夜演《鬥氣姑爺》，俱滿座。

黎北海、麥嘯霞至，黎北海向余借二千餘元，余答姑試之。

霍海雲先生送一案頭記事錄與余，謝甚。

1月24日 　　　　　　　　　　　　　星期三

　　｛略｝

　　下午毛豫到，簽《白金龍》合約，併曹志安及 Mugford 到訪，遂併往中華□〔到？〕午茶。

　　家慈壽辰，余五時許到探焉。

　　下午三時，澳冼某四〔回？〕到探，余對他說及，謂欲太平劇團往演｛原文寫“往演太平劇團”並加一調換符號｝，必要先交按金一千元，並簽合約。

1月25日 　　　　　　　　　　　　　星期四

　　｛略｝，午南唐，下午在院候。

　　梅芳租廿四日，院租為一百五十元。

　　黎北海到，求借式千元，以償聯華債務，夜宴於萬國，余召花玉清，似有不悅意，然余置之不理，遂往歡得打水圍。

　　余決以斷然手腕對待花玉清。

　　鍾順章先生宴於萬國。

1月26日 　　　　　　　　　　　　　星期五

> 提　　要：溫伯祺允八元二寸四格。

　　晨早茶於高陞，因黎北海約余等候，他往調停聯華訟務事，抵步不見，稍候片時，他着一伴來，謂不用等候矣，有勞余亦置之，不久溫伯祺至，余謂本擬回函，措辭必言家君雖經驗不如人，至於社會奸猾狡獪，他亦瞭瞭焉，他發笑，並求告白一段，余與之，訂明二寸四格，該銀八元云。

　　｛略｝

　　夜請鍾、余文芳宵夜於萬國，余請花玉清，並託慕蘭懇求彩鳳明日下午五點到院觀《齊天大聖》，未知如何為據，慕說鳳姊甚怒余不召她，余亦有以完其說。

　　打水圍於花處。

1月27日　　　　　　　　　　星期六

晨如常工作。

午南唐品茗，下午回院發稿。

夜彩鳳至院，與余暢談，並謂她感懷身世，有擇人而事，唯她已錯於澳門之客，不欲再錯於別人，如能代籌三千元脫孟家蟬於平康里，則將來甚麼所不計，且有一客藍其姓，稔而有脫籍意，如確無人為之援手，她必從之，以了此宿債矣，余諾之，｛略｝。

1月28日　　　　　　　　　　星期日

提　　要：溫伯祺送一日記部與余於大三元。

晨如常工作，溫伯祺約往大三元品茗，並欲要求取消前議不登《循日》、《晚》事，余緩之，容日商量，後回院，忽接荔坡來函口〔照〕前述，余遂商於家君，據云只登《日報》，不載《晚報》云，並擬函覆。

夜鍾順章兄宴陳某於萬國，散席時，逢曾某於隔鄰廳，他忽至升降機口，着余文芳代取回眼鏡於普慶，余非之，並在機降內云："唔通老爺無件皮着？[1]"即謂其沙陳〔塵〕也，後往砍〔歡〕得水圍，｛略｝。

二女有病。

張醫生處六姑云，有按主有銀出揭，約伍十萬元，余云，有一友人欲揭銀，未稔是否，容覆實。

1月29日　　　　　　　　　　星期一

晨如常，梳洗畢，往院工作。

午南唐品茗，適曾某在座，並諸多冷嘲熱諷，對於眼鏡事，余置若罔聞，彼此各行其志，余謂，若有人欠他多少，則不知他如何詆毀矣，此言有挑撥陳某意，總而言之，此人非人也，與其將來必有事發生，無寧趁此割

1　"唔通"是粵語，即"難道"；"皮"即皮草。

席也。

陳軒利電話到取□，答允壹仟元，明晚到取。

下午五時北河院院主顏某到談太平劇團事，計其座位共一千三百位，不敷大戲之用，他與丘某同抵院，並說一俟隔火帳安妥之後，必請余往參觀云。

夜文芳、永貞、舜章及余四人宵夜於珍昌。

1月30日　　　　　　　　　　　星期二

晨照常工作，蔡棣請茶於大三元。

家君嚴厲訓勉，着開新戲，以塞馬某之口，唯余堅不欲為且下午曾覘馬面，允代覓文仕可、梁全棠備辦新戲，而他又欲上上海，余置之不甚着緊。

夜鄭德芬、鍾舜章、余文芳、陳永貞及余五人宴於萬國酒家花旗，據侍役云，曾某已吩咐將單分開矣，余等笑之，鄙其所為。

余召花玉清，據云元月後搬回住家作走牌妓焉，余笑謂與一私倡〔娼〕奚異，｛略｝。

1月31日　　　　　　　　　　　星期三

晨工作如常，午南唐，｛略｝。

通函《循環日報》，照舊登回，而《晚報》一致取消，荔坡覆函，允酌量價目略減，約往一見，有暇始斟。

夜宵夜於珍昌。

發通稿，往別發購書籍。

細杞到談戲班事，並問日子，余□〔遲？〕之，容日覆實云。

2月1日　　　　　　　　　　　星期四

晨如常工作，午大三元品茗，｛略｝。

演《義乞存孤》，甚為唱〔暢〕旺，大抵告白及譚蘭卿[1]之功也。

代區啟辛支二元，宵夜於珍昌，馬師曾已準備各劇來年元旦矣，以前所說之辭，盡浮言也。

南洋煙草購日歷〔曆〕牌，唯必要先賣紅金龍兩砍〔罐〕，始得一架及日歷〔曆〕肉，該銀一點二元，如要肉，則一砍〔罐〕足矣。

2月2日　　　　　　　　　　　　　　星期五

提　　要：伯祺午於大同，參觀《循環報》，譚秉宴客，及麼地詈張事。
社會記事：余仔借一百元定銀。

晨往高陞品茗，與溫伯祺相遇，約往大同用午，荔坡君允將散期告白價目從新釐定，荔坡允禮拜日折半，而伯祺則言六成，且《大光》五毛連五點六包，而他又要六毛，余諾之，茗畢，往參觀《循環報》機件及辦事處兼編輯室。

〔略〕

下午五時，譚秉電話云請萬國，余卻之。

麼地着亞坤往見，家君問明在院幹何職分，如打什，不應在三樓寫字樓聽電話，甚詈章〔張〕，必有以警之。

余仔暫將定銀壹佰元交與余。

2月3日　　　　　　　　　　　　　　星期六

提　　要：徽遠女校租院，日戲《千里攜蟬》，演至三點八個字殺科，甚鼓噪，夜七時再交涉。
社會記事：民三兄請大三元，並將一咭片交與大玉、細玉往口〔英？〕口〔影？〕，影租免費。

夜演《鬥氣姑爺》，六時滿座。

晨如常工作，是日日場《千里攜蟬》，租與徽遠女校行畢業禮，未屆四時即告散場，該校全休〔体〕生員甚不滿意，在三樓寫字校大肆咆哮，區辛兄謂："如有事談判，請今晚七時到座。"遂散焉，至八時許，區口〔漆？〕

1　在日記中又稱譚，譚伶，蘭卿，蘭，亞蘭，Tam Lan Hing，Tam Lang Hing，Miss Tam，Lan，T.L.H.，L.H.。

洲先生、馮女校長率領該校女生直抵二樓，守閘員抵擋不住，直入見家君，並要道歉，詎料余適往大解，因服了九粒保心安瀉丸之故，家君肅然震怒，如要道歉，則為〔唯〕有訴之於官矣，誰出此語，余必蹴之，余遂解釋，笑而言之，對區先生說，此乃小事，不過學生輩少年氣盛之故也，且如有事□〔相？〕責，彼此份屬師生，余當甘受無辭，遂歡然一揖而別。

余請珍昌召彩鳳，光□取□尾戒指一只。

2月4日　　　　　　　　　　　　　　星期日

> 提　　要：高陞品茗，溫伯祺收正價目。

晨因內子與長女往灣仔診脈，故早起，往高陞品茗，與伯祺遇，向他再為減價，座中與一花名長人相談，他說道，陳熾英是一浪人也，且帶金女時，分毫未有，各友維持，且她母時時謂他為拆白黨[1]，但各有前因，余不欲聞之矣。

2月5日　　　　　　　　　　　　　　星期一

> 提　　要：中央觀《歌侶情潮》，｛略｝，梅芳到參觀，以備佈置。

午後，如約往中央與彩鳳觀《歌侶情潮》，｛略｝，至完場時，余分別而行，在門口適與羅早相遇，在安樂園互談，約四時回院，妹電話至，謂如綺華送長衫至，收妥，試吓合否，並謂每日不知何往，必要三四點始回院工作，余與伯祺用晚於大同酒家。

｛略｝

1　"拆白黨"，上海俗語，指偵探他人隱私或製造假象以栽贓的方式強行敲詐他人的流氓團夥或成員。詳見薛理勇主編：《上海掌故辭典》，上海辭書出版社，1999年，第644頁。

1926
1928
1929
1930
1931
1933
1934
1935
1936
1937
1938
1939
1940
1941
1942
1943
1946
1947
1948
1949

2月6日 　　　　　　　　　　　星期二

晨如常工作，午霍海雲兄請午食於大三元，畢，往加拿大，與廖鴻明兄相遇，說到《孤軍》已驗妥，余向他求四姑暫借二三百元以度年關。

夜演《青樓薄倖名》，續演《梨花罪子》，此日為是年最後之一天，滿座，由此日起，對上三天，乃太平劇團補回東主云。

三時往四姐處謝灶。

《循環報》溫某來電謂，尚欠告白數，余隨覆電問之，伯祺云，不知其故，余詢之，殊不合理，且本院已找清各款，只有即日之通知單，因他遲發之故而說不清，確實可惡，必取消然後可以警之矣，｛略｝。

2月7日 　　　　　　　　　　　星期三

晨如常工作，午往 MGM 商量《海陸空潛艇大決戰》，據云，一俟澳門演完，隨即寄港，未免危險，然余恐不怕，因有三點船來港也。

午在義生髮門口與李遠相遇，他送一 SWEATER 與余，余請他往大三元品茗。

｛略｝

2月8日 　　　　　　　　　　　星期四

晨如常工作，溫伯祺請午食於大同，在座者師爺、余、區等，下午往訪廖君，託代辦，往四姑處借二百元，他云明晚答覆，夜往萬國後，返歡得打水圍。

馬師曾已定妥元旦劇本矣，隨即登報。

曾某亦在萬國宴客，又到口〔吾？〕口〔早？〕處一談。

《工商報》着人到收報費，余命他再開一單，以便查核云。

家君予余五十元作壓歲錢云。

2月9日　　　　　　　　　　　　　　　　星期五

晨如常工作。

午大三元品茗。

夜大三元宵夜，向鍾某借弍佰元，決明日答覆，廖君已將《孤軍》閱，四姑處先揭二百元，代找"粵語聲片大集會"。

往北河戲院，顏某領導參觀，是日適演廣州歌舞劇團，該院佈置殊屬不名貴，而集中人物俱中下社會，而該院不設三樓位，以平民化地點，而建設一貴族戲院，殊可惜也，該院內場虎度門完全斜出，於大戲大大不合，約四時與區辛回太平。

2月10日　　　　　　　　　　　　　　　星期六

晨如常工作，往院，家君問支薪否，余遂着朗兄代交一百元，午往大三元品茗，高佬鍾為東道，對於借款事宜，似乎不妥，但余亦置之淡焉。

｛略｝

夜宵夜於大三元，余仔取回周文海借出三十元。

鄭德芬電話到，追問是否抵制《工晚》，並聲言出紙出到廿九云。

2月11日　　　　　　　　　　　　　　　星期日

晨如常工作，午大三元，區辛請午食於處，擠〔濟〕擠〔濟〕一堂，甚為融洽，｛略｝，下午亞妹在票房處，忽遇亞惜到購票，聲言欲覓余，周文海卻之，因此她怒氣回家，遂電話詢問原委，始釋怒焉。

夜彩鳳有電話至，着余挪移，余謂前者已蒙賜多矣，迺者又欲重施故技乎，余如要找數，現時分文未有，期諸來年，她憤然謂，既不另給花粉錢，當然要結埋 Kai 銀[1]，余駁云，如確未有別客，祇余一人者，余當斥金與汝，唯卿而肯奚祇□余，余亦不願再蹈前轍〔轍〕矣，遂不言收線。

區辛檢籌，請宵夜於大三元，代支六點五元。

1　"Kai 銀"即"揩銀"，見1928年2月2日的日記註釋。

2月12日　　　　　　　　　　　　　　星期一

　　晨如常工作，午吳培請大三元品茗，{略}。

　　夜曹志安到訪，余恐其借款，故躲面不見，後與鍾等往大三元宵夜，並遊蘇杭街一周始睡。

　　別發送一本書至，名曰 THE HOUSE OF EXILE[1]，價值十二元。

　　霍士公司之□[MOMAR？]到訪，欲取日期定畫，余允下月商量。

2月13日　　　　　　　　　　　　　　星期二

　　晨如常工作，午加拿大午食，下午與陳永貞先生遊於新填地，是歲晚，生意冷淡，遊人甚稀，大有搖首不勝之勢，而各家各戶燃放炮竹不及往年之盛，蓋不欲多事粉飾也。

　　夜在院候鍾舜章兄，改約在加拿大候他，如約共遊蘇杭街，冀有所獲，花樹凋凌〔零〕，遊者眾而購者鮮，堪歎矣。

　　夜約十一時回寓。

　　一年算賬，亦庸庸碌碌，無所建樹，來年必要勤儉，以廣存款，而備不虞之需。

2月14日　　　　　　　　　　　　　　星期三

提　　要：勤儉忠信。
社會記事：（一）小汽車一輛，（二）長皮袍一口〔餽？〕，（三）清償債務，（四）不用未來錢。
氣　　候：春和日暖

　　是日為甲戌年元旦日，照例往家君處恭賀新禧，叩拜畢，往四姐處亦如是也，遂回舍下用朝，午大酒□〔家？〕小食，郭元海、區啟辛及余三人。

　　下午回寓小休息。

1　*The House of Exile* 的作者 Nora Waln（1895-1964）是一位美國旅行家，20 世紀 20 年代應邀到華北一個林姓家庭做客，一住便住了十多年之久，由是寫下一系列文章，詳細描述她在當地的所見所聞，於 1933 年結集出版，是當時的暢銷書。見 *Publisher Weekly* 1992 年 11 月介紹，https://www.publishersweekly.com/9780939149773（2020 年 12 月 6 日瀏覽）。

余按，舊歷〔曆〕卻不能廢止，因各行俱慣用之故，且如用新歷〔曆〕耗財廣，純屬歐化，則中國國粹及種種儀禮，奚能保存，且熱鬧情形，新歷〔曆〕斷不及舊力〔曆〕也。

大女撒嬌，亞妹怒極痛打，將她在外邊睡宿，她懼而睡至天明，可見"棒下出乖兒"一言非誤也。

2月15日 　　　　　　　　　　　　　星期四

晨如常工作，早往新紀元品茗，鍾大口〔闊？〕請飲於萬國，並往煎茶焉，夜十二時半始回。

2月16日 　　　　　　　　　　　　　星期五

晨照常工作，午大三元品茗。

下午因是晚演《可憐女》，甚擠擁，迫不得已提前沽票，詎料三樓轉灣〔彎〕處已有人滿之患，故由 EXIT 放人入二、三樓，則人漸漸退出，所餘者不過三數欲購票而不得之輩也，明晚實行改轉方針，由尾門入，先用夥計把守，後始沽票，或能秩序維持。

約九時往金龍酒家用晚，在桃花源內，後曾某又請飲於萬國花旗廳，約十口〔二？〕半回家，余始召翠江花月清云[1]。

2月17日 　　　　　　　　　　　　　星期六

晨如常，午大三元，廖兄為東道，畢，回院，夜陳永貞請宵夜於金龍，卓哥因下車不慎傷指，遂電其照，即着伴拈藥膏及膠布到以敷之。

是夜演《鬥氣姑爺》，未屆柒時，即上午以前，各式座位一律沽清，可謂空前擠擁也。

1　此處"花月清"未知是否即上文多處提及之"花玉清"。

2月18日　　　　　　　　　　星期日

晨如常工作，午金龍午食，詎料一抵步，已為人先入，遂憤然而往大三元，可知凡新開張酒樓茶室，大多數如是也，下午回院，適鍾某之亞冰至，約往大三元晚飯，後用車送回歡得止步，余與陳永貞折回云。

夜觀《秀才愛當兵》，此劇詼諧百出，甚合下等社會口味。

早睡。

2月19日　　　　　　　　　　星期一

晨工作如常，午溫伯祺兄請宴於金龍，已解釋前嫌，下午回院，因馬師曾改戲，而且譚蘭卿失聲，遂召張榮棣到診，余與張醫生返醫館略談，與他合份購一南華馬票 No　{此處似故意留空，但沒有填上馬票號碼}。夜鍾舜章宵夜於萬國瑞士。

{略}

2月20日　　　　　　　　　　星期二

無甚紀錄。

2月21日　　　　　　　　　　星期三

提　　要：《南中》長期照合約散期，封面每寸柒毛。

江民聲先生到訪，懇求刊長期告白於《南中晚報》，並訂實散期，每寸三毛，午請霍海雲兄及廖先生午食於大同酒家，該酒家誤將四元包麵作一點六元，後余亦不願令其"舌〔蝕〕虧"，願出四元矣。

夜購弍券，請金女及內子觀劇，余文芳、堯、鎮、區辛及余宵夜於金龍酒家，以口〔甲？〕汁麵為最可口。

《平民報》過於氣餒，決有以儆之。

2 月 22 日 　　　　　　　　　　　　　　 星期四

晨如常工作，午大三元，與薛兆章品茗，下午長虹傾偈，夜觀《春酒動芳心》，此劇過於熱，恐淫之極，不合紳士心理，不符原則，不離聖旨舊套，平平無奇矣。

2 月 23 日 　　　　　　　　　　　　　　 星期五

晨如常工作，午南唐品茗，晚飯與家人同敍於金龍酒家，畢，回院發通稿，約八時廖曙光先生到訪，並請宵夜於大三元。

近來喜閱英文什誌，希望對於英文將來更有進展。

馮其良先生到訪，謂不日上上海，如馬師曾確實在港拍片，他即管與明星公司商量云。

2 月 24 日 　　　　　　　　　　　　　　 星期六

午溫伯祺請午膳於大同，其用意實欲討一票，請某種女人睇戲也，下午忽有一電話至，謂欲本院定一頭位在《循環晚報》，余問他何由知之，余已在《工晚》定位也。

夜觀《蝴蝶杯》於本院，甚□〔洽〕，可惜蘭卿戲少矣。

購備《古文評註》一套，以供流〔瀏〕覽。

2 月 25 日 　　　　　　　　　　　　　　 星期日

晨如常工作，午與吳元及溫伯祺午食於大三元，畢，往南濱與黎伯傾談，在大三元時，廖君亦到，他云，邱夢芝欲將北河之宣傳事託廖某代為，余勸謂，如屬"好野"，丘某已自己幹去，尚豈肯舍之乎，究不若講明薪金多少，而告白費由北河蓋章負責可也。

夜觀《鬥氣姑爺》。

陳永貞與萬紅溫極，恐作福也，且請食晚飯於珍昌，並與她觀電影及種種耗財消遣。

2月26日 　　　　　　　　　　　　　　　　星期一

　　晨如常工作，午南唐品茗，下午本欲往觀馬，後忽改宗旨，回院去□〔稿？〕罷了。

　　晚飯與家人宴於金龍，後回戲院。

　　是晚送三座位與張醫生。

　　清報紙數。

　　對於各報欲再減價，未稔能否實行，如不能，則唯有強制執行耳。

2月27日 　　　　　　　　　　　　　　　　星期二

　　無甚紀錄。

2月28日 　　　　　　　　　　　　　　　　星期三

　　晨如常工作，午金龍請霍海雲、廖鴻明午食，詎料霍□〔而？〕公不至，終候而無跡，遂畢食而回。

　　為上元節，內子往見翁姑，行禮如儀。

　　夜晚飯於加拿大，觀劇於本院云。

　　太平劇團人腳齊整，非別班之能效也，唯馬佔成數過鉅，下屆殊難合作，究不如另選人材與譚蘭卿拍演，其叫座力亦有一樣，何必如斯，且馬多反覆，非可盡力而互助長，數已過鉅，追債時必不堪其擾也。

　　影戲每日場一百弍百，多餘沽出，以彌補院損失云。

3月1日 　　　　　　　　　　　　　　　　星期四

　　晨如常工作，十時半試《歌侶情潮》，霍海雲請午食於大三元，下午返院工作，是日影《白金龍》，非常擠擁，必要繼續放影，以利院收入，收入四場約一千四百元，誠破天荒也。

　　{略}

　　家君對余曰，區辛不大中用，遊手不管正事，且不懂世故，下屆如起班，亦取消他辛〔薪〕金也，事因租永安縐紗事，區兄誤着萬和春交回永安而不點收，故有失策之嫌。

《新中華》特刊，有意譏諷馬伶，然吾輩祇知將此事對馬直談，希望他一鼓作氣，多編新劇，以利收入。

3月3日　　　　　　　　　星期六

晨照常工作，去函天一公司，再影《白金龍》，普慶演《鬥氣姑爺》，未屆七時，已宣告滿座，唯收入一千六百元左右，萬不及太平之擠擁也。

送券三張與譚芳兄，蓋是日與他品茗，並蒙贈加應子二包。

梁毓芬又到訪，余施已〔以〕冷眼。

宴於萬國，劃鬼腳坐東位。

3月6日　　　　　　　　　星期二

晨如常工作，午鄭德芬請金龍午食，畢，往加拿大飲茶。

夜陳大哥請萬國，余仔代支，曾某贏卅元，唯余仔及永貞共欠 13 元，他謂，將十三元明晚請飲，以完此手續，大概恐人不給回之故也，此人澆漓刻薄，必無好結果，約十二時回寓。

是日因不暢服些瀉丸。

《孤軍》收入過高，割些價目，以畀薛某。

3月7日　　　　　　　　　星期三

> 提　　要：致生購墨水筆一枝，值廿餘元。

晨如常工作，下午往大三元品茗，畢，與霍海雲等步行至惠羅公司門口別焉，往致生公司，購一墨水筆，價值廿餘元。

夜與溫伯祺用晚飯於新式閣仔，後往中央觀劇《禁苑春濃》，該劇遠勝於《璇宮豔史》，甚有趣味，甚美觀也。

MGM 派人到查券，並談及西園租畫，每套為五十元，一定定卅套以上云。

十時半回寓，早睡早起，以養精神。

3月8日 　　　　　　　　　　　　　　星期四

晨高陞，與鄭子文品茗，暢談畢，回院工作，午南唐與黃四兄及譚芳、陳毛等見面，陳毛着代寫一牌照稟，以便更換煙仔牌，余允代幹，遂乘車回院，三時始起筆，陳毛兄請晚飯於金龍，余文芳請宵夜於萬國，舊雨雲集，極一時盛況。

再往致生購一墨水筆，甚稱意云。

《工商報》屢催告白費，必懲之，由此日起停登告白，以着其減價。

3月9日 　　　　　　　　　　　　　　星期五

提　　要：陳何氏由省赴港，妹等往接車。

晨如常工作，午南唐品茗，畢，回院工作，夜與余仔往新式宵夜，余為東道，並乘的士返寓。

家君云，不久將院按四十八萬，一俟妥當，即與和發成商量減息還款，以減負擔，並薦□〔漢？漢？〕與坤為有用，而麼地則"食銅"[1] 太深，必有以警之云。

《工商報》太可惡，屢屢追問舊數，決意由是日起停止發稿以挫之，且鄭德芬過於不恭，《循環晚報》誤開之通知單以寄回，交伯祺轉奉□〔肇？〕波耳。

3月10日 　　　　　　　　　　　　　　星期六

晨高陞品茗，午南唐，夜因忙於工作，未用晚，遂用膳於大三元。

義擎天用告白詆毀馬師曾，余等決置之不理，俟他認為了事，再作大段廣告挑之，以氣千里駒於死地，使他誨〔晦〕氣而已矣。

1　此處"銅"解作金錢，"食銅太深"即貪賄太多。

夜鍾某設宴於廣州南江，{略}。

鄭子文討告白，余支吾以對。

演新劇《蒸生瓜》，甚為唱〔暢〕旺，未屆七時，已宣告座滿，明日料必熱鬧云。

3月11日　　　　　　　　　　星期日

晨往高陞品茗，午大三元，廖兄請午食，余購太平位式位，與陳何氏觀劇，是日演《梵皇宮》，滿座，晚飯鍾兄請於大同，陳某原定請萬國，後因曾某欲收舊賬，託辭請飲，詎料先發制人，利用其巧，返要其為東道，而陳則改為明晚。

午畢，與廖兄談及生意前途，欲擴大，奈資本缺乏，如能召集，則前途必能豐厚也。

陳永貞謂，俟初四日能借三五百元與余云。

光華購備金鍊〔鏈〕一條，登數，以為扣鎖匙用。

3月12日　　　　　　　　　　星期一

社會記事：近日很多腦膜炎症。

晨梳洗畢，父電話召出戲院，因馬欲初五不往澳門，決意改期等事。

午南唐品茗，薛某來港，先交畫租一百元。

{略}

陳永貞請飲於萬國古巴。

譚蘭卿新班，索價兩萬八千元，優伶舉動，不堪識者，一笑。

3月13日　　　　　　　　　　星期二

氣　　候：晨溫午寒

晨高陞早茶，午南唐，並交銀一百元與廖曙光兄，下午回家小息。

夜馬師曾不允赴澳，並對文公說及性命要緊，雖有一萬元賠償亦不願往

1926
1928
1929
1930
1931
1933
1934
1935
1936
1937
1938
1939
1940
1941
1942
1943
1946
1947
1948
1949

云，余聽之下大怒，如他確有此舉，必對待以斷然手段，適蘭卿之姊亦在座焉，後他往對他講，已有允意，伶人大多惡靠，彼彼皆然，奚祇馬某哉。

{略}

宴於萬國牡丹，余為東道，十二時回寓。

3月14日　　　　　　　　　　　　　　　星期三

提　　要：夜演《平貴別窰》至《回窰》，好睇之極。

晨如常工作，鄭德芬到拜候，欲討二免票，余給予之，並云往南唐相候，余姑妄聽之。

晚飯區辛請於大同地下之新式，經濟及好味，畢，回院，發通稿吹《春娥教子》，約七時江民聲到訪，允普慶登在《華僑》長期稿，每月四十元，余遂答覆廖曙光先生如此。

溫伯祺到院，被閘口溫焯明阻止，不許入內，他繼至余座位東瞧西望，余不理之，他悻然而去，後鄭德芬與余同座，並謂往大同，實屬豈有此理，祇知有娛樂[1]李遠，不知其他者哉。

3月15日　　　　　　　　　　　　　　　星期四

晨如常工作，為晏起，午南唐品茗，下午與陳永貞飲架啡於加拿大，余勸他趁早拋棄，否則延牽誤事，幸勿誤會，未知他採納否。

約六時馬某到二樓唱〔暢〕談，謂欲上上海，並帶有二客到談，如家君不允，將全班赴滬，他可以買起全班，並謂，就算不除皮費，四六，事頭亦允矣，何況此項入息，應份馬某自己的，而竟然公開的，奚可慮其虧本者哉，余父祇言必雖〔須〕巧〔考〕慮，恐上海青紅幫太多，屆時有危險云。

細味馬師曾之言，殊屬荒誕，好似帶太平戲院發了大財一樣，余很不滿意他的措辭（鄭德芬好談私德，慎與之言）。

1　此處〝娛樂〞可能是指娛樂戲院，也可能是一報名簡稱，因李遠供職報社。

3月16日 星期五

提　　要：去函《工晚》取消英明告白。

晨高陞品茗。

馬師曾約十一時許到二樓商量定譚蘭卿事，意欲由他手交定，任從他支配，但家嚴不允，價錢式萬式元，全年工金，且上下期，俱港幣計，並要求上落頭等房位，是否辦，七時解決。

而馬上海消息已歸沉寂，余勸他，究不如數人組織環遊歌舞團，較為善策。

去函取消《工商》英明告白。

夜宴於萬國瑞士，余召花飄蘭。

3月17日 星期六

晨晏起，午南唐品茗，畢，往中華書局定書，並取《四庫備要》樣本，後乘德士[1]回院，與廖兄一齊通知他，探聽上海影戲院加插馬師曾事，約守秘密。

夜與家人晚飯於大同三樓，購襪於大新。

演《春娥教子》一劇，譚蘭卿表演唱做並皆佳妙，歷時兩點兩個字，非天賦歌喉，奚能臻此。

又函問文塌，何以再登英明廣告。

3月18日 星期日

提　　要：免票六張，請《華僑》編輯觀劇。

晨如常工作，午大三元品茗。

1　應即為的士（計程車）。

3月19日　　　　　　　　　　　　星期一

晨如常工作，午南唐品茗。

廖曙光兄到，取《孤軍》照片，並電版，霍海雲及羅明志亦到，談及宣傳工作，余忠告他們，不可過事浪費，否則以後出品，非賣大廣告不能收效，蓋他主張擴大以到省方也，而對於《工商日報》，必落大段，因省方銷路多也。

鍾某不召亞冰，大抵失戀也。

內子云，陳老四叫亞媽由省來港，不過欲與六少商量借款也，且言因虧空之過，而和益亦將閉業也，不事生產，祇顧奢華，故有如此狀況。

3月20日　　　　　　　　　　　　星期二

晨如常工作，午南唐品茗，定實下期放影《歸來》及《扭計祖宗》，夜霍海雲請宵夜於大三元，畢，回家始睡，覺心部作嘔，甚不自然，想亦飽食之故也。

3月21日　　　　　　　　　　　　星期三

晨如常工作，午南唐品茗，下午到長虹一敘，談及晉省事，夜與余仔往新式宵夜，約十一時始回。

是日影《歌侶情潮》，雖尾日，仍甚旺，足見聲片歌唱號召之深也。

3月22日　　　　　　　　　　　　星期四

{略}，往太平工作，午南唐品茗，下午往長虹交《孤軍》畫租，並約廖兄明晚晉省一遊，夜在院，所有告白及各項事宜，吩示一切，約十時半回寓安息，明日掃灰水。

3月23日　　　　　　　　　　　　　　　星期五

購備船票，與廖曙光先生乘西安晉省，在輪中與霍海雲君遇，共談至夜深一時，宵夜食薯會〔燴〕雞，始各歸房號，{略}，候至天明始登岸。

未落船之際，陳永貞兄與余小食於亞州〔洲〕餐室。

3月24日　　　　　　　　　　　　　　　星期六

約六時抵省，遂登岸，投新亞旅店五一四號房，即睡至十二時始覺，往龍泉品茗，層〔曾〕發式函與郭元海及區啟辛，奈二人不至，何故龍泉久候猶不見，始飽食，下樓，往金星、新國民、模範各影院逛一回，始回酒店歇足，初，廖兄尊翁逸卿氏原欲請食晚飯，候〔後〕因海雲到座，故不能依時往郵員俱樂部拜訪，以至抵步時，彼已下咽矣，遂拜別而去，遊海珠橋，遍覓勝記不獲，遂用晚於英英齋，價廉物美，蓋勝記已易名新廣州，並尋銀海棠不見。

3月25日　　　　　　　　　　　　　　　星期日

（接）夜十一時許霍兄共余等往金輪宵夜。

晨捌時許起身，十時在新亞用小食，約十一時乘汽車（郭元海請）環遊河南，轉道白云山至紀念堂及七十二烈士等名勝地點，然後息步於甘泉用午，飽食家鄉菜色，很舒暢，蓋人生日日勞形，而有一二日遍遊郊外，吸新空氣，胸中悶氣，突然捨下，舒暢之極，終日如機器一般，無時休息，殊苦惱也，約三時許，區啟辛始有電話到問，至開船始見面，時輪已三響，而又回港復回機械生活矣。

馬某應金鷹公司之召，集股七萬伍元，為聲片公司。

3月26日　　　　　　　　　　　　　　　星期一

晨返院辦公，午金龍，伯祺請食午膳，在座者，李遠等，初伯祺託言廖曙光請，故余至，否則必不赴約，李遠口〔希？〕求登廣告於彼辦之午報，余諾之，後往訪廖兄於長虹，而往理髮。

夜鍾兄及陳氏、余仔宵夜於金龍六樓，暢談，余稔彼等均屬機械的，此後必不可稍縱，否則必上其圈套矣。

3月27日　　　　　　　　　　　　　星期二

晨辦公，劉某到催款，余不能附和，決延之，午南唐品茗，下午返院辦公，夜檢閱檔，修函普慶，並西電公司停用聲機。

霍海雲至，欲早日清《歌侶情潮》數，余答以遲日。

大三元宵夜。

譚蘭卿決不提接定事，而余等亦詐為不知，彼此機械，余度她遲早必就範，不過要求上下期港幣，以作得寸入尺之舉，而家君答應式萬二千，她已安心矣，故特借此□〔等？事？〕求，以急余□〔籌？〕矣。

3月28日　　　　　　　　　　　　　星期三

提　　要：鄭德芬備午膳，廖與余俱不至，免生是非。

晨照常工作，午鄭德芬請大三元品茗，余與廖二人俱不至，以謝絕彼之是非也，且相約俱是霍海雲、李遠、邱夢之，余皆不願與之接洽。

李遠近與一群無賴遊，且有恐嚇勒索意，必戒之而又防之。

溫伯祺亦如是也，小人之口，奸詐異常。

夜宵夜於大三元，大玉云，九路之不至者，因番薯干〔乾〕事，此乃鄭德芬之言也，余必有以儆之。

送贈券三張，與黎工傾。

3月29日　　　　　　　　　　　　　星期四

晨約十一時往院工作，畢，南唐品茗，下午整容，夜發通稿，讀書，因未用晚，故餓，特於十點即往宵夜，時近清明，略淡。

近日馬、譚舉動，殊令社會人士注意，猶不斂跡，必至有輿論攻擊，下屆組班，必要聲明，如馬伶休息，大小藝員薪金亦一律停止，祇給食用，蓋以防他突然變遷，而不至牽累全班也。

3 月 30 日　　　　　　　　　　　　　　　星期五

晨因下雨晏起，午廖先生約往大三元品茗，赴約，與侏儒仔相遇，蓋他與鄭子文以先在別一房矣，畢，與鍾某乘的士回，該車至上環左右滑輪，險些撞傷一老婦人，蓋用掣不能祇求其自動則已，晚飯，鍾兄請於大同，伯祺亦遇焉。

夜余支一佰元辛〔薪〕金，請飲於萬國，鍾某之小冰口〔非？〕晉省，不過餂醉詐財矣，鍾恨之，思有以懲之，唯妓女大多如斯，豈冰獨然乎。

勤以助不足。

3 月 31 日　　　　　　　　　　　　　　　星期六

晨早起，往高陞飲茶，午南唐，畢，往長虹暢談，與鍾某、陳某加拿大飲架啡，晚反〔飯〕於大同，夜余仔請宵夜於珍昌。

4 月 1 日　　　　　　　　　　　　　　　　星期日

晨晏起，往南唐品茗，下午回院，夜租與東莞商會，租金三千六元，為卅、初一、初二三天。

余請陳永貞、鍾順章等於萬國瑞士。

是晚出頭為《梨花罪子》及《誰是父》，馬師曾不長於演舊戲，唱撇喉[1]及種種腔口，不甚雅聽，而譚蘭卿則純熟自然，洵名伶也。

4 月 2 日　　　　　　　　　　　　　　　　星期一

社會記事：滿座。

晨如常工作，午大同品茗，搓麻雀，約三時餘回院，《平民報》區某約

1　此處 "撇喉" 應該是指 "左撇"，是演員演唱時所使用的一種唱法。左撇原是北方戲曲劇種用語，指稍有偏離正宗發聲唱法的意思。粵劇稱 "左撇" 是指唱霸腔或傳統的 "士工" 唱法，一般儘量凸顯 "士工" 兩音。"左撇" 多為小武和武生行當使用。見粵劇大辭典編纂委員會編：《粵劇大辭典》，第 276 頁。

往大三元晚飯，余否應，回家用膳，畢，與堯仔往加拿大飲架啡，並往購佛蘭西粉，順道中華書局購《英文大學一年級文選》一本。

夜演《五陵鞭掛秦淮月》，永貞之妻攜友到觀劇，因滿座之故，迫不得將她們叫起而沽之，宴於萬國，余召楚君。

4月3日　　　　　　　　　　　　　　　　星期二

晨往院，照常工作，午南唐品茗，夜萬國，鍾某請宵夜。

晚飯與堯仔、陳兄往加拿大飲架啡，談及妓女事，並勸他不可過事昏迷，否則家庭生大糾紛也。

光華取回石戒子〔指〕，計銀八點五元鑲工。

焯哥取電影免票一本，由三二〇一起至三三〇〇止。

4月4日　　　　　　　　　　　　　　　　星期三

提　要：《炮轟五指山》，暫借式佰元。

晨如常工作，午與堯勳、鎮勳往南唐品茗，與薛兆章及馮其良相遇，彼此談及《湄江情浪》事，蒙允百分之三十五放影，忽然父命速回院，預備一合同，賣與澳門平民義學籌款，該代表人為鄧祥、許祥云，價銀每日夜一千元，五日共伍仟元，先交西紙定銀壹仟，俱廣東毫銀交易。

夜陳永貞與鍾某及余在太平位觀劇，忽然萬紅親身到院，其意不在觀劇，而在找陳某見面，適逢陳某往家在鄰座，陳曰："顧住。"萬即坐前數行，後陳覺得過於唐突，遂約往珍昌宵夜並解釋，後鍾某言，前數天大同晚飯之後，彼等往長樂，適萬紅有客在，不招呼，為時許久，致有今夜到訪，重收〔修〕舊好矣。

4月5日　　　　　　　　　　　　　　　　星期四

晨如常工作，午大三元品茗，畢，剃須〔鬚〕，踢足球，堯勳、鎮勳俱在舍下用晚，與小女等大活動。

夜鍾某宴於萬國，所召各妓甚投契，唯情場多變幻，神秘不可測云。

約三時馬伯魯[1]有電話至舍下，謂澳門日子有更改，殊不可寄戲橋[2]及喧
〔宣〕傳品往澳，余諾之，明天始覆家君。

{略}

4月6日   星期五

馬師曾到談，約六時，謂往上海已有四影院預備約演四星期，周而復
始，畢，始從事電影，略傾似有緩辦意。

羅文塤請晚飯於金龍，並科銀於萬國酒家，{略}。

廖曙光先生晉省，託代購麥芽糖二盅。

4月7日   星期六

鍾請午膳於大三元，畢，回院，踢足球，夜萬國，余為東道，並召妓暖
紅云。

上午抵院時與家君談及馬某往上海事，忽然他至，因着余仔，如有電報
到，切勿拈往他的住家，蓋有秘密焉。

4月8日   星期日

社會記事：此項記於八時五十分。

（接下頁）

此事若聲揚，則馬必因羞成怒，而對於太平劇團，必蒙其損失也，為
大局計，亦為其馬氏年老人着想，究不如藏之，俟時而發，雖則收沒人家書
信，實屬不德，然權其輕重，賢者不免。

4月9日   星期一

提　要：該函信在於木箱內。

1　馬師曾，字伯魯。

2　即劇情說明書，一般選列明場序及演員表等。

夜宴於萬國，時余仔對余說及，馬妹有一函寄自上海，源濂已拆閱，談及自殺事，余遂着余仔往取而觀之，以明其究竟，畢，回家大便時，在廚房觀之，蓋其內容實非因有孕而感覺蓄死志。

｛略｝

4月10日　　　　　　　　　　　　　星期二

無甚紀錄。

4月11日　　　　　　　　　　　　　星期三

陳永貞與曼紅起釁，余勸之，使他不沉迷於女色也，鍾某請飲於萬國，近來似貴於往者，大有搵丁之勢。

馬上海之行似趨於緩，大抵東家未有着落也。

《平民報》到收數，余謂，如七成收，則明晚答覆照交，如不允，雖〔需〕隔數天云。

4月13日　　　　　　　　　　　　　星期五

東莞商會起首租院及太平劇團籌款，（日）（夜）新劇《無邊春色》。

收入平常。

4月14日　　　　　　　　　　　　　星期六

（日）《西河會》，馬、譚俱出。

（夜）《五陵邊掛秦淮月》。

院租每日一千二百元。

4月15日　　　　　　　　　　　　　星期日

（日）《情泛梵皇宮》。

（夜）《春娥教子》、《京華豔遇》。

籌款戲止截，收入平常。

周俊年代表東莞商會送一銀鼎與馬師曾，而院及班未蒙酬一字，來年必高價，以本營業精神，而馬亦不致謝一辭，洵荒謬也。

人格卑污，奚足以配大雅。

余宴客於萬國瑞士，濟濟一堂，堪配稱高尚娛樂也，但羅文塤甚為鍾某、陳某討厭，以其語言無味，面目可爭〔憎〕也。

4月16日　　　　　　　　　　　　　星期一

提　要：源鎮勳生日。

{ 無正文 }

4月18日　星期

鍾某為人所作之事，不願被人道破，故往往反□不為科東於萬國。

{ 略 }

羅文塤七時到訪，並謂已榮升《天光報》主任，對於告白費，鳌定封面紅色，每格寸一元云，余不屑之，際此不景氣，各報紙減價，而彼竟起價，殊不合乎情理也。

4月21日　　　　　　　　　　　　　星期六

宴於萬國，慕蘭與萬紅諸冷嘲熱諷，大抵陳永貞發火不成，返〔反〕遭白眼，從此感情益破裂矣，余召花玉清，惟到時有些奚落，余詐作不知，靜觀其態。

馬師曾每出新劇，索筆金伍佰元，含有要挾性，蓋彼並無別項駛用，祇靠開戲，焉不出此手段者哉，下屆再埋班[1]，必慎為思之（以上星期五事）。

如常萬國，慕蘭不至，而花玉清對余說及彩鳳有上街消息云。

羅文塤請大酒店，祇廖先生與余至矣，廖與余商量，謂有一友人加入長

1　"埋班" 即組建或組織戲班。

虹作股東云，並願出資本弍千元，余諾之。

4月24日　　　　　　　　　　　　　星期二

　　家嚴壽辰，晨八時與內子、小女們往拜跪焉，畢，返院工作，後於十一時往聯華之大本營，中央戲院看《體育皇后》，很合意，午於大三元，又遷往四樓，與芳兄等竹戰，四時大酒店，乘車往府上到會，晚飯，八時回院，又往萬國，余召花玉清，她利用她的驚人手腕迷人，並問余往寨否，余否之，遂回。

4月25日　　　　　　　　　　　　　星期三

　　晨早有電話至，謂《湄江情浪》因江門阻滯，不能如期，余遂電問聯華，適馮其良先生在，正與彼等交涉，後忽有電話至，謂已抵步，遂告無事，否則麻煩不堪矣。

　　午大三元品茗，竹戰，夜萬國召妓如前，甚口〔衰？〕，然余飽受教訓，不再為馮婦矣。

　　溫伯祺不遷就告白，決停卝《晚報》全版，未聞以全版而遷就明達八份一也。

4月26日　　　　　　　　　　　　　星期四

　　晨抵院，照常工作，午大三元飲茶，竹戰，十時理髮，後往大酒店，畢，回院。

　　夜萬國與譚芳等共宴。

4月28日　　　　　　　　　　　　　星期六

　　晨十二時顏宇芝先生到訪，商量北河戲院事，條件照普慶，夜七時回覆，已有允意，並詢《五指山》事。

　　娛樂稅專員麥科到，問東莞商會戲金事，余答云九百元，收條大抵記不清楚云，因大雨，與他乘車往皇后戲院，折回萬國宵夜云。

陳某請金龍晚飯。

余文芳借十五元。

4 月 29 日 　　　　　　　　　星期日

宴於萬國，余召花玉清，畢，見她與一西裝少年連〔聯〕袂返香巢，余笑置之，而彼亦詐為不見也。

午大三元，鍾兄請食午飯，畢，打雞賺了數元，下午返院，打足球。

4 月 30 日 　　　　　　　　　星期一

羅文塤請高陞及大三元飲茶，並余發一稿往《天光報》。

馬師曾因譚蘭卿病不登台，以至改戲，四姑甚不安，欲往見馬師曾，不得要領，且擋駕而回（下日事）。

文仕可拈信往見馬，商量往北河戲院事，有允意。

5 月 1 日 　　　　　　　　　　星期二

着區辛拈函往北河戲院，見顏絢芝君，蒙答允，決實日期，且覆函簽字蓋章作實，夜宴於萬國，余將所遇事冷嘲花玉清，以致她汗顏無地，余回打水圍並戲之。

與麥敬齊叔商量揸筍[1]大金事，他勸不可，因上落二三元，甚危險云。

5 月 2 日 　　　　　　　　　　星期三

晨如常工作，午大三元品茗，三時足球，足部受傷。

夜宴於萬國。

馬自譚病不出，詐云足疾，以致臨時改演《賣怪魚》，下期計畫實行減價，不動聲色，杯葛馬某，且嚴勵〔厲〕執行，追討欠款，並着文仕可等不用往見他，置之若弁毛。

1　從上下文猜度，"揸筍"可能是指投機者大量買入某種股票或貨品，以推高價格的意思。

五月十四號起，超等祇限學生，日一點五毛，夜弍毛，以整旺超等。

5月4日　　　　　　　　　　　　　　星期五

提　　要：馬師曾因譚蘭卿病，不登台，突然改戲為《七賢眷》，明日發通稿，廉價。

　　{ 無正文 }

5月5日　　　　　　　　　　　　　　星期六

　　晨因馬不登台，改演上海妹著名劇本《疍家妹水戰》，即《拷打薄情郎》，廉收座價一點二元、四毛、二點五毛、二毛、一毛，滿座，收入過伍佰餘元。

　　譚芳、六叔、陳朗軒宴於萬國，郭元海亦至，打水圍，畢，盡歡而散云。

　　馬師曾有意扭計，詐云足疾，大抵怕譚蘭卿大〔不？〕登台，彼亦不收效之故也。

5月6日　　　　　　　　　　　　　　星期日

　　晨如常工作，午大三元，忽然有電話至，謂馬師曾決於廿六晚即九號登台，演新劇《野花香》。

　　夜宴於萬國，譚芳、六叔及陳朗軒俱在坐〔座〕。

　　廖曙光對余說，謂天一公司欲聘馬師曾，每月三萬元，一年為期，每月拍一聲片，不得登台做大戲，未知允否，候查。

5月7日　　　　　　　　　　　　　　星期一

　　晨照常工作，午大三元，賭雞，黎云，贏則得數，輸則現錢，此後不賭矣。

　　鍾某回港，宴於萬國，花玉清連夕遲至，不久座，迨有慢客，余欲與之金，繼思之孰不若不與之為妙也，究不如照常召她，而另召則妓，以觀其動靜，豈不美哉。

5月9日 星期三

馬師曾、譚蘭卿已登台，主演新劇《藍天使》，改編名曰《野花香》，全院滿座。

馮其良及廖某在大三元品茗，道及畫片事，普慶四姑到院，代天一公司說項，求馬某加入電影，余駁斥之，她意欲太平劇團不往北河云，余諾之。

鍾某還回廿元與黎伯，余託言此款已交余日久矣，遂折扣五六，往萬國並□〔彼？倚？〕□〔輩？〕水圍。

5月14日 星期一

此篇轉入星期弍。

晨因內子往跑馬地歇宿，夜不能入寐，故晨起，往高陞飲茶，午與譚芳往大三元品茗，託他往見刺士狀師盧國綿[1]，商量還款事，據云已允先交伍佰，其餘一千元轉單，三月清還，余聞其言，諾之，一俟籌妥款再商云。

5月15日 星期二

> 提　　要：煤氣局煤氣一號鼓爆裂，空前慘況。

晨早茶，畢，在院三樓打一封信往庫房，為削價事，約十時五十五分，適值煤汽鼓爆烈，尋而沉下，將對住之加侖[2]〔倫〕台屋宇連燒六間，約時十五分，余初不聞爆烈聲，繼見其沉下，即奔回住家，與內子往避，適彼在門口，余遂喚一汽車，送她往炮〔跑〕馬地，余遂回院，並折道往詠花問候花玉清，後余母至，際此倉皇之時，而彼亦攜隔鄰之小童共奔焉，可謂癲之極矣。

是處發生意外，差幸吹西南風，否則本院難免遭劫也。[3]

1　在日記中又寫作盧國棉。

2　此字作者寫成 "侖"。

3　1934 年 5 月 14 日，位於西環皇后大道西的煤氣總局，發生煤氣鼓爆炸事件，波及附近住宅，造成嚴重死傷。該煤氣總局地處太平戲院對面，全港煤氣皆由其供給。詳見《香港工商日報》1934 年 5 月 15 日報道。

劉九記剌士狀師追討一千五百元，此函派往余住趾〔址〕。

是夜內子及大女、二女、工人亞□〔嵩？〕俱宿在大姨媽處，余則在廳睡矣。

（以上星期一日事）

5月17日　　　　　　　　　　　　星期四

夜約九時，忽有一什差到，云請各居民暫時搬遷，因恐有危險也，余遂回家，與內子及女等往東山酒店樓宿一夜云。

是日下午，忽有黃煙突出，發生誤會，謂有第二次爆炸云，以致街上行人紛紛徙避，查實虛驚也。

5月18日　　　　　　　　　　　　星期五

為避免恐慌計，內子及小女等僑居皇后五樓十四號，宵夜於新式。

戲院連日收入大受打擊，因居民紛紛搬遷，且左右住戶十室九空，然中國人往往空驚先走，而其恐慌程度十過五分鐘則復然也。

太平劇團起在北河戲院唱演。

5月19日　　　　　　　　　　　　星期六

早茗於高陞，江民聲先生到訪，並取鐵打丸焉，午大三元，區辛請茶，下午足球比賽，據什差長云，煤氣局危險已過，生死有命，何用恐慌者哉，午馬師曾到訪，談論新班事，欲八月中旬起班，唯花旦則全用女仔，余諾之。

夜李遠到收告白費，有收條，並請飲於萬國酒家瑞士，約十弍時始散。

5月20日　　　　　　　　　　　　星期日

晨在皇后酒店起，因炎熱不能入夢，故早醒，洗燥〔澡〕畢，食粥，回院工作，午大三元品茗，後與侏儒仔步行，欲往北河，後見擠擁，回太平，家人已於是日下午遷回住家，永安公司自動減租五元，每月連差餉水鏢

-355-

〔錶〕在內。

夜陳永貞還回欠款十元，余將此款設宴於萬國，畢，回詠花打水圍，至十二時始回寓。

北河戲院廂房不能照東西位價，因觀眾嫌其貴也。

5月21日　　　　　　　　　　星期一

晨因苦熱早起，往高陞飲茶，午大三元品茗，夜找半版告白費與李遠，共十五元，他願出伍元設局於萬國，後長樂打水圍云。

《姊妹花》，平安與新世界兩院同時放影，甚旺，天一公司丁某到訪，欲定《白金龍》二天，唯必要連《生機》及《挣紮〔扎〕》簽合同，余不允，必要各自為之。

修函煥蓉二姊。

5月24日　　　　　　　　　　星期四

晨高陞飲早茶，羅文塤着送票與黎工傾，以為他人情，余否之，唯有不發通稿與《工商》系而已矣。

午金龍，陳永貞敦請萬紅及鍾某竹戰，余戰一和局云。

夜因陳某勝利，五元一毛將作飲費，而李遠亦報效三點七五元在口〔內？〕，余包尾，傾盆大雨，濕身回家。

明日《香江午報》將《野花香》曲本刊出，以事喧〔宣〕傳，互相利用。

5月25日　　　　　　　　　　星期五

晨如常工作，午李遠請大三元品茗，區口〔量？星？〕衡[1]到座，議減《平民》價目，並找舊數。

《香江午報》登出《野花香》煞科曲白，並送一千份來太平分派。

夜往海鮮宵夜，觀劇甚適，預備劇評。

1　可能即"區量行"，已入索引。

5 月 26 日　　　　　　　　　　星期六

找花玉清數共一百五十元。

5 月 27 日　　　　　　　　　　星期日

晨晏起，大三元午食，下午往見廖鴻明，並送票弍張。
夜宴於萬國。

5 月 28 日　　　　　　　　　　星期一

晨交娛樂稅，午大三元竹戰，並少食，下午回寓。
馬師曾到訪，謂新劇《侯門小姐》曲白未完善，雖〔需〕俟星期六方可出世，遂改為《秦淮月》及接續《妾怨浮雲郎怨月》上下卷。
陳永貞贏麻雀猶不肯請飲，可謂數□〔□？〕□〔矣？〕。
發通稿。

5 月 29 日　　　　　　　　　　星期二

提　　要：家慈搬屋，早午品茗，盧信隆衣服。

{無正文}

6 月 1 日　　　　　　　　　　星期五

晨如常工作，早茗於高陞茶樓，午早午品茗，起首與廖鴻明搭宴。
夜羅博士按察司及馬來島按察司夫婦到觀《我見猶憐》，遂發通稿云。
夜，連夕不徵逐，已放下決心不作局，早睡。

6 月 2 日　　　　　　　　　　星期六

三女到取款六佰元，並哭。

6月3日　　　　　　　　　　　　星期日

家嚴患疾，夜深往視，幸喜安痊，隨回休息。

大雨，收入大礙。

宴於萬國，花謂：“若要行街，必要講過。”但不知講什麼話，必俟異日再談，散席各退。

溫焯明之少女已故於九時，在聖保祿醫院，造化不仁，誠憾事也。

6月4日　　　　　　　　　　　　星期一

晨早茶於高陞，是日補賀英皇壽辰，鳴炮誌慶，午早午與小女一齊往茗。

夜侏儒仔返自鄉間，饋以荔枝一笠，作客於萬國，返香巢，耗去五元，她謂與余去街，切勿講三講四，大抵有辭意，余則追問是否有意拒口〔絕？〕，據云非也，不外恐招人物議也，並謂療〔寮〕口錢不能不給，因前者召彩鳳時，各人均含恨，余謂此後永不到打水圍，亦不再到石塘也。

6月5日　　　　　　　　　　　　星期二

晨如常工作，家嚴患屙〔痾〕，已着張榮棣醫生調治，現已略癒，余下午電問病況，據云已無危險，只養靜足矣，蔡棣代借三百元，在陳郭氏處，由歐某手交。

夜宴於萬國，花玉清遲來，余嘲笑之，謂不應強對余言，謂講三講四，已拒絕慾望，然余何又斯，斷不造次，況前車可鑑者哉，且有某說見她與一肥仔共攜手返香巢，且一至，即除去外衣，祇穿褻服，則其“熱”狀可教矣，拆穿西洋鏡，有甚麼把戲再弄耶，余亦不敢作非份想矣，祇開口笑。

6月7日　　　　　　　　　　　　星期四

晨往高陞飲茶，回院，忽大雨，轉西衣，約十一時，譚芳電話約往剌氏狀師樓，訪盧國棉君，共商劉九借款事，訂妥先還五佰元，每月還弍佰，由七月十五日起，廖曙光借與余式佰元。

推天一公司下星期一到收畫租。

夜宴於萬國，花玉清有不捨得蔡某意。

6月9日　　　　　　　　　　星期六

提　　要：其照母着家君將附〔負？〕項轉為揭年。

晨皇后餐室早餐，午早午，下午馬親到長虹公司訪問，隨即往大三元，談及新班組織事，他意每九天歇五天，而該五天則給食宿，不給辛〔薪〕金，以一年日子，即做足三百六十天為期，一千五百元辛〔薪〕金以上照計，以下則給人工，而譚蘭卿則例外。

夜萬國，｛略｝。

其照之母與渭泉到院，並欲將欠款着余交簽回欠單，余則駁謂之，同是太平股東，焉有汝之欠款則歸余父負責，而余父之欠項則誰個負責，不是常識者，不可以理喻，將來糾紛必由多也。

6月10日　　　　　　　　　　星期日

提　　要：晨六時五十分、五十五分，產孖子，家君給式佰元作什用，並允擺酒入他數。

｛無正文｝

6月11日　　　　　　　　　　星期一

提　　要：即甲戌年四月卅日。

晨六時五十分，內子產一長子，繼五分鐘，再產一幼子，成一孖，家母甚喜，而陪月及接生俱即索雙價，余允之，後與文仕可兄往高陞品茗，並托〔託〕□〔灶？〕兄代執生化湯三劑（官方）、波打酒半打，家嚴甚喜悅，並給予以式佰元作費用。

世人多數喜男惡女，奚祇家君者哉，一旦生男，五姐、七姐□〔皆？〕到來探望，舉家若狂。

6月13日　　　　　　　　　　　　　　星期三

往華威公司斟《姊妹花》，據云明達有不允意，後經幾翻〔番〕磋商，始允遷就，並允將下月畫期多影幾天明星片子。

余向家君借弍佰元，允《姊妹花》扣還。

｛略｝

6月14日　　　　　　　　　　　　　　星期四

晨高陞品茗，後往皇后見民三兄，託他對漢仔令尊說及漢已不在太平供職，而他尚月月逗一，留在舍下，將來有甚麼事幹發生，恕不負責云。

二子很趣致。

｛略｝

與梁日餘下午二時許往見張醫生，驗明是否身體踢傷，查實無事，後往告樓士打飲茶，至六時始回寓。

6月16日　　　　　　　　　　　　　　星期六

午早午茗，與江民聲君談及《華僑》半版告白，值銀四十元，並《南中》廿元，余允磋商。

譚芳、秉華、鍾兄共往對海長沙灣暢遊，畢回，往告樓士打飲茶。

永兄周羞擦，無面見萬紅，不願往宴，後不知因何動機，向余囗〔柳？〕移十五元共往焉，依然召妓，花至，勸余為她面子計，多叫弍樓全座共十三名，余責之，並謂余向不召他妓，豈非此無以表示壽仔[1]乎，她大喝不然，余諾之。

萬至，泣訴陳某不佳，其如斯手緊，並着他給工人錢及其他局賬。

1　"壽仔"是粵語詞彙，指不通人情世故之人。

6月18日   星期一

晨在高陞與伯祺遇，他向余索三元作酬，送邱夢芝君云，即交款。

午與李遠遇於途，他言語諸多諷刺，此後對於他，以緘默為佳。

鍾兄約往觀馬加士歌舞班，余與小女同往，後往金龍晚飯。

因發稿問題，李遠有些少爭執，並謂彼《香江午報》縱無告白，亦如是出紙也。

同日發覺《午報》登出告白一段，收銀認明收條圖章及司理名云，對於此項，必要留心，以防其詐。

6月19日   星期二

氣　　候：大雨

邱夢芝君被辭於中央，溫伯祺發起公讌他於金龍酒家，六時入席，濟濟一堂，甚歡，回院發稿時，適馮其良先生到訪，並問告白費若干，余答言一百五十元左右，後再往大三元，李遠與細玉口角至相罵而哭，殊煞風景。

遠少年氣盛，且每每易於鬧事。

6月20日   星期三

晨大雨，乘汽車與大女返校，午與海雲兄、陳珠、曙光等遇，並往高陞，觀其聲機，回音太集〔雜？〕，光線不甚玲瓏，非電影格式，枉費天一之頭首片[1]《小女玲〔伶〕》也。

宴於萬國，花玉清有灌迷湯意，余淡然處之。

帶位馮道流忽然於十時吐血，隨送往東華醫院云。

---

1 此處"頭首片"是指天一影片公司在 1932 年率先製作的國語、粵語拷貝兼備的聲片。《小女伶》是其中一部，另一部是《戰地二孤女》。

6月21日 星期四

晨照常品茗，傾盤大雨，送大女返校，午金龍午食。

後再往大三元，與陳華及各人談論畫片事，余甚鄙等所為。

夜李遠代收長期告白費十二元，簽部為據，後往萬國，其初、鍾兄允請，繼因家事不能如願，遂迫令作局。

花玉清對余云，欲送些禮物與小兒，以誌賀喜，余卻之謂不可浪費，蓋余不欲□□〔教？〕親友也。

晨十一時馬電話商量定小瑤仙事，隨即着蔡棣拈式佰元往養和園交定云，馬休養於此地，唯夜戲照常工作。

6月22日 星期五

晨大雨，僅兄矣，駐足於高陞，與伯祺兄暢談，｛略｝。

午大三元，與曙光兄午食。

夜普慶四姑堅執扣回一百五十元，下次再扣，棣不允，她且發怒難入耳之言，並謂太平劇團為最淡之班，縱使不至普慶，亦奚足掛齒哉，卒扣回一百五十元，余任之，然必報服〔復〕，以警其非。

萬國召清妓。

是日為十二朝，大送雞酒。

6月23日 星期六

晨晏起，蔡棣談及四姑事，余淡然處之，下屆重組新班時，再作良謀。

金龍午食，打牌抽水。

起草章程，關於新班事宜。

昨天陳珠云，與希立組一畫片公司，抵制天一及華威畫片云。

七姐對內子云，大嫂好游水，及與男朋女遊，且多多電話到訪，並信箚盈百，余按，此人不能管禦〔御〕，必要提防，既屬無行，可以出之，免將來有別事發生也。

小兒已定時，唯改名必要有金水土邊方合云。

6 月 24 日　　　　　　　　　　　　　　星期日

晨早起，午與張榮棣醫生午食於大酒店，他云有一女友欲往馬師曾之公司做演員，並託余介紹云，余諾之，他繼謂人壽燕梳似不宜買。

夜鍾兄設宴於萬國，並贏麻雀，叫返清的巢略一座〔坐〕，至十二時半始回。

她謂肥仔已脫離她，收山上上海，想亦"撈野"[1]或用錢過多之謂也，她諾與余甚麼則甚麼矣，觀其柜桶[2]許多咭片，甚疑問也。

6 月 25 日　　　　　　　　　　　　　　星期一

｛略｝

6 月 26 日　　　　　　　　　　　　　　星期二

午早午品茗，發通稿宣傳《唐宮恨事》，並注意大廣告。

鍾某對余說他有一事很難解決，｛略｝。

｛略｝

小兒有些不安狀。

廖曙光兄代斟妥派拉蒙畫租事云。

6 月 27 日　　　　　　　　　　　　　　星期三

晨因大雨晏起，午早午品茗，夜萬國宵夜，侏儒仔欠三元。

家慈腦亂，是非不明，終日向人詛罵，甚為討厭，而對於三女打責俱備，不得已遂向家嚴稟明。

1　"撈野"，粵語用詞，詞意視乎"撈"的讀音，若讀作"lo¹"，可作"謀得一事"，若讀作"lao⁴"，則可解作"收穫得一些東西"。

2　"柜桶"即抽屜。

備函返鄉，並寄三百元作滿月之用。

清謂不日晉省，肥仔由節至今不至者已旬日矣，且謂余（指她而言）對汝非因別故，決不快走，則余待之誠可知矣，至云給白水否，請問畀〔俾〕[1] 過多少，亦不外適中而已矣。

6月28日 　　　　　　　　　　　　　星期四

提　　要：託西接生代報名於東區公立醫局，長名錫藩，次名衍藩｛後兩句用紅筆書寫｝。
社會記事：通函《華僑》及《南中》、《南強》取消所有長期廣告。

馬師曾因《香江午報》登出 "玉宿東山黃昏後，重有梨園留座，佢又要去看牛"，馬認為，"看牛" 二字蓄意侮辱，着令道歉，否則狀師信並停登廣告，余嗤之過於荒謬，且此稿絕對並未涉及甚麼傷害，不外氣炎〔焰？〕之故，余為息事寧人，為收入計，遂向李遠兄磋商更正，未知如何。

十一時往萬國消夜，召清，她謂所賒之數，由五月初四起計，云近日似覺甚旺。

陳永貞之曼紅對叫紙人謂，如□〔三少？〕未到，請勿拈紙，因必要耗費五毛子云。

6月29日 　　　　　　　　　　　　　星期五

晨品茗於高陞，畫〔劃〕鬼腳，往金龍酒家，因定房問題，認定金龍六樓有意謾客。

下午江民聲君到訪，談及何以忽然取消《華僑》、《南中》及《南強》告白事，余謂，《華僑》太不賞面，有事儘可商量，何以如此疏忽，至今本院殊不雅觀，且頻頻催數，□〔是？〕誠何心哉，枉費老友幫忙云。

陳永貞欠款已十餘天，今日覯而詐不提，且對於老契過好感情，而朋友則不值也，享樂之交，非心腹也。

1　此處 "畀" 字是粵語用詞，即 "給" 的意思。

7月1日　　　　　　　　　　　　　　　　　星期日

{略}

張榮棣君託轉函馬師曾，欲介紹林婉憐女士作演員，第不知手續如何，故余祇允為介紹，其他不言矣，明日午膳會面。

行將散班，擬減價酬謝。

7月2日　　　　　　　　　　　　　　　　　星期一

晨晏起，午與馬師曾、張榮棣、林婉憐等午食於大三元。

夜萬國，花謂余有些怒意，故不對余講，及因已找備一玉耳環，價值一百十一元，余笑答之，余因款孔急，萬難如命，{略}。

馬公權對余云，胡文虎已有贖她意，余否之。

7月4日　　　　　　　　　　　　　　　　　星期三

社會記事：即甲戌年五月廿三日。

晨如常工作，午早午，朱可請飲茗，因昨大通稿，今日非常擠擁，定座。

夜宴於萬國，余返花玉清處，鑑賞她之玉耳環，余遂給其價值為一百一十元，約十分鐘即行，此女□可人，惜乎娼妓本性，恐有隱疾，雖則情假，為自己量入而出，則庶乎其可矣。

黎伯允借佰元，訂明星期一日還回。

家慈性戇，過不近人情，凡作事必支吾以對之，縱使受罵，亦姑妄聽之。

陳永貞有鄙視各人意，但欠款四十元，至今尚未清還。

7月6日　　　　　　　　　　　　　　　　　星期五

提　　要：吳元送花籃，惜乎上海妹患病不能登台。
社會記事：甲戌年五月廿六{實際應為"廿五"}，夜演《野花香》，尾台開始廉價。

　　晨如常工作，午金龍酒家午食，譚芳亦在座焉，後往長虹候廖兄，並口〔自？〕時欲購一時計。

　　下午回寓，與四姐遇於寓內，她類似神經錯亂，信口雌黃，詆誷過甚，人盡苦之，夜八時許，她往見家君，諸多揶揄，至令家嚴大怒，驅逐之，適與余遇於二樓轉角處，遂用大罵，因你生個仔我受鬧，是謂之打賀，余笑答之曰，此人患神經，速送往癲狂院治之可也，後聞她回寓痛哭，年老咎由自取，實屬不懂世故，結果未口〔教？〕矣何也。

　　夜未宴。

7月7日　　　　　　　　　　星期六

　　晨如常工作，﹛略﹜。

　　﹛略﹜

　　演《唐宮恨〈事〉》，隔日已沽清所有座位，翻點料必如是擠擁也。

7月8日　　　　　　　　　　星期日

　　晨如常，午南唐與長女品茗，夜往金龍晚飯。

　　﹛略﹜

　　萬國搓麻雀，連食二次滿和〔糊？〕。

　　是晚四時，為小兒剃頭之期，家慈主禮。

7月10日　　　　　　　　　　星期二

　　午南唐蔡文棟請茶，下午照常工作。

　　夜發帖請客，並定酒席，寄函省方二家姊煥蓉處。

　　花至，即埋席，無耐有人催她返寨，因有客至，她即往，余從是有些感觸，在座者為麥叔齋、陳永貞、余仔、李遠及余五人。

7月11日　　　　　　　　　　星期三

提　要：小兒正滿月日，即五月卅日，萬國茶，兼送請帖。

{無正文}

7月12日　　　　　　　　　　　　星期四

提　　要：是晚設宴於萬國三、四樓，男女賓客甚形擠擁，耗去約六佰餘資。

　　早如常工作，午南唐品茗，下午往萬國晚飯，因小兒設宴謝客之故也，畢，回寓洗燥〔澡〕，穿回長衫，然後往鵠候來賓，是晚男女客約十四席，做女班郭少鎏及馬師曾、譚蘭卿均至，握手為禮，但未終席，馬、譚相繼告辭，李遠及譚芳不滿彼等行為，屢有微詞，余忍之，不料鄭德芬、羅文塤、溫伯祺等亦互相譏諷，約一時許始話別，甚歡暢。

　　別時與清遇於途，數語即回寓云。

　　行禮，家嚴敬酒約三巡，余敬酒以謝來賓，而女客則七姐與內子{略}。

7月13日　　　　　　　　　　　　星期五

　　宴萬國，花患醉，遲返香巢，着她服一永安堂頭刺散，遂告痊癒，余□□〔以後？〕決不召她，以免相形見絀。

7月14日　　　　　　　　　　　　星期六

　　{略}

7月15日　　　　　　　　　　　　星期日

　　請芳哥食晚飯於萬國，並於飯後往詠花坐至八時回院。

　　後又再往，詎料散席時，與二大姨婆相遇於途，余遂脫手空行，以免多生事端。

　　各人均贊成將陳永貞之賀款轉而為請飲，未知如何，明日便知。

7月16日 　　　　　　星期一

午南唐，夜鍾舜章兄請客於萬國慶雲，打荷嘲牌，約贏三十元，鍾□〔允？兄？〕借十元。

不□至一時，花亦再至，想亦有作用也，余對她言，前數天，汝之大□□□不感覺為妓之辛苦乎，她答曰，與其跟佬受氣，無寧長□為妓，凡人亦想歸宿謀安樂也，余按，此言似有理，但恐野性難馴，人老珠黃，青春不再，屆時更難堪矣。

7月19日 　　　　　　星期四

提　　要：光景台失竊。

〔無正文〕

7月20日 　　　　　　星期五

提　　要：失物尋回。

〔無正文〕

7月22日 　　　　　　星期日

內子失言，余責之，然長此浸淫必失敗也。

｛略｝

傾盤〔盆〕大雨，往萬國宴會，與花玉清暢談，她極端質問究竟晉省否抑□〔不？〕然，余答以遲日始商。

7月23日 　　　　　　星期一

因把｛衍文？或應為"擺"字？｝薑酌時執一乳豬，故是晚內子約齊內戚聯歡，而余則與鍾某等作局於廣州，至十一時始往萬國宵夜。

｛略｝

花玉清有□倚賴余的意思，但女子善變，必審慎，免誤終身也。

7月24日　　　　　　　　　　　　　　　　星期二

{ 略 }
夜往花處略座〔坐〕，至十二時半始返寓云。

7月26日　　　　　　　　　　　　　　　　星期四

{ 略 }
金龍晚飯。
萬國飲。

7月27日　　　　　　　　　　　　　　　　星期五

晨如常工作，午南唐品茗。
是早家君交一"劃"則式佰元往萬國定畫，余接轉即辦妥。
內子云，美藝理髮師陳某對於小女甚多揶揄，大抵□〔飲？〕之致也。
清傾談之際，突然下淚，仆□弄甚玄虛。

7月28日　　　　　　　　　　　　　　　　星期六

晨如常工作，午南唐，夜萬國設宴召清，後因返寨打水圍，忽有一傭婦至，謂勸捐，余怒之，並聲言此後不至，隨即交一百元與她作晉省費用，並不言而退其中，她有一言很是取鬧，她謂採一拖鞋來以備伸腳，並謂如無新物，儘可着其舊嘅，余即答曰，余不慣着舊鞋，云本可乘機割愛，以免牽延，她謂十九晉省，余決其不能，因十八星期日，為□方能抽身，必俟星期一討取人情方許。

7月31日　　　　　　　　　　　　　　　　星期二

提　要：花玉清晨早車晉省。

{ 無正文 }

8月1日 星期三

連夕不設宴，鍾兄還回廿元，准明晚請飲，以了其事，夜食牛腩。

張瀾州先生到租院，定實一百四十元，因暑天情形，下次決不能如約照辦云。

定妥《歌台豔史》。

8月4日 星期六

內子晉省，與長女同往。

8月5日 星期日

宴於金陵，後遊車河，至兩時始回家云。

{ 略 }

8月6日 星期一

{ 略 }

8月7日 星期二

{ 略 }

內子乘車〔輪？〕西安[1]由省回，並往金龍宵夜。

8月8日 星期三

午金龍塡請午食，並欠下伍元，夜宴於萬國，{ 略 }。

---

1 西安號是來往省（廣州）港（香港）的輪船。

侏儒仔執會出刮一點五元，余已交會銀七元。

十弍時始返睡。

8月12日 　　　　　　　　　　　　　　　星期日

五姐失去耳環、手錶、煙咀、眼鏡，着余往七號差館報失，並攜同一差人往光景台礎〔勘〕驗。

夜宴於萬國，{略}。

8月13日 　　　　　　　　　　　　　　　星期一

與內子五時十分往娛樂觀電影《攝青鬼》，畢，內子發覺乍寒乍熱，遂與余乘車返寓，祇留下堯、鎮在加拿大用晚，余亦回，與他們返院。

萬國召花，她言肥仔已於星期五到飲，並返寨座〔坐〕一小時即別云，昨夜所問〔聞？〕之客，亦有紙召她，想亦多一單生意也，廖某亦到，□十一時許散席云。

8月14日 　　　　　　　　　　　　　　　星期二

內子略愈〔癒〕，午因腹瀉丸作嘔，下午休息於家內，至七時許始出院辦公，{略}。

8月16日 　　　　　　　　　　　　　　　星期四

提　要：{略}

{略}

她欲余許她與亞五同住，余諾之，並謂凡事必要小心，切勿亂談，以妨耳目眾多云，彼此慎重，免誤將來，汝其小心。

夜宴於萬國，她遲至並返香巢焉。

8月17日　　　　　　　　　　　　　　星期五

晨宴〔晏〕起。

午南唐品茗，午後返院工作，｛略｝。

夜十時返寓宵夜，牌戲。

8月18日　　　　　　　　　　　　　　星期六

昨晚宴於萬國，｛略｝。

張醫生託余代查《工商報》，何人欲與黃少岳醫生為難，因有一盧姓者，有一子夭焉，而該醫生着必要交五十元方允出一醫生紙，並有收條，事後胡秩五不平，欲登之於報端云。

8月20日　　　　　　　　　　　　　　星期一

｛略｝

8月21日　　　　　　　　　　　　　　星期二

｛略｝

余與內子及二家往遊公司並購物焉。

8月22日　　　　　　　　　　　　　　星期三

晨十弍時與小女往張醫生處診耳，共耗去藥費四點五元，午南唐品茗，｛略｝。

夜在萬國與她談話，她云肥仔決不跟她，而汝又懼內，唯立心食齋，以了此生，細味其言，不外再尋得意郎君矣，然□亦取消極態度，以逸待勞之法，以瞻其後亦〔也？〕。

8 月 23 日　　　　　　　　　　　　　星期四

{略}

下午馬師曾允於舊八月十一日夜開台，並着代定譚秉庸及羅品超兩人云。

李遠甚機械計，余文芳所言，宴罷，回家竹戰，至三時許始睡云。

源鶴朋允將祖遺之女屋五間賣與家君，訂銀弍仟元廣毛[1]，先交西紙弍佰元，照扣水作定（八時十五分立據）。

8 月 24 日　　　　　　　　　　　　　星期五

{略}

李遠含有機械性，俟後與他賭博，必小心，切勿造次。

馬師曾於三時有電話與家君，決改九五制為原日辦法，並託覓譚秉庸、羅品超弍藝員以副之，夜七時許，譚由省方長途電話訂實工金四千八百元，云廿一日到港收定作實。

8 月 26 日　　　　　　　　　　　　　星期日

午於陸羽品茗，{略}。

夜金陵，散席，她挽余返香巢，余不允，未幾，她的吳某適由珍昌璘〔蹓〕珊〔跚〕而下，意欲與她再消〔宵〕夜，她即數言而則似恐余見其 "稔態"，余覩斯狀，立即速行，女子善變，慎之。

回寓與仕可、肥余，及內子竹戰。

{略}

余欲於新班組織時，向家君由班內先付一千元，作人工抵償，後以備擴充長虹畫片公司之用。

1　"廣毛" 即 "廣東毫銀"，最先在光緒十五年開鑄，民國改元後，儘管屢有濫鑄、私鑄、停鑄、成色不足以致拒用的情況，但一直在市面流通至 1935 年廣東省當局決定貨幣改制，才逐漸退出市場。詳見吳志輝、蕭茂盛：《廣東貨幣三百年》第 228-242 頁。

8月27日 　　　　　　　　　　　　　　星期一

　　連夜宴罷，俱竹戰，但肚中抑屈不自然，張醫生着服 TAKA DIASTASE，唯此藥必要簽字方儘〔准？〕發賣，余諾之。

　　午與小兒早午食於陸羽茶室。

　　回寨水圍。

8月28日 　　　　　　　　　　　　　　星期二

　　{ 略 }

　　夜約八時，馮其良君到訪，着交畫租，余將計就計，向家君託言他欲借伍佰元暫為轉移，遲日有好片歸本院放映，父諾，遂交一伍佰元銀則與余，遂用清畫租。

　　宴於金陵，鄭德芬、塤、侏儒、三叔、民三及其友陳某俱到，清云 "深信余待她真心也。"

　　服消化藥似安適。

8月29日 　　　　　　　　　　　　　　星期三

　　晨晏起，七姐已抵寓內，並欲竹戰，余遂往院工作，午陸羽品茗，齊集。

　　夜，余請余仔及文塤於金陵，清遲至，余有怒容，彼云何以今晚咁夜至到，余答曰，汝遲，余非夜到，她似不安，亦處於金錢壓迫之下，妓女本性往往如是，{ 略 }。

　　與家人竹戰至三時半始睡焉。

8月31日　　　　　　　　　　　　　　　　星期五

金陵瓷畫，清夜至，余怒她，她云十一時許始見花紙到催埋席，故至此時始至，並非有別故，余謂不用如斯，余儘可清數，怒之，她竟哭焉，後調查，確實漏紙之故，因鳳蓮亦同樣遲至云。

午與馬、家君及毅菴午食於威路文餐室，畢，往慎昌定 spot light，又往香港仔全球公司參觀燈色〔飾〕。

與亞女等往西南中學報名幼稚園。

9月1日　　　　　　　　　　　　　　　　星期六

備函普慶，先借千五元，後定日期。

｛略｝

發通稿與各報喧〔宣〕傳劇本。

華藝催數，余謂片未影完則催數，殊不合商法手續云。

9月3日　　　　　　　　　　　　　　　　星期一

午如常工作，夜七時向環球公司定妥《猛獸大血戰》片，計百分之三十五。

金陵，余輸去十元，欠侏儒仔十元。

｛略｝

普慶四姑允借七佰元，家君五佰，余弍佰。

宴罷回院時，余仔覺有一人影在 CANOPY 上隱約欲現，大喝一聲，忽然不見，遂遍搜院內，不獲，祇執得一办〔瓣〕刀，至弍時許始回寓。

9月4日　　　　　　　　　　　　　　　　星期二

交弍佰元還款與盧國棉先生。

往慎昌定 SPOT LIGHT，該處西人薦往見 REDMAN，即平安戲院內之振業公司，專賣戲院用品云。

夜啤牌，清對余言，據亞七要求，請往萬國照常交易，余答曰非關我事，渠幾人之事也。

{略}

9月5日　　　　　　　　　　　　　星期三

氣　　候：苦熱

晨如常工作，午南唐。

夜宴於金陵。

9月6日　　　　　　　　　　　　　星期四

社會記事：蘇州女事，乃星期三事，補述之故也，{略}

晨如常，午南唐品茗。

夜七姐在舍下玩麻雀，至天光始回光景台，在座者為余文芳、區辛。

李遠因召蘇州女，發生生氣事，蘇州女誤會余文芳，為他竟座〔坐〕下不理{此處 "他" 字有修改痕跡，也有可能是 "她"，如是 "她"，則斷句或可作 "蘇州女誤會余文芳為她，竟座〔坐〕下不理"}，繼着她往李遠處貼座，彼云 "處處一樣，何必許多枝節"，顯見乏應酬且幼稚，李聞言大怒，要打其姨云，蓋七姨乃她之鴇母也。

交醫藥費五十元與張醫生{略}。

9月7日　　　　　　　　　　　　　星期五

是日晏起，午南唐品茗，下午照常往張醫生處，適有一李姓姑娘在座，此女賣雜誌度活，因她尚欠兩年學費入美大也。

{略}

夜竹戰，與柒姐、大姊、大北，約弍時送她們先返光景台，繼往跑馬地城隍道，後返舍下，已三時矣。

家君開始扣回華威所借之伍佰元，余亦允之云。

9月8日 　　　　　　　　　　　　　　　　星期六

晨晏起，午南唐品茗，鄭德芬為主。

夜宴於金陵，余召花玉清，是晚衣新裝，懇〔很〕趨時，惜乎美中不足，徒玩品也。

｛略｝

邱夢之由省來，同作局於金陵，李遠大發痹〔脾〕氣，譏余財雄勢大，余答曰：彼此從來未反面，試一次亦不妨也，據情度理，吾何畏彼哉，明日起《工商日報》半版作普通位半價論，民三代籌五十元，余文芳先交二十五元。

9月9日 　　　　　　　　　　　　　　　　星期日

晨早起，如常工作，午陸羽，丘兄至，共談至下午弍時始別。

｛略｝

夜金陵文華，濟濟一堂，同敘賭 POKER，約贏弍元，她有意從良，唯恐擇肥而噬，不特不能享受，而且發生糾紛云，她近日較之往時，似有些誠意，但女子善變，姑待之以測其真偽。

張云她的眸子很肖，有天然美，余諱〔唯〕諾之。

侏儒仔與日餘耍棋，前者敗，兼允明天請茶於陸羽，三元。

9月10日 　　　　　　　　　　　　　　　　星期一

晨早起，作一通稿與各報，關乎《鵑啼殘月》事，午陸羽品茗，原本李遠作東，後因銀根短絀，迫不得已，懇余代支，據文三[1] 兄講，他寫一函與廖某借五元，並告假弍天埋腳，查實避債也。

金陵宴飲，花因趕不及埋席，或枱腳旺之故也，余亦淡然處之。

十一時三個骨，回寓竹戰，至二時始入睡。

1　應即黎民三。

9月11日　　　　　　　　　　　　　星期二

晨如常工作，午南唐。

9月12日　　　　　　　　　　　　　星期三

晨如常工作，午南唐午膳，夜金陵瓷畫作局，啤牌勝利，此後必要小心，如遇對敵，必細昧其路，然後下註，否則不可收拾耳。

明天普慶院主陳郭氏出殯，友誼之情，難免一弔。

趙驚魂函辭厥職，馬伯魯實以楚賓代其決〔缺〕。

並將他，即譚、馬相片，制〔製〕電版云。

9月13日　　　　　　　　　　　　　星期四

晨十一時，與廖君往普慶送陳郭氏出殯，至一時許始回，下午在院內工作。

夜金陵，並返香巢水圍，她云非有一二客長期供給，則駛用不足矣，余稔此誠危險之極，究不如早罷手較為妙也，忽然大雨，至十二時始返寓。

張醫生請大酒店午茶，牙醫陳子豪亦在座云。

9月14日　　　　　　　　　　　　　星期五

午大同午食，下午早回院工作。

夜，明星公司拈《紅船外史》到來試畫，余與內子、文芳及侏儒往金龍宵夜，畢，始回閱畫，很為可觀，胡蝶表演非常深刻，且操流利粵語，娓娓動聽。

9月15日　　　　　　　　　　　　　星期六

宴於金陵，輸三十餘元，傾盤〔盆〕大雨。

9月16日 星期日

午南唐品茗，略談，下午與譚芳兄相遇，共行至通運行左右，並云他之醬油鋪已搬往荷里活道處，儘可貼一木牌，以為廣告之用，余諾之。

夜宴於金陵，｛略｝。

全球公司拈畫來試，音雜聲太多，且光陰大不玲瓏，信乎，必成績等於零也。

余按余苟趁此覺悟，必慳回許多什費，且亦堂皇觀〔冠〕冕，妓女二三，其德亦難怪也。

9月17日 星期一

晨如常工作，起通稿，夜金陵，停止召她，於十時左右，她由萬國電話問，何以不寫紙，余答以因早歸不便云，繼又云因睇一晚戲則攪〔搞〕到噉樣，唔駛咁嘅，余答以有事，明日磋商，遂收線。

世事固難兩存，既屬意吳某，又何強顏事余，則余豈獵豔之流□〔連？〕風月而任美人淘汰之輩者哉。

9月18日 星期二

晨早往院工作，午南唐品茗，下午回院時，乘車仔與她相遇，但余置之不理。

夜宴於金陵，不召她，亦不覺有甚麼動靜。

｛略｝

9月19日 星期三

提　　要：太平劇團頭台頗旺，演《歌斷衡陽雁》。
社會記事：同時花好如初

｛無正文｝

9月20日　　　　　　　　　　星期四

提　　要：{略}，並請她到觀《唐宮恨〈事〉》。

{無正文}

9月23日　　　　　　　　　　星期日

她是晚為東家婆，有一稔客黃姓與她執廳[1]，余夜往金陵召她，{略}。

9月26日　　　　　　　　　　星期三

《香江午報》李遠用去之告白費，楊世昌有意抵賴，且交一函來院，此有機械性，故必設法以禦之。

夜與余仔、李遠宵夜於大同，深夜始回。

太平劇團決意燒炮[2]小瑤仙及楚賓云。

9月27日　　　　　　　　　　星期四

晨往見關律師，託修一函往《香江午報》，言明此款已交李遠用去，不能藉故抵賴。

夜與李、廖品茗。

夜約十一時李到訪，謂楊世昌未回，祇其妻拈此信往與他商量，察其動靜，似甚恐怖，且連日不返，《午報》誠恐有繰綫之虞。

9月28日　　　　　　　　　　星期五

社會記事：馬師曾患足疾，譚蘭卿亦不登台，改演《乖孫》。

1　"執寨廳" 即妓女恩客在妓院開廳設宴請客，請桌越多，妓女召得越多，則越顯豪氣。"執寨廳" 往往還設 "響局"，即請歌姬演唱，除此之外，還有各種開銷。詳見羅澧銘：《塘西花月痕》第 10-13 頁。

2　"燒" 某人 "炮" 是粵語說法，此處解作 "開除"，如 "被人燒炮"，則是對方違諾不幹的意思。

1926
1928
1929
1930
1931
1933
1934
1935
1936
1937
1938
1939
1940
1941
1942
1943
1946
1947
1948
1949

{無正文}

9 月 29 日 　　　　　　　　　　　　星期六

社會記事：譚蘭卿血崩不登台，馬亦不登台，改演《兩朵紅花》。

{無正文}

10 月 2 日 　　　　　　　　　　　　星期二

夜七時許與內子過海，她驚大浪，折回往高陞觀劇，畢，金龍宵夜。

10 月 7 日 　　　　　　　　　　　　星期日

{略}
夜宴於金陵，召花，九時許至十一時即回院云。

10 月 15 日 　　　　　　　　　　　星期一

家慈壽辰，攜妾、子女往賀，午後在光景台候宴，濟濟一堂，甚暢意云。
{略}
夜演上海技術歌舞劇團，十〔？〕甚旺。

10 月 16 日 　　　　　　　　　　　星期二

晨如常工作，午南唐品茗，黎民三為東，約定今晚宴會，並同時定實普慶之期。
{略}
夜十時，回寓休息。
梁某云，長虹決於下月結束，未稔真否，姑瞻之。{當日全部正文用紅筆書寫}

10 月 18 日 　　　　　　　　　　　　星期四

晨如常工作，{略}。

午南唐品茗，祇黎、余〔仔〕、及余三人，其他已星散矣，{略}。

梁炳照着余購買友邦人壽燕梳。

夜一早回寓休息，近日新片甚冷淡，收入不景，未稔何法方能收效也。

10 月 19 日 　　　　　　　　　　　　星期五

晨如常工作，午南唐，{略}。

黃耀甫由省赴港到訪，暢敘一二，並宵夜於新式，十弍時回寓。

坐汽車送內子之母回砲〔跑〕馬地。

10 月 21 日 　　　　　　　　　　　　星期日

花{略}，忽有一人名梁其姓者用電話詢問，據她言，此乃非親客，然察其言，甚屬可疑，據云石塘咀花玉清二姑娘，余一笑置之其，並着其聽話，她支吾以應之，甚拮据不安狀云。

在巴氏[1]時她力辯其非。

10 月 22 日 　　　　　　　　　　　　星期一

是日為余生辰日，余食齋以保父母，區辛請小食於小祇園，並蔡棣、源朗、辛、仕可，請七姐、內子及余往金陵宵夜，甚樂。

食畢，內子覺不適，即與七姐送她返府，{略}。

手錶斷心，傷口少許。{當日全部正文用紅筆書寫}

---

1 "巴氏"即"巴士"（bus）。

10 月 23 日 　　　　　　　　　　　　星期二

　　晨早起，午與梁秉照兄在威路文午食，並購廿年人壽燕梳，一萬元。

　　夜十時往高陞看戲，後往金陵宵夜，雀戰至十弍時三個骨，再返住家，雀戰至弍時始睡，余請蔡文棣、區辛、余文芳、文仕可五人共宴，適馬公權亦到，共談一小時，他始返寓。

10 月 24 日 　　　　　　　　　　　　星期三

提　　要：{略}，購友邦人壽一萬元。

　　{ 無正文 }

10 月 26 日 　　　　　　　　　　　　星期五

　　{ 略 }

　　是午鄭德芬請飲茶。

　　下午如常工作。

　　夜觀劇至｜弍時始回寓。

　　滅火局有信到，如下年換牌時，必要準備一 certificate of stability 方可，否則又發生事端矣。

10 月 27 日 　　　　　　　　　　　　星期六

　　{ 略 }

　　夜，大偉來自廣州，觀劇於本院，並作局於金陵，余召花玉清，她云明日着亞五晉省，其意不過欲 "搵錢" 而已耳，余慢應之，問需幾何，答云三幾十足矣，遂交她五十元，故意不欲□〔指〕狀，余納之於袋中，始袋焉，善詐之極矣，散席後，她之客（即該□〔王？〕□〔若？〕□〔伯？〕）遇於電梯口，彼此打一照面，殊為無精打彩，亦是一場笑劇也。

10 月 28 日　　　　　　　星期日

提　　要：《仕林祭塔》明晚。內□{此字未寫完}

{無正文}

10 月 29 日　　　　　　　星期一

提　　要：內子 O.K.

{無正文}

10 月 30 日　　　　　　　星期二

交銀弍佰元與盧國棉君，在汽車內。

午大同品茗，下午在院工作，馬師曾有悔意，因戲業太淡。

夜演新劇《閉門推出窗前月》，劇旨甚佳，惜乎下流氣味太深，不甚適合上流人物也。

11 月 1 日　　　　　　　星期四

提　　要：全港舉行探燈遊藝會，甚擠擁。

梁秉照兄請宴於金陵。

{略}

她很多人相熟，究不如早日懸崖撒手之為妙也。

廖兄對於長虹事，似有微言，不了了之可也。

催華威於星期一找數云。

內子患喉疾。

《循環報》不刊通稿，設法窮其究竟。

11月2日　　　　　　　　　　　　　　星期五

上午無甚要事，各公司頻頻追數，余淡然處之，下午廖曙光亦如是追問 DEVIL TIGER 片租，余答以星期一下午云。

夜請客於金陵。

花玉清患食滯不化，購 TAKA 以服之，黎民三亦如是問文儀數。

《循環日報》到收數，答以下月初九云。

11月3日　　　　　　　　　　　　　　星期六

晨弍子患腹疾，水瀉，往求醫調治，下午內子電話相告，速往馬超奇醫生診治，據云有熱，食滯，並着將第弍子之肛臍用 UNBLICAL BANDAGE 束實，以免將來小兒啼哭過步，則有傷腸臟也。

夜十二時，與梁秉照兄往陶園宵夜，至一時始散。

夫生病死老，人所難免，隨遇而安則庶幾乎可已〔矣？〕。

擬由明天起將學界券寄往各學校，以資喧〔宣〕傳。

11月4口　　　　　　　　　　　　　　星期日

晨弍子亦如常，往梁伯實處診脈，午如常，夜家人恐懼，尤其是七姐，即電話家嚴，着王子全到診，謂不甚要緊，無大礙，家嚴即着人攜十五元到舍下，以備作診金之用。

古人云，父母為其疾之憂，斯言不錯矣。

11月9日　　　　　　　　　　　　　　星期五

次子服中藥後，癡迷不醒，家君聞言，即電問內子，着令速請王子全到診斷，云誤服麻醉劑所致也，如服藥後清醒啼哭，則可告無事，必要小心，余遂將此事對家君說明，甚憂，頻頻電話詢問，且先交藥費與內子，十點鐘服藥，後大便兼且啼哭，內人親自服侍次子食宿在廳中。

據王醫生云，中藥之往往僨事者，因曬藥時或配藥師之誤，故有口

〔萬？〕不對症之效，大人猶可以易過，對於小兒必蒙其害，此後必要小心。

家嚴對於此弍子很愛護，余不知何以善體親顏也。

11月10日　　　　　　　　星期六

提　　要：因食肉食過多，着張榮棣醫生診治並服藥。

晨如常，因次子有疾，各人甚為憂心，通宵未瞌眼，尤其是家君，頻頻電問，並約十一時往見王子傳〔全？〕醫生，約十時許，四姐至，開頭就問：「次子死唔死得？」阿容連隨答上：「四奶奶你老口老鼻不應如是說。」她更重言曰：「如死得不如襯早。」究竟小兒□□與汝何仇而出此言，想亦神經錯亂之一也，余甚怒，遂外出，並將此語對家嚴提及，彼亦同一鼻孔出氣也。

服王醫生藥後，次子連屙，據醫生云，無甚要緊，余想年幾〔紀〕少幼，如是屙法，難免變症，家人均束手無策，並不敢再將藥水灌服，是晚十弍時余往吳植庭彌月喜酒，至一時許始回，與余文芳暢談至三時始睡，而小兒頻頻屙瀉，甚為擔心，終宵達旦，觀其舉動，無怪古人言：「父母為其疾之憂矣。」

11月12日　　　　　　　　星期一

約十時許余適在金陵宴飲，蓋此晚梁秉照先生請宴也，先見李王至，謂七姐着余即返住家，余心怔忡，殊屬不安，及至家門，眾人議論紛紛，余隨即電話王子傳，云已外出，繼乘車往搵陳伯壇，又已外出，迫於無奈，束手旁〔彷〕徨，忽然電往張榮棣住家，適他已返來，請他到舍下診斷次子，他吩示速往養和園，當時家人哭聲振耳，尤其是彼大姨媽之流及內子，向天神頻頻叩拜，余不由分說，馬上起程，七姐、順喜、亞容均同往，抵院時歇下於弍樓廿七號，並召一看護以服侍之。

家嚴忽患氣滯，七姐、張醫生及余□〔等？〕乘返家之際，託醫生視診，計〔繼？〕云食滯，即開方往他寫字樓執藥，照服無效，如是痛苦，通宵達旦。

余三時回寓，父病子疾，甚為憂心。

11 月 13 日   星期二

晨步往大府，探問家嚴，據云，仍是如常痛苦，且抽筋，決改方針，轉聘吳天保醫生，打針服藥，亦不甚有效，余心甚不安，即着吳天保代為一放瀉，始自然，後得張醫生指導，將家嚴病症之尿檢驗，始知蛋白質太重，其病在腰，余遂將其餘之尿，往見吳醫生，再為試驗，其言照樣也斷為 Chronic Nephritis，即腰病也，必要戒食鹽及肉食，方可無憂，否則血壓太高，依然危險云。

次子已有進步。

11 月 14 日   星期三

提　　要：家嚴及次子均甚進步。

｛無正文｝

11 月 17 日   星期六

家嚴患痛復發，因誤食狗仔粥之故也，下午即延吳醫生再診，着放瀉二次，不效，迫不得已，改召張醫生榮棣，一經診斷，速復〔服〕TAKA 及 SODA WATER，並一針常量，八時許即癒，此後延張醫生診治也。

次子亦甚進步。

11 月 18 日   星期日

提　　要：家嚴已略癒。

｛無正文｝

11 月 19 日   星期一

家嚴連日召張醫生診治，已略癒，唯有肝疾，必須休養及戒口。

家中各傢私搬遷位置，午南唐品茗。

馮其良到催款，緩應之星期五。

交銀伍千元李根元君，籌辦新畫片公司云。

即日通知，由明日起停止看護，次子甚好。

11 月 20 日　　　　　　　　　　　　星期二

提　　要：是日七時至七時半，操練飛機夜襲香港，全港大街燈盡熄。

家嚴已略癒，次子亦安然。

夜廣州，梁秉照先生等作局，由他親手交到友邦人壽燕梳紙，交銀伍千元與李根源，作籌辦畫片公司事。

〔略〕

11 月 21 日　　　　　　　　　　　　星期三

提　　要：往東樂戲院參觀，商量合作事。

晨起，〔略〕，隨即往問家嚴病況，適張醫生至，驗尿，斷乃黃疸症。

午南唐品茗，隨往養和院探視次子，已痊癒矣，且面色紅潤。

〔略〕

五點與大通銀行林某往東樂戲院參觀，該院主劉培生意欲轉做大戲，並有合作意，余意除非他聘做即可，若投資合作，則萬萬不可，際此不景氣彌漫中。

夜早睡。

11 月 22 日　　　　　　　　　　　　星期四

晨如常往見家君，確已略癒，午南唐品茗，下午弍時往養和探視次子，〔略〕。

拈 BOPOBYL 往家嚴處，每日服三次，每次弍粒。

夜照常工作，觀書，十時回家休息，食麥粉充饑〔飢〕。

吳植庭由澳至，一為謂太平劇團改搭泉州返港，向大船解釋，以免誤會，此屬笑話，各人自有權衡，豈大船亦能牽制者乎，覆函着不用多事，照辦可也。

11 月 23 日　　　　　　　　　　　　　　星期五

晨往見家君，病狀已癒，唯必須戒口，午南唐品茗，畢，往養和探視次子，確已平安，定實星期日出院。

夜宴於金陵明鏡廳。

在院研究黃疸症之來源，以備調攝家君，每日必檢驗屎尿，以察其狀云。

11 月 24 日　　　　　　　　　　　　　　星期六

提　　要：《午報》函催告白費 $318.70。

晨往家君處探疾，現已略癒，畢，往養和，預備明天與次子出院，南唐品茗，{略}。

下午忽由郵政寄一函至，由《午報》寄下，催收告白費，俟明日或星期一覆之。

夜宴於金陵，祗黎伯、余仔及余三人矣。

家嚴代找養和院數，弍弍八‧八〇，並用一則百伍元與張醫生作診治費（俱是上海銀行則票），由梁日餘手送交。

11 月 25 日　　　　　　　　　　　　　　星期日

提　　要：各報來函，一致行動，清收舊賬。

因各報來函，一致進行清收舊賬，接信之後，即電問江民聲君，在中華餐室傾談，他允代為說項，徵求岑維休同意分三期付款云。

該函如左：

太平戲院院主先生大鑑，逕啟者：敝報等歷荷惠顧，感謝實多，唯查積欠刊費，為數不少，許久未蒙清結，且經去年底減收欠賬之後，貴院主曾面允嗣後所有告白費隨刊隨交，決不延岩〔宕〕，詎竟未蒙照辦，以致敝報等周轉【為】維艱，茲特奉函台前，希即飭貴出納員尅日清交，想貴院主信用素孚，必不致再事延遲者也，至決定何日清交，尚希示復，是為至禱，耑此即頌

台□〔鑑？〕P.T.O.

11 月 26 日　　　　　　　　　　　　　星期一

《華字日報》司理梁玉璋、《循環日報》司理溫荔坡、《循晚》溫荔坡、《華僑》岑維休、《南中》江民聲、《南強》潘日如、《工日》、《晚》、《天光》胡秋五。

余於是晚與卓哥商量，他責以大義，並謂倘家嚴知悉，則不可收拾，必要設法維持，余欲擬一函，分期交清，奈現款未便，迫不得明日再商。

是夜未睡，至天明，對內子講及，彼即往金女處代籌，當了戒子〔指〕及石□〔釵？〕，只夠七百八十元。

焯哥答允式佰元。

並分途再籌。

11 月 27 日　　　　　　　　　　　　　星期二

余着文仕可往見溫荔坡，據云，彼此老友，必一致幫忙，岑維休則對文兄說，儘可以覆函，言及分期清交，而《華字》林清源君，則必要清交過西曆元旦，甚有惡意云。

下午余與鄭德芬往見胡秋五先生商量辦法，他云，回信參閱覆函：

列位司理先生鈞鑑，致覆者：本月廿五接來大教，如情知悉，此次所欠貴報之告白費，本擬早交，奈因大局影響，大戲、影戲收入不佳，以致牽延日久，殊深抱歉，唯稔貴報交易有年，不情之請，料必准予通融，茲將特□〔次？〕擬定清找告白費辦法如左，伏維俯察愚誠，早日□覆，不勝感謝之致，——計開——

由舊曆甲戌年十一月十一日先交欠款三份之一，其餘欠款準舊力〔曆〕年底清還，如屆時

1926
1928
1929
1930
1931
1933
1934
1935
1936
1937
1938
1939
1940
1941
1942
1943
1946
1947
1948
1949

11 月 28 日 　　　　　　　　　星期三

> 提　　要：接上。

或因銀根周轉不靈，最低限度亦再交三份之一，至於所餘三份之一，則□舊曆乙亥年元月底一概清還，茲有懇者，見信煩轉致貴告白主任將總單列來，截至壹九三四年拾月份底止，交到敝樓寫字樓弟收可也。{由寫在 11 月 27 日頁上"列位司理……"起至寫在 11 月 28 日頁上"交到敝樓寫字樓弟收可也"止，皆用紅筆書寫。}

　　託文仕可兄將上函交與荔坡□〔5 人？〕轉交各報，以候答覆。

11 月 30 日 　　　　　　　　　星期五

　　林清源電約文仕可，商量再刊長期，每日四十五元，並已結清，他允極力幫忙。

　　焯哥不能幫助，因美璋遷鋪，在在需財，該式佰元緩步始能有商。

　　家嚴已十之七八痊癒，於上午十一時乘車至太平，約一個骨之久，即乘車回，漫遊羅便臣道、干得道以吸新鮮空氣云，胃口大開，精神奕奕，而張醫生每日到診，細心致致，不可易得之良醫也。

12 月 1 日 　　　　　　　　　星期六

> 提　　要：各報回函。

　　各報回函，大意十月底清找，年尾清結云，余即交《南中》、《南強》清數，其初，潘日如不肯收，繼後江民聲負責，始調解了事，余親自往找，適鄭子文在座，後與余回院，並往金陵，至一時始返。

　　家嚴夜十時到院，至十一時始回家，至院時班中人頻頻支數，余向培叔直言："家嚴現已新癒，不宜過事辛勞，煩汝對眾人言，暫不可擾，俾他得以休養。"

　　源澤泉對余說及，培叔與蔡棣很鬼馬，往往在澳門支銀，回港出數，且定人抽在行，如往年之馮小燕，價值四百五十元，而抬至八百零五元，豈不是食水太深者乎，有鄧全、梁祝三及林老九為證，姑妄言之，姑妄聽之云。

12月2日　　　　　　　　　　　星期日

是日清找《循環日報》告白費，荔波允遲日慢收，祇求有幫襯及找多少云。

12月4日　　　　　　　　　　　星期二

家嚴已癒，唯必事休養，方能工作如常。

{略}

12月6日　　　　　　　　　　　星期四

家嚴症已癒，蒙張醫生向英國藥師詢問，始知雞骨草專治此症（此藥師適由英至廣州搜羅雞骨草埋丸以治疸黃症，故逢此機會張醫生得以知之也）。

奇寒，收入頓減。

12月7日　　　　　　　　　　　星期五

{略}

內子家姊生晨〔辰〕。

此事前日事也。

12月8日　　　　　　　　　　　星期六

家嚴因服食肉食過步，致有胃部見病，隨即復〔服〕TAKA，並VICHYWATER，及用暖水袋敷肚，始安。

家慈於是夜吐血半痰盂，覺身寒，幸未發燒。

宴於金陵。

是年究不知何故，家運如斯，終日好似與醫有緣，希望家君及家慈早日痊癒，以慰下懷。

12 月 10 日   星期一

Both father and mother getting on very well. But as □ [Adjundio?] was a chronic disease, we had to be very careful, especially moderation of diet.

Mr Wong Hong Kwok came to pay deficit amounting to $650.00 ct, but he wanted back $10.00/ct as commission. Agreed and signed contract.

A party was held at Kam Ling. { 略 }

12 月 11 日   星期二

提　要：Mr. Liao request me to pawn his pair of diamond bracelet at Kee Sang, In @ $2.50 per 100 pt watt.

{ 無正文 }

12 月 16 日   星期日

Father came to theatre at 2:30 pm and seemed to be better. I was informed that he was very instable and complained that we were not anxious for him and did not turn up while Dr Cheung was in attendance.

Eddie and I took tiffen [tiffin] at Kam Lung. After that I went back and at night Miss Fa sent me with compliments some apppetising food and phoned me up for a request of 4 seats tomorrow night. I agreed.

Sleeping at 10.30 p.m.

12 月 24 日   星期一

舊曆十一月十九日（是日）為五姐生辰之日，余與內子俱往道賀，午金龍，黃大偉請飲茶，下午略座〔坐〕，隨即回院，並往大府晚膳。

夜七時家君電話至，謂馬公權到座，有事面談，余聆悉之下，始知馬師曾癲氣大發，意欲怠工，且大怒各人，公權身中抽一函謂，汝欲如是幹法，是乃任意妄為，所恃者藝也，藝有盛衰，不可盡恃，與人接物，當盡和藹，免多佔人光，且謂，如他猶不覺悟，唯有逃禪，而乃母則閉門不納也，並謂畫片失敗，有六成翻拍，故焦燥萬分也，又謂余見他面左。

家嚴提出辦法，若無論何處，收入不敷伍佰元者，當補回五十元與伯魯，以免多生事端，難矣，戲班之為生意也。

12 月 26 日 　　　　　　　　　星期三

> 提　　要：十九號｛是日舊曆實為十一月二十日｝。

馬師曾在弍樓寫字樓甚鼓燥〔噪〕，奮〔憤〕而夜戲不出，後在金龍，適他與譚蘭卿俱在紫蘭宮竹戰，並謂此後開戲權，交回事頭與文公。

12 月 27 日 　　　　　　　　　星期四

> 提　　要：廿號｛是日舊曆實為十一月二十一日｝。

夜為紅十字會青年會支隊籌款，余至後台，與馬略談，蓋欲借一套衣服與張醫生往跳舞之用，彼推余，並謂，此後開戲權交回與余，因"汝父對我父云及，余霸住的戲開也"，余不動聲色，且難以抵受，辭去，無耐培叔奔至二樓云，馬決於明晚不出云，余再細思量，必有糾紛也，遂與培、文乘車往見家君，隨電召馬慰儂過府解決，余謂，倘馬既屬不念賓主之情，大可以早日出聲脫離，以免彼此含糊，決裂在尾，並解釋一番，後他返府，至三時，備一函與家君，謂諸事已妥，明日解決，且馬允出台矣。

12 月 28 日 　　　　　　　　　星期五

> 提　　要：廿一號｛是日舊曆實為十一月二十二日｝。

晨十一時半與家君往見慰儂之妻，原來馬師曾主因在，（一）馬慰儂不得在院內行動自由，（二）略嫌家君謂他霸住戲權，余按，小人之極，殊難合作。

下午回院工作，定實片期，夜馬照常演劇，仍鼓燥〔噪〕。

他本人很驕傲，似乎人人都養〔仰〕他鼻息，動切〔輒〕謂不登台，照樣看來，卒有一日決裂，與其將來破壞，無〔毋〕寧趁此，而且院不可純靠一人也。

馬母層〔曾〕謂，如他子不出，蘭卿亦可以出，何以彼此不演，為事頭者，當然要責成是也。

{略}

12 月 30 日　　　　　　　　　　星期日

早往候家君安好，午與七姐弟女輩午食於金龍酒家，下午踢波，推《平民報》後天到收數。

夜在加拿大品茗，時梁日餘有電話至，謂七號差館總幫至查閱《春風楊柳》畫證，並問《醫驗人體》何以准未成年人入座，及何以第弍幕生產時不剪去，得聆之下，隨往見廖曙光，商量畫證事，並對他說及此事，遂將該生產片割去，交回計積欠他約四百五十元，並允下月清結，宴於金陵。

家嚴已痊癒九九矣。

12 月 31 日　　　　　　　　　　星期一

晨往候家嚴安好，午金龍品茗，李遠託代支，因楊兆鍾與他仕剌氏狀師樓盧國棉處調解報費事，下午返院，至四時再往加拿大用茶，晚購物應用。

找《工商晚報》告白費 $224.00。

梁秉照兄到觀粵劇，余內子往中央觀《女兒經》，此片過長，改時間為兩點三，六點三，十二點三，九點三，余着梁日餘候她來金龍宵夜云。

{略}

附錄

雜錄一

International Savings Society

Receipt No B 21734

delivered against

Bond No 40774 "a/B"

issued on the 14th September, 1926

姓名錄

姓名	麥
字號	益生
住址及通信處	德忌笠街三十六號式樓
履歷及雜記	電話參閱欖鎮同鄉會

1934 年日記夾附紙片

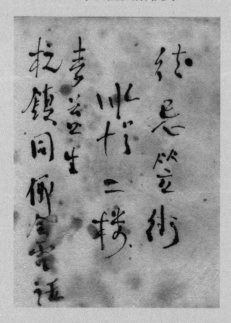

寫有"麥益生欖鎮同鄉會"及地址的紙片

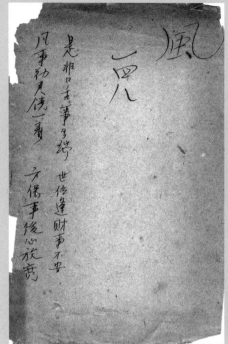

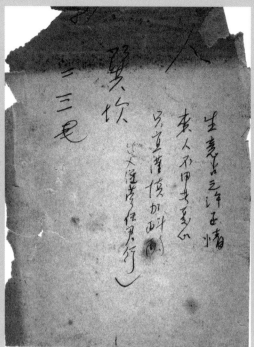

是非口舌事多端　世信逢財事不安
凡事勸君俱一看　六偶事後心放寬

一四八　風

生意出之許壬情　貴人不用去多公
只莫遲悞加斟酌　心大運亨往來行

一三五　巽坎　人

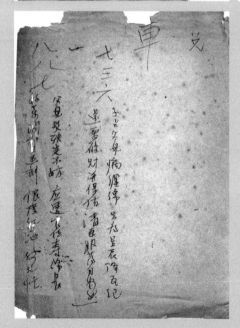

七三六　兌

父母叟疾身痛煙瘟　另先呈辰降瓦吃
遠雲祥財未得偖　清官服役自有如
父母叟疾是不妨　左遠行往壽除長
恨殘江酒分起忙

卦文

源詹勳先生日記

1935年

1926
1928
1929
1930
1931
1933
1934
1935
1936
1937
1938
1939
1940
1941
1942
1943
1946
1947
1948
1949
1950
1964

1月1日　　　　　　　　　　星期二

晨無甚記錄。

十弍時梁秉照先生電約金龍午食，並送食物乙包，下午與黃大偉兄往觀足球，大陸與半島比賽，和局。

夜內子適逢文姬十姑娘到院觀劇，與其夫孖氍弍，對內子說及，余旦夕流連於金陵，且召妓花玉清甚稔焉，余得聆之下，欲辯無由，遂從而安慰之，彼怒猶未已消，必索款召她相見以懲之，她苦言不外欲余猛醒矣，余五內感激，得此賢妻，且清不外妓女矣，愛惡由人，奚足掛齒，棄之亦無傷余絲毫矣，至三時始往院辦公，並與梁兄往加拿大品茗，（二日）順候黎民三兄之長子。

陳幟貞與其妾金女相稽於太平大堂。

馬師曾因拍片日戲不登台。

1月2日　　　　　　　　　　星期三

直至下午弍時始回戲院，適梁兄有電話至，候至三時始與他往中環加拿大午茶，大雨，余獨往見黎民三，順候坤病況，五時返家晚飯，內子已往家姊初處打牌矣。

夜備一函與焯哥，拈往收〔修〕改呈遞華民署，減特別人情費弍佰元云。

十時半回家早睡。

黃大偉因事往澳。

1月3日　　　　　　　　　　星期四

提　　要：碧翠疾作，美郵書籍抵港收到，皇后觀《風流寡婦》，廖曙光問《醫驗人體》準〔准〕影否。

｛無正文｝

1月4日　　　　　　　　　　星期五

提　　要：《大光報》出版，馬師曾又扭計。

如常工作。

夜十一時許馬師曾着肥牛喚文譽可往見，有事磋商，據文兄覆述謂，他意欲星期六（明晚）改戲及星期日夜亦改演云，並欲元月起實行間人休息，以免東家一直幹不到，式三月時預料一定冷淡，究不如趁早罷手，家嚴聞詢之下，大怒，決意理論，後文兄再見他，他允明晚照演《筲箕冚鬼》，唯星期日夜必改云。

余按，此人反覆太大，不與之利害，彼亦不懼，且從此幹下，必多生枝節，究不如快刀斬亂麻，去此大憝也。

{略}

連夕早寐。

1月5日   星期六

無甚紀錄。

祇堯勳、鎮勳、碧侶、碧翠四人種痘而已耳。

午與七姐及內子共膳於金龍六樓。

1月6日   星期日

提　　要：馬借言區申趄賣食物者聯合罷工。

十一時許區申趄走太平劇團煲頭在後台賣食物，未有牌照，馬借此大發牢騷，並謂如不准他賣，他寧願不出台，附和者譚蘭卿、馮醒錚、譚秉庸舉意簽名云。

下午與文芳、秉照觀足球，和局出場，後不見梁兄面。

{略}

碧侶出水痘。

準備稟章與華民政務司修改十式點人情，改為五佰元每年。

家嚴已十足痊癒。

按，戲班佬通通恃勢凌人，究不如善法以制之。

1月7日 星期一

晨如常工作。

午金龍品茗，與馮其良兄，並定實廿五號起映《紅船外史》，廖兄亦至，《張天師》畫已驗準。

｛略｝

夜十時半回府休息。

普慶戲院是台由是晚起演《激斃外父》，減價頗旺云。

內子發燒。

1月8日 星期二

晨往候家嚴，據云彼病況亦如常，意欲召德國費士打醫生診治，余答曰，現已九五痊癒，所懼者唯復發與亂食什物，未幾張醫生至，遂託言晉省，以試他是否妥當，張約明日往，用 X 光鏡照，看看是否肝仍有疾也，遂乘車共往太平。

午金龍午食，七姐着余傳譯診症於德醫，故請客於此地。

｛略｝

內子疾作，復〔服〕亞士北羅。

宴於金陵，｛略｝，至十一時散席，李根源亦至，催收太平洋數也。

1月9日 星期三

提　　要：區新購人壽保險一千元。

晨往家嚴住宅，候張醫生，攜往見杜醫生，施用 X 光鏡照驗內部，十一時左右互往，一經開鏡，驗得左便〔邊〕之肝略大，據云年齡關係所致，差幸內部並無損壞，畢，五姐、七姐、家君及余共往告樓士打午茶，下午新紀元與內子等品茗。

夜陸蔭蒿師爺到訪，謂該減十二人情裏已有頭緒，所減充其量亦不過四百餘元矣，且正華民雖表同情，唯副華民甚精幹，未必盡信裏言，且着人調查，該調查員為中國人，若能講好些，則會減 1000 或八百元，酬勞費劃定伍佰元作了事，六佰元 100，七佰元 150 元，捌佰至一仟 300，云巧〔考〕慮。

石梅生君到院商量畫片事。

1 月 10 日　　　　　　　　　　星期四

晨如常往見家君，適大姐由鄉來港，遂約她與七姐在見完德國醫生之後，往大同午食，是日梁秉照先生請食午點，{略}。

夜宴於金陵彩屏，廖夫子亦至，家嚴云，趙提議辦法。

宴罷食齋粥，竹戰。

預備誌賀區辛代辦。

1 月 11 日　　　　　　　　　　星期五

晨如常工作，十一時與伍錦標往華民政務司署調解訟事，因標年前結識一女傭，與她共赴同居，詎料春風數度，荳蔻含胎，因標則始亂終棄，故此女迫不得已，投訴華民，以暨〔冀〕重圓好夢，而標則襄王無夢，堅持不可，為本院聲譽計，余遂攜她往見黃匡國君，以冀解圍，差幸黃兄極力幫忙，祇判補回屋租十六元，雙方了事，不得滋事，一場風流案，就此收場矣。

夜宴於金陵，廖君作東，余先交他伍拾元。

{略}

1 月 12 日　　　　　　　　　　星期六

晨十一時娛樂稅，嗦佛攜同二西人到查稅額，並查收入現款進支部，俟後對於此項留心，查此式人乃派自 SUPREME COURT 云。

午着祝三問二嬸，來年元月馬師曾是否照常出台，據云必照常。

夜演《龍城飛將》，可觀。

九時民三兄有電話至，謂他長子潤坤已身故於國家醫院云，並借五十元。

午點時余仔在大同欠廿五元。

1 月 14 日　　　　　　　　　　　　　　星期一

馬師曾允照常唱演，且力求新劇，約三時許左右對余｛此處可能漏一"說"或"云"字｝，他已有新劇五出〔齣〕準備元旦唱演，並敦速〔促〕盧有容、文仕可加意幫忙云。

交六百一十五元與張醫生作醫藥費。

演霍海雲至，收聯華《鐵馬》數，並同往加拿大飲咖啡。

宵夜時內子甚焦燥〔躁〕，蓋她有懷於中，殊不安也，究屬不明其故。

1 月 15 日　　　　　　　　　　　　　　星期二

提　　要：內子忽然奮〔憤〕怒晉省。

晨內子在床上忽然啼哭，謂吾尚不改性，猶復流連賭嫖妓，亦無心理家也，余苦勸之猶不從，決意晉省，余不管她，任她率性妄為，與其母五家乘午車上省，余交銀五十元與她作費用□，夜鍾舜章兄把〔擺？〕薑酌於金陵瓷畫，夜深始別云。

她不過欲余猛省矣，殊不知余本達人，不外乎以澆愧儡，豈有其他者哉，語曰止謗莫如自修，從此其改轅易輙〔轍〕者乎。

1 月 16 日　　　　　　　　　　　　　　星期三

晨託區啟辛先生晉省，與內子同返港，並拈銀弍十元。

午大同午食，下午往訪陳珠，並定日子借款五佰元，十六，應允先交。

｛略｝

並託區辛攜備灰鼠皮衲晉省交她。

夜宴於金陵，蔡棣代籌弍佰伍十元。

1月17日   星期四

　　晨高陞品茗，午將至，因七姐腹疾，召張醫生至後止痛，大抵經期不準
之故。

　　午大同品茗。

　　夜往接船，內子與區辛由省返港。

　　錫藩與碧梅俱患水痘，因碧萃〔翠〕傳染之故也。

　　{略}

1月18日   星期五

提　　要：衍藩患痘疾。

　　{無正文}

1月19日   星期六

　　清電話至謂明天早車赴省。

1月20日   星期日

　　晨如常工作，午大同品茗，下午回院，適譚芳至，云譚秉已身故於八號
之口〔名？〕，嗚呼，人生朝露，轉眼成空矣。

　　家嚴舌痛。

　　焯兄云，外界謠言謂，李子方有意催太平還款，欲自己施為之意也，此
後凡屬李宅人等，亦要小心，免生事端也。

　　華民政務司已批准每年特別人情減收一千元云。

　　普慶二嫂親自交銀一千五百元來太平交家嚴手。

1月21日   星期一

　　晨往院，與家君往見費士打醫生，醫舌及肝。

1926
1928
1929
1930
1931
1933
1934
1935
1936
1937
1938
1939
1940
1941
1942
1943
1946
1947
1948
1949
1950
1964

下午往華威公司，見馮其良，商量遲交片租事，他似有輕視侮辱意，余託他究不如將《再生花》一片與新世界同日放影，候至五時未有答覆。

當返院時，約二時半與鄧肇堅君相遇於途，他言，對於減特別人情事，他極力幫忙，雖有一二人反對，亦無效，聞已准減一千元，他雖賣力，唯余等已接華民政務司覆函矣。

余與家君商量，借仟元與華威作按金云。

1 月 22 日　　　　　　　　　　星期二

晨十時加拿大飲茶，十一時家君抵院，發一則一千元交與華威公司作定畫按金（此乃過渡，實以此交清片租也）。

午品茗於大同，余對廖曙光講明，渠謂馮其良立心不軌，非善輩也。

長女碧侶往李澍培醫生處診治眼疾。

夜早回。

家嚴舌部已略癒，唯必要戒肉食及脂肪質食物，必早睡方合。

﹛略﹜

1 月 23 日　　　　　　　　　　星期三

晨照常工作，是日焯兄往換新牌，午大同品茗，下午加拿大，夜宵夜於大同，至一時許步行返寓。

是晚演《野花香》，甚旺。

1 月 24 日　　　　　　　　　　星期四

提　　要：尾台《野花香》甚旺（舊力〔曆〕甲戌年廿），大同品茗，清返自廣州﹛略﹜（《春娥教子》）。

﹛無正文﹜

1 月 25 日　　　　　　　　　　星期五

提　　要：馬云，祇有新戲二出〔齣〕，師贊八時許至，慰儂九時許至，源香其至，因高遠文告他欠款事。

{ 無正文 }

1 月 26 日　　星期六

提　　要：看足球，大同宵夜，十二時觀《野花香》，試片於娛樂：批評，清平交伍佰大元，廖欲取五十元，允之，購鐘聲馬票弍元一毛，號 4071。

{ 無正文 }

1 月 27 日　　星期日

提　　要：奇寒。

晨如常往院，廖先生專候，五十元贖回鑽石鈪，至一時始與他同往其生。

下午大同午食，畢，返院。

夜譚秉庸因嫌家君先數天謂他，如不滿意，儘可立即計數，他籍〔藉〕口開班，余逐問之，他竟悽然下淚而去，仕可云，伯魯已着人晉省定半日安云。

宴於金陵瓷畫，約一時始散，清約如收爐後請日間至該寨談話。

1 月 28 日　　星期一

馬師曾祇得新戲弍出，並要減價。

馬師贊下午到訪，意欲娛樂頭首映《野花香》，由舊歷〔曆〕廿八、廿九、卅、初一、初二、初三，然後弍首太平放影，余漫應之，後往家君處講明云。

夜定妥半日安，為六千元半年，並發四分之一稿往《華僑》，預備特刊事。

東方洋服廿元。

取消香江午飯。{ 此句用紅筆書寫 }

1 月 29 日 星期二

提　要：嘜佛允年初三始交娛樂稅，《群星報》速登三天，由廿八號起。

午林清源請飲茶於大同，斟改價短期告白費事，下午在院準備四分之一版告白，交《循晚》及省《群星報》，由廿八起登至卅晚止。

舍下開油鑊，故獨自一人往加拿大晚飯云。

夜照常工作，見嘜佛先生，他允於初三日始收娛樂稅云。

2 月 2 日 星期六

欠債過多，迫不得已，暫往國民酒家竹戰，以度時光，宵夜畢，乘車往新填地，觀覽景物消消〔瀟瀟？〕，冷淡異常，且繼以薄雨濘泥，路人裹足，不景氣之甚者，莫此若也。

2 月 3 日 星期日

午加拿大午食，下午交銀卅元與廖先生，以度年關，適羅文塤亦至。

夜與黎杏村相遇，不能清數，殊抱歉也。

亦是國民竹戰。

十一時回家，剃鬚，預備明天往賀新禧。

2 月 4 日 星期一

晨往賀新禧，叩拜家嚴及家慈等，兒女輩亦行禮如儀，午郭元海君來訪，共小食於豪天酒家。

是年各行（指去歲言也）冷淡，故正月娛樂者，祇寥寥人數矣，且繼以中央演《野花香》，乃馬伶主演，而本院亦演太平劇團，以初上鏡頭之片，望不影響者哉，更以華、傑[1]足球，實屬纔〔饞〕奪，故收入大不如前也。

1　此處"華"可能同時指"南華體育會足球隊"和"中華體育會足球隊"，而"傑"則是指"傑志足球隊"。

夜十一時左右聯袂往豪天宵夜，盡歡而散。{ 是日日記全用紅筆書寫 }

2月6日　　　　　　　　　　　　　星期三

晨早起，無甚工作，即交娛樂稅於大同，與授湖、蔡棣品茗。

夜有一梁猛，陳年大力士，到斆院，並發函與稅務司懲戒門口炒票[1]事，已得 MUGFORD 同意。

寄愛爾蘭馬票。

2月7日　　　　　　　　　　　　　星期四

家嚴錯食鹹瘦肉粥，腹部覺刺，不安於眠，略為困乏，下午服一中藥，亦如是也。

焯兄云，德國醫生已言，此症無關大礙，不過所慮者，為時日問題矣，且對於食品，必要小心。

他甚恐中西藥相撞，不特無益，反為有害云。

蔡棣請宵夜於豪天，樂甚。

廖鴻明頻頻催賬，殊令人難堪也。

{ 略 }

2月8日　　　　　　　　　　　　　星期五

交銀廿元與廖鴻明君。

午大同午食。

晨十二時許與家嚴往見德國醫生，據云，他因風重，且多食肥膩所致也，而輕瀉。

夜宵夜於豪天，至夜二時始回家云。

1　"炒票" 即以比高於原訂票價的價錢炒賣戲票或其他票。

1926
1928
1929
1930
1931
1933
1934
1935
1936
1937
1938
1939
1940
1941
1942
1943
1946
1947
1948
1949
1950
1961

2月9日 　　　　　　　　　　　星期六

午茗畢，回院工作，《華字報》告白主任林清源到講告白價，允長期價由三月起減收四十元，原底四十五元云，並擬□照十五元每月長期云。

觀足球，四眼仔願出五元，蔡棣、源朗各一元云。

家嚴已略癒。

花玉清有電話至，謂甚少客與他□〔煎？〕□〔茶？〕，希余代為，余揶揄之，蓋不欲浪費金錢也。

夜宵夜於豪天，招呼慢，菜色劣，不宜多照顧也。

2月11日 　　　　　　　　　　　星期一

患病，不出院辦事。

上午與家嚴及焯哥往見德國醫生，詢及家君病狀。

2月12日 　　　　　　　　　　　星期二

源朗竟然對家君說及余用去票尾廿元，故暫不能交數，余遂博〔駁〕之，何不昨夜往余舍下取，彼云，因與〔汝〕患病之故也，按，他此幹法，不啻與余為難，過於走 "精便"，然亦必想一法以警之。

蔡文棣由班處轉借三佰元，允於十弍晚還回，夜黃耀甫索還款卅元，並備五十元，允星期五還回。

在大同宵夜，至夜深弍時始回家，並在舍下再次啤牌賭博，約三時餘始睡。

2月13日　　　　　　　　　　　　　　星期三

晨有一西人名楊格者到訪，云有 HIGH INTENSIVE 炭精[1]，賣價銀每套（一千對），值銀 $4.30，余允日間拜訪，並着他預備一價單與余云。

家嚴腹部仍覺得痛苦，且轉而為腰骨痛，余遂電問費士打醫生，據云不大要緊，照常服藥早睡。

江民聲君約往加拿大飲茶，在 8 P.M.，後返院，鄭子文至，允將長期稿費三月份起，每月減二元云。

2月15日　　　　　　　　　　　　　　星期五

晨如常，定片期，午大同午膳，往候家嚴，其痛如常，遂託焯明兄往見德國醫生，問其原委，據云，本應治標之法以彌其痛，唯年齡關係，恐牽動其他，則豈不是欲收其利，反蒙其害者哉，故本以王道，先減少其痛，然後逐漸調理，則復元〔原〕之後，斷不必復發也，家嚴深服其理論，寧願忍痛須臾，以求獲痊癒於將來，余下午再探，覺他坐臥不寧，必須以暖水袋敷之，方告休息片時，則其內部之刺痛，可見一斑矣。

父漫對余曰，細嫂連日不見問候，防有人密議，似不宜過無心肝也，余遂戒內子以此事，無使老人心不安，夜大同宵夜，牌戰。

2月16日　　　　　　　　　　　　　　星期六

晨家嚴未出院工作，午 MUGFORD 到訪（｛原文只有前括號，無後括號｝即用電話通知，約往加拿大午膳云，前夕娛樂稅專員西人親自往高陞查驗，□〔適？〕專查三樓位，余得聆之下，回院吩咐各伴如常工作，唯三樓用式重人守閘，祇售五佰票，小童票及例外票概不發賣，以免多生枝節，並等候多時而不見彼等到驗，至十一時半始往中環新特色宵夜云。

1　據源碧福女士解釋，此 "炭精" 是指用作放映和拍攝電影使用的照明光源 "Carbon arc lamps" 的物料，由於使用量甚大，經常要購備囤積。"Carbon arc lamps" 一般譯作 "弧光燈"、"碳弧燈"、"碳精燈"，乃利用兩根碳精棒作為電極，通過電流產生電弧的照明工具。

家嚴痛似亦平安常，唯未見十分痊癒。

2月17日　　　　　　　　　　　　星期日

家嚴足部略腫，唯連夕失眠，痛猶未止，家人恐懼，似而〔宜〕轉別醫生為妙也。

午與梁秉照兄午膳，下午觀足球，南華 A 與中華比賽，兄弟鬩牆，外禦其侮，可為中國人口也。

夜大同宵夜。

2月18日　　　　　　　　　　　　星期一

提　　要：上元日。

晨着內子往謁翁姑。

家嚴終夕不安，晨十時抵院，電話喚余速至院，與他往見德國醫生，解明病症，並驗尿，遂給以安眠藥一瓶，並其他藥病以療其痛，下午一時半該藥始配妥。

余在宅內逗遛約式小時始話別，回院辦工〔公〕。

據云由十時至三時家嚴均能安臥，且痛少減，未稔是否其病若療也。

2月19日　　　　　　　　　　　　星期二

提　　要：服德國醫生安眠藥，後家君亦如是也，決定翌日轉醫生云。

〔無正文〕

2月20日　　　　　　　　　　　　星期三

提　　要：家君轉延巴士度醫生調治，能睡及止痛；馮其良有呷醋意，霍海雲、鄭德芬到候廣告分配事，江民聲、羅文塤亦到云。

是晨家嚴、五姐、七姐、焯哥等及余內子及余六人往交易行四樓巴士度寫字樓診治，該醫生全身檢驗，先驗其腔，再驗其肺，又驗其血，復驗其尿，始斷為肝病，遂交餅仔一筒，着令飯後服一笠〔粒〕止痛丸，則睡前先服一枚，此症必要時日，方能十足痊癒，並着明日檢驗大便，唯他比別醫不同，對於戒口，不用十分留意。

2月21日 　　　　　　　　　　星期四

是日往診，先打針，注射右臀，服藥如前，家君言，以〔已〕能睡於床上，血與屎明日方定。

午大同品茗，梁秉照其妻患大腸熱。

2月22日 　　　　　　　　　　星期五

提　　要：巴醫生云，檢屎得悉，盡有寄生蟲在內，即 liver fluke，如早日調治，現已痊癒，唯必須多時日，而家君感覺精神不如前數天，播音台函致，明晚播音云，左臀注射。

　　{ 無正文 }

2月23日 　　　　　　　　　　星期六

家嚴仍舊注射，已減少痛苦，唯胃口遲滯，作嘔氣頂，腳部略疼。

將夾萬鎖匙交余，點查各款，以備支消。

送陳祥西衣一件，六姑託代買弍千元燕梳。

2月24日 　　　　　　　　　　星期日

提　　要：西環卑路乍街大火，焚傷約弍十餘人。

家嚴是日不用往見巴醫生，如常服藥，是日戲演《鬥氣姑爺》，極旺，夜戲二卷《神秘女皇》，收入頗佳。

往東樂收定弍佰元，後於十時再電話至，意欲度星期六或星期日起，首次唱演大戲，余從之，明日 { 原文 "明日" 二字有劃掉痕跡 } 再加多按金三佰元，彼允明日再簽合約。

代金女贖回石鈕一對，值四佰餘元。

2月25日　　　　　　　　　　　　　星期一

提　　要：掃灰水；余仔借三十元，梁秉照君夫人逝世，送殯（余不往，因家嚴有病也），東樂，三百元，如常注射，胃口作嘔。

{無正文}

2月26日　　　　　　　　　　　　　星期二

家嚴往醫生診治注射，唯家嚴性硬，時作惡言，大抵病之所致，其腹患水腫，內有咚咚聲，且作悶欲嘔，不思食，甚疲甚焦躁，據醫云，此症非一朝一夕可能治也，必假以時日。

午加拿大與民三兄共食，並收東樂按金伍佰元。

下午三時七姐啼哭，余速往購金〔甘〕油條（Glycerin Suppository），問家君病況若何，卓明君亦至，余八時始回院工作。

昨天已定實三月十五號起映《再花生》{據下文應為"再生花"}，如好收入，速映五天，如不佳，則改影三天《女人》接續云，並簽備合約。

2月28日　　　　　　　　　　　　　星期四

提　　要：家嚴似略有進步，唯胃口亦不開，且時作嘔吐，兼痔痛。

{無正文}

3月1日　　　　　　　　　　　　　星期五

提　　要：即上午十時半注射血管針於右手，並另用別科藥餅。

晨往家君處候醫至注射，是日打血管針，比較前數天有進步，時覺嘔吐，消化不良，醫約十弍時往取藥餅，此不入數內。

余按，五姐與七姐過於小心，且乏常識，動輒恐慌，余安慰她們。

是日映《昨日之歌》，與高陞同時放影，余去一通稿，讚美本院聲機美妙，以諉其次機也，並貼巴士廿元，以蓋其院辦事不夠精神也。

夜加拿大江民聲、廖鴻明及余三人暢談甚樂，約十一時回寓。

3月2日　　　　　　　　　　　　星期六

晨如常，候醫至，打血管針，唯手根〔筋〕不現，改打肌肉針。

3月3日　　　　　　　　　　　　星期日

是日家嚴四肢無力，疲甚，而彼等甚懼，以余忖測，年老久病之致也，午再候，亦已睡去。

卓哥問如何，余答謂已略癒，唯不思飲食，且時積滯，不消化，似不宜食凍物也。

昨夜為最後一次演《昨日之歌》，九時下雨，收入銳減云。

東樂戲院劉培有電話至，明約商量券價事，此人反覆摩慎，嗣後交手，必要仔細也。

3月5日　　　　　　　　　　　　星期二

提　　要：巴士度云。

巴士度醫生云，家君病染肝癰 Liver Cancer，為不治之症，商量與大學教授之律覆診，如確實，則安於天命也，□〔余？〕隨即往美璋見焯哥，講明仔細，並約下午弍時齊集室內，以備之律與巴醫生到診，後斷為不治，祇可延長壽命，得以安樂度世，不至痛苦而已矣，華石亦於下□〔午〕到診，詎云不怕，必無危險云，余緊守秘密，不對七姐說明，恐其驚慌之故也。

3月6日　　　　　　　　　　　　星期三

晨早起，如常候侍家君，唯醫生云，他尚血脈氣足，現猶未恐也。

下午忽有電話至，謂李冠春之妻及其弍女堅持覓溫植慶斷其生死，唯溫

1926
1928
1929
1930
1931
1933
1934
1935
1936
1937
1938
1939
1940
1941
1942
1943
1946
1947
1948
1949
1950
1964

醫生下午六時始至，斷為肝癰，蔓延不治之症也，但現尚未有危險，七姐得聆之下，甚為憂懼，且暈倒，而彼三人與醫生一齊同去矣。

按，李妻之舉，是否出於誠心，抑或有意察吾等舉動，而其銀口□〔即？〕債項如何處置也，苟必要附〔付？負？〕債時，亦任其如何便如何矣，人事已不能，尚遑他論者哉。

3月7日 　　　　　　　　　　　　星期四

家嚴患疾，家人恐懼，並籌備壽衣等情，然余細稔，苟一去世，則將來負擔必重，而戲院營業，豈不是更有打擊者哉。

是夜大母親及六姐均由鄉至，悲極少睡，余自昨夜起已在光景台歇宿矣。

二婆亦至，紛紛道故。

3月8日 　　　　　　　　　　　　星期五

是晨巴醫生亦至，唯不打針，不服藥，專候致軒叔與陳伯壇醫生至診，而陳醫斷為黃疸未除，西醫誤瀉，致有斯誤，遂草一珍母去附湯，並云，西醫必斷為肝癰，而他則極非其說。

按，此為最後之望，甚願此醫明功有術回天之力，則闔家人等鼎香致謝矣。

3月11日 　　　　　　　　　　　　星期一

是晨服藥，家嚴覺舒適，下午且舉手頓足，甚喜說，而文君譽可則極贊〔讚〕其脈好，先是，陳醫師吩咐如該榮〔藥？〕有效，儘可多服一劑，詎料反應作嘔見滯，反受痛苦，唯四肢不似往時之疲，且能自動小便，仍作悶，大抵寒極之致也。

是日着源其清辭職，並與梁秉照君往加拿大宵夜云

家人雖則齊集，唯各懷異見，對於侍奉家君，略有微言，內子夜夜達旦，且一早往召陳醫師，頗形勞碌，余希孝能感上蒼，或能喜占勿藥也。

3月12日   星期二

晨家嚴仍作嘔，約九時陳醫生到診，謂雖嘔，病仍作退論，先開一去術理中湯，繼開一少〔小〕半夏湯，服後家君頓覺辛苦，家人手足無措，電話着內子速召陳醫生再診，唯內子回覆，據醫生云，不用焦急，即服少〔小〕半夏湯可也，時為弍月初八四時，家君目覩章哥、余等，隨即云，"余去死期不遠矣，倘不測後，汝等宜將余遺體葬在祖父側，提攜弍幼弟，各人宜回鄉居住，以節麋〔靡〕費用，且鄉間有屋有田，亦足以養口，各人均有義聯會，獨七姐未有，宜將源雲堂押下之百弍份義聯會交她，並在余名下之伍百份撥壹佰份與她，以為養口用，其餘省方各數，積極追收，以為用途，□〔信？〕得過，各人附□〔債？〕，除非戲院好生意，則可以清償，否則難言矣，切不可風光大葬，以廉潔為妙，對於亞九，余亦□〔還？〕矣。｛全篇正文用紅筆書寫｝

3月13日   星期三

（接上頁）後七姐奉藥時又言："汝宜遵守婦道，切勿壞我名譽，並必要撫養二幼兒，以致於成立。"余等盡情安慰之，服藥後大進步，不作嘔吐，晨再診，再服小半夏湯，夜再服一半，確已大療矣，先是家人之所以虛驚者，同所服之去術理中湯，先升其氣，故覺痰湧，而六姐誤會心驚，以致如斯也。

3月14日   星期四

晨陳醫再診，門爵腎湯加四逆散，服後藥氣輪運全身，竟夕不安，氣悶腹痛，辛苦異常，雖服生薑、乾薑，然猶不見熱，尚有大便，豈不是內府寒之極也，且作嘔時，所嘔者，寒痰，非食物，則可見藥之功也，唯恐年逾古稀，水火不足，但醫斷為心脈盛極，雖辛苦，亦毋甚變，所以見疲困者，病狀也，病者，有陰陽日之分，此非反覆而論。

太平劇團雖演舊戲，唯亦旺，大抵廉價之故也。

在先施公司定 WARLD [WORLD] WAR 什志，每期送至本院。

盧國棉君函至，倘欠款不清，則照手續進行，答以星期一。

1926
1928
1929
1930
1931
1933
1934
1935
1936
1937
1938
1939
1940
1941
1942
1943
1946
1947
1948
1949
1950
1964

3 月 15 日   星期五

是日服大半夏湯，家嚴頓覺腳痛，嘔吐頻頻，究屬不知何故。

太平劇團開始在東樂戲院頭枱演劇，演《情泛梵皇宮》，大抵因迷信者嫌未知破枱否，俱裹足不前，故收入為伍佰餘元。

3 月 16 日   星期六

是天仍服大半夏湯，尚屬嘔吐，頻頻足痛之時，家君以拳搥頭云："與其如斯辛苦，無寧速死。"余回味斯言，則其痛苦可想而知矣，然其脈搏均妥，且精神如常，當其痛苦時，祇覺右足辛苦及作悶，唯腹部則少痛，至於CANCER，則余不信矣，苟長此不能止嘔，則其患又未知至何田地，殊堪掛也。

往東樂調查，頗旺，獨上位欠擠擁矣，該院辦事新手，難怪多錯誤也，夜演《花蝴傑〔蝶〕》，普慶據廖先生言，有追數意，似亦嫌好度與東樂唱演之故也。

3 月 17 日   星期日

是日家嚴改服五陵散，唯腳部則用牛彎葉敷洗，略止痛，但仍嘔吐，所吐者，盡瘀熱也，雖頻噎作悶，唯暢嘔不若往者之咚咚不吐也，據醫云，黃疸復現，瘀熱未清之故也。

是日下午往觀足球，南華南大勝中華。

利舞台與本院同走畫[1]《再生花》。

3 月 19 日   星期二

提　　要：家嚴疾作甚劇，延張榮棣醫生診治，請看護由穀道進食，唯不接納，祇苟延時日而已矣，夜三時脈搏甚微，喚醒家人以觀其狀，唯未絕。

1　過去在某地區或院線播放的電影，往往只得一套拷貝，如兩間戲院同時上映，一家會比另一家提前一些時間開映，以便將拷貝送到另一家及時播放，此之謂"走畫"。

{ 無正文 }

3月20日   星期三

提　　要：約四時將他遷至廳中，唯他尚清醒，且頻頻欲起身，屢用壯心針以延其壽命，至五時猶延施
　　　　　文蔚醫生診治，畢，至下午四時半仙遊，家人環集送終者，約柒十餘人，臨死時眼睛不閉，
　　　　　似有無限傷情，是夜馬伶休息致祭。

{ 無正文 }

3月21日   星期四

提　　要：是日一時大殮。

{ 無正文 }

3月22日   星期五

提　　要：是日一時出殯，是為樸殮，只用花圈、洋樂而已矣，執紼者，約五佰餘人，步行至金魚塘碼
　　　　　頭辭靈，運柩回藉〔籍〕。

{ 無正文 }

3月23日   星期六

提　　要：棺木由火車運至省方，再由渡船接駁至鶴山。在渡時李雲翹及源渭泉均抵步致祭，略談，話
　　　　　別。

{ 無正文 }

3月24日   星期日

提　　要：晨抵沙坪，先早餐，後在□處候棺至，並人伕至時始隨柩至本村，先停在□〔檀〕□〔溪〕
　　　　　樹，各房父老及本村兄弟俱來致祭，畢，即下葬於大石岡，在先妣二姐之側。

{ 無正文 }

1926
1928
1929
1930
1931
1933
1934
1935
1936
1937
1938
1939
1940
1941
1942
1943
1946
1947
1948
1949
1950
1964

3月29日 　　　　　　　　　　　星期五

晨早往院辦公，午忽然染疾，於啟夾萬後，當時七姐及焯哥均在場，照先君吩咐，分派義聯服□〔錢？〕外，並逐一逐二紙據解釋，以彼此明瞭。

3月30日 　　　　　　　　　　　星期六

約式時半馬師曾到訪，求不可將他支去之捌佰元在此期內扣除，並云東華醫院欲賣太平劇團籌款，賣價一千二百元。

4月1日 　　　　　　　　　　　　星期一

晨照常工作，午加拿大午食，夜威信印務到談，各式印件比較文盛平，而且美□云。

4月2日 　　　　　　　　　　　　星期二

晨如常工作，接一函由遺產稅[1]寄來，詢問遺產事，明日往見，午加拿大午食，下午草告白一段畢，回舍下略談。

東華醫院首總理冼秉熹及蘆〔盧〕榮傑到，商量下月購戲籌款事，余索定銀式仟元，並着他們對伯魯訂明日戲出否，後講埋一千五百元定銀，唯尚未簽合約，彼云明日往澳見他云。

4月3日 　　　　　　　　　　　　星期三

晨如常工作。

午十二時往遺產署見遺產官，問："有囑咐書遺下否？"答："未有。"問："產業多寡？"答："絕無。"問："與太平有何關係？"答："不過顧問而已矣，且無授回多少伕馬費。"問："與何一間銀行來往？"答："與上海

1　據下文，"稅"可能是"署"字，或漏"署"字。

銀行，現存款約有數十元。" 問："汝母在否？" 答："云在鄉間。" 問："源澤泉云汝父欠街賬三四十萬，是否？" 答："是也。"

加拿大午食。

夜加拿大與鄭德芬相遇，彼允減價及送告白云。

4月4日　　　　　　　　　　星期四

> 提　要：勢〔世〕態炎涼，人情冷暖。

{無正文}

4月6日　　　　　　　　　　星期六

> 提　要：返鄉。

{無正文}

4月7日　　　　　　　　　　星期日

> 提　要：抵鄉。

{無正文}

4月8日　　　　　　　　　　星期一

> 提　要：三虞之期，各房到祭，雖死之日，猶生之年。

{無正文}

4月9日　　　　　　　　　　星期二

> 提　要：逗遛多一天，準備明日致祭仙〔先〕人。

{無正文}

4月10日   星期三

> 提　要：是日下午祭祖，唯各人借長遂揚祖父禎〔蒸〕嘗者，大不乏人，幾致不能，致余力議其非，決取嚴辦手段，以儆將來，並是晚飯九碗公宴[1]。

{無正文}

4月13日   星期六

> 提　要：先嚴生忌，即乙亥年三月十一日{以上用紅筆書寫}，四姐因訃言事，發生吵鬧事，余速步回院，後七姐至，解釋始了事。

{無正文}

4月14日   星期日

> 提　要：七姐及內子往灣仔，問巫婆先嚴死後狀況。

{無正文}

4月15日   星期一

　　晨工作畢，往遺產稅署，據云對海之屋祇按了四千五元，至今尚有先嚴名字。

　　午加拿大品茗，芳兄亦至。

　　夜卓哥已與大有銀號訂妥，先交二千二百元，後交每月二百元，至一九三六年三月份止，而同安燕梳亦欲封查先嚴遺產，但所餘有限，□亦無能為也。

　　譚芳意欲與銳普等合作賣顏料。

1　此處 "九碗公宴" 可能即廣東地區一般稱為 "九大簋" 的盛宴。源杏翹先生在 3 月 20 日去世，4 月 10 日為 "三七" 之期，源詹勳先生當天拜祭後，晚上設宴款待鄉親。

4月17日   星期三

提　要：普慶實行扣盡七百五十元，恕不講情，必有以儆之。

晨如常工作，午《南中報》江民聲君約往加拿大商議減價事，每寸五毫，1/10 五元，1/8 六元，1/6 八元，1/4 十元，半版十五元，長期廿元。

夜柒時，郭鏡清至，談及先嚴事，以下問答式：

郭：“汝父所失敗者，衹糖、印度支那及怡和三種股份，已損失式百萬以上，所望者，此後節皮，落力維持而已矣，至於次乾擔保之玖仟元，又何如，能否加簽汝名？”

余：“現在我等已極力慳儉，光景台現已搬遷，而先嚴辛〔薪〕金亦已停支，希望七叔時時指教，致於次乾口〔擔？〕認之數，余當允意加簽，但現因世界不景，余先還息先則可矣。”

郭：“現計所還之息，照計不及四厘週，希望最口〔廉？〕打寸〔算〕。”

余答：“當盡本人能事節儉，特別廣告費及長期報費。”

談畢，七叔先行，余將此事對焯哥盡談云。

4月18日   星期四

是夜七時，同興着一伴至，催收該九千元息事，並轉名，余簽妥，並允一俟澳返港時，始奉上云。

馮氏到索駛用，余與她十五元，着她從速返鄉，否則決不理她，竟云，十年來亦以此相忍，但今老爺去世，至有凡事問汝也，余答，對於家用，余自會交託六姐辦理，唯汝對於行動，必宜檢點，否則必有相當對待，說畢，擲下十五元枱面，遂外出云。

4月19日   星期五

無甚紀錄，早睡。

普慶強硬要扣七百五十元，余任他所為，並着他叫人攜回欠單，並發一則紙與他，以完手續。

4 月 24 日 　　　　　　　　　　　　　　星期三

提　　要：戲業甚淡，港地各院均減收座價，以廣招徠。{此提要用紅筆書寫}

晨晏起，因昨夜失眠故，余欲革新院內原日之積弊，唯必循序，萬不能速，擬改照下列辦法。

（1）肅清不良份子，（2）縮皮，（3）潔淨，（4）多演粵劇，（5）盡量定畫，6　7　8　9　。

夜往高陞觀冠南華，不甚精彩，呂維周蓄意扭計，凡事小心。

張民權到訪，欲向老馬求情再減，余着他究不如轉請馬伶，星期六、日登台，夜演新劇較為上策，後共往大同宵夜，一時半始返。

4 月 26 日 　　　　　　　　　　　　　　星期五

往澳，乘下午五點半瑞安，抵步為九時，與余文芳同往，澳地近狀冷淡，各行不景氣，尤其是營娛樂者，更為傷心。

這回太平劇團在澳賣與平民義學籌款，成績不佳，余覩此情形，恐戲金無着，故乘即夜三點輪返港。

4 月 30 日 　　　　　　　　　　　　　　星期二

溫焯明工心計，凡事不肯苟且，每每恐輸虧，竟然置家君於不理，猶欲迫余還家君所欠之舊款，然竊問，苟無先嚴幫忙，他又何以至今日，語曰，知人知面不知心，信乎。

對於三樓所沾之額外費用，頻頻追問，大有迫余下野，他代之之勢。

他已訂妥，先交二千二百元與大有，隨後每月弍佰元，至來年三月份止，故即交銀壹佰元，連同七姐三千六元及定銀六佰元，一次贖足，已交夠二千三百元矣，凡有甚麼為難，此後永不與他磋商也，並問銀行存款事，余甚不滿意。

5月1日 星期三

同興銀號郭鏡清對焯兄言，太平之數，出補太平劇團喧〔宣〕傳費，每日十元，認為極不滿意，此有特出此數，以求濫支，余遂對卓哥言，儘可以明日往見，他解釋言道，此項乃補回戲班開新戲之用，且每逢一出〔齣〕新戲，例有什用三四百元，如不由此彌補，豈不是班負擔過重者哉，如不滿意，儘可酌量減除（據鏡言，乃轉述李子方之意），李子方之人可謂為富不仁，此後辦事必要當心。

焯明言，如問太平劇團下屆重組否，必答曰：〝斟近〔緊〕。〞

勉之到觀劇，且極贊〔讚〕保煌聰穎異人，早睡。

5月4日 星期六

提　　要：昨日起一連三晚東華醫院演戲籌款。

晨如常工作，郭源海到訪，遂往品茗於早午，下午往觀足球，為南華與海軍，戰於加路連山。

夜上海妹至，訪七姐於舍下，問及轉單事，七姐答，不用這翻〔番〕手續，准亞九認數可矣。

冼狀師大嘲笑嘜佛。

香港政府華員會租院籌款，先交定銀伍佰元。

廖鴻明着代發一支票，弍佰元，余恐其又弄玄虛，故託黎君仙儔先發止之，以免貽誤於余也。

5月5日 星期日

晨如常工作，是日為先嚴末旬，故家人一早往戲院弔祭，午加拿大品茗，因人看會景，甚擠擁，夜東華醫院尾晚演劇籌款，成績極佳，且請飲於金陵，余辭之，夜深乘車往遊各通衢大街，適上海妹在舍下與七姐等竹戰。

5月6日　　　　　　　　　　　　星期一

提　　要：第一天會景巡遊，英皇銀禧大典，馬慰儂設宴於金陵彩屏，通宵《鬥氣姑爺》，極擠擁。

〔無正文〕

5月7日　　　　　　　　　　　　星期二

提　　要：第二日巡遊，第一夜夜景。

〔無正文〕

5月8日　　　　　　　　　　　　星期三

提　　要：第三日巡遊，兼夜景，演《野花香》，極旺，馬宴於金陵直棟，同興催先交一千元，並繳九千元，息銀四百三十元。

〔無正文〕

5月9日　　　　　　　　　　　　星期四

提　　要：粵東總集團，薛覺先、白駒榮、譚玉蘭組織而成，與太平劇同拍台，設宴於大同，請亞六，即瑞卿也，義聯會派息。

〔無正文〕

5月10日　　　　　　　　　　　　星期五

　　晨如常工作，馬慰儂忽有一電話至，謂明天大可以補祝譚公先誕，余遂與培叔商妥，照例執行，補回燒豬弍隻，米酒一埕，並開戲銀廿元。

　　午早午品茗。

　　夜瑞卿之夫林口〔淡？談？〕生，由省赴港，探訪余等，並設宴於大同，夜深始話別。

　　朱懷民適在隔房，遂談及往事，並云他佔一鋪戶，專營工廠用品，如能運口〔私？〕上省，可獲利數倍，尤其是糖精，每百元可求肆伍十金，並約明日往大同品茗云。

5月11日 　　　　　　　　　　　　星期六

提　　要：舊力〔曆〕乙亥年四月初十。

是日因喧〔宣〕傳遲緩，《香花山大賀壽》全套不甚旺，且馬因淡不出台。

午朱懷民請午食於大同。

夜張民權君到訪，談及籌款事。

下午嘜佛□〔堅？〕□〔問？〕北河事，且言超等所沾之二毛，認為不合，余決寫信與庫務司，言明底蘊。

鍾大哥請大同消夜，並談及往者小冰、慕蘭，及花玉清事，夜深二時回，仍雀戰至三時始睡。

四姑姊送來竹節一籮。

5月12日 　　　　　　　　　　　　星期日

晨如常工作，是日日戲演《孤寒種》，因廣東總集團拍台，故不甚暢旺，午加拿大品茗，下午忽然馬云足疾復發，是夜決不登台，故臨時改影聲片《英俄大戰》，忖其意，誠恐不及薛仔旺，故託言足疾也。

夜朱東昌到談，欲明天加影《銀禧巡遊》，余允之，故速改短期告白，並宵夜於新紀元，朱東昌 POKER 甚高，余非其敵也，余輸去十五元，後往大羅仙與內子回家，蓋此數天她的姊妹瑞卿由省來港看會，其夫何□〔淡？談？〕生[1]亦至，故徵逐一翻，至有流連數天也，家人均注意，太平劇團收入，馬師贊即晚收完各數，共一千八百元左右，約二時始睡。

1　同年 5 月 10 日記為 "林" 姓。

5 月 14 日　　　　　　　　　　　星期二

晨十一時，由余款交息銀壹佰元與劉蘇姨，五姐下午□〔嚴？〕余外
出之時，查問其朗一切債項，此人工心計，必防之，而七姐於收息時，頻頻
關心，余遂着該收銀人打指模，因她不會寫字之故也，七姐遂與她同往劉蘇
姨處。

夜新紀元宵夜。

黎仙儔借佰元，言明十數天還回。

5 月 18 日　　　　　　　　　　　星期六

是夜余病痊，往院辦事，焯兄質問，太平劇團由二月十六至現在，若
存有八九千元，究竟此款何着，余答曰，何有此言，豈余盡納入私囊者哉，
他又謂，此後無論如何，太平劇團存款必要兩人簽名，同貯在銀行，以維持
將來計，大約此數仟元，汝作私幫生意虧去者乎，余答之曰，任君如何便如
何，後截之十五（舊力〔曆〕四月）計，共存（連三樓）柒仟捌佰肆拾 ..，
用去 ..，焯哥六佰，又弍佰 ..，馬師曾欠八百 ..，家用玖佰伍 ..，還普慶柒
佰，共三仟弍佰 ..，現存約一千元 ..，實用去三千五佰玖拾元矣。

5 月 19 日　　　　　　　　　　　星期日

晨起身，精神漸已復原，唯不甚思食，午往見張醫生，據云現已 OK，
余遂往加拿大食牛奶一杯。

夜花影儂至，欲廿三夜先取回伍佰元。

是日初次點《北梅錯落楚江邊》，唯不甚暢旺，迨亦炎熱之故也。

5 月 21 日　　　　　　　　　　　星期二

晨如常工作，七姐等已入伙於新樓矣。

弍女同居，其志不相得，信乎斯言也，五與七將來難免大爭論，蓋彼此
驕奢性成，不知艱難，猶以為先嚴尚有許多遺下也。

已在她們面前訂妥每月家用一百一十元，每人廿元，共一百五十元，至於堯、鎮二勳學費由余負擔。

5月23日　　　　　　　　　　　　　　星期四

晨往院工作，昨、今二天為馬師曾休息之期，故改影《蛇蠍美人》。

午加拿大品茗，晚飯於國民酒家，後再宵夜於新紀元，夜深始回。

七姐云，搬屋一百元已用去，且尚用過四十餘元，並索家用每月一百五十元，由廿日起（另計）。

余意欲向外發展，唯大海茫茫，不知頭緒，想亦必由儉起也。

5月24日　　　　　　　　　　　　　　星期五

晨如常工作，所紀錄者，為炭精，因明達公司不允出貨，故本院亦為中德公司將原"則"退回，嗣有別院出貨，當然一齊出貨，云價為一百七十元。

晚飯國民，宵夜新紀元，俱戰北。

由明天起，賣與政府華員會籌款。

5月25日　　　　　　　　　　　　　　星期六

文員會租院及買太平劇團籌款，每日夜一千一百元，另椅墊及稅。

朱懷民由省來港，共商走私事，後在他之旅店看他，｛略｝。

郭元海為其妻口〔受？〕嫌被羈，各方運動不遺餘力。

5月30日　　　　　　　　　　　　　　星期四

下午四時假座娛樂戲院，提議眾院合作，組織戲院商會，（一）進行要求減稅，（二）｛第（二）點原文留空無內容｝，（三）繳電費，（四）減告白用品，一致通過，着手辦理，不日成功，唯細院必受影響，因欲要求政減〔府？〕改值佰抽十，現在值佰抽十七，如娛樂、皇后、平安、中央，首當其衝云，余問主席，究竟大戲利益何在，他云將來盡所能及可能範圍內保障。

6月4日 星期二

　　晨所購之旗昌洋行雪櫃已安妥，電鏢〔錶〕即日開始發電，該物值銀弍佰柒十元，先交五十，每月三十五元，至完數而止，午加拿大午食，夜宴於金陵。

　　東莞商會籌款，意欲每天五百五十元，余意欲一千元，或照文員會一千一百元云。

　　積欠差餉三月份，幸得張文權代查，先交一九三四年冬季則可以，其餘嗣後再商也。

　　萬國儲蓄會宣告停業，未稔如何分派，差幸七姐等所按之已得回三百一十五元矣。

　　黎仙儔欠一百五十三點一元，允於星期六早清償。

6月10日 星期一

提　　要：原定北河開演，馬忽然推翻，謂病，致有補回損失約一百五十元，原箱調回。

　　｛無正文｝

6月11日 星期二

提　　要：陳永貞到，借款廿元，卻之。

　　｛無正文｝

6月12日 星期三

提　　要：中華汽車公司允嗣後貼巴氏每日十七元，由文譽可經手，着譚芳託吳錦泉先生代轉一萬元，燕梳為五千元。

　　｛無正文｝

6月15日 　　　　　　　　　　　　　　星期六

提　　要：東莞商會租院，買戲籌款，每天 1010 元，云由是天起，連租弍天。

{無正文}

6月18日 　　　　　　　　　　　　　　星期二

提　　要：太平劇團尾台廉收座價毫半至元捌，演《鍾無豔》首卷，每晚連下 { 此提要用紅筆書寫 }。

{無正文}

6月19日 　　　　　　　　　　　　　　星期三

提　　要：花玉清有病，余往探視並薦往張醫生處診視。

{無正文}

6月21日 　　　　　　　　　　　　　　星期五

　　七姐因竹戰通宵病發，往張醫生處診視，而鎮勳亦然，彼等常常虎視戲院收入，僉以為奇貨可居，且浪用，方其至張醫生處，她託言未攜備診金，故着他登記帳〔賬〕項，不外亦想余代結也，工心計，余亦設法防備焉。

　　鍾舜章兄請晚飯於新紀元，後實行與花影恨在六國飯店奉安大典[1]云。

6月23日 　　　　　　　　　　　　　　星期日

提　　要：是日先嚴死後百日。

　　晨與郭元海往加拿餐室小敘，畢，往七姐處食飯，蓋是日為先嚴逝世百日紀念也，查四、五、七姐均口角相爭，似各懷異志，且語且言，余稔不能

1　"奉安大典"原指 1929 年 6 月 1 日中華民國國民政府在南京為孫中山先生舉行的葬禮，但此處似另有所指。

耐貧者，終必淪於破產，且必作不可告人之事矣，余亦欲從事樽節，唯少不更事，未知如之何則可矣。

是日日夜演《鍾無豔》，甚旺，夜召花玉清不至，蓋不久從良矣，余戲擬一聯，姑錄之以供玩笑。

（一）大玉已適人此後荷香難為肥余奉，小冰承專寵今朝橄欖特備五少嘗（式）｛原文"式"字之後無字｝

6月24日 星期一

提　　要：花玉清從良，余贈以大新禮券式十元，是晚十點晉省，馮其良到借式佰元，《天光報》請飲，余不赴席。

晨如常辦工，交一千二百元與同興，午早午品茗，下午約四時，着文仕可兄持一廿元禮券往詠花送與花玉清以作聊表寸衷之舉。

內子形瘦，未稔是否有恙，氣弱之故也。

羅文塤因《天光報》起紙，大宴各告白家於廣州，余因事不至。

早睡。

馮其良到借式佰元，余隨交他一則以完手續。

東莞商會到研究討回娛樂稅問題。

6月25日 星期二

提　　要：石塘已實行禁倡〔娼〕矣。

內子甚焦燥〔躁〕，謂余晚晚作局召妓，殊不合，在此時期，且從事浪遊，奚足以振業，余深躍其言，立即戒絕，她病甚，｛略｝。

午早午品茗。

因馬星期六夜忽然停止播音，以致布連甚怒，着曹狀師質問，故是日傳焯兄往曹狀師寫字樓詢問，據焯兄答以因戲劇下半部全屬打武，且對手新劇曲本不甚純熟，故於十時停止，云此後必盡力幫忙，及至夜七時曹俊安亦召馬往，馬乃差文仕可兄往會，亦為此也，由文兄解釋，雙方此後定當完備解決。

6 月 26 日 星期三

晨七姐至寫字樓，詢問一切，余答曰，先父欠錢不只一家，若要處處清楚，則不知誰先誰後，且現時汝等所用之錢，並非亞公嘅，乃余個人之薪水也，及後她云，蘇仔重往尊經[1]，余曰，若要子姪好，除非寄宿，她又謂，恐其學壞，余曰，隨汝之所好，恕不多言也。

6 月 30 日 星期日

提　要：晉省一行。

{ 無正文 }

7 月 6 日 星期六

提　要：今日與明日俱是太平劇團全體藝員表演口，論人頭一半，論歲畝而院租則二點五成。

{ 無正文 }

7 月 8 日 星期一

是屆太平劇團因日子關係，已大大不如前，如下屆組織，必要裁員減薪，最低減三成。

焯兄對余謂，如此浪費，將來有要款，特必剌〔棘〕手，究竟汝所欠之街賬，有能清贖否，余答以假以時日，繼又言曰，將來必有糾紛至，云欠款必先節本人駛用，此後有數必找，切勿左移右移，他方放心辦理，大意似謂，多多收入，亦余用去矣。

必先慳以堅〔慳？〕人，信則當可以持久也。

1　《香港華字日報》1935 年 2 月 25 日有 "乒乓友誼比賽粵華中學勝尊經" 的報道，"尊經" 當為一中學名字。

7 月 12 日　　　　　　　　　　　　　星期五

〔無正文〕

7 月 17 日　　　　　　　　　　　　　星期三

〔無正文〕

7 月 20 日　　　　　　　　　　　　　星期六

晨家母到舍下大肆咆哮，不外大索金錢矣，然計舊力〔曆〕六月十弍與她弍十元，轉瞬已用去，照計浪用無度，將來必至破產矣，後余召集第五、第七二母同至解釋，以免誤會家嚴遺下許多金錢，祇余積存矣。

午往見黃建勳狀師，因西電簽單事，對於先父署名，未稔如何，據云只管簽去，可保無事。

夜加拿大宵夜。

七姐有傳票到，因妹仔事，關於搬屋不報，準星期三開審。

7 月 23 日　　　　　　　　　　　　　星期二

彭仔到借十元，云在下年貯款息內扣除，余否之，與以十元使他去。

因銀根短拙，迫不得已，將電燈存款暫移作差餉用云。

悶悶不樂，未稔如何方能使影業發達云。

7 月 24 日　　　　　　　　　　　　　星期三

晨如常工作，午早午品茗，下午加拿大，與譚芳商量，出一則在通運暫備弍佰元，俟星期弍再還云。

上海妹到，支息銀一百二十元。

連日影戲甚淡，每日只收數十元，在在需財，挖肉補瘡，卒有一日不可了也，但平安與新世界均宣告停業，當此不景氣，究不知如何處決也。

《伶星報》發表一篇言論，力證馬決不與余等合作，且下屆必不在太平戲院開演也，文字雖過激，言必俟馬之成立否，方能報服〔復〕，夜宵夜於大同酒家。

7月29日　　　　　　　　　　星期一

是日其朗交銀與同興，郭鏡清嫌款少，且謂際此生意凋零，平安與新世界同時歇業，究不知院業何時始能復興，若猶不"拆皮"，即更有甚焉，若太平猶不裁員減薪，則必不能長做也，並着其朗對余說及，余遂與焯兄磋商，照此計畫，下月執行，以順其意。

《伶星報》有意與本院為難，特着仕可兄往見馬某，並攜函示意，看彼動作若何。

內子有疾，心血小，氣悶，遂往溫醫生處診治，據醫生斷，為肺胃俱弱之故也。

7月30日　　　　　　　　　　星期二

> 提　　要：因生意冷淡，由舊乙亥年七月初一日起裁員減薪，各人祇得八成人工矣。

五姐頻頻索駛用，余窮於應付，且因平安、新世界歇業影響特甚，故各項支絀煩難，迫不得已，由是月起，即乙亥年七月初一日裁員減薪。

雪梅兄借二百五十元與余，高佬口〔鍾？銓？〕三百五十元。

7月31日　　　　　　　　　　星期三

四姐與五姐、七姐等均不知稼穡艱難，且頻頻到院索款，僉以為先君多多貯下，長此以往，勢必破產，然余亦已另謀生活矣。

蒙雪梅兄借弍佰伍元，並當去鏢〔錶〕練〔鏈〕，值一百三十，以濟燃眉，高佬口〔鍾？銓？〕又幫忙三百五十元，各人均努力幫忙，令余感激。

秩勳由省來港支人工，余答以未便，他云，倘搬運費無，則口中原被封，亦不顧也，余託勉芝叔十元與他，而他誤會五元，悻悻晉省，情有不甘，如要余長期供給，余恕不如命，且年來吞沒公款，已不知凡幾，尤復如此，當不屑理論矣。

8月4日 星期日

在省往遊中大，幾被困，夜深車墮於泥洴中，幸警長指導，始於八時返廣州市，亦云幸矣。

8月5日 星期一

提　　要：由省回新紀元，晚宵夜。

｛無正文｝

8月6日 星期二

提　　要：由八月三日起，即乙亥年七月初五起，焯明兄擔將三樓票尾自行管理，實行儲蓄計畫，以備不時之需。

昨夜由廣州返，是日照常辦工，午早午品茗。

焯哥□〔見？兄？〕云，外間有許多流言，謂余等有甚麼法子起班，不過徒呼喚起矣，故焯兄實行自行管理三樓一切財政，且也為自衛計，將來有些希望，不過眼見如斯浪用，將來必陷於淪亡，余按，此亦慎重之辦法，亦恐波及，余意甚歡喜，暫得□〔你？〕肩一卸，將來還款除用，則可向彼支出，於余亦無問言矣，俟後一概節儉，切實盡心搵錢，尤較無為〔謂〕應酬也。

8月14日 星期三

桂名揚由安南回，意欲在本院唱演，先借伍佰元，後因日期不妥，且未得馬伶同意，故不答應。

同興銀號郭鏡清到坐，談及新班事，大意欲各項減皮，尤其是中宵□

-435-

〔晚？院？〕侍費等項云。

並聞薛仔準於舊力〔曆〕七月廿三日在海珠頭台，拍演者為馮俠魂、鍾卓芳、半日安等云。

8月15日　　　　　　　　　　星期四

晨一早與郭原海往加拿大品茗，畢，與羅文塤相遇，彼此、譚芳等再談。

午早午品茗。

夜李鑑潮到談，謂華□與千里駒重組義擎天，決於八月中旬許到演，且謂白玉棠亦欲趁此沉寂時期，自行組織，以先聲奪人，余卻之，大抵太平劇團有再行開始聲氣云。

張民權約余往國民宵夜，實彼正欲與芳等竹戰，大概欲索女招待也。

8月17日　　　　　　　　　　星期六

晨有一人與培叔齊到，定做太平劇團新幕事，余允之。

午“早午”品茗，下午因《軍校生活》[1]事，與張民權、黃猗磋、謝益之及陳宗桐商量於加拿大，復往大同晚飯，□余文芳與其知己“風流孝子”亦在於大同三樓，彼此斟生意，因陳宗桐欲邀霍芝廷之子霍材入股式萬元，而此人特意來港，調查余仔，託余代繕一報告書。

在陶園，余與陳某繕一通稿，關乎新世界事。

8月18日　　　　　　　　　　星期日

> 提　要：舊七月十三，新八月十一日記錯，特為更正。{8月11日原文無}

午與張民權銀龍午食，下午回寓午睡，夜高佬□〔鍾？銓？〕金陵。

冠春之婦，即四姑姊，下午到觀電影《大路》，叫余上式樓，共談家

---

1 《軍校生活》是廣東軍事政治學校生員、第一集團軍教導師及空軍等參加演出的粵語軍訓教育片，見1935年7月31日《天光報》廣告。

事，繼云太平戲院公道交回薪與汝先父，以紀念其功勳，不應設撤，且凡事不可燥心，汝如過勞，則可着黃錫滔先生診治眼科，余云，倘辦新班再合作時，生意有些起色，屆時請汝幫忙，則不勝感激云。

是日敦請中西教育、醫藥界、新聞界公開試映續集《醫驗人體》，甚是滿意，惜乎教育意味太深。

8月19日 　　　　　　　　　　　星期一

着內子還回二百五十元與雪梅，她允明日代籌一佰元，午早午品茗，暢談一切。

原定《姊妹》、《再生花》每日一集，後因省方誤期，迫不得已，改影上下集《白雲塔》。

陳宗桐有電話到，謂薛覺先欲於下月初弍到演，條件二／八均分，余否之，必要二點八／七點二，且例床捌位，俟明日答覆，後余對焯兄云，倘做一枧半枧薛仔，誠恐馬伶呷醋，反得其害，究不如暫置之度外云。

8月20日 　　　　　　　　　　　星期二

提　　要：力推桂名揚勝壽年，因太平劇團行將組織，且定實黃小鳳、李雪霏，及嫣笑儂，每月九佰元。

晨如常工作，午早午，下午蕭某到訪，商量普慶劇團事，並同往陸羽，見桂名揚及駱錦興，余含糊推之，因太平劇團事。

余對於新班事，別無頭緒，各項財政皆由焯明主宰，余任他而已，曾着授湖晉省，商量與龍章揭款事，詎料覆函，必以田地抵押，方有於成，余否之，蓋此乃養口之用也，奚出於此。

新班計畫，各〔莫〕衷一是，殊屬費索思量也。

張民權等租承新世界，商量與霍芝廷之子國□參加入股，余由余仔通知，盡明其事詐云，彼等着人赴港調查，故為順情計，一定說些好話。

8月21日　　　　　　　　　　星期三

晨早加拿大，與肥余傾談，彼問余挪移廿元，余卻之，並戒之，後於下午交十五元與他。

午在新紀元與陳宗桐、張民權午食，並將處置告白法旨交他行事，他臨行時謂，這翻〔番〕如此幫忙，必有以報之，余並問他，新世界開張時，彼欲何物，希早日通告，以免屆時得物無所用也。

夜馬到寫字樓，定妥黃少鳳[1]、李雪霏，及曾□〔杏？〕華云。

早睡。

8月22日　　　　　　　　　　星期四

晨如常工作，午早午品茗，下午加拿大，與芳兄談□〔古？〕事，連日新世界事，各報界紛紛一致謂余主辦云。

廖兄欲借弍十元，余約明天。

昨夜定黃鳳凰[2]時，馬師曾借走一佰元。

8月26日　　　　　　　　　　星期一

｛略｝，午與譚芳加拿大午食，至一時返院，候馬師曾至，商量新班事，而他又意欲定半日安、上海妹，余稔此二人工價過鉅，奚足以支持，尤望彼此開誠佈公，削皮為主，否則萬不能合作，苟定成安與妹，則黃不凡又未知如何處置也。

夜利舞台，與亞妹□國民宵夜。

廖曙光借五元，一共卅元。

1　應該即 8 月 20 日提及之黃小鳳。

2　可能即 8 月 20 日及 21 日分別提及之黃小鳳和黃少鳳。

8月27日   星期二

七姐謂，劉蘇姨託亞寬到取回二千元，准八月初間取回，且細姨日日追問，謂經手人是問，如屬這般，余（七姐言）儘可以坐監抵償矣，余遂答曰，凡事大可以大家商量，如一意孤行，則任汝等自為，余何傷也，既不能清償，則究不如將先君留下之田地變賣還債，則可以已矣，後焯兄至，彼與他談話，余繼而不理。

8月31日   星期六

晨如常工作，午新紀元，交回弍佰元與鍾舜章晉省。

夜與內子往普慶，適陳天縱、聶啟銳在票房，彼此相見，共往彌敦餐室飲茶，彼意欲兩班相調，余亦支吾答之。

9月3日   星期二

> 溫　　度：7/8/乙亥年[1]

{略}，十一時往太平工作，午往金龍品茗，參觀新世界開幕。

是日選影續集《鄉下佬遊埠》，下午加拿大，與陸少芬傾談告白價，張文權至，有允意。

夜柒時馬約往金陵竹戰，至九時始別，後往新世界，與內子、陳宗桐、積臣及余四人宵夜。

張某與邵醉翁、蝴蝶影、陳玉梅在金龍五樓。

9月4日   星期三

{略}，午新紀元品茗，與陳君、張君談及取消天一合約事，蓋陳君心甚焦燥〔躁〕，且"狼極"。

下午與張某敘於加拿大，內子亦與，然後與張君共新紀元食晚飯。

1　日記原文如此，源先生將農曆日期寫在溫度一欄，後面還有數處。

夜七姐攜同劉蘇姨一干人等到寫字樓，迫收貯款，祇焯明與彼等談話，余早回家，置之不理云。

9月6日　　　　　　　　　　　　　星期五

晨赴院，因劉蘇姨欠款事，卓哥大不滿意，並堅欲着余個人理妥。

下午往見關律師，商量圖章事，據云有效，不能抵賴也。

夜該細姨及一女子俱到，七姐、五姐及余均議論如何應附〔付〕，余答以無法，而卓哥必欲余往籌，且云汝之鍾某、張某，何以不能代為設法，且問良心上，向使汝不用去二千餘元，則又何至今日，迺者，新班伊始，凡百需財，且余以代為張羅，如區區此一千元不能應附〔付〕，則汝是問矣，甚為怒氣，且對七姐面前大聲而言。

後與五姐商量，各人往籌集，以備應附〔付〕，因答應先交一千元，其餘一千元轉手云。

9月7日　　　　　　　　　　　　　星期六

晨照常辦公，於十一時澤泉有電話至來，省方長途謂，該地契作按已妥，源龍章允借港幣一千五百元，唯必要立回字據，余遂於下午乘尾車，與內子晉省，以完此工作。

又蒙張民權答應，借式百元，並與他往對海見邵醉翁，適他病着，葉錦華醫生診脈，他又要求新世界告白事，實屬無理取鬧，不近人情，必難接納。

在省與內子及澤泉往觀大羅天，余覺得此班之藝員黃鶴聲、麥秉文、王中王、李豔秋很賣力，年少奮鬥，不愧時下英彥也，宿於新亞六〇八。

9月8日　乙亥年八月十一日 {該舊曆日期用紅筆書寫頁邊左端}　　　星期日

> 提　　要：將先父遺下增資按一千五百元，並立單，知見人原〔源？〕澤泉 {該提要用紅筆書寫}。

晨十二時往見源龍章及其子振東，隨即立回揭單，並將地契交上，欠單左列，隨即交一函往港周文治處，收一千五百元，每月每百元一分寸〔算〕。

1926
1928
1929
1930
1931
1933
1934
1935
1936
1937
1938
1939
1940
1941
1942
1943
1946
1947
1948
1949
1950
1961

午廣州少食，下午乘車回，約八時抵新世界，適郭源海在，於車站候人，略談即返院。

十一時在高陞，與內子觀《定坤山》，即白玉棠、千里駒、葉忽弱及靚新華之班也，張民權、陳宗桐亦至，細口張亦眼高於頂，唯陳則見利忘義也，張允每月由新世界報效巴士電車月票各一，與余作伕馬費。

9月9日　　　　　　　　　　星期一

溫　　度：乙亥年八月十弎日

晨如常工作。

該劉蘇姨不允，蓄意收足弎千元，着各人代籌，五、七姐俱各懷異見，不固〔顧〕大局，祇索金錢，誠可鄙也。

9月13日　　　　　　　　　　星期五

北河立心扭計，故是晨與焯兄見關狀師謀出路，為東樂演大戲事，故是夜捌時親詣西園，與劉桂炎君磋，彼意云，必要太平劇團拉箱，由港直往東樂，如遇別院，必要折回太平，然後再往，切勿在對海接人手尾也，俱照去歲百分之二十、百分之八十均分，並允問與羅狀師商妥再回覆云。

夜余託言高佬口〔鍾？銓？〕允借三佰元，贖足九佰元，由余姪手交與焯兄，作還回劉蘇姨之用，而七姐並命連喜追米飯五元，堯仔追取驗眼費、遊戲費，余亦對卓兄言，此九佰元不用還回，由余個人負責。

普慶聶耀卿要求對調，迫不得已應承，且允訂百分之二十二、百分之七十八均分，忍辱負重，以冀將來報復北河也，國民宵夜，一時回。

9月14日　　　　　　　　　　星期六

提　　要：是日乘尾車，與張民權及內子三人晉省，歇宿於新華六弎六樓。
溫　　度：乙亥年八月十九日。

是日由焯兄手還回弎千元與劉蘇姨，不計息。

9月15日　　　　　　　　　　星期日

提　　要：乘東安輪由省回。

{無正文}

9月16日　　　　　　　　　　星期一

　　陳紹棟請午食於新紀元，黎民三對余說及，是晨焯兄與他說於途，謂："亞九如此浪用，將來必不堪設想也，此後必要清楚，方克有成，否則有訟務糾纏云。"余深記之，以為將來令他滿意。

　　黎又云，他云汝每年平均用過萬元，倘如此用法，則容易破產，況他（即余）甚有魄力，辦得事之人也，若能盡心盡力，則必有可為云。

9月17日　　　　　　　　　　星期二

　　晨如常工作，午新紀元品茗，託陳君代斟三集《鄉下佬》事，下午準備合同，往天一簽字。

　　張民權云，天一因款項問題，恐有俯允改約意。

9月18日　　　　　　　　　　星期三

　　是日麥佛先生請食晚飯於大同，並同埋內子及其妻張夫人聯袂往高陞觀劇，勝壽年《沙漠水晶宮》，畢，大同再宵夜。

　　焯兄意欲將是夜收入移入新班用，余允磋商云。

9月20日　　　　　　　　　　星期五

　　馬師曾忽然提款伍佰，焯兄迫不得已，由院暫移，故余奔往見張民權，詢問華員會如答覆對於籌款該劇事，他云彼願先墊伍佰元，余堅允一千元，因凡事須支也，且必要留回多少，以備什用也。

　　而余對於所借之弍佰元，暫不還，迫不得已又延期也。

9月21日 星期六

提　　要：馮醒錚因些少誤會，延遲接定，必有以儆戒之。
溫　　度：乙亥年八月廿日

晨因馮醒錚事，余問培叔如何，後乃電問焯哥，請示辦法，約一時彼至，遂親身往見馮某，其原因遲不接定者，因該晚彼麥蘗卿在院與焯哥傾談時，余對陳鐵善言："你話四海劇團做得十年八年，何以兩個枱就散了，顯見靠唔住喇。" 而麥蘗卿就將此言大播特播是非，焯哥解釋後，反責余不是，然余為生意前途計，迫不得已啞忍，然不忘此辱也，女子與小人為難養，亙古如斯。

9月23日 星期一

華員會已斟成，十月初七、八兩日夜演劇籌款，先交定銀一千元，由蘇乙太、張文權及三君簽妥，後往新紀元晚飯。

余文芳因往霍大哥處而致有誤公事，卓明兄實屬不滿意，候至十一時未見到。

9月24日 星期二

提　　要：開始在百貨公司沽票，是日孔聖課。
氣　　候：八月廿七日

{無正文}

9月26日 星期四

提　　要：中華百貨公司，與焯兄商量交代事，堯仔云，五姨借出弍仟元與溫焯明守秘密，且每天往了
　　　　　溫宅度日，並向余取五元，落雨綿綿，始寒。

晨十時半焯兄約往中華百貨公司小食，他云，現目第一難關已打破，汝我謠言請一概打消，儘可以努力維持，免貽人口實，余要求此後三樓入息分回弍佰元與家人作衣食用可也，他有允意。

下午堯仔到取五元，始悉五姐確已交出二千元與焯兄，並要求每月由班交回壹佰元彼〔畀〕各人作駛用，且謂余等全無用，必不養她也，余聞之下，憤火中燒，必不與她相鬥，且實行挑撥堯、鎮與他作對，彼連日在焯哥家裡居住，查實各人俱懷異志，余亦欲由此日起，交代另樹門戶，尤為勝於伊人為□〔法？〕也。

晚飯於新紀元，宵夜於大同。

余允每月津貼十六元與余文芳，着他此後用心服務。

9月28日　　　　　　　　　　　星期六

晨如常，是晚太平劇團頭枱，因世情淡薄，故收入亦不能如往年之預早沽清各式座位也。

10月2日　　　　　　　　　　　星期三

六姐由鄉來港，追取義聯會部五佰份，余將部交回，並批在部內，由乙亥年九月初五日交回六姐手，她此翻〔番〕來港，志在駛用，而大嫂亦同時抵院，意在離婚，着余簽回字據，她方肯脫離，余否之，着她不若在舍下暫居，切勿幹出不道德之行為云。

現目而論，各人均有不恭之意，且監視苦嚴，度度算實，殊令人難堪，與有一線曙光，必令彼等略嘗報復之味也。

余允每月津貼十元，寄回家中大嫂作駛用，其餘家用，由六姐自持。

10月3日　　　　　　　　　　　星期四

晨如常，午早午品茗。

T｛此行僅有一"T"字或類似"T"的筆畫或符號｝

1926
1928
1929
1930
1931
1933
1934
1935
1936
1937
1938
1939
1940
1941
1942
1943
1946
1947
1948
1949
1950
1961

10 月 4 日 　　　　　　　　星期五

晨如常，午早午品茗，夜何紹棟君請飲於金陵酒家，與盧君冠英同席。
下午馮氏到索家用，余即予以廿元，俟後每月寄。

10 月 8 日 　　　　　　　　星期二

連日精神困乏，大抵經濟壓迫之故也，余收了黎振武來銀三佰大元，作
定沽票員之職，唯急者治其標用，以應附〔付〕天一公司片租，猶幸暫結束
之時。

近來院務蒸蒸日上，或者掙扎起來有些起色。

10 月 9 日 　　　　　　　　星期三

六姐因家用事在院大肆咆哮，且有怨言，余遂擊枱鬧之，而卓哥則堅持
班正在還債時期，萬不能話支□，除非在余薪水支配，余亦不允，且彼等以
一致行動，算了義聯會，又算田地，余均置之不理云。

內子是夜亦有勸言，余略之。

10 月 12 日 　　　　　　　　星期六

次女碧翠患白喉症。

10 月 13 日 　　　　　　　　星期日

是晨次女碧翠因昨夜發燒，及晨即着內子攜她往見張醫生，據張醫生診
斷為急性白喉症，唯彼不是專門，遂介紹往見周錫年醫生，周醫生即注射，
並同時送她入養和醫院調治（廿三號房）。

據醫生云，此種白喉症最易傳染，且不見喉部奇痛，故不知不覺間難治
矣，猶幸來得快些，如欲防避，先宜注射云。

10 月 14 日　　　　　　　　　　星期一

次女碧翠已脫離危險，唯必須調治，且白喉症一門最易傳染，故即着兒女們往注射，以免危險。

10 月 16 日　　　　　　　　　　星期三

收紅十字會定銀伍佰大元。

10 月 18 日　　　　　　　　　　星期五

次女已痊癒，出養和院，用去六十柒元柒毛五仙。

10 月 19 日　　　　　　　　　　星期六

晨如常工作，往加拿大，與盧君冠英商量款項，唯囁囁不出於言，遂不談此項。

下午與芳兄品茗，日來他甚疲困，因恐八嫂病入膏肓，危在旦夕也，當秋雨纏綿之際，他忡〔匆〕忡〔匆〕返九龍，夜往利舞台核生意，是次為初次唱演，收入頗佳，蓋《蠻宮雙鳳》一劇已十日內連點三天耳。

夜又在新紀元宵夜。

10 月 20 日　　　　　　　　　　星期日

My wife came to the office at 9:30am to ask me for settlement of her future happiness. She put on a pair of spectacle and worn a new fancy suit. I told her that I were fully in debt, if she was good enough and help me with a loan of 3-5 hundred dollars. She promised and would give a reply on tomorrow. My concubine knew about our conversation. I explained and then slept roundly.

10 月 21 日 　　　　　　　　　　　　星期一

This afternoon, she gave me a reply on condition that she must be in Hong Kong always, otherwise the money lender won't believe me. I neglected and dropped the transmitter.

Mr. K.Y. Lo was kind enough to lend me 2 hundred dollars and I promised to return same five days later.

10 月 23 日 　　　　　　　　　　　　星期三

看相家何某謂，余此十日內必有官非，避之為吉。

10 月 31 日 　　　　　　　　　　　　星期四

晨早往加拿，專候譚芳，對於該劃仄事，下午四時始兌現。
午早午品茗，黎杏村追問款項事，余答以下午四時切實答覆。
還回款項式佰元與盧君冠英。
下午四時半與內子、大女、三女及盧君同往石澳一遊。

11 月 2 日 　　　　　　　　　　　　星期六

是日下午尾車晉省，因明天往源龍章處賀新翁之喜。
張民權所獲之籌款式佰元已在予處。
與內子及長女順□□人同往。

11 月 3 日 　　　　　　　　　　　　星期日

晨往賀龍章五叔新伯之喜，濟濟一堂，極形熱鬧。
乘夜輪東安而回。

11 月 7 日　　　　　　　　　星期四

> 提　要：與內子嘈吵不休，爭錢問題也。

〔無正文〕

11 月 9 日　　　　　　　　　星期六

因小事吵鬧，近來各人對於己信仰頓失，大概權之不集中也，苟有地位必報復此仇。

郭元海近由省至，無非借款事也。

太平劇團運氣已過，大不如前，料必損手。

源朗甚為跋扈，必有以警戒焉。

11 月 11 日　　　　　　　　　星期一

晨加拿大，候譚芳等往獻花圈於他先兄，午早午品茗，下午三時半往觀足球，文員與陸聯比賽，前者勝，五對三之比。

夜張民權兄有電話至，問及該款如何，余答以盡籌云。

11 月 12 日　　　　　　　　　星期二

晨往加拿大，後往羅棟勳寫字樓，商量東樂取特別人情事。

午接關狀師電話，謂《中興報》着他進行控告事，余返謂明日往見他云。

下午江民聲到訪，並往波士頓午茶，不外欲早日解決該欠款弍百元事。

吳培已答允代辦該事，余嗣異日再籌。

11 月 15 日　　　　　　　　　星期五

四姐患肺病，家人恐懼，於下午三時許與張榮棣醫生商量入院事，遂用十字車送她入東華東院，由潘錫榮醫生診視，注射。

譚芳借一百五十元與余。

福壽之數由焯哥每月代還八十元，即弍佰玖元完數，並在中華閣仔多聆教訓。

五姐由上午至下午俱在東院照料，而七姐竟不到，且堯、鎮弍勳亦不到，除了取財之外，並無別物云。

11 月 16 日　　　　　　　　星期六

張文權苦迫還回華員會之壹佰元，余遂隨即還回一百元，並繕函取消新世界五百元股份及取回口紙一張。

余按，近來世人祇知酒食，屆急用時，萬不能相助，此等人必遠知〔之〕。

與盧君冠英往觀賽馬，輸去弍拾餘元，遂往觀足球，與嘜佛及閏叔食晚飯於大同。

11 月 17 日　　　　　　　　星期日

嘜佛請食晚飯於大同，兼宵夜於國民。

上午往東華東院看家母病狀，略有起色，唯該院設備等等對於病人甚為跋扈，且凡事零落，余心甚不安，遂往見張醫生商量辦法，據云："不如遷她出院口口調治，而汝祇給藥費，診金括免。"余諾之，遂與內子商量，既屬如此，不如在家休養較為口〔洽？〕可。

嘜佛意欲騙稅，余與卓兄商量，只可出 DUDLICATE[DUPLICATE] 券可也。

庫房已備一狀師信與同興及連士德，謂苟廿八號以前猶不清差餉、地稅，則由政府口〔日？〕收矣。

11 月 18 日　　　　　　　　星期一

心事煩悶，整日不安。

七姐於十弍患病症，着張醫生注射始癒，唯尚暈。

家母日有起色。

11 月 19 日　　　　　　　　　　星期二

{ 無正文 }

11 月 20 日　　　　　　　　　　星期三

晨如常工作，午早午品茗。

是晚七時因《瓦崗英雄》卷數太長，觀眾嫌棄，故甚淡，卓哥遂與余往見馬伶，商量改戲，詎料他竟堅持不願改戲，余等遂返寫字樓，不圖他又着人允改戲，故即於明晚改演《老鼠嫁貓兒》。

11 月 21 日　　　　　　　　　　星期四

{ 無正文 }

11 月 22 日　　　　　　　　　　星期五

連日除籌款外無甚紀錄。

11 月 27 日　　　　　　　　　　星期三

繕函馬伶商量改東樂戲本事，蒙允照改。

交一則與剌氏狀師樓，後三號往收。

連日忙於籌款，有所感覺，廖不特不能幫忙，且頻頻索款，殊難應附〔付〕，必出法以警之。

12 月 17 日　　　　　　　　　　　星期二

　　利舞台收入穩健，卓哥謂，告白過多，將來結數則知辛苦，是日上午見盧冠英，據云欲租新世界頒獎。

　　余月來感覺經濟困難，事事不如意，且年年視人面口，有欲辭職別去之意云。

12 月 18 日　　　　　　　　　　　星期三

　　是日起演太平劇團，《循環日報》溫荔波請馬師曾代編副刊，故設宴於大同四樓，晚飯齊集，濟濟一堂，極形熱鬧。

　　天氣奇寒，收入銳減，（一）影響頻往利舞台唱演，（二）上海妹失聲，（三）新戲乏趣味，（四）僻處一隅，祇演於香江，不往別處，（五）成本過重，下屆組織？有斟衛少芳意 ..{ 此兩點原文如此 } 薛覺先決實廿五號在中央唱演大戲。

　　卓哥甚憂心，且頻頻監視余支數！余有辭職意，未稔變幻如何，故遲遲未決。

　　次乾與其愛妻到訪，意欲代陳少庭收鍾卓芳數，並問煥蓉住趾〔址〕。

12 月 20 日　　　　　　　　　　　星期五

　　晨如常工作，煤汽公司允不加保證金，祇望每月依期找數而已矣，午六〔陸〕羽品茗。

　　源朗帶四人來觀劇，祇問溫先生取戲票，可見此人目中無人，苟余執政，必有以儆之。

　　夜奇寒，甚尠人觀劇，焯哥甚為憂心，代紅十字會所收之數已交回黃匡國先生矣。

12月24日   星期二

晨如常工作，十弍時在寫字樓力談贈券之失策，而三樓作弊者，以〔已？〕不知凡幾，必要每次調員壹次，並商量尾台新劇事，午陸羽品茗。

下午在加拿大，與霍海雲君相遇，過訪陳宗桐不遇，遂往新世界，適張民權與潤叔在，談及《生命線》走畫事，後擬定走畫費由九如坊負擔，告白我們負責，數額不得超過每人五十元，後在陸羽食飯，多謝張民權君送一玩品與小女。

12月31日   星期二

利舞台演《薄倖郎》，博得好評，利希立殊不理會藝員允意否，一意孤行，行為鄙劣，真不值其所為也。

蕙芳的母有恙，着張醫生代診。

下午與張民權飲茶，斟妥《天倫》事，且聞馬師曾有拍《難測婦人心》為聲片。

是年總結算，又是潦倒一生，殊無建樹，深夜思之，殊覺羞慚矣。

雜錄

家長	家君	家母	三姐	四姐	五姐	六姐	七姐	
生辰	三月 十一日		十一月 廿日		十一月 十九		十一月 十一日	
幼輩	陳蕙芬	源堯勳	源鎮勳	碧侶	碧翠	碧梅	錫藩	衍藩
生辰								

1935 年日記夾附紙片

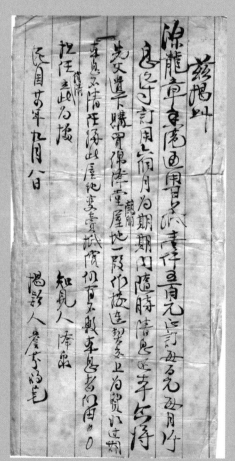

源詹勳向源龍章揭款憑據，民國廿四年
（1935）九月八日

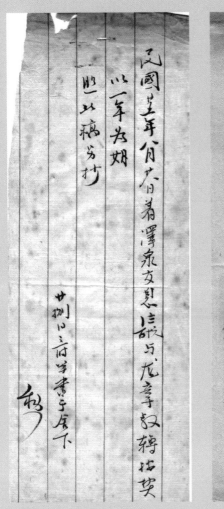

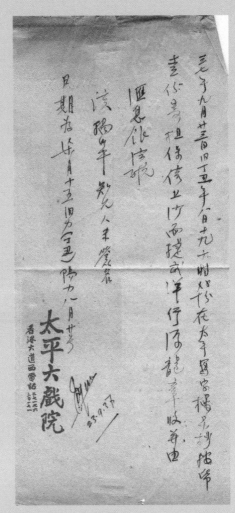

源詹勳（？）着源澤泉交息與源龍章並
轉按契以一年為期憑據草稿

源詹勳向源龍章寄按契並匯息銀記錄，1937 年

2.30 p.m. Mr Ma She Tsang coming to see me requested me to withdraw his advancement of H$800 <u>½</u> and should deduct same in next time. Also consulted for the Tungwha Hospital Charity Fund H$1200 <u>½</u>.

30/3/33

259

H263.00

馬師曾提出撤回預支銀等事記錄
1935 年 3 月 30 日

寫有"温口闔鄉公所"等字之紙片

Mr. Yuen Jim Fan,

C/O Tai Ping Theatre,

Queen's Road, West,

Hong Kong. 27

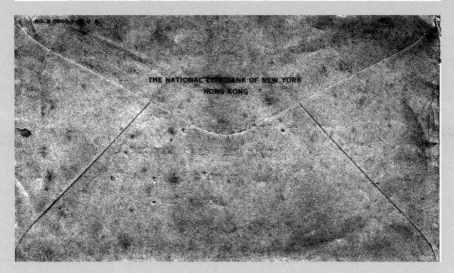

信封（正面及背面）

源詹勳先生日記

1936^年

1月2日 　　　　　　　　　　　星期四

記一日事：午大同，盧君敦請執請食晚飯；余為東道，後陳君着往觀足球，晚飯於國民，七時許往東樂，借一百元，馬伶反對告白內有"□〔書？宋？〕體"字眼，並對於區辛又有惡感。

二日：無甚紀錄。

｛原文此處有若干個字似被擦去｝午陸羽品茗，後返院工作。

｛此條日記見於"1936、1946-1964年合記本"｝

1月4日 　　　　　　　　　　　星期六

> 提　　要：售出舊百代雙頭機，三百元，羅成買去。

｛無正文｝

1月5日 　　　　　　　　　　　星期日

晨如常工作。

家母患氣喘症，着潘錫榮醫生診治。

午後往觀足球。

夜溫伯祺至，允嗣後《循環》收八折，並云《循日》長期稿祇值三十六元，並短期告白可照《華僑》八折收數，即每元收捌毫云。

1月6日 　　　　　　　　　　　星期一

晨早起，胃不甚舒暢，午陸羽，馬伶至，共往中華購慈禧書，藉以供新戲參考，並託羅博士請正華民史美[1]於十六晚到院觀《蠻宮雙鳳》一劇。

夜張民權到院，商量減稅事，後往國民消夜，壽濂及余一共三人，譚芳

1　"正華民史美"即1935年11月1日獲委任為華民政務司（Secretary for Chinese Affairs）的 Norman Lockhart Smith，見 *The Hong Kong Government Gazette*, November 1, 1935, p. 1060, No. 844。

赴澳。

託文仕可交《南強報》壹佰元 ..{此兩點原文如此}程夢麟到，商量《慈禧》及《野花香》電版事，余即與之，演《難測婦人心》，頗旺，惜乎價錢減低，故收入祇八九百元，新生活托〔託〕陳宗桐代度太平台腳，余支吾以對。

{略}

1月7日　　　　　　　　　　星期二

晨如常工作，午加大。

是夜捌時許，岑維休先生到，問告白數，卓兄答以六折找數，卒講埋七五折，並允嗣後短期告白每寸一元，八折，祇《華僑》封面紅墨而言，並着余守秘密，切勿喧〔宣〕布〔佈〕與別家，因此乃特殊利益也，並云《工商報》胡秩五不允照收，且與《華僑》聯不減價，亦欲照往歲之攜手以制戲院也，卓兄意亦有不滿處，是晚演《慈禧太后》，全院滿座，唯太平位太多贈券，彼欲取締，且有思疑作弊等情，為清白起見，迫不得已取消一切，張民權請消夜於國民酒家。

六姐紛紛來函索款，而余適又手緊，故萬不能匯寄，而四姐又患病，每次診金連藥實足足耗十元。

1月8日　　　　　　　　　　星期三

晨如常工作，午陸羽，與伯祺之弍奶同午膳，下午在院參觀大學堂，練習新劇《王寶釧》，並由馬介紹與該教授 BIRCH 相見，梁日餘玩命，故着令告退，後由焯兄講情挽留，近日院內各工非常曠職，不整頓無已〔以〕復興。

余之生活極為困難，家用浩繁，生計無術，雖節流亦未有以開源也，是夜焯兄找《華僑》、《南中》、《南強》數，一共六五折，並云前者祇到捌佰餘元，何以忽然變為一千餘元，極不明白矣，余亦忽之。

家母病氣喘，無財不可以為悅，非偽語也。

1月9日　　　　　　　　　　　　　星期四

晨工作，午陸羽品茗，盧君冠英借銀廿五元。

夜張民權商量差利畫片事，並消夜於國民酒家，《海底針》一片究不知何故，為高陞式首放影，此後太平、九如坊必不影此片矣

是日日戲伍標有意作弊，大堂位錯去九十餘位之多。

伍姐七時在寫字樓盤問，何以汝有數佰元人工，而細佬之書金亦不能供給，煞是奇事，余答云，貯蓄多的以為將來買屋之用，並置之不理，查實余立心鬥氣也，彼以待余不仁，余奚不待以不義也。

1月11日　　　　　　　　　　　　星期六

晨如常工作，忽然發覺萬國銀行透支，卓哥查數，得悉漏入新華公司一數，余恐有所不符，故迫不得已先發一仄與聯華，已〔以〕了此數（即《桃花扇》一項也）。

午陸羽品茗，並即晚請陳口〔穀？教？叔？〕靈先生觀劇。

夜卓兄謂，如售出之舊機，請將該款交他，因凡百雖〔需〕支，且班收入不景，對於支錢，仰祈慎之，余諾之。

夜潤叔到觀劇，且請消夜於大同。

1月12日　　　　　　　　　　　　星期日

欠債為最失意之事，午陸羽與盧冠英君午食，下午往皇后酒店與張民權簽《婦人心》合同，太平、九如坊式首，先交定銀一千元。

夜往騰記食蛇羹，後往思豪觀拍片，甚暢意，九時始回，適演新劇式本《慈禧太后》，為〔唯〕過於誨淫，似乎不合現代化，近日卓兄似有不滿意處，余意欲下旬後晉省，暫避耳目，對於買機事，似有洩漏，俟明日再思辦法。

1月13日　　　　　　　　　　星期一

晨如常工作，午加大品茗，與洪生遇，索券兩張，又陸羽飲茶，下午因債務關係，迫不得已，回家躲避。

夜往新世界，適廖鴻明在坐，語多崛〔倔〕強，並謂如必要時，必帶此人來追也。

是台收入頗可，奈下位過平，多人銀少。

1月14日　　　　　　　　　　星期二

是台為尾台[1]，即舊力〔曆〕廿，小散班之日也，下午五時約馬師曾到商量元旦新劇，余提議日戲演至初四，四出新劇為夜戲，該戲名為（一）《李香君》全卷，（弍）下卷《難測婦人心》，（三）《欲念鬥情心》，（四）三卷《慈禧太后》，而馬主章〔張〕日戲收廉，以頂別院，而余恐觀眾誤會，則更有甚焉，價目必要審慎云。

夜因債務關係，迫不得早睡，{略}。

是日往 MATTHEWS 醫生驗身，在宏利購人壽燕梳，柒仟伍元。

1月15日　　　　　　　　　　星期三

如常工作，廖曙光日日電話追款，盧君還回卅，並借弍十元，午陸羽與馬伶品茗，後往商務書局購《桃花扇》，即李香君故事，以備編新劇之用。

馮氏由鄉赴港，不外索款以渡年關，余勵〔厲〕聲以對，黎振武亦如是。

1月24日　　　　　　　　　　星期五

提　　要：新年丙子年元月初一日，是日上午同興銀號司理郭鏡清迫果台退辦，甚為嚴辣。

{無正文}

1　此處"尾台"顧名思義是戲班在年末（以農曆算）演出的最後一台戲。

1月25日　　　　　　　　　　　　　　　　　　星期六

提　　要：果台事，迫余等寫信催李甲退手，故印寫限三天交回。

　　{無正文}

1月27日　　　　　　　　　　　　　　　　　　星期一

提　　要：是日下午郭鏡清即着 DEACON 狀師樓，洪興錦寫信與果枱，限廿四點鐘內交回，用我與溫
　　　　　焯明名義，三點十個字交與果台，後夜七時鏡到院，準〔准〕她做至初八晚，初九交代。

　　據郭鏡清云，太平頭號按揭十四萬，式號同興四萬，再後同興與李蘭生三號按揭十四萬，重建戲院約四十餘萬，而太平劇團尚欠李蘭生多少款項，未詳。

　　卓哥即謂，太平戲院對於式號按揭四萬原本已還去，因當時舊院租與永泰公司，每月由卓明手入銀東亞銀行，然後寫一仄，與同興四千元，還足兩年長，若照計，則清楚久矣，奈汝（指鏡清言）將此數當杏翹還私人數而入太平數，實不合也，他竟答云不大清楚。

1月29日　　　　　　　　　　　　　　　　　　星期三

　　日照常。

1月30日　　　　　　　　　　　　　　　　　　星期四

　　所有長期通過證一律取消，而周炳垣首當其衝，他對於焯兄這樣所為，殊不滿意，竟負氣訴之於馬師曾，馬遂着培叔赴寫字樓討回，卓答以已毀滅，周乃曰，看看焯明如何對待。

　　盧伯亦奉回長期許可證，並指桑罵槐，諸多譏諷溫某云。{是日日記用紅筆書寫}

1月31日　　　　　　　　　　　　　星期五

　　同興強迫果枱成功，李甲記已允退讓所有頂手費，共四百餘元，而郭鏡清極怕彼等之蠻性也。

　　卓兄追問何以支弍佰元，余答以去歲與人借二百元，允於是日還回，故迫於出此。

　　馮毅菴先生請金陵金粉消夜，馬師贄、女侍亞卿、焯兄、冠英、文仕可等。

2月1日　　　　　　　　　　　　　星期六

　　卓哥為人精明細幹，非常嚴勵〔厲〕，以余觀，此守業固能，創業非其志也。

　　余欲三樓每次多賣卅餘條，一日計來，儘可以籌多二百餘元，以敷家用。

　　凡事必要小心，切勿造次。

　　與馬伶商量下次回來編《王寶釧》新劇，並請官伸〔紳〕同樂。

2月7日　　　　　　　　　　　　　星期五

> 提　　要：往澳度院，與鄧祥接洽，解釋一切。

　　﹛無正文﹜

2月11日　　　　　　　　　　　　　星期二

　　於七時五姐到戲院，大施架子，追問究竟虧空多少，並問鎮芬學費及杭州壽衣事，"何以汝有數百元"薪水，尚不敷所用，余答曰，既然嫌棄薪水過多，儘可以執行事頭威權，減薪或革職，至於余之入息，家母及舍下已佔三份弍，則余個人在社會應籌〔酬〕，亦要多少，如既不滿意，大可以立即將余革退，至云用過萬餘金，則太平劇團何有萬餘金存下，請道其詳，總而言之，非爾所生，則其子必不成才也，如去歲之六姐，由鄉來港追取義聯會會部，亦屬舉動驚人，汝既看余不上眼，則又奚怪余視汝若草芥也。

2月14日　　　　　　　　　　　　　　　星期五

提　　要：往見羅博士，商量請督憲觀《王寶川》事，擬用非官式進行，唯必要鋪紅布。

　　{無正文}

2月17日　　　　　　　　　　　　　　　星期一

　　赴澳，一抵步即往見鄧祥，幸不辱命，下午往接馬師曾船，鄧祥亦至，彼此甚為投契。

　　澳院往往因道路濘泥，鄉人裹足則不能暢旺，故祇收得六佰餘元矣。

2月18日　　　　　　　　　　　　　　　星期二

　　乘下午三點金山輪返港，因大霧迷天，至夜二時半始抵港，平船米貴，雖占語無差也。

2月21日　　　　　　　　　　　　　　　星期五

提　　要：焯兄往見庫務司。

　　焯兄往見庫務司，為椅墊費事，據云，此乃舊院習慣，一向由果枱另收，其初收法，候觀客坐定，攜一籮至客面前，每位徵收或伍仙或弍仙，看位酌收，且此樣進行，未有娛樂稅，至今都是一樣，故庫務司始准，唯每位必有一椅墊方可，向使有椅笠而無椅墊，亦不能照辦也。

　　盧冠英詐言借十元，實欲索回所欠之十八元，余亦與之，而張民權則謂，鬧一身已夠，尚欲還債者耶，並說及陳桐脫離孔雀事。

　　定妥華威兄弟行及□〔省？〕下。

2月22日 　　　　　　　　　　　星期六

提　　要：{略}

{無正文}

2月23日 　　　　　　　　　　　星期日

　　日如常辦工，午陸羽品茗，下午返院定實普慶與東樂輪值，約明日往見羅狀師，說明原委。

　　夜何平到索鄭弍仔款，堅持要求暫結四佰元，否則交狀師收，余稔此數究不能如何處理，且新舊積欠，為數不少，而五、七、弍姐苦苦追問，殊為乞人憎，且有不和意，余獻議汝等儘可以安心，倘五、七之會暫時不執，縱使不敷，亦所餘有限也。

2月26日 　　　　　　　　　　　星期三

提　　要：港督郝德傑[1]十時到院，參觀《王寶川》。

　　舊歷〔曆〕丙子年弍月初三事，誤記於翌日。

　　《王寶川》一劇轟動一時，十六日內連演六次，中西人士紛紛來觀，粵劇而能向國際發展者，當以此也。

　　本院秩序，（一）頭一、弍行太平位用紅布椅笠，（弍）正門石級排滿生花，（三）往金陵借便茶壺、茶杯，每人一份，用鐵觀音茶葉沖滾水，（四）文仕可、區辛招待計至人物，（1）李滋羅斯爵士，（2）經濟專家楊格夫婦，（3）秘書，（4）港督，（5）周壽臣、羅旭和夫婦及二女公子，觀至

1　郝德傑（Andrew Caldecott），1935 年 12 月至 1937 年 4 月任香港總督。

1926

1928

1929

1930

1931

1933

1934

1935

1936

1937

1938

1939

1940

1941

1942

1943

1946

1947

1948

1949

1950

1964

完場始散，且鼓掌。[1]｛以上提要及正文用紅筆書寫｝

按太平藝員不懂西禮，當督憲鼓掌時，彼等猶不向台口鞠躬，很不有禮，且失儀之譏。

普慶合同立妥，弍八均分。

2月27日　　　　　　　　　　　　　星期四

弍月初五日，早照常工作，一出院時，調查各部份均已滿座，查太平戲院之能究〔夠〕如此擠擁者，實買夜票送日票之功也，然過於濫發亦會有糾紛，故步步留心，以免破壞，嗣後三樓改為由東便橫門上，由西便橫門落，以免伙〔夥〕計作弊。

梁漢池先生夕返，收保費，答以西歷〔曆〕三月四五號。

張民權意欲商量減縮電費，對焯兄講及，焯答以該節儉費分期附〔付〕交，後與海雲，及余三人往陸羽品茗。

太平劇團大鼓及九手[2]在後台老倌住集所三樓開賭（攤），余踢盤兼警戒吳培，不得準〔准〕彼等如此行為，況賭乃口〔資？〕之源者哉。

3月1日　　　　　　　　　　　　　　星期日

與馬師曾、焯哥、文仕可共食晚飯於金陵，斟下屆進行事宜，後又與張民權共往思豪酒店，赴邵醉翁春宴，畢，往新世界一行，始知陳宗桐嫌溫焯明問他，是否《客途秋恨》之仄應寫他名，好似信他不過，故大發皮〔脾〕

1　李滋羅斯爵士即 Frederick Leith-Ross，是英國政府在 1935 年 9 月至翌年 6 月派遣中國進行一系列經濟調查的財政部首席經濟顧問（見 1935 年 10 月 2 日《香港工商日報》第 2 版《李茲羅斯在滬調查經濟》一文的報道及 1936 年 2 月 16 日《香港華字日報》第 2 張第 3 頁有關其 2 月 15 日乘船從滬抵港的報道；詳情參見吳景平：《李茲羅斯中國之行述評》，《近代史研究》1988 年第 6 期第 93-120 頁）；楊格（N. E. Young）是 1935 年英國政府派到香港協助新貨幣政策的幣制專家（見 The China Mail 1935 年 6 月 27 日頭版 "Colony's Economic Conditions/ Treasury Official in Visit / Mr. N. E. Young to make Long Stay" 報道；《香港工商日報》1936 年 1 月 30 日報道第 3 張第 3 版報道），原文作 "格楊"，並有對調符。

2　"九手" 是粵劇 "棚面"（樂隊）"十手制" 分工形式的其中一員，主要負責吹簫。見粵劇大辭典編纂委員會編：《粵劇大辭典》，第 295 頁。

氣，遂將畫期左調右調，似不合作意，余遂與張約明天往見潤叔解釋，以免誤會云，明早捌時候黃文到整電錶，教〔校〕慢度數，減輕皮費。

3月2日 星期一

鄭德芬請國民消夜，願減八折復九五折，陳宗桐有允意，余決不理。

午往見余潤，同往午食於國民，彼此解釋前嫌，即陳宗同欲不走畫事，文權亦在場焉。

3月3日 星期二

提　要：奇寒。

馬師曾因昨晚東華醫院盧榮傑請金陵他不到，弄到新、舊總理有取消定太平劇團意，並出法制裁太平戲院，於午時劉景清君電話至，將此事逐一逐弍解明，余與焯明遂往見馬，説明此事必要道歉，他即起往約譚蘭卿，共先往劉君處，適張瀾洲又至（此人騎牆派），約三時始在金龍午膳畢，後往日本郵船見盧某解釋，而盧某之外父鮑少偉與蘭非常投契，遂由馬、譚共設宴於金龍，敦請冼炳熹、盧某等男女於五時晚飯，由席上瞭解此場風波云，馬之傲性，往往誤事，夜因往陶園返時與內子相遇，故口〔訜？詅？〕語數語矣。

3月4日 星期三

晨因奇寒懶起，午陸羽品茗，馬師曾至，與梁秉照互談，共往英明，他意欲曬相片，贈與周壽臣及作電版用。

下午回院照常工作。

夜柒時張約食晚飯於國民四樓。

杭州之數訂明減實弍佰五十元，先交五百元｛原來似寫作"五百"，後改作"一百"｝，於十日內，其餘盡五月份交清。

黃文較〔校〕慢電鏢〔錶〕三成。

3月7日 星期六

是日十一時往美璋候焯哥至，將附項單一張交與余，往問韋寶祥，對於貯款三年六月之後，是否照欠單一樣無效，他答曰，當然，唯恐再有事故，究不如做假租單，完全推與該承租人之事與業主無關可也，因是日簽義聯堂地契事，故順便提及，凡屬簽票，一經用墨筆簽開，嗣後必要照樣，余用安邦式字。

夜與焯哥往普慶，後趕回發《華僑報》告白一段，四分之一版，由公盤執出，寫稿至夜深一時。

{略}

3月9日 星期一

下午馬師曾三時到訪，共往陸羽品茗，意欲下屆組織先定衛少芳，余遂問他，究竟組織若干時間，他云，遲三四天始答覆，余遂問他，續演五天如何，答云，照辦，並云，於散班後，實行往北平開拍《王寶川》，茗畢，共往別發，購《王寶川》書一本。

夜焯明問其照，何以是日下午毆打區辛，他云，此乃應份的，且給票乃余之責任，如不滿意，可以支人工，我去，並即交回家父做下太平戲院之股份一仟元，遂悻然返三樓，余按，其照所講之說話，並非癲狂，實有主使，有用意，長此以往，必多事也，是日為先嚴對歲忌辰，故往五姐處食晚，並祭焉。

3月10日 星期二

是晨十一時在娛樂戲院會議減稅事，結果收款往見狀師再議。

是夜與伯祺合份設宴於金陵，請陳宗桐君，歡送赴滬誌喜。

東莞商會堅持禮拜日點演《患難夫妻》，余決不允，《董貴妃》或《薄幸〔倖〕郎》，任擇其一，與陳蘭芳辯駁，結果余勝利，以上卷《難側〔測〕婦人心》代替，周炳垣從中斡旋，余遂着焯兄發回免費券一張與他，號數為六十六號，後乃相告無事。

3月11日　　　　　　　　　　星期三

是夜新世界戲院設宴於金陵白碧，敦請羅明佑君，余列席焉。

下午繕一函與鄭德芬，要求減價，他竟覆函謂，須東家應允方可，而該函係單純向余而言，顯見此事亦懷鬼胎也，苟鄭既不允陳之要求，何以單向本院覆函，然余亦有以徹之，先不登告白於《工商》，次看看新世界舉動如何。

余接函後，即將原函交與張文權及陳宗桐君看，請示辦法，以謀應附〔付〕。

3月12日　　　　　　　　　　星期四

晨如常工作。

夜焯兄對余謂，樂仔近日好與果台行，且盡將院中實情無一不盡說，必想一法以去之，在意料中，開除之人，（1）謝永樂（2）李□〔聖？〕（3）余江（4）花王，並謂，將來告白費清找時，其多者則二人處置，凡事秘密，祇余二人可也，如寫字樓人，亦不宜多多洩漏。

3月13日　　　　　　　　　　星期五

上午張民權請午膳於國民酒家，下午發覺《廣州一婦人》高陞已預告，遂電話通知潤叔，以示解決。

與陳宗桐兄共買馬票一套，NO1832，各佔一半。

夜在（約十一時四十五分）發覺余江、謝永樂、陳霖、替工任，及蔡謙在出路左便轉角處聚賭，余遂調蔡謙質問，並查辦。

下午五時宴於金陵，談及由初十起續演五天，即演至十四晚止，工價照舊云，各列席佬倌──半日安、上海妹、馮醒錚、趙驚魂、馬師曾、譚蘭卿，俱表示贊成，議決執行。

義聯堂議事，為雨化堂事宜。

張民權有為華員會籌款買戲事。

3月14日　　　　　　　　　　　　　星期六

提　　要：賣於東莞商會，籌款兩日夜，共銀一千九百元，成績甚佳，一連兩晚新戲，（一）《老婆奴》，（弍）《雪國仇》。

{無正文}

3月15日　　　　　　　　　　　　　星期日

陳□〔宗？〕請午膳於金龍，後共往觀足球，在車時他意欲共組織一畫片代理公司，成本弍萬元，每人二千五百元，余支吾以對云。

{略}

鄭德芬到講告白，不外有意捐棄太平而重視其他，余亦不理之，以俟其答允，方有交易，否則各走極端矣。

3月16日　　　　　　　　　　　　　星期一

是夜因電鏢〔錶〕事往後台調查，始悉文錫康、差仔及電燈南之妻在場賭博，遂開除差仔，並責罵錫康，警戒亞南。

據東華醫院總理張瀾州云，各社會俱謂余惡交易，張民權意籌款，並討回娛樂稅手續事。

黎振武因取款事，在信裡行間諸多侮辱，余必俟還清款時始報服〔復〕。

東莞商會發一通稿，竟稱馬伯魯為太平劇團主人，余遂通知孫啟瑞從速更正，否則必以嚴辣手段警戒云。

3月19日　　　　　　　　　　　　　星期四

張民權因告白事與余潤發生衝突。

3月21日　　　　　　　　　　　　　星期六

提　　要：東華醫院租院演，太平劇團籌款，日戲馬師曾、譚蘭卿登台，演《北梅錯落楚江邊》，夜演《雪國仇》。

{ 無正文 }

3 月 22 日　　　　　　　　　　星期日

提　　要：東院演《御審風流案》，□〔後？〕演新劇《銀樣蠟槍頭》，□送一銀鼎與太平男女劇團，東院請飲於廣州酒家。

{ 無正文 }

3 月 23 日　36.

To Movie Supply Co. Ltd.

844 South Wabash Ave.

Chicago Ill. U.S.A.

Dear Sirs：-

The manager of the Tai Ping Theatre, informed me that the reflectors of his peerless Intensity Lamps were finished, I told him to ship his old reflectors to you and that he could get them re-silvered for Gold Dollars $7.50 each, kindly fix up his mirrors the same as you did for ours, and oblige.

Yours very truly

Vic. Hugo.

{ 此條日記見於 "1936、1946-64 年合記本"，此處 "36." 按原文寫法，即 1936 年 }

3 月 27 日　　　　　　　　　　星期五

提　　要：馬師曾及余等晚飯於珍昌，商量下屆組班事。

是日李冠春新翁之喜，余與焯兄俱往賀於大酒店。

3 月 28 日　　　　　　　　　　星期六

是晚梅酌於金陵。

郭鏡清到太平，質問果台賬櫃亞黎與樂仔口角事，並聲言此後不得任由各伴高聲賣物。

3 月 29 日　　　　　　　　　　　星期日

提　　要：溫焯明由上海收到一函，乃廖鴻明發，寫明太平積欠畫賬八百餘金，故不能將去歲所借之一百元還回，並着余回信。

{ 無正文 }

3 月 31 日　　　　　　　　　　　星期二

午陸羽品茗，馬師曾至，暢談片時，他着余往找張民權請金陵晚飯，照行，余遂對伯魯言，謂蘭卿之大姊有意遲三兩日始答覆收定，他乃曰，暫時不理她，先定衛少芳，隨後才打算。

余交十二點五元與麥叔齋入通濟公會。

與梁秉照往加拿大，順道入高陞參觀中華劇團，廖〔寥〕廖〔寥〕無幾，畢，返院，是晚演《三千年前國際花》，預早客滿，惜乎減價，故收入微有不足，嗣後喧〔宣〕傳，與其多賣幾間，無寧集中三四間，擴大篇幅之為妙也。

如屬同樣性質，則可專賣一間，即如《華僑》與《南中》則可以，或者之間擇其一，蓋其定戶必同之故也，訂定《工晚》、《天光》、《華僑》、《循晚》、《大眾》，或者可也。

{ 略 }

4 月 1 日　　　　　　　　　　　星期三

馬師曾請張仁蘇君晚飯於金陵，梁秉照、譚芳及余、張民權均在座，畢，返院，是晚譚蘭卿已收定了伍佰元。

余借弍佰元，入班數。

與焯兄往利舞台觀勝壽年，此班人腳齊全，有的希望，剛到利舞台即有電話到，因是晚出頭《花陣困呆蟲》不甚佳，故決於星期六晚改演別出，後議定全卷《仕林祭塔》，譚伶由頭至尾云。

五姐與七姐等均各懷異志，飛短流長，在所不免，且事事取財必問於余，唯尊嚴則不重，故余甚鄙之。

在宏利燕梳公司購下五千元人壽燕梳。

4月2日　　　　　　　　　　　　　星期二

馮醒錚要慢步商量。

晨如常工作，十一時往加拿大品茗，馬師曾亦至，商量新班事，着先定馮醒錚、大鑼派、黎寶銘、盲羅、打鑼蘇等，半日安嗣利舞台演完後再斟，趙驚魂則略略對他談及，唯必要試他工價若何，約一時往陸羽，適駱錦興亦至，數語駱某即行。

派拉蒙石君共商《傾國傾城》畫事，余予以七十元，兩天妥，遂於下午訂實。

梁飛燕因譚蘭卿之故，加價至四百五十元，唯其母尚貪多無厭，余嚴詞拒之，始獲如命，計其辛〔薪〕，比較上半年，已加一百零五元矣。

張民權、陳宗桐意欲起班，用太平劇團班底，先用桂名揚、半日安、靚少鳳等，先大江東開身，余答以不欲令行家發生意見，且馬大不喜歡，並云老事頭一向在生寧願虧本做影戲，不願如此幹法，余按，張兄祇顧目前，不顧人地，□〔異？〕□〔日？〕根本辦法，故余勸他不若凡事小心可也。

4月3日　　　　　　　　　　　　　星期五

晨如常工作，午陸羽品茗，下午搵到洪生辦旗昌洋行雪櫃事，截至今日，尚欠一百元，即嗣後每月應交二十五元。

夜十時往養和園探張民權之妻病，因小產而至入院刮子宮。

4月4日　　　　　　　　　　　　　星期日

1926
1928
1929
1930
1931
1933
1934
1935
1936
1937
1938
1939
1940
1941
1942
1943
1946
1947
1948
1949
1950
1964

小女們患咳。

晨再眠，至十弍時始往院工作，午先加拿大，後陸羽與長女碧侶、次女碧翠共品茗，是日區啟新[1]為東道，畢，交一元與他購玩物與兒童輩。

夜因《花陣困呆蟲》一劇不佳，改演《仕林祭塔》全卷，此劇譚蘭卿由頭至尾不分人做，成績極佳，收入千餘元，由此觀之，太平劇團之旺淡，不關乎日子，完全戲本着想矣，照例，一節淡三爐，而明日適為清明，仍然有此收入，可知大半戲本關係也。

｛略｝

如每日能積蓄十元，每月則多三二百元入息以敷家用也。

五姐云，七姐已於時早乘車，攜及堯勳、鎮勳等晉省。

4月5日　　　　　　　　　　星期日

提　　要：丙子年三月十四日，太平劇團散班之期。

半日安意欲蟬聯上海妹。

太平劇團原定初九即屆散班之期，後因幾度磋商，各人均欲再幹五天，故截至是夜始告散班，馬欲定半口安，詎料安到寫字樓傾偈時，首先就問定他抑或定他們倆，余答曰，祇汝也，他遂謂遲日答覆，總是觀之，他不過欲吾等多定上海妹矣，余以為究不若犧牲此人，轉定靚少鳳，蓋鳳亦能飾詼諧戲，且神過安也，對於半日安手段，宜以逸代勞之法也。

內子明日夜輪晉省。

4月6日　　　　　　　　　　星期一

晨照常抄鏢〔錶〕，午陸羽，張民權請飲茶，夜內子晉省，祇余與長女同睡而已耳。

余與焯哥往高陞觀勝壽年，此班配景適人，唯曲白簡陋，不合港中人士欣賞。

1　在日記中又稱區辛，區新，啟新，歐啟辛，歐辛，新，歐新，辛，Au Kai San。

此日起影電影。

黃文到，講及電鏢〔錶〕事，此人觀其動靜，似覺兒戲，工夫不甚。

以鳳易安，當然可行此計劃也。

4月7日　　　　　　　　　　　星期二

無甚紀錄。

內子晉省後難寐，出廳前始入睡，長女仍患咳，姑試服以其他西藥。

近日各伴似疏於職守，現仍設法，以免日久生弊。

廖鴻明已由上海回，□〔少？〕談話。

連日影《黛玉葬花》，甚淡，為院者必要另〔令〕電影亦旺，而大戲亦旺，方是以捱過此難關也。

4月8日　　　　　　　　　　　星期三

無甚紀錄。

4月9日　　　　　　　　　　　星期四

提　　要：伯魯由省回，馮醒錚有要脅加用麥顰卿意。

伯魯由省回，即往陸羽與余商量，余意擬用靚少鳳，唯他云恐鳳一有事，觀眾亦噲〔會〕影響也，但目前而論，唯有嗣廿晚往觀他做工如何，始作下文，後共往謙益敲棋，又往觀世運選手預賽。

馮醒錚八時抵院，謂債務關係，必俟麥顰卿由滬返港再行磋商，查他意不外欲要脅加用麥顰卿也，並云，因是年包頭人材缺乏，迫不得已與梁飛燕拍手，實她不諳戲場也，談畢，余遂與焯兄言，究不如另起爐竈，以免彼等過於自高也，文仕可赴省，函與內子，言不暇晉省，着她早日返港。

是數天影戲收入暴跌，究不知是何主因，迨亦清明後影響乎。

4月10日 星期五

提　要：農曆〔曆〕三月十九。

長男疾，馮醒錚真有要挾意，大牛培過於忠厚，殊欠機警。

實行陞〔聲〕東擊西之法，詐云四處定人，掣〔製〕做〔造〕空氣混亂耳目。

晨早起，遍查電鏢〔錶〕，得悉外寓用電殊多，必予以制止，午陸羽品茗，廖鴻銘亦至，在座亦有一位小說家何文法，李鑑潮到斟中華劇團事，諾之。

夜大牛培言，馮醒錚之母云，如用他倆夫婦，超乎千元左右可也，祇個人亦要捌佰，余隨即電話焯兄，細稔馮亦能以此要挾，則將來半日安亦如是，豈不是太平劇團成為公婆班者哉，他既云走埠，則任他可也，與其一千元定他夫婦，焉知以一千代價不能定其他紅伶者哉，遲早必有一次，究不如快刀斬亂麻，早為之所，遂謂培曰，此後定人，關鍵請勿自行與伯魯預斟，先要得我輩同意，方可進行，明日如見伯魯，必將始末情形盡吐云。

4月11日 星期六

提　要：利舞台初演大江東，與伯魯往觀焉。

農曆〔曆〕三月廿晚開台。

午陸羽品茗，與伯魯商量，提及馮醒錚事，他表同情，後共往觀足球，國民晚飯畢，與譚蘭卿姊妹共往利舞台觀大江東，馬甚怒譚之與共也，云："寧使人知，莫使人見。"着彼等先行，環繞一週〔周〕，始與吾等共進，入門一見利希立，他即多謝我輩之不答應外人，先演數天於太平也，意欲觀靚少鳳，詎料他失聲，且表演失常，吾恐亦舍〔捨〕半日安莫屬也，約九時半返院。

長男患麻症。

4月12日 　　　　　　　　　　　　　　　星期日

提　要：寫信上省，提及長男出痳事。

三月廿一日。

晨早起，午與碧侶、碧翠共往陸羽品茗，適逢海雲兄至，他為東道，後往新世界俱樂部，余個人獨往觀足球。

夜盧榮傑到，取娛樂稅，關乎東院事云。

院內各伴甚懶，必加整頓，否則蔓延，更難料理也。

余意，嗣後十點半工作，則全院有人，而各伴又不能藉食飯為名，徒事詐諦矣，俟各伴省墓畢，先問明彼等工作如何，始着手進行。

4月13日 　　　　　　　　　　　　　　　星期一

提　要：三月廿弍日。

午品茗於陸羽畢，與伯魯往利舞台觀大江東日戲《憔悴怨東風》，靚少鳳表演甚佳，伯魯大為嘉許，並親往後台，後返院與蘭卿姊妹往觀足球，與薛覺先遇，共往國民晚飯，唐雪卿亦在焉。

夜約八時左右，內子由省返港，因長男有疾事。

｛略｝

余意，辦班組織全年班較為穩當，因半年班確難足人也，且太平劇團如此旺台，奚足懼哉，全年分四次上下期，即每三個月一次也。

4月14日 　　　　　　　　　　　　　　　星期二

提　要：丙子年三月十四日。

晨早起，與內子及源廉共往加大早膳，畢，返院工作，由是日起，各伴準每日十時半返院工作，至開影止，不能藉故行開，下午返家用晚，夜伯魯與余往謙益，他召妓，余則個人往加大，與黎伯商量印合同事，馮醒錚着其母往見七姐，適七姐不在，乃對五姐講，為其薛覺先所定全年，因彼此好友，故早早通知一句，余按此人每年必有一事發生，且扭計太大，在謙益電話約俠魂之四家明晚八時到傾。

4 月 15 日 　　　　　　　　　　　　　星期三

觀足球，後與伯魯商量用靚少鳳事，並約俠魂的四家到談，他云去歲卒金三百零七元，俟三四日始回覆。

4 月 16 日 　　　　　　　　　　　　　星期四

提　　要：三月廿五日。

廖鴻明問舊數事，答以俟月尾始有商量，往利舞台觀劇。
陳永貞約往加拿大傾談。
長男患麻，尚未痊癒。

4 月 17 日 　　　　　　　　　　　　　星期五

晨照常工作，午施豪酒店午食，下午個人往觀足球，與馬師曾遇，共座，後張民權至，完場後共往陸羽晚飯，詎料九如坊竟先太平一日放影《密室怪人》，顯見有意採〔取？〕巧，余祇向張民權略言而已，後他向肥佬潤徵求合份賣廣告意，他又反對由九如坊獨自去稿，務必凡事佔先云，余亦一笑置之，俟相當時期方爆發，凡事留一線，日後好相見，《兒女債》又託言省方之期恐有相撞，故二、三、四號暫時不能答應云。

余有意，電影一律定實一個口〔色？〕。

4 月 18 日 　　　　　　　　　　　　　星期六

無甚紀錄。

四家到，謂俠魂辛〔薪〕金照舊，四千五百元半年，即六個月計寸〔算〕也，即允她隨即覆電上海，着他五月（舊力〔曆〕）初一以前抵港，如太平劇團屆時未埋，雖候十餘日亦要相候，萬不能祇言幾時則幾時矣，亦不能多索補回過期日子。

4月19日 星期日

提　要：丙子年三月廿九日，港聯對世運隊，於加路連山，柒對一。

　　內子有疾。

4月21日 星期二

　　晨陳宗桐兩次電話相找，後約往加拿大少敘，據云聯華有跳槽意，余答曰，既屬如此，則任他為之可也，午食時適石中山、鄭不鳴至，共談陳宗桐已〔以〕往事，均不滿意，查實他迫石中山《生力軍》走畫，故諸多挑撥離間，此人過精，吾恐必有一日自誤也。

　　家母着余往見她，謂她想在戲院支弍叁佰元入醫院養病，她蓋憒憒然不知勢局如何。

4月23日 星期四

提　要：丙子年又三月初四日。

　　影《蛇仔利怕老婆》，奇淡，人們已厭棄粵語聲片矣。

　　晨如常工作，後往陸羽品茗，據霍海雲云，陳宗桐因《兒女債》事，恐攪〔搞〕出無限風波，且牽及刑事，究不如先遁為佳也，後余往街一行。

　　余因《生力軍》要求同時放影，余不允，用書面通知，然後排《寒江落雁》，以生意經而論，在於五月八號以前，當然先影卓別靈片為妙，因娛樂於此期放影《摩登時代》云，聯美之《城市之光》不允先影。

　　馮醒錚已接定一百元，要求五日加一百云，余答俟卓哥回來始與他談及。

4月24日 星期五

提　要：廖鴻明着人到收舊賬，答以由廖個人自理。

　　｛無正文｝

4月25日   星期六

提　　要：與馬師曾往南粵一行，並對他講及新班為期九個月，馮醒錚、馮俠魂已妥矣。

{無正文}

4月26日   星期日

日如常工作，午陸羽品茗，郭元海由省至。

4月27日   星期一

提　　要：丙子年又三月初七日。

晨如常，因昨日足球賽勝利，故往加拿大購西早報，以看其結果，蓋余已中五班矣，午陸羽，伯祺請飲茶，並談及《大眾報》一號新機到，請多登廣告云。

夜馬師曾及譚蘭卿約往利舞台觀劇（京班），廖｛該字有藍色筆跡改作"聊"｝〔寥〕廖〔寥〕無幾，且並不是完整的京班，乃最殘舊之烏合京班也。

日中則昃方合，並非日中則晷。

足球中了二十五元。

衍藩患病，仍未退消。

4月29日   星期三

晨早起，十時半往院巡視機房，並責成司機人等不應如斯糊塗，以至各項毀滅，並蒙亞彬指示開機一切，畢，往華威、合眾略談，適遇黃岱，妥〔託？〕他代覓《兒女債》片主，他允為代勞，明日答覆。

夜往新世界，與薛覺先遇，他問："太平是否不做別班？"余答："非也。"問："比如我拍某包頭做，租院與｛該字有劃掉痕跡｝分份，如何辦法？"答："租院二百八十元，椅墊另收，與汝無涉，分份三柒，不設例票。"問："擔箱如何？"答："箱已上省，余等現已斟箱。"[1] 余並謂，租院份屬營業，焉有不做別班，此虛語也，畢，彼與張民權、肥佬潤等往陶園，余先回院，七姐已由省回，黃少卿到索款，推卻之。

4月30日 　　　　　　　　　　星期四

提　要：又三月十日。

晨如常工作，午陸羽，數日不見譚芳，究不知他何往，找黃岱共斟《兒女債》日租事。

馬師僧〔曾〕[2] 到，借伍佰元，時為六點餘鐘。

夜無甚紀錄。

{略}

5月1日 　　　　　　　　　　星期五

提　要：又三月十一日。

晨如常，找黃岱商量《兒女債》事，午與張文權、溫伯祺午食，余譏其過於"太精"，恐陳宗桐之第式也，凡事留有餘地，日後好相見。

夜往新世界戲院與吳金澤先生相遇，遂訂八、九、十三天放影《兒女債》，並立合約，四六，走畫、告白費共二百六十元云。

日來各庶母祇知各為自己計，無人維持，所有家父剩下之田契、會份均堅持不分，且自私自利，只知向余索款，不知其他，唯對於堯勳、鎮勳學費，則苦要余供給，竊思余以〔已〕負擔過重，又焉能再揾此重負者哉，必有法以善其後，宏利伍仟元價保單已收到了。

1　"箱"是指戲班的衣箱道具及各種雜物。此處整句的意思應該是薛覺先問太平戲院的衣箱道具雜物情況如何，源先生回答說已經運上省城（廣州），目前正在商量有關事宜。

2　在日記中又稱馬伯魯，伯魯，馬伶，馬，馬大，馬兄，馬某，馬師僧，老大，馬仔，師曾，馬大哥，馬君，馬記，Ma，Ma She Tseng，Ma She Tsang。

1926
1928
1929
1930
1931
1933
1934
1935
1936
1937
1938
1939
1940
1941
1942
1943
1946
1947
1948
1949
1950
1961

5月3日   星期日

晨如常，與內子等往陸羽午食，與霍海雲遇，繼又見張民權，云陳宗桐已於昨晚抵港，明日再返省，並約彼與閏叔見面，唯彼推卻，云有宴會，冷暖如是，大抵金錢作怪矣，故曰，凡人處世，必事事留有餘地，靠為易幹，否則必遭冷眼矣。

{ 略 }

此兩天演差利 [1]，甚旺。

5月6日   星期三

晨如常工作，午陸羽品茗，夜新紀元與余潤、民權、関文清、趙樹燊、曹綺文、錢廣仁商量廿六年全年式首片事，余按該合約過於苛刻，不特借款，且又要預借片租，好日子完全佢佔上鋒，殊難俯允，且屆時全演大戲，豈不是好日子盡屬九如坊，換而言之，我出錢，佢着數，究不如任他為之可也，新世界合約亦如是。

薛覺先欲於十 { 此字有疑似劃掉的痕跡 } 六（舊力〔曆〕）在太平唱演，余遂與卓兄商量。

5月8日   星期五

晨如常，午陸羽品茗，得悉陳宗桐已無事，照常返新世界矣。夜馬師曾至，商量新班事，定實夏曆〔曆〕六月初一開身 [2]，對於薛覺先在本院開口〔演？〕十分反對，並謂前者中央已允照現在辦法，每月加一千元，余（指馬而言）猶不允，豈可因小失大者哉，今後除了薛仔，別班余決不反對，以維持太平原有利益云，余遂與焯兄言之了了。

他臨行並謂，六日內必有報復，因余昨晚電話與蘭卿，謂他已返港，他

1　此處 "演差利" 即上映差利‧卓別靈（Charles Chaplin）的電影，據 1936 年 5 月 2 及 3 日《香港工商日報》廣告，該兩天播映的電影中文片名為《狗世界》，很可能是 1918 年首映的 Dog's Life 的有聲版本。

2　"開身" 一般指動身或啟程，此處應該是指開始演出。

確實未返，其中必來責罵，故他有此言也。

5 月 9 日　　　　　　　　星期六

提　　要：黨國要人胡漢民逝世，陳屍於中山紀念堂，以誌哀悼，休息一天，下半旗三天。

　　{無正文}

5 月 10 日　　　　　　　星期日

　　如常，午往新世界索贈券兩張，後與郭元海往鳳翔品茗，下午返院工作，夜焯兄由大埔返，問昨夜之 50 元，余答已交與四姐，但她仍不入院，必俟至明日再定奪云，隨後他又將所得之華員款及東莞商會款均分，每人淨四十三元，四姐之症已屬病入膏肓，不過時間而已。

5 月 11 日　　　　　　　星期一

　　晨如常工作，午陸羽伯祺請飲茶，下午在加拿大門口撞見馬師曾，隨即入座，即着余找張民權及陳宗桐，商量不影《世道人心》事，因此片描寫細玉與馬戀愛史，且大諦特諦[1]譚蘭卿之浪漫，陳宗桐有允意，唯張民權因生意經關係，不願意，且云必要先看畫，然後商量。

　　照此而論，張民權為人不外有利可圖則共為之，可共安樂，不可共患難之輩也。

5 月 12 日　　　　　　　星期二

提　　要：家母自動入東華東院；上海妹到談，講安[2]，（一）工價略加每月約一百至二百元左右，（弍）人名列出，（三）戲場關係，（四）上期全港紙，並欲討回三百至伍佰元貯款，義聯堂會議，賣去廣安榮鋪，轉買新石屎樓。

1　"諦"，粵語用詞，"諷刺"、"挖苦"的意思。
2　"安"字右側有一線，可能是指上文提到的演員半日安。

{無正文}

5月13日   星期三

提　要：午馬伯魯問馮醒錚及俠魂上海地坺，李耀東到座，順談班事，並交回《王寶川》英文本與張吻水先生，西南中學到，問鎮勳學費，黃匡國問舊款，尚有一百元。

{無正文}

5月14日   星期四

無甚紀錄。

5月15日   星期五

晨如常，午皇后品茗。

夜在加拿大時與源濟川相遇，共談數語，遂別。

交銀七十點二九元與新紀元，唯余仔之數，則恕不負擔，任他自理。

略咳。

5月16日   星期六

晨如常，午譚芳、洪生及余三人品茗於陸羽，午後返院工作，並定實影《城市之光》云，廖鴻明幾翻〔番〕追問容融之款，余答已〔以〕四月下旬定當如數奉還。

覺得不甚舒暢，往華石伯處診視，斷為寒咳，有些少外感。

夜往新世界戲院一行，據張民權言，朱基爾想我們數人合作拍一片，張意用余開戲云，余諾之，彼等往陶園開會云。

5月17日   星期日

晨如常，與小女們往加拿大飲冰，後往華石伯處診脈，據云，寒咳脾虛，下午在新世界與張民權兄共談，適有一李君到座，談及拍《血淚灑良心》聲片事，着余代起劇本，余諾之，並口〔勸？〕以時日，後他請晚飯於國民三樓。

大雨，余乘的士往一品陞，義聯堂敘會，議決鶴朋先覓人放盤五鄉之田，然後屆期交還，除先扣彼名下欠之一千元本息外，至十一時始畢。

陳霖屢教不聽，着他自行告退云。

《大眾報》殊不近人情，既允頭位，忽又有悔，不外其中央為重，而太平則次之矣。

5月18日 　　　　　　　　　星期一

《大眾報》初開新機，出紙極慢，伯祺所訂之告白，竟然刊在港聞內，殊屬不合，後經幾許波折，他向溫焯明道歉，將是日之告白報效明日，另刊一段作數，余允之。

上海妹約明日往加拿大斟半日安事。

患咳猶未癒。

連日均好閱西文書籍，甚有趣味，對於名學更有深詣。

約八時許馬師曾有電話，問通電與日政府應採如何步驟，余答謂，凡通電必先填格，將字句清楚解釋，關於國際事，必檢云。

譚蘭卿之電話已改為三〇〇九〇。

5月19日 　　　　　　　　　星期二

> 提　　要：馬師曾發表質問日三上參次改中華民國國號為"支那"，去稿各報館，登出者祇有《華僑》、《大光》、《大眾》、《華字》[1]，上海妹約往加拿大斟半日安事，辛〔薪〕金八千元。

尚咳。

馬師曾亦好名。

上海妹不外意欲加工，故意諸多要挾，（一）報紙，論人工落名，（式）戲場必要多的，（三）人工必要加多少，後電話又至，不外加工，要求至八千元六個月。

1　見《馬師曾致日議員函》，《香港華字日報》1936年5月20日第2張第4頁。

衞少芳要求過期補工，並用衞少妃作花旦，每月三百元。

5 月 23 日　　　　　　　　　　星期六

提　　要：丙子年。

　　晨早起，過閱各處是否乾淨，近查各伴怠墮溺職，故設法以儆之，午陸羽品茗，廖鴻明至，不外追片租事，余亦知此人之機械也。

　　下午再遇陳宗桐於新世界，共談片期，據云，太平之學界優待券及各種設備□〔且？〕迫近之期，快快放影，對於新世界極為有害，余遂答曰，倘余非因未演大戲，余亦決不出此也，□〔煩？〕對於《可憐秋後扇》暫守秘密，因余不演《世道人心》之故也，並云他將來嚇〔會〕做南粵營業主任，余姑拭目以俟之，又云普慶每月出酬金柒拾伍元與他度片，未稔此言是否言中有物。

　　倘因《可憐秋後扇》反面，余亦預備一切，以免臨時誤事，早知彼等非心全〔存〕忠厚，祇知搵着數而已耳。

5 月 25 日　　　　　　　　　　星期一

　　午畢返院，發覺《西施》相片馬伶一概拈往，故電話各處找他。

　　下午半日安有電話至，謂鄧祥由澳來港，未稔馬師曾對於他如何，後在武昌彼此會面，其初譚玉蘭至，與馬談情，彼此甚為投契，各寫下地坺、電話，約八時鄧祥至，對於馬許多揶揄，然馬亦甘之，大抵鄧祥孔武有力之故也，不外叫他往澳籌款。

　　五姐頻頻與鎮勳到院索書金，不理人多人少，祇知直言，余亦不答以一言，一味靭皮蛇以待之。

　　《華僑》、《循環》紛紛有函至，催欠款。

5 月 26 日　　　　　　　　　　星期二

提　　要：丙子年四月初七日，（一）加拿大約占美，弍｛原文無括號｝防空面具，（三）焯兄訓話，（四）今後治院計劃，（五）如何消滅由早仔，（六）西片確不商宜。

早十一時與占美在加拿大商量定防空面具事，後他向余借式元，請陸羽午茶，畢，返院工作，因腹疾，回家休息。

夜焯兄謂，倘以後認真做生意，作畫片代理，何愁無真本，至怕拈嗷多，用嗷多而已耳，陳宗桐既然得，當然吾等亦得矣，且此人聲譽已不及余等乎，欲想同興不咕〔鼓〕噪，唯有此後多搵別班到演之為計也，確實，彼等不能幹，當然有乜法子唔搵我地。

近來感覺大堂有許多由甲仔，如不設法改善，對於院容有礙，且也大堂風扇缺乏，必要增加，或加設抽氣扇，以免過熱云。

5月27日 　　　　　　　　　　　　　星期三

提　　要：丙子年四月初八日，添置新牌十個。

{略}午加大用餐，後轉往陸羽，與張民權遇，共研究《西施》廣告如何領發，適馬某至，蓋他意欲備呈杜益謙[1]，獻議如何籌款防空及由報章發表言論回應事，唯陳宗桐則主張先從明德社入手，余勸馬勿太柯〔阿〕倒持，後共往南粵一遊。

下午與張在加大飲茶，他云今後太平、九如坊二手權已取消，蓋天一片或歸高陸，余稔陳宗桐或利益關係，壟斷猶未可言也，故對焯兄略陳，以備將來應附〔付〕，《姑蘇台》之劉某屢次失約，恐有變更。

七姐為華民傳票事親到寫字樓詢問。

5月28日 　　　　　　　　　　　　　星期四

提　　要：華民署所傳之事，原來單純為銀喜與翠陵，余與譚芳在加拿大暢談至九時始返院。

{無正文}

1　杜益謙時為廣東省防空委員會委員長，見《天光報》1936年4月2日第2版《中區防空委會昨舉行成立禮》報道。

5月29日　　　　　　　　　　　　　星期五

提　　要：金龍商量聯合事，《疍家妹》走畫，金龍夜宴。

午馬文星、張文權等與余共午食於金龍，商量對海及本港聯合事，余甚為贊成，唯恐居首席者自私，必無益而有害。

《大眾報》十分可惡，故將所有定下之頭位一概取消。

夜禮頓、卓請金龍消夜，余在座焉，至夜深始返寓。

與焯兄談話，講及將來措置畫片之困難，並獻議他如遇余策之時，不妨將九如坊、太平共聯之計劃與他談及，以為將來伏線云。

家母臥病東院，頻頻索款，無知余百孔千瘡之時，焉能顧及，唯忍痛聽其自訴可也。

往灣仔釘牌，譚芳借四十五元，不能將就，他必有許多言語也，蓋他亦不知余之苦衷。

5月30日　　　　　　　　　　　　　星期六

提　　要：丙子年四月十一日，（一）謝益之借樂器，（式）馬伶着定半日安，（三）夜與馬商定半日安八千元事，（四）馬惠農世伯請食大翅於謙益。

附：張民權上省，代查是否省方提倡國片，每院限演六成以上。

倘省方實行每院限演六成以上國片，則將來豈不是二手權更為活動，因供過於求也。

半日安要實八千元，馬謂無論如何，必要定他，因譚玉蘭對他說及，薛仔有意定彼等入天一兼走埠，故即着祝三往叫他明日五時到太平立合同，以完手續。

按半日安每年必有一翻〔番〕要挾，且另索加工，殊不合理，由下屆必設法掣〔制〕裁，以免再蹈前軏〔轍〕。

馬世伯之請食大翅，馮毅菴亦在座焉。

斥退工人鄧容。

5月31日　　　　　　　　　　　　　星期日

提　　要：丙子年四月十一，（1）晨抄鏢〔錶〕，（2）定成半日安，（3）焯哥吩咐不許亂支，（4）黎民三訓語，（5）劉明燊電覆《姑蘇台》，（6）五姐談話。

　　下午六時許半日安到接定，訂明八千元，半日戲，每星期祇演三天，除星期日戲外，並人名當照人工多少寫。

　　譚芳到，借十元，余轉由梁日餘借先糧，據朗云，焯哥吩咐銀策設〔切〕勿亂支，余遂由余個人先墊，後至十五扣回。

　　黎民三在加拿大敘話，許多訓語，力諫嗣後必要"剩錢"，以為將來計也，余甚嘉許之。

　　劉明燊電覆不日到訪，定式首〔手〕《姑蘇台》影權。

　　五姐到寫字樓，談及七姐病狀，大抵話佢不戒口之故也。

　　家母臥病東院，頻頻索款。

　　謝益之借去"色士風"一枝。

6月1日　　　　　　　　　　　　　星期一

　　凡事小心，切勿造次，如能每月有九百元入息，則除家用三百元外，儘可存六百元餘款，除還債外，尚可以貯蓄，以備不時之需。

　　舞獅香港成為禁例，萬不能俯允云。

6月2日　　　　　　　　　　　　　星期二

提　　要：午因舞獅事往見警司，據云我們所領之牌照為 FULL LICENCE，不用在牌背加簽，唯舞獅永遠禁例也。

　　午五羊品茗，夜西洋女電話至，與張麗生十時到訪，商量《海底針》事，余答以當時究不知陳宗桐何故交與高陞獨家放影，此後如有片出世，請勿再蹈前輒〔轍〕也，並允三柒分份，如合，則明日交相片來。

　　馬師曾與王蘇赴澳，並着定新中華之張活游，業已於即晚一千八百元九個月定妥。

　　譚蘭卿請馮醒霞。

1926
1928
1929
1930
1931
1933
1934
1935
1936
1937
1938
1939
1940
1941
1942
1943
1946
1947
1948
1949
1950
1964

焯兄往見余策，講及陳宗桐，兼高陞事，據云彼等已極力提防，不久有取消他意，並囑遵守秘密。

張民權患疾。

6月3日　　　　　　　　　　　　　星期三

提　　要：丙子年四月十四，（1）鄧劍魂在合眾共談，兼定妥《人言可畏》，（2）陳桐，陸羽再茗，（3）《海底針》合約，（4）新班計劃。

在合眾公司商量《人言可畏》事，簽妥合約，與鄧劍魂、程夢麟共品茗於金龍，後遇陳宗桐於途，再往陸羽。

新班計劃，如普慶，能每月買八日至九日，縱使價艮為五佰六、五佰八，亦是無比較，尤勝於分份，蓋如此則已封了舌〔蝕〕本門也，然此事余亦不欲佔手，究不如由焯兄獨自為之可也。

廖款遲一星期後再覆。

中央有第三次用邱夢芝消息，預料將來與新世界必有一翻〔番〕勁敵也。

﹛略﹜

6月4日　　　　　　　　　　　　　星期四

午六園品茗，張文權病癒，到訪共談。

夜試影《鐵血芳魂》聲片，甚佳，配以彩色，由女伶韋劍芳親自由美洲帶返。

馬到，借弍佰元。

與三姑借五十元，下日還五十五元。

6月5日　　　　　　　　　　　　　星期五

提　　要：丙年四月十七日。

晨如常工作，午六園品茗，下午回寓休息。

焯兄吩咐，如遇馬師曾，對他提及中華送幕事，緊記之。

劉明燊到座，談及《姑蘇台》弍手權，決為分賬百分之四十二點五，八十元廣告費，五月節起影三天，並試預告畫，約明天到簽合約，並談及定畫食佣者，為沈吉誠、陳宗桐、薛兆榮，並西口〔園？圈？〕劉祇食長州佣云。

是日除去亞松，四眼仔之弟替他缺。

6月6日 　　　　　　　　　　　　　　　　星期六

> 提　　要：四月十七，（1）環球定畫，（2）孫啟瑞請飲茶，（3）洪仔以禮券作還債，（4）加大與黎伯共談及廉仔事，（5）劉明燊合約，（6）理髮。

晨環球公司與鍾熾靈商量畫期事，孫啟瑞為《東方》告白主任，請飲茶於六園，洪仔以禮券十元作還回借項，遂在中華百貨公司購物用去。

黎伯云，劉萬廉對他云，前者九叔多賣三樓【三樓】票，為區察覺，吾恐過了勢兇也，余即問黎伯，此人有無講及現在事，彼即答曰，無之，余遂對黎言，嗣後此事必經余手，並無別人假手，凡事不可亂對人言也，吾恐此人終非心腹，必有一日誤事也，出法以去之。

劉明燊於九時許到簽合約，《粉碎姑蘇台》。

李劍琴電話，停止發表他在本院賣技，《德臣西報》來電謂，口〔晚？唔？〕傳譚蘭卿死去，究竟事實，余切實證明他非死去。

6月7日 　　　　　　　　　　　　　　　　星期日

> 提　　要：丙子年四月十八，（一）六園品茗，（弍）思豪歡迎韋劍芳，（三）利舞台斟班事，（四）陳桐拍照，（五）朱箕汝請吃晚飯於新國民酒家。

民權在美彰定下衣服，欲在《西施》佣內代交，余即開單列明此非余有也，按此人亦十分勢利，凡事小心，不可過信，誠恐九如坊事，他從中擺弄，亦未可料也。

6月8日 　　　　　　　　　　　　　　　　星期一

午六園品茗，即返院工作，下午五時馬師曾到，答允採納中華藥房所送之幕，余即着滄亭擬稿，後共往加拿大，他並謂張活游人工過貴，現已編定新戲《國色天香》及《隔籬弍叔婆》。

6月9日　　　　　　　　　　　　　　　　星期二

提　　要：丙四月廿一，表演陸智夫國術團。

晨如常工作，午六園品茗，下午回院，照常。

廖鴻明派一周某到收畫賬。

午陳宗桐請飲茶於六園，並謂必先製〔制〕裁吳楚帆，後陸榕樂，天一因《西施》收入不佳，謂告白費過多，余遂列明清單，以免藉口。

夜看書至弍時始睡，近日天氣炎熱，不宜於工作。

《東方報》乞告白。

余擬於小兒輩放假時習武功。

堯仔頻頻索書金，余靳而不與。

6月10日　　　　　　　　　　　　　　　　星期三

提　　要：四月廿弍，（1）孫啟瑞請飲茶，（2）謝美之，（3）合同，余潤，（4）鎮勵書館問題，（5）國民酒家，（6）南濱組織事。

下午五時正，黎民三仲〔匆〕忙到步，商量南濱改組事，余謂貴老闆好揮霍，無現金，將來必將南濱頂手，究不如早為之，所不若襯〔趁〕現在彼已有心搵人借款，究不如由與本人貸三佰元與他，作全盤機器字粒按揭，以六月為期，則縱使彼賣，彼亦不能再次要挾也，他遂去之。

國民酒家，司徒秩請消夜。

關於鎮仔入英皇事，五姐反對，彼意欲使他多習漢文，又舉薦中□〔華？〕學校，後焯兄提議入漢中，余亦表同情，且看下回分解。

{略}

6月11日　　　　　　　　　　　　　　　　星期四

提　　要：丙子，四，廿三日，（1）六園品茗，（2）陳宗桐告白事，（3）《海底針》事，（4）《姑蘇台》走畫事，四六 三十公盤，走畫畫主負責，（五）東院索款，（6）馬伶赴澳。

馬師曾有電話至，謂無澳門船，意欲改期，余遂代查，始悉大船入澳祇有兩點泉洲往澳云。

陳宗桐因《海底針》事大大責罵，後由張民權解釋，始告無事，並定實卅、一號兩天，九如坊放影，此片百分之三十百分之七十，由公盤執三十元告白費，因片名問題，不願削價，祇求由告白費處加增矣，後他與劉明燊講妥，五月節走畫，四六均分，每便告白費由公盤執出三十元，走畫費由劉某個人負責。

夜柒時許家母由東院用電話催交醫院藥、宿費，余遂向額外入息處借五十元，前後共借一百元，並通知（備函由朗轉交）焯兄。

6月12日   星期五

> 提　要：丙子年四月廿四日，（1）金龍，孫宴，（2）高路雲狀師樓點收義聯堂地契及有限公司成立，（3）加大與口〔施？旋？〕文遇，（4）送標與陸鏡夫，（5）讀書，（6）東院家母耗資。

孫啟瑞君因主任《東方報》告白事，特約張文權、陳宗桐及余等共午食於金龍四樓，以聯絡感情。

下午兩時半到高露雲狀師樓韋寶祥處，點收義聯堂新成立的有限公司按契，並將以前源龍簽下之授權紙及聲明書一概吩咐立口〔議？〕，以免將來不肖之徒乘機作怪，手續完滿，從此義聯堂不怕亂用支消矣，家母本擬出院，且頻頻索款，屢屢浪用，無端已耗去一百餘金矣，余借三樓前後共壹佰元，並由私囊再支卅方湊足出院費，可見用者不知搵錢之苦，亦可見先君在世時之苦心焦慮也，苟靳而不與，則有傷老人之心，倘頻頻索款，則亦難如命，確進退兩難也。

6月13日   星期六

> 提　要：丙子，四，廿四，（1）家母出院，（2）陳永貞借長衫一領，（3）打字工作，（4）廣州陳宗桐設宴，並梁發席上侮辱，馬文星明晚請晚飯，（5）{略}。

梁發究不知何故，一見面就問所欠之賭賬五十七元，且在席上屢屢提及，如我肯將該款清交，則請飲，潤叔則謂，收錢還收錢，請飲還請飲，豈可立亂嚓者耶，他仍苦苦再講，有意晒靚[1]，余遂謂："你想收，除非派狀師信到收可也。"後馬文星約余明晚到廣州晚飯，余領謝。

《鐵血芳魂》重試於本院。

{略}，奇熱，在廳睡，因半夜大雷，遂遷回臥房。

家母出院，耗去九十五元，另車費打賞，一共一百餘元。

梁發此次舉動，可知小人之技〔伎〕倆，亦賭博之不德，經是次教訓，凡有人欠我者，我不必過於大方，且他又謂有部上也，綜是以觀，他將來無論在何一方，必大聲追討，表示有野，倘再有下次，必儆戒之，以知余之利害也。

6月14日　　　　　　　　　　　　　　　星期日

提　　要：丙子，四月廿五日，（1）陳永貞借長衫一領，（2）送長行票62號與陳啟連，（3）廣州，赴馬文星之宴，（4）巡視國泰及中華舞場。

是日晏起，因昨夜炎熱故，午食與小女們，並攜長衫一領與陳永貞，繼在新世界與陳啟連相談，並贈他長行票一張，為六十二號。

馬文星先生設宴於廣州，九點才入席，畢，與張文權，林兆鑫，霍海雲等共赴舞場，先往國泰，後往中華，在前者與長樂妓女肖湘遇，蓋她現已為舞女矣。

譚國英有電話至，商量畫片事。

余按，彼等夜夜徵逐賭博，將來必有裂痕，且俱屬欠數，非真金也。

此後宜洗心革面，凡事認真，切勿當為兒戲，過於熟則難講話也。

1　"晒靚"為粵語用詞，此處可能與打紙牌的術語"晒冷"類同，即將手上籌碼全作賭注，引申為"豁出去"的意思。

6月15日　　　　　　　　　　　　星期一

提　要：丙子年四月廿六，（1）六園與譚國英斟片事，（2）定 PEARSON, TITBITS, & HEALTH & STRENGTH 於 MAG'S[1]，（3）院工作，（4）郭少流出殯，送去花圈一個。

　　譚國英到六園商量《兄緣嫂劫》放影事，余云，獨家放影，四 - 六，走畫，百分之三十五百分之六十五，環球鍾某又欲斟，九點，歌舞團，久候不至。

　　焯兄往大埔，俟後如有事，先搭九一，搭線二〇三九，然後叫裕和往仁興街三十三號二樓溫宅可也。

6月16日　　　　　　　　　　　　星期二

提　要：丙子年四月廿七，（1）黎寶銘等茗於六園，（2）工作，（3）國民解決《生命線》事，（4）班事，（5）源碧翠生辰。

　　潘蘇向余支廿元，余遂支與，至於黎寶銘，余則卻之，因彼知有焯兄，而不知其他也，後與彼等共往六園品茗，陳宗桐、張文權亦到，託余力爭《鐵血芳魂》，同一戰線。

　　在家，約三時閱報，得悉霍海雲將《生命線》一片交與九如坊明日放影一天，而太平則接續十八、十九號，余口〔送？〕海雲交涉，據云因汝做歌舞班之故，余駁曰，昨晚汝至敝院時，余亦親口答應，豈有反悔者耶，後跑往國民酒家，找陳宗桐共商，並責以大義，九如坊前者兩家走畫《密室怪人》，汝以先一日，今又復萌故態，如此殊欠合作精神，今後唯有各行其志，後他決改口〔影？〕《泣荊花》，並要求先影《難測婦人心》，如《海底針》不合期，查此事張民權亦有預謀焉，彼等以為余可欺也，張又問美彰衣服事，余云未有電話至。

1　*PEARSON* 是 1896 年 1 月在英國創刊的文學政治評論雜誌，1939 年 11 月結束，美國版在 1899-1925 年間出版（參見 http://www.isfdb.org/cgi-bin/pe.cgi?25986），*TIT BITS* 乃 1881 年在英國創辦之大眾時事週刊，1984 年 7 月結束（參見 https://www.arthur-conan-doyle.com/index.php/Tit-Bits）；*HEALTH & STRENGTH* 是 1898 年創辦於英國的介紹健身體育的雜誌（見 http://www.healthandstrength.org.uk/）。上列網站於 2021 年 1 月 16 日瀏覽。

6月17日   星期三

> 提　　要：丙子年四月廿九，（1）六園品茗，廖在加大商量大江東事，（2）國民家庭樂，因碧侶生辰，
> （3）薛覺先，金龍，（4）夏永福催數。

　　廖鴻明有電話至，謂大江東意欲舊歷〔曆〕五月十九到太平唱演，條件照太平劇團一樣，未稔焯兄何如，他並對夏永福云，嗣後各數不關他事，請向余交涉。

　　長女碧侶生辰，余與家人特設宴於國民，集團生日，因弍男亦同月也，宴畢，遇張文權，並同往薛覺先處，蓋是日為他婚後十年也，轉瞬間即告別。

　　郭源開有一函交與譚芳，謂幾次電話搵，俱不遇，定余有意不見他者耶，夫狹隘之人，確難與交久也。

　　焯兄胃病發，疲憊極矣。

6月18日   星期四

> 提　　要：丙子，四廿九日，衍藩、錫藩生辰，（1）六園品茗，（2）李華甫及葉弗弱到斟班事，（3）
> 讀西報，（4）陳宗桐，畫期事。

　　約七時馬師曾有電話至，着改電話號碼，並約明日見面。

　　新中華劇團李華甫、葉弗弱到，商量在本院唱演事。訂明三七均分，免例票，接送一頭，班事班理，院事院理，議妥後，焯兄嫌如演柒天，則為時過久，至好五天，再細思量，太平劇團又將開演，究不如推之為妙也。

6月19日   星期四

> 提　　要：丙子年五月初一日，（1）與陳宗桐定畫期，（2）六園品茗，（3）馬師曾改電話，並借款，
> 定實出身[1]日期及台口幕事，（4）劉明燊簽合同。

　　馬師曾將尹宅之原有電話三〇〇九〇改為三二六七〇，介紹高容升，照黎寶銘薪金一樣，認定台口幕，並借一百元，鐵定六月初一頭台，余亦順提

1　此處 “出身” 似乎與上文 “開身” 同義，即開始演出。

及華民檢查曲本事。

劉明燊訂明告白費一百元，公盤三份分，車費由他負責，五、六、七兩院同時放影。

旬日間頗好讀書，尤其是西報。

黎民三約往加拿大，將按契交余過目，並云他的內人契姊常備一千元，為將來頂手南濱事，余勸他究不如早日在上海銀行開一儲蓄戶口為妙，恐防屆時不應手。

在國民與張、陳、余三人打雞，輸去六元左右。

6月20日　　　　　　　　　　　　星期六

提　　要：丙子，五月初三，（1）六園，（2）馬親訪於舍下，（甲）通知鄧祥，（乙）停止贊的上期，（3）陶園〔此處劃掉了 "品茗" 二字〕，余潤設宴，（4）醒錚母欲借款事。

馬師曾於下午四時親到舍下訪余，並約往南粵一行，後對余說及，此後往澳做戲棚，不做戲院云，並託與鄧祥接洽，且對於贊的上期，暫為扣留。

太平劇團起刊在《工商晚》，弍寸一格，聞心[1]。

余潤請飲於陶園花廳，因賭博，馬文星與張文權發生誤會，余唯有就〔袖〕手旁觀，不參加，至夜深弍時許始回。

醒錚之母欲借款，兼欲起用他的女兒醒霞。

6月21日　　　　　　　　　　　　星期日

提　　要：丙子年五月初四，（1）霍海雲品茗於六園，（2）源澤泉由鄉返，（3）《姑蘇台》告白事。

余與小女們往六園品茗，適霍海雲兄至，他索贈券，余與，並由民權兄手託賣碧侶的西南建校券，每位一元。

1　現存香港中央圖書館香港舊報紙數據庫之《香港工商日報》最接近 1936 年 6 月 20 日的報紙為同年 7 月 1 日，該日太平和九如坊戲院宣傳在翌日同映電影《黎夫人》的廣告，刊登在頭版報頭左側位置，非常顯眼，而太平男女劇團馬師曾譚蘭卿編導主演的《賊美人》廣告則刊登在同日第 4 版 "香港新聞" 版的中心偏下位置，並註明 "注意太平劇團男女藝員每日一頭刊在此位"，讓讀者注意到這是太平劇團每天登廣告的固定位置，可能此即為 "聞心" 的意思。

源澤泉現由鄉返，余着他不用左來右往，究不如暫在舍下搭食，未知他意下何如，繼云六姐將所有私蓄已貼盡，並希余每月寄返二卅元返鄉作家用，余諾之。

《姑蘇台》告白攤太平、九如坊各出一半，即每方由公盤執口〔二十？三十？〕元，稿則同一院發，賬則各負，但張有別法商量，候之。

內子腳病痛，因撞傷，借意成毒，用滅疥敷之，似好。

6 月 22 日　　　　　　　　　　星期一

提　　要：丙子年五月初四日，（1）清杭州數，（2）與民權訂告白費，（3）擬稿。

萬國銀行有電話至，謂 CENEMA [CINEMA] LIMITED 之五十仄乃兩月前簽，現乃開始兌現，焯兒着他暫時不給，唯此仄乃劃號，因有存款，萬不能謂無款退還，故余遂告區卒之姊，轉達焯兒，明日十時半往見該行人，與她談話時，其態度很渺視，目高一切，作鄙屑狀，彼既不恭，我遑多讓，後珠仔駕走畫〔畫〕之車返宅云。

6 月 23 日　　　　　　　　　　星期二

提　　要：丙子，五月初五端陽節，（1）六園品茗，（2）郭元海舍下晚飯，（3）九如坊同時走畫，加送燙印兒童公仔紙，（4）通知四家打電俠魂早日返港，（5）啖荔，與黎共談於加大。

是日端午節，影《粉碎姑蘇台》，日場因各處競渡，甚淡，夜場則旺，比較上九點還好，廖鴻明有電話至，謂大江東意欲十八過本院唱演，唯條件必要與太平劇團一樣，余反問他，三七又如何？明日正午答覆。

夜九時電話四家，據云，前者汝謂未有來，所以俠魂再做一月，即管明日拍一電報與他云。

6 月 24 日　　　　　　　　　　星期三

提　　要：丙子年五月初六。

劉明燊先借二百五十元。

七姐患病，余遂於七時與堯勳往視，據醫云，此乃水蠱及心病，最好入養和院調治，余數語畢，遂返院，據人云，她層〔曾〕對醫生言，彼所用去之銀，俱是他〔她〕個人的，並非余給予的，至於入院，他〔她〕則不敢執行也。

大觀合約明日再談。

余初衷本擬籌款數十元與她入院，唯稔縱使用去，亦多閒言閒語，究不如姑妄言之，姑妄聽之，且彼等絕不以母子之情相待，余亦豈可盡心貼地照受他人辱罵者哉，層〔曾〕記去歲之斷然計劃返鄉，命六姐討回會部及種種行為，確實由她扇〔煽〕弄，焉能忘之者哉。

6月25日 　　　　　　　　　　　星期四

> 提　要：五月初七日，（一）加大，（弍）陸羽，（三）金龍，大觀事，（四）函寄鄧祥，（五）備仄，
> 　　　（六）陳宗桐伍佰元事。

陳宗桐有電話至，謂上月萬國銀行存款，竟多存五百元在他戶口內，遂與余商量如何處置，余謂從速提款，先問取一月結存款紙，以備將來發生糾紛時為據，且允守秘密。

大觀合約已妥，明日正式簽字，且攜備仄[1]，NO.114459，壹佰伍拾元作長期按金，金龍，桐哥請食午膳。

余亦催緊桐兄早日度妥《茶薇香》。

滅火局員又到機房查驗。

張文權有電話至，謂合眾意欲改組，請先行勿交款與他，俟調查情形如何始商量。

6月26日 　　　　　　　　　　　星期五

> 提　要：丙子：五：初八，（1）大觀合約簽妥，並交定銀一百五十元，兼將合約打士擔[2]，交回佣十八
> 　　　點九元與張文權。

1　"仄"，英語 "cheque"（支票）的粵語音譯的另一寫法。

2　"士擔"，英語 "stamp"（郵票）的粵語音譯，此處解作印花稅的標貼。

1926
1928
1929
1930
1931
1933
1934
1935
1936
1937
1938
1939
1940
1941
1942
1943
1946
1947
1948
1949
1950
1964

午在金龍，余潤、錢廣仁、陳桐、文權及余，將一九三六至一九三七年大觀式二手權合約簽妥，並交仄一百五十元作長期定銀，隨即交佣金十八點九元與張文權，蓋此乃開多九如坊告白費，故即將仄背後加簽交回，作完隨即往厘印局打一元士擔。

奇熱。

6月27日 　　　　　　　　　　　　　　　　星期六

提　　要：丙子年五月初十，（1）陸羽品茗，（2）英明拍照，（3）加大談劇，（四）新紀元，北河、普慶、光明、東樂四院聯合起來，余草議案，（五）新世界拍照，（六）馮醒錚事。

馬約二時往英明拍照，以備新劇小廣告，每日一頭告白用，共往加拿大談劇，（一）《國色天香》，（式）《隔籬二叔婆》，（三）《誰知花有刺》，（四）《賊美人》，畢，伍華與鄧肇堅約馬往遊河，並謂大東家在此（指馬言），何不共往矣。

對海四院因鑑於搶片難，故聯合起來，以對遇畫片公司及其他戲院，後由余草一合約，四院共簽，以完成此事。

馮醒錚之母無日不做〔造〕謠，因借不遂，竟謂余有意譏諷，且謂焯兄不應由一百元至廿都不借，且臨行時又不云“請爾向別處借轉先”等語，殊屬太不賞面云，余因去歲之事，已刻骨銘心，尚敢再犯者哉，後馬着余等備一函與馮醒錚，並交卅元與她，以止謠，焯兄大不贊成，余遂對馬言，豈不是長她志氣者，余等決不為也，且同時叫陪叔對她言，倘馮既欲走埠，則任他為之，余亦另聘別人。

6月28日 　　　　　　　　　　　　　　　　星期日

提　　要：丙子：五月十一日，（1）朱箕汝請飲茶，（2）加拿大與馬面商，（A）換張活游，講黃鶴聲，（B）鄧肇堅要求往高陞，（C）用人在院或班，（3）鄧全斟包伙食。

馬師曾於三時往加拿大一敍，謂張活游性好臘〔獵〕，且已得手李祥興之某小姐及余東旋之姿，嘖嘖有煩言，均欲不許他在港表演，究不如用黃鶴聲或趙驚魂，以成其鈌，此乃鄧肇堅言也，並云鄧某要求馬度一枱往高陞，條件照太平一樣，余遂駁謂曰，此事萬難做得到，本院歇演大戲許久，都係為太平謀利益，豈可口〔廢？〕幾許精神，以為他人作嫁衣裳者哉，向使高陞唱演，難保他不向外喧〔宣〕傳，奚用往太平，觀劇不久，高陞就噲〔會〕演太平劇團矣，而且他雖屬親戚，一向膈膜，焉能強就者哉，利舞台相隔較遠，就屬不可，而鄰近之高陞，豈可為哉，決不俯允，他並託余用一人在院或班，余諾之。

6月29日 　　　　　　　　　　　　　星期一

> 提　　要：丙子年五月十壹，（1）陸羽品茗，（2）回院工作，（3）赴張府陰壽之宴，（4）上海信，馮俠魂及醒錚，△天一畫房告火，損失數萬元。

與長女往張民權兄府上，陰壽之宴，返院工作，與鄧全商量定黃鶴聲事，寫信上海，交馮俠魂轉交馮醒錚，又直接催他返港，因外界謠傳，謂他母作怪，恐通信與醒錚，謂太平非六月初一關台也，澳鄧祥來函，欲買太平劇團，雙三千八百元，演劇籌款弍台，允之，隨覆一函云。

6月30日 　　　　　　　　　　　　　星期二

> 提　　要：丙子年五月十弍日，（1）鄧泉請陸羽品茗，繼遇馬公，（2）定紫蘭女，初索伍佰，還價弍佰元，（3）游〔遊〕車河及加拿大，（4）西電彬謂，倘舊數不清，則折扣不許云，（5）因會項遂謂內子數言，（6）擬新班及戲院行政工作。

俠魂之四家謂，已幾次打電往上海矣，該相片已交與上海妹拈來，未稔何事，尚遲延至今也。

所做之會着壹佰捌拾元，乃陳何氏用去，而彼所賣之屋數仟元，余一無所染指，且因去歲關係，彼輩姊妹已有許多閒言，嗣後唯有多量儲蓄金錢，以為他日不時之需可也。

7月1日 　　　　　　　　　　　　　星期三

> 提　　要：丙子年五月十三日，（1）馬文星為太平劇團事午食於金龍，（2）郭鏡清之減薪，（3）澤泉之替代伍標，（4）加薪。

與馬文星共午食於金龍六樓，商量太平劇團賣戲事，議定低價為六佰元，每月六日為額，他云遲日答覆，畢，焯兄與余步行，謂戲院成皮過重，最好將汝及九仔之薪減去多少，較為妙也，焯不言，祇顧其他，故對余曰，此後必宜奮鬥，儲蓄多少，以為不時之需。

伍錦標有騎牛搵牛意，決於廿五六左右辭他，以澤泉代替，人工照標一樣，在班加十元，作抄曲辦，周文海、源壽濂由下月（舊力〔曆〕初一日起，每人每月加六元，黃灶、李任則每人每月加五元，由卓兄自理，暫守秘密。

7月2日　　　　　　　　　　　　　星期四

提　　要：丙子年五月十四。

同興銀號郭鏡清要除去樂仔，並云西九仔不應叫麼地不將所有事情對我講，余按，倘照他要求，將樂仔除去，則果台更為作威作福矣，究不如另商別法，以和緩之，並商量如何處置麼地，以免將來更有其他事幹發生，此後十分謹慎三樓之餘額沽票也。

大丈夫當忍辱負重。

焯往同興借二千元。

7月3日　　　　　　　　　　　　　星期五

提　　要：丙子年五月十五日，（1）機器工會買戲籌款，（2）拍電上海，馮俠魂及醒錚，（3）對海大觀商量《傻偵探》事，（4）談話及將來應附〔付〕亞鏡之辦法，伍標告辭，並薦一人。

午陸羽，韓主席機器工會欲買戲籌款，余索價每日一千元，下午拍電催醒錚及俠魂返港，並對馬師曾言，着他即着亞中赴滬，攜備他的親筆函，拈往上海，交與他二人，託言來滬購料，故順帶此也，他諾之。

六時晚飯於對海大觀，蓋彼四院以聯合也，並因《傻偵探》改期事，遂與趙樹燊共商以《摩登新娘》上下集代替云，明日答覆。

伍標無理取鬧，辭職且帶一人到代其位，余斥之。

焯兄對余曰，余因身子關係，希冀汝以後多的時間在院內，並此後對待各夥計，過於盛怒斥他，縱使不合，祇可柔聲警戒，再有甚言，則開除可也，苦口良藥，余亦謹遵他訓，余遂言曰，與其多還舊債，曷不先籌多少，以還蘭生先乎，他然之，至夜深十一時許始別。

7月4日　　　　　　　　　　　　　　　　　星期六

提　要：丙子年五月十六，（1）陸羽品茗，（2）戲院工作，（3）馬點戲事，（4）定第弍花旦。

購墨水一瓶。

馬師曾意點五晚新戲，即拉箱對海後再返，以免重覆，余不贊成此計劃，容再商。

馮醒錚已由滬返，俠魂衣箱亦到港。

張活游拈相來，且靳靳問何時出上期，余支吾以對，蓋馬不喜悅此人也，因他有索野之名，且犯港紳厭惡。

　　{ 略 }

7月5日　　　　　　　　　　　　　　　　　星期日

提　要：丙子年五月十七日，（1）陸羽，（2）《天光報》價目，（3）蔡棣來函，（4）上海中原皮噫，
　　　　（5）定號位紙，（6）郭元海請食晚飯於加拿大，並余送金山橙云，嗹佛到談。

《天光報》訂每月廿元，二寸正港聞心[1]，九折收數，蔡棣往澳。

7月6日　　　　　　　　　　　　　　　　　星期一

提　要：丙子年五月十八，（1）陸羽，鄭德請飲茶，（2）陸羽晚飯，（3）歐辛由省返，商量印票事，
　　　　（4）黎民三，太平票，（5）大同狀師信，（6）陳宗桐商議戲業聯合事。

　　{ 無正文 }

1　與 6 月 20 日所述類似，見上文註釋。

7月7日　　　　　　　　　　　　星期二

　　午馬文星約往金龍，商量太平劇團事，他不允買戲，祇允包底，並欲每月送回車馬費多少與余，余遂將此事一一俟卓兄至，對他剖白，容日再商，在途與鍾德光遇，託他代修一函與西報，評論太平後門之電車臨時站應改為永遠停車站，回院工作，張文權約余先往告樓士打酒店飲茶，再往石澳晚飯，蓋他的黃表妹與他青梅竹馬，少小多情，故欲事以終身，唯地位名譽計，故不敢造次，吾恐將來終成憾事矣。

　　西樂譚某意欲要求薪金港紙伸寸〔算〕，余答曰，萬難應允，蓋此乃老例也，後馬師曾來電，謂不宜過事壓制，對於馮醒錚，風聞他已覓薛仔走埠云，余口〔聞？〕，姑勿論他如何，萬難過事遷就，否則凡百棘手矣。

7月8日　　　　　　　　　　　　星期三

　　秩芬哥由省來，索一元食飯，又借十元作駛用。

7月9日　　　　　　　　　　　　星期四

　　馮醒錚年年必一次要挾，故焯兄欲斷然手段以解決之，（四）約馬於告樓士打地下飲茶，共商應附〔付〕，詎料馬云，萬難，雅不欲放棄部屬一弍員外出，以免薛仔如虎加翅，且也薛仔每每搞亂太平劇團，遂決由他解決，初議先定趙驚魂，後掣〔制〕服他，結果由馬着人訪他，試探內部情形。

　　馬文星請食晚飯於新紀元，時為九時半始入席。

7月10日 星期五

提　要：丙子年五月廿弎，（1）陸羽，（2）戲院工作，（3）馮醒錚事。

　　馬師曾於七時許有電話至，謂馮醒錚別無用心，且戲言曰，在上海有新衣服，至緊通知，免你有我無之譏，現日本班尚未夠人，能否代覓，他亦允是日答覆，由此觀之，則他亦能事，不過焯兄過慮矣，馬並着明日叫人去他住家，定實星期一日到取大定，繼電話問四家，據答覆云，俠魂準星期日到港。

7月11日 星期六

提　要：丙子年五月廿三日，（1）陸羽，（弎）新世界換仄紙，（三）普慶陳珠商量合約事，（4）張榮棣收條事，是日影《荼薇香》，收入約四百三十元。

　　是日無甚紀錄。

　　張醫生來函，謂彼此老友，豈可因錢銀細故，至動爭執，將欠款收條寄下作完數，究不知其用意何在。

　　陳珠與其妻在百貨公司與余相遇，詢問普慶事，余答以無所謂，兄若如何並如何，他繼云分份弎捌，六佰以下，捌弎五‧一七五，免費、椅墊費照收入計，不得濫發贈券，按金一千元，他云他通知馬文星，遂告別。

　　夜與碧侶往購白鞋，明日在校演劇用，並在加大食冰琪琳時，與鄭國安相遇，共談鄧泉擴大喧〔宣〕傳，不特不代定黃鶴聲，且言太平劇團以柒仟元定他作要挾別班云。

7月12日 星期日

提　要：丙子年五月廿四日，（1）陸羽，（2）霍海雲步行，（3）七姐入養和園。

　　醒錚已收定，俠魂又到港矣。

　　約夜九時許堯勳與鎮勳至，言七姐腸痛，叫葉大楨醫生睇，斷為生橫腸炎，主割，唯先服藥，如過三十六點鐘無痛，則不用施割，最好是晚先入醫院，看看明日病狀如何，得聞之下，余遂往察焉，她對余曰，入院未知費用

1926
1928
1929
1930
1931
1933
1934
1935
1936
1937
1938
1939
1940
1941
1942
1943
1946
1947
1948
1949
1950
1964

如何，余答曰，祇交三數十元按櫃，其餘慢慢再籌，她意，蓋欲余主理也，余緘默不發一言，後她着余往見焯兄，商量廿元，余遂如命，繼至院時亞四已先至，顯見事在先謀，且借五十元，既已着人先籌，何以又命余再往，顯見彼等居心叵測，十一時抵養和園四樓四十二，十一時四個字醫生至，十弍時余與五姐返寓，嗣後對於彼等所為，唯有鈎心鬥角，互相機械而已矣，即如此事，則可見一斑矣，姑忍耐之，以觀將來，唯有日日儲蓄，以備不時之需。

7月13日　　　　　　　　　　星期一

提　　要：丙子年五月廿五日，（1）衛少芳要求補回日子，（2）馬師曾點戲，（3）霍海雲請加拿大。

　　七姐在養和，已過痛苦時期，不用刀割。

　　衛少芳因以前所訂之日子支吾，故要求補回十五天薪金，後卒補十四天，馬師曾於下午三時到點戲，並勸戒余勿鋒芒太露，以招人忌，彼此暢談許久，適卓兄至，遂別。

　　馬謂，既定九個月，何以不交足九個月定與譚蘭卿，余遂答謂，先做六個月，後再做三個月，合意否｛原文“合意合”有一刪除綫｝，址有優先權。

　　港鉅紳伍華之子與莫幹生之九娘發生桃色慘案。

　　｛略｝

　　養和院之所以不書源鄧氏者，殊恐某氏之字一時誤會，究不如直書鄧妙卿之為妙也，她意則謂余過於取巧，凡事心裡不和，必定各懷異見也，彼之子猶不住視四姐，則余又何須往探她也，但君子不為已甚。

7月14日　　　　　　　　　　星期二

提　　要：五月廿七日。

　　普慶陳珠云，馬某不允照辦，按櫃不交，必要堅持舊議，余答以下次再談。

　　譚芳借伍元，連舊數，允代交十一元與東亞藥房。

　　譚蘭卿云只接六個月，余叫他〔她〕睇合同，她云，於廿八再取一千四百元，留回六佰，遲日取下期一千四百元，每關肆佰。

七姐在養和園，余本擬往視，後因有事，故用電話通知，並問候，詎料驀頭第一語即言："明日出院。"即顯見心有不悅意，誠恐吾催其出院也，然此亦暫療之法，亦非根本治理。

決在關期[1]紙內聲明，先做六個月，實行九個月班。

7月15日 星期三

> 提　要：五月廿七，（1）陸羽，（2）照常工作，（3）俠魂要挾另加事，（4）廣州，游〔遊〕車河。

七姐出養和園。

馮俠魂倉惶至，謂有事商量，原因該合約是四家簽的，他可以否認，唯不願失感情，最好將所有上下期一律打關期，遂別，約十時半再有電話至，謂不若折衷辦法，祇要責成下期，其餘打關期，遂允他所要求，並簽約焉，此人過精，書明由何時至何時，共六個月云，半日安上期照加六計寸〔算〕。

廣州，管卓請消夜，車費（走畫）餘款也，他云，每次走畫，張某要回加一，故索價六十六元也，宴罷遊車河，至三時始回寓。

7月16日 星期四

> 提　要：五月廿九，（1）新紀元，（2）送弍百元珠花與譚蘭卿，（3）馬師曾約談皮費事。

馬文星請新紀元午食，余與小女及次弟、三弟往，詎料各人均已齊集，且多生客，故余遂與彼等往四樓午食焉，畢，馬約晚飯，共斟普慶事，他到院時，又允按金弍佰元，唯許多例外要求，允明日答覆，余亦任他，至十弍時猶未見有回音，故不候。

譚蘭卿要求澳門船旅費俱由班支給，與馬大同等待遇，遂送上海佬賣之全副珠花，原價三佰元，實弍佰元云，太平劇團初次送野與藝員，馬約有話談，講及班中皮費事。

1　"關期"即戲班發薪水的日子。過去戲班例規一般是演一個台期發一次薪水，每個台期五天或七天不等，稱為"出關期"，見《粵劇大辭典》編纂委員會編：《粵劇大辭典》，第1283頁。

7月17日　　　　　　　　　　　　　　　　　星期五

提　　要：丙子年五月廿九，（1）馬問皮費，決為四百三十元，（2）金龍收普慶弍佰元，（3）新紀元宴客畢，往普慶一行。

　　馬師曾晨十一時抵院，問是屆執皮幾多，余答曰，雖有銀水幾多，唯各大佬倌都不願取，祇要分作關期，故比較舊年亦不過一千八百元左右而已矣，決執四百三十元，他允焉，並取去一百元。

　　午馬文星約往金龍簽合約，並交按金弍佰元，余亦請晚飯於新紀元，畢，與他共往普慶一行，據他云，新世界每月虧本二千元左右。

　　焯兄對余說，亞鏡久有此心，欲作太平，唯李蘭生阻之，何以酒者不送回大戲及影戲票一本與他，前者先君在世時都有，卓兄因利請侯壽南晚飯於新紀元之故，遂對他談及，並勞他代交與蘭生兄免費券各一本。

　　郭鏡清心懷叵側，觀乎果台之事可以見矣。

7月18日　　　　　　　　　　　　　　　　　星期六

提　　要：丙子年六月初一日，（1）太平劇團開首，（2）陸羽品茗，（3）擠擁，（4）巡視。

　　是晚為太平劇團第五屆組織頭台，未屆七時，全院上下客滿，較之去年勝弍佰金強，共一千八百元左右。

　　焯兄提議加增風扇，並修理窗門。

　　夜演《國色天香》，頗佳。

　　梁祝三狐假虎威，問乘皮如何，余答以各老倌不要上下期，故銀水反得其反，不若往年之盛也。｛此段原文用紅筆書寫｝

　　謝永樂因郭鏡清事，迫不得已辭他，另給卅元，一日都係果台之事，亞杜難辭其咎。｛此段原文用藍筆書寫｝

7月19日　　　　　　　　　　　　　　　　　星期日

提　　要：丙子年六月初弍日，（1）禮拜在陸羽品茗，（2）往對海試車，（3）全球燈事，（4）新紀元消夜。

　　下午茗畢，與陳永貞往商務購墨水筆乙枝，乃別，返院，是日因有雨，故生意平淡，猶勝於去歲也。

夜與蔡棣往加拿大小敘，購魚油與家母，並聆聽關樹仁云，請用一相架將相片貼起，把在色櫃內，更為美觀，並云免費券諸多侮辱，余向他解釋，明日再奉送贈券作數。

與張民權往新紀元消夜，至十式時始返。

7月20日 　　　　　　　　　　星期一

提　　要：丙子年六月初三日，（1）租與西南籌款，（2）與文權國民晚飯，（3）返院工作，（4）廣州消夜，打水圍。

無甚紀錄。

西南租院，四十院租，行畢業禮。

馬師曾每夜取捌位，送與親友觀劇，送式位與民權，誤送《薄倖名》，改為即晚新劇《花有刺》。

廣州消夜畢，往美麗紅處打水圍，至夜深一時始睡。

7月21日 　　　　　　　　　　星期二

提　　要：六月初四日。

陸羽品茗畢，與 EDDIE、陳宗桐、譚芳數人渡海試車，並往參觀陳氏試片沖洗室，後返港，在加拿大與馬師曾相遇，寒暄畢始別，馬猶戒余勿剛愎自用也。

晚飯陳宗桐請食於廣州，並邀下星期日往他府上一敘云。

賭博輸了十三元。

7月22日 　　　　　　　　　　星期三

提　　要：丙子年六月初五日。

是晨往巡票房，適有一函與杜瑞衡，余遂拆而觀之，得悉劉萬廉給予她的，大意謂太平過於黑幕，且非有志青年所應為也，余遂將該函交與區辛轉

1926
1928
1929
1930
1931
1933
1934
1935
1936
1937
1938
1939
1940
1941
1942
1943
1946
1947
1948
1949
1950
1964

交與焯兄過覽，後下午焯兄至，余對他說及，他竟云他是一有用青年，而且汝不應時時呼喝或當眾人面前大聲喝罵，余僉以為責成，最適宜之事，此後唯有讀書養氣，凡事不計長短，及後他又言，區辛卻不願幹此責，因負責太重之過，然余（即卓）亦斷定他必不敢作算也，按此言似乎言外有音，余嗣後唯有三緘其口，勿令卓再有所猜忌也，古語云，滿招損，謙受益，誠哉此言也。

張民權請消夜於國民酒家，內子與焉。

發一長期通過證與酈新君，號數為六十弍號。

7月23日　　　　　　　　　　　　星期四

> 提　　要：六月初六日，（1）陸羽，與韓文惠華人機器會簽合同，（2）院工作，（3）告樓士打午茶，（4）黃棠，加拿大略談。

正午十一時譚芳電話來，謂他有要事晉省，該自由車交帶[1]余仔與陳宗桐直接面談，余遂於十弍許往陸羽候華人機器主席韓文惠到簽合約，並收定銀五佰元，畢，往金龍赴酈新之約，畢，往庫房打一元士擔在該合約內。

下午與馬師曾往告樓士打午茶，略談時事，他並極端讚美先君之和藹待人及毅力，焯兄確不如也。

夜黃棠到座，與他往加拿大略談，與謝益之遇，他為東道。

《循環報》頻頻索款，待解決。

廖某謂，向使星期一不清結，他約債權人噲〔會〕向地方法院起訴他云。

購一書一本，名《人生八大基礎》。

7月24日　　　　　　　　　　　　星期五

> 提　　要：丙子年六月初七日。

午陸羽，將所有籌款戲券交華人機器會印刷，畢，馬約往加大，與梁秉照共往灣仔順興，購一單車，價艮三十六元，送與鄧祥，返院略事工作，然

1　此處「交帶」是粵語用詞，即交託某人辦事的意思。

後共往鍾〔鐘〕聲游泳棚，與劉景清遇，談及張瀾州租院不清院租事，蓋他為人素來苟且，殊欠信用。

夜黃耀甫到談。

郭鏡清有函至，溫焯明講及太平劇團日戲事，顯見果台無事不報告，猶其是蘇九也，此人奸詐，必要留心焉。

關於燕梳事，交銀主自理。

7月25日　　　　　　　星期六

提　要：六月初捌日，（1）陸羽，（2）觀劇，（3）告樓士打，（4）觀劇。

午約黃耀甫等茗於陸羽，畢，返院觀劇，並着令亞南將戲台之風扇照夜戲一樣開放，以免各伶過於辛苦，而又有輕此重彼之嘲，馬與張文權及余共往告樓士打午茶。

夜演《賊美人》，滿座，且佳劇也，唯熱甚，大堂風扇雖多，唯窗門不能打開，空氣不流通，仍濁氣如故，必出法以流通也。

西巡捕，名J. S. RIDELL，諉言用六元購去超等三位，余遂送他贈券三張，以備他之中國老婆到觀劇也。

連日不知何故，難於入寐，必嗣三點後始入夢鄉。

7月26日　　　　　　　星期日

提　要：六月初十日，（1）晏起，巡視院方，（2）陸羽品茗，（3）觀劇，（4）陳宗桐府上晚膳（他夫人壽辰），（5）鄧肇堅，高陞事，（6）金陵。

晨如常工作，午陸羽品茗，霍海雲至，共談如何做人情法，陳宗桐府上晚飯，後返院，馬師曾約往後台一敘，云鄧肇堅有電話來，約往高陞做，馬則答以該事請與九哥商量，後再有電話搵余，答曰，高陞與敝院相連太甚，若太平做完即拉箱往演，豈不是太平劇團在港地連演十餘天乎，余以期期不可，緩步始商，他答曰，余非要求汝即刻，不過彼此商量也，遂畢。

馬文星請金陵，張民權及其婦俱至。

1926
1928
1929
1930
1931
1933
1934
1935
1936
1937
1938
1939
1940
1941
1942
1943
1946
1947
1948
1949
1950
1964

7月27日　　　　　　　　　　星期一

提　　要：丙子年六月初十，（1）陸羽，（2）加拿大與廖鴻明、夏永福訂妥，（3）新紀元晚飯，（4）
　　　　陳斗，37。

十一時往加拿大與廖議妥分期附〔付〕款法。

每份九元，請陳宗桐夫人於新紀元晚飯。

太平劇團往澳演籌款劇，為孤兒院籌款，價艮五天三千八百元。

7月28日　　　　　　　　　　星期二

提　　要：六月十一日。

陸羽，與韓惠文先生商量買券事，下午返院，照常工作，十一時在加拿
大交廿七點九二元與廖鴻明轉交夏永福，有收銀部為憑。

下午照常工作，看書。

因債務甚困，唯現已一法解脫，即勤儉之謂也。

碧侶、碧翠補習算術（碧侶考試冠軍）。

7月29日　　　　　　　　　　星期三

提　　要：六月十弍日。

晨抄電鏢〔錶〕畢，工作，午陸羽品茗，與陳永貞同桌。

焯兄五時抵院，略談去歲班況，彼云，他之所以步步睇緊者，事因戲院
全無一文，所入者俱朋友之錢，向使舌〔蝕〕本，則不知如何計算，故每事
極為留意，難免吳培等有緊要之譏，是歲則不然矣，余遂對他曰，劉萬廉極
端靠不住，必有以處之，他又云，區辛對他講，劉萬廉話："太平有乜法子
咁除我，祇有我唔做也。"余提議，如清除各舊債內所有佣金，提起多少與
仕可、日餘、源朗等分份，其餘由我輩弍人均分，他允許。

黃少卿到，借十五元，余迫她簽回字據，以免別有事端也。

蔡謙、日餘、源廉、李任可以有用也。

《桃源洞》畫主不允走畫。

7月30日　　　　　　　　　　星期四

提　要：六月十五日。

　　晨如常工作，午陸羽，交銀九元與張民權，他請飲茶，陳宗桐向借弍佰元，允借一百元，由《午夜僵屍》片租扣回。

　　黃少卿，即西洋女，窮極，來借十五元，並簽回字據。

　　馬慰農之第四子因弍次考大學都下第，意欲學戲，余勸他不如再次用功，希冀來年合格入大學攻讀，豈不美乎。

　　四姐病，潘醫生到診，兼理其瘡，用去三元。

　　泰兆到寫字樓借二毛，歐漢扶日前借一元三角，謂拈來作買藥水之用。

　　寫信往竺清賢定片期，看他如何答覆。

7月31日　　　　　　　　　　星期五

提　要：六月十六，懸七號風球，是大風將至。

　　譚芳由省返，現已往電白接任鹽場，郭源海易名郭源忠，因隨唐海安運動空軍有功，現附屬財廳宋子良，每月入息千餘元以上，張民權請芳兄晚飯，無非欲他引薦一份職業與他的弟弟也。

　　霍海雲對余謂，彼等徵逐遊戲，不過勢利之徒也。

　　｛略｝

　　馬師洵到，談意欲棄學就優，余勸導之，究不如雙管齊下，他有允意。

　　摩地甚蠱惑。

8月1日　　　　　　　　　　星期六

提　要：六月十五日。

　　晨因陳宗桐借一百元事，往華威見馮其良，定妥《午夜僵屍》，究不知如何，而桐則謂，直接與竺清賢交易，後往新世界覓他，他與霍寶財、余文芳、鍾舜章等在大同午食，余遂與張民權、譚芳過海試車，時適大風至，故在碼頭稍候始回院，先是泉州因懸七號風波，在澳不行，經幾許交涉，補回

1926
1928
1929
1930
1931
1933
1934
1935
1936
1937
1938
1939
1940
1941
1942
1943
1946
1947
1948
1949
1950
1964

二十元始動程，向使不然，則昨夜東樂之《國色天香》一千餘元向誰取也。

李遠在陶園相邀，略談洒別，後聞鐘〔鍾〕及余到訪云。

內子因家庭瑣故，動輒嘈吵，且凡事必怒氣，余亦大罵一頓，以挫其威。

8月2日　　　　　　　　星期日

提　　要：六月十六。

晨如常工作，午陸羽，與機工會接洽，後返院，小玩意。

東樂院《嬴得青樓薄倖名》依然擠擁，約九佰元。

8月3日　　　　　　　　星期一

提　　要：六月十七，大雨。

晨如常，機器會來電謂，日期有問題，新戲如何，午陸羽，馬惠農至，遂別。

與霍海雲閒談，在新世界與錢大叔遇，並交仄一百元與陳宗桐轉交竺清賢，又往大觀，即新月公司，購碟一打，共十五點九三元，並他欲借片，租一百五十元，余推他異日。

還息銀與三姑，共二十一元。

夜八時許馬師洵又問組織戲院研究會事，余支吾以對，演陳斗藝術戲，氣工及硬工俱表演驚人，唯大雨連天，收入極劣。

8月4日　　　　　　　　星期二

提　　要：六月十八。

午陸羽余潤請飲茶，下午過東樂，因馬伶相邀之故，查東樂有許多劣點，特約劉貴炎君，以資改革，（一）三樓不發免費券，（弍）賣票多過贈券換，難免不為【一】該椅墊着想也[1]，（三）台口牌不喧〔宣〕傳即日與明日戲本，（四）賣生果過於嘈吵。

李任交數，少一元，嗣後着他認真。

與蔡謙、源廉、周文海、日餘等消夜於國民酒家，步行而回。

油麻地風扇甚為活動，欲效之。

譚芳與 DELA 與石中山攜手而行，於油麻地碼頭見余即退。

8月5日 　　　　　　　　　　星期三

提　　要：六月十九，《循環報》荔坡可惡，不允減價，且限弍天。

晨如常工作，午陸羽品茗，後與馬師曾往加拿大論新戲，他云，先交新劇一出〔齣〕，名曰《錯認梅花作杏花》，與機工會，自己另行打算，又往彼府上，適公權、權嫦、師贊、師式及師洵俱在，遂將師洵升學及學戲問題一一詳細討論，唯此子剛愎依然，不從眾論，馬負氣而出，余亦隨之。

荔坡不外欲堅持交易，且不允減價云。

夜與梁秉照在加大小食，後返院，略工作，再往廣州，蓋張文權約羅舜卿請飲也，略談又別，與梁兄往珍昌消夜始返寓。

吾人處世，必宜涵養，忍辱負重。

陳宗桐將南粵之仄換過現銀仄，余對卓兄提及。

8月6日 　　　　　　　　　　星期四

提　　要：六月廿日，天一公司第弍次片倉全被火及。

十弍時與馬慰農君及其第四子往羅馬堂見大先生，後又往菁華書院見洪慈普校長，共商他進學問題，午陸羽品茗，下午足球比賽，查師洵因家庭不許學戲，神經系〔係〕激刺過盛，口〔必？〕有多少語無倫次。

內子心跳，往何顯若處診脈，余感覺她終日不管兒女輩，祇知打牌及其他娛樂，將來奚嚐〔會〕有好子女乎，故余憤恨之餘，絕對不睬〔睬〕她。

1　關於此細節可參見下文 8 月 15 日首段 "將送日戲之免費券換回椅墊費" 等事。

夜馮毅庵請消夜於新波士頓，源廉亦與焉。

代郭源忠往覓呂宋煙，不獲，因港地不通行。

8月7日 　　　　　　　　　　星期五

提　　要：六月廿一。

晨往院工作，午陸羽飲茶。

下午馬師曾約往加大傾談，並謂是處天一弍次放火，有人疑及他縱使，因邵某層〔曾〕出一片詆毀他[1]，故有此思慮云，然事不離實，思疑亦無益也。

夜與梁秉照往加拿大晚飯。

聞說東樂有盤斟，余意想合併之，未稔焯兄意思如何，故候之。

夏永福屢屢代廖鴻明催款。

8月8日 　　　　　　　　　　星期六

提　　要：丙子年六月廿弍日，（1）陸羽品茗，（2）過海探天一及普慶，（3）加大，定膠印，（4）內了：理髮。

晨照常工作，午陸羽飲茶，交馬票弍本，五弍七九一至五弍八〇〇及六〇八六一至六〇捌七〇，與霍海雲兄，後與張文權往普慶探馬文星，並往天一慰問，馬某不在院內，約五時往百貨公司理髮，回家洗燥〔澡〕，往院約黎伯往加大定膠印，制止免費券用。

當過海時，遇陳老毛，據云，譚芳過於奸滑，對他不住，且往往繞別徑，然後過公〔麼？〕安，不應租鋪與其兄，而互相鬥頂，電話56840，並着本港大華米鋪送一米部與舍下，未稔事實否，言中似有責成譚芳受賄。

內子睡至一時許痛哭，余安慰之始止，而大女又叫媽媽，余遂出廳睡至天明，大抵因余數天不理會她也，並索款二十五元，晉省之用。

1　此片應該就是前述之《世道人心》。

8月9日　　　　　　　　　　　　星期日

提　要：丙子六月廿三。

　　內子晉省，余交她駛用廿五元，因買船位不得，遂改期明天與三女同行，｛略｝。

　　馬公權請大翅於謙益。

8月10日　　　　　　　　　　　星期一

提　要：六月廿四。

　　內子晨早車晉省，起身，照常工作，着文仕可交一百一十七元與《循環晚報》荔坡收，午陸羽梁炳照請飲茶，下午馬師曾請告樓士打飲茶，並往皇后觀電影。

　　夜工作至夜深始睡。

　　劉明燊借款伍拾元，有字據為憑。

8月11日　　　　　　　　　　　星期二

提　要：六月廿五。

　　晨張民權有電話至，謂陳宗桐對潤叔講，話爾專搵"丁"[1]，且不願走《午夜僵屍》，今後唯有各行其道，余遂將此事原委對卓兄講明，卓兄乃往寫｛"寫"字似有劃掉痕跡｝庫房見張，談及，乃知此人確靠不住也。

　　午與馮其良遇，亦談及蓋不走畫之故，純遂〔粹〕因車費及廣告費而已矣，且桐每每剛愎自用，以為目空一切，便可挾天子以令諸侯也，民權午後對余談及，九如坊不久政府收回，建築街市云。

　　晚飯與梁秉照敘於國民。

　　義聯堂對於買鋪事，決議照六萬三千元沽去。

1　"搵丁"，粵語用詞，"佔人便宜"的意思。

現對於陳宗桐，唯有詐為忍耐，俟機而發，看他舉動如何。

8月12日　　　　　　　　　　　　星期三

提　　要：丙子，六月，廿六日。

晨往加拿大，交卅元與夏永福，午陸羽品茗，劃鬼腳，梁秉照為東道，夜霍海雲之萬紅請金龍三樓晚飯，肥佬潤因贏雞，又請消夜於新紀元，約二時許始返。

《隔籬二叔婆》雖名劇，唯因風波關係，極受影響。

據卓兄云，不日政府取回新世界或九如坊作街市用。

戲院摩地極之不盡責，非常污漕〔糟〕。

8月13日　　　　　　　　　　　　星期四

提　　要：六月廿七日，懸風球七號，唯大風下午吹散。

晨照常工作，午陸羽，霍海雲交銀找數，梁秉照謂張民權過於太精，既屬立意請午食，奚用劃鬼腳，下午返院，因打風，生意略淡，請萬紅晚飯於新紀元，計到座者，余潤、文權、秉照、海雲、李某等數人，約七時始別，再次消夜於廣州，鄺新請。

是晚《鬥氣姑爺》原本收入四百二十八，若果自行買多票一條，則足四百三十元之數，不用補伍十元與馬某，唯智者不為，故任他着數一次矣。

8月14日　　　　　　　　　　　　星期五

提　　要：六月廿八日。

晨早如常工作，午陸羽品茗，張文權請食晚飯於國民，後陳某又請廣州，至深夜弍時始返。

郭鏡清至，追問卓哥該九千元借款事，焯答以倘生意順利，則有餘款，除還三千元外，至還九千元，他又云，子芳欲告次乾，因乃次乾擔保也，後余在大堂見他，遂吩咐區辛、源廉看看摩地有無對他談話云。

廖鴻明欲託余代擔保他取畫片，蓋章承認，余允商量。

梁炳照甚鄙，張文權之行為過於奸滑。

萬紅亦有份食晚飯。

作思、作禮到觀劇，免票。

8月15日　　　　　　　星期六

> 提　　要：丙子六月廿九。

晨照常工作，午陸羽午膳畢，回院工作，是日華人機器會籌款，日戲照常，將送日戲之免費券換回椅墊費，壹概給與他，詎料他之司庫謂為欺騙，何以咁多人得咁少錢，余遂與何國榮談及，他（何某）向各人解釋後，又向余等道歉，夜演新劇《錯認梅花作杏花》，至夜【夜】十弍時三個骨始散場。

馮其良設宴於廣州，張某亦在焉。

余因事欲卜廣州一行，與焯兄暫借一佰元。

宴罷與張文權返他的香巢打水圍。

澳門鄧祥命何砵、周森到談，論及戲棚事，余答以一‧九口﹛此未能認出之字有劃去痕跡﹜分，人情費由他自理，未稔他如何處置。

8月16日　　　　　　　星期日

> 提　　要：是夜大風大雨，每里一三弍﹛原文"里"與"一三弍"間有一疑似對調文字的符號﹜，空前浩劫。

新世界戲院宴客於廣州。

是日高懸風波，夜十弍時許鳴風炮，大風已到，適余與張民權尚在廣州埋席，後中途與張兄，因有謝益之、陳宗桐、嚴夢等在，未終席而行，共往國民再消夜，時大風方濃，至弍時返寓，終夜難眠，風聲頻作，屋宇搖盪。

8月17日　　　　　　　星期一

> 提　　要：赴省，由早車改為中午車，六時始達，夜宿於新華 1-1，繼消夜於大三元。

原定搭早車，因大風，改為中午車，半站在深圳候車至有車行，六小時始達廣州，寄寓新華酒店四一一號房，隨即電話叫亞妹到談，往大三元消夜兼晚飯，畢，歇宿一宵，明日訪友。

此行原無定見，不過借此休息兩天耳。

8月18日　　　　　　　　　　　　　　　星期二

提　　要：與源忠午食於太平館，並晚飯於宴宴，海珠觀劇，與十三郎遇，說及陳宗桐不德處。

晨起，電話豫和園，訪梁炳照，詎料他未晉省，午郭源忠請午食於太平館，畢，返酒店，夜再晚飯於宴宴，可口可樂，畢，往海珠觀大羅天，此班本昨夜開台，因風雨阻程，故是晚始演，頗擠擁，遇十三郎，往安樂園一敘，他云陳宗桐忘恩負義，並立回欠單一千五百元與容樂，他意以為，余晉省運動太平劇團演劇事，余亦故弄玄虛，令他殊難捉摸，後又消夜於大三元。

郭兄現供職於財廳，為庶務股主任，頗可觀。

8月19日　　　　　　　　　　　　　　　星期三

提　　要：七月初三日乘泰山輪返港，午食於甘泉，郭源忠託做汗衫，並頸帶二條。

｛無正文｝

8月20日　　　　　　　　　　　　　　　星期四

提　　要：七月初四照常辦工，告樓士打與馬師曾、張民權、霍海雲食西餐，午後往查察全球，俱已倒塌，損失不尠，民權請國民晚飯，馬因事不到，欠賭雞數四元，往普慶與馬文星談及多設沽票處於明星戲院及免費券效力，陸羽消夜。

｛無正文｝

8月21日　　　　　　　　　　　　　　　星期五

提　　要：七月初五，陸羽午食，中央觀劇，國民消夜，澳門因打風，戲棚不能做戲。

定實東樂日子。

8月22日 　　　　　　　　　　　　　　　　星期六

提　　要：七月初六，午陸羽，下午登日記，龍章來函，催贖按款，加大與澤泉互談，焯兄指示今後辦
　　　　　法，切勿對五姐及家人等談及 EXTRA 事，果台內部分裂。

是晨如常工作，約十弍時半內子奔至寫字樓，謂碧翠因帶假金鈪，被兩男盜將她搶去，故將她手臂"屈親"[1]，隨即命文先生、亞五抱她往李周玉趺打醫生調治，駁骨敷藥，用去三元，古語漫藏誨盜，誠不虛語也，後查她之所以如此者，殊因亞女之鈪先被搶去，繼見她所佩之玉戒指，誤以為真，故用力強奪，至有如此也，而亞有往往行先，疏忽之罪亦難辭也。

龍章有函至，謂所按歇〔揭〕之款已屆期，催還，查此期應份九月八日，未知何故，如此錯誤，余遂叫澤泉往加拿大細商，准十四（舊力〔曆〕）先清息，後轉單，再用一年，未知此法可否通行。

果台內部糾紛，鍾某退出。

8月23日 　　　　　　　　　　　　　　　　星期日

提　　要：丙子，七，廿三 {是日舊曆應為七月初七}。

晨十時許馬伶到舍下，約往告樓士打飲茶，是日演《苦鳳鶯憐》，奇淡，蓋舊戲之故也，下午照常工作，覆函源龍章。

夜在加拿大與黎伯細談，劉萬廉又有一函與杜瑞衡，講及遭辱罵事，他又帶四個女人上三樓觀劇，話區老師叫嘅，區責罵他，他憤然駁頸，看此情形，則其跋扈可知也，終非心腹，必為患也。

碧翠依然敷藥，每日一元。

洪生已由美國返。

1 　"屈親"，粵語用詞，即"扭傷"之意。

8月24日　　　　　　　　　　　　　　星期一

提　　要：丙子，八月廿四｛是日舊曆應為七月初八｝。

　　晨往加拿大與廖鴻明小敘，又陸羽午膳，三時馬師曾到，謂馮醒錚過於跋扈，實行着陳鐵善晉省，定麥炳榮，一俟妥當，即實行以嚴辣手段，迫他計數。

　　約十一時（早）竹三謂，馬昨夜感冒，未知今晚能否出台，及後見他言動如常，始慰，幸告無事，照常表演《國色天香》。

　　六姐來函，亦索家用事。

　　余潤、文權，司徒秩，及啟連，余等消夜於國民。

8月25日　　　　　　　　　　　　　　星期二

提　　要：丙子，七月初九｛原文先記作"八月廿五日"，後原處改為"七月初九"｝，【七月初九】。

　　午陸羽品茗。

　　馮俠魂立意扭計，是日所派贈券一律起價，原收一毛，改為一點五毛，三仙：一毛、五仙、三仙，而他竟用人去□〔買？〕場，至四時方出。

　　吳培謂，衛少芳此後新戲必要十五元方肯拈出，以前所開的亦要照十五元補回，余反對，實屬無理取鬧，將來難免各人效尤，此風不可長，祇可允其將來，不能補回已〔以〕往。

　　馬師曾在國民晚飯，因編劇辛苦，要求星期日休息，余納之，並着他下次回來減日價，演好戲，決於十五日夜休息，由老倌補回。

　　與內子加拿大消夜（麥秉榮之事，不妥，因欠省方各院錢問題）｛原文無後括號｝。

　　｛略｝

8月26日　　　　　　　　　　　　　　星期三

提　　要：七月廿六日｛是日舊曆應為七月初十｝。

　　晨如常工作，午品茗於陸羽。

馬師曾嫌淡，意度澳門，余對培云，汝可對他說，謂鄧祥云，戲棚因打風問題，如再做，必遭反對，且清平行將停辦，故無地方好去，迫不得已，頻頻太平也。

培又要求新戲衛少芳首本每套十五元，且以前亦要照補，照此而論，實屬無理取鬧，況戲班豈能事事將就者哉。

余按太平非淡於別故，實淡於戲本舊之故也。

黃棠否認欠十元，且謂余欠他五十元尚未清數也，此十元蓋梁日餘、文譽可借彼，他並非余借也，至云五十元，年湮日遠，究竟比對，未知阿誰欠阿誰也。

8月27日 　　　　星期四

提　要：七月十一。

查亞彩未知何故，不找數與珍昌，至今數敦促。

｛略｝

鄧祥由澳送來蟹一籠，甚適口。

林融容由省有信來，交廖鴻照代收省告白數，且謂該數余已用去，諸多誹謗，嗣找數後始懲之。

8月28日 　　　　星期五

提　要：丙子七月十弍。

晨如常。

霍海雲請晚飯於國民。

余寫揭單一張，與源澤泉拈往見源龍章，並息銀一百八十元，要求再用一年，並交他晉省駛用七元，但據他來函謂，七月十四到期，余檢閱底稿，則九月八日，即舊力〔曆〕廿四方到期，或者一時之誤，亦未可料也，容後再誌。

起價後，日戲似乎人疏，唯收入則高些。

夜戲，三樓暴跌，未稔是否因二點五毛之故，查辦。

8月29日　　　　　　　　　　星期六

提　　要：七月十三。

晨澤泉銜命晉省，辦理按契事，午陸羽品茗，張文權索請食晚飯，遂請於新紀元。

夜演新劇《先開嶺上梅》，中旺。

於九時半往高陞看劇，金星劇團。

馬意欲往澳唱演，遂繕一函，着區新往見鄧祥，意欲託他代租清平，演劇之故也。

戲業略淡，非向別處發，無以支持也。

何紹棟兄送維他賜保命一盒，女用的。

8月30日　　　　　　　　　　星期日

提　　要：七月十四。

命區新往澳門，商量租清平事。

午陸羽品茗，與鄧肇堅遇，彼問，（一）告白費價目，（弍）太平劇團日期如何，余諾諾應附〔付〕之。

下午返院，與焯兄細談日期。

是日馬師曾因過於辛勞，休息一日夜，異日補回，詎料改演張瑞亭班，甚淡，因此人頻頻在港各院表演，聲口〔譽？〕及技術不佳之故。

妹對余言，謂祥仔及其姊金女責罵她，不應每月不供給省方駛用，而且上省耗去數十元，實屬無為，照此看來，祥仔確無理取鬧，堂堂大丈夫，不務正業，而終日祇知仰賴姊妹供給，恥極，余甚憤，且鄙其行為云。

夜十一時食燉雞始睡，衍藩有疾。

8月31日　　　　　　　　　　星期一

提　　要：七月十五日。

晨宴〔晏〕起，午陸羽品茗，借一佰元與廖鴻明，訂明由《鐵血芳魂》

扣回，下午足小戲[1]。

七時與文仕可過海，余個人見馬師曾，商量戲本，並新戲及星期日舊戲減價事，他一概應允，並謂黃濤着他晉省表演，在金星戲院，並已獲省府許可，各事已妥，余遂別，並在蔡棣處借一佰元。

澤泉對於龍章之事已辦妥，並換回舊揭單。

廣州酒樓黃耀珊請飲，十二時許始散。

9月1日 　　　　　　　　　　　　星期二

提　　要：七月十六。

是日照常工作，不過略候區辛，談及澳門已允修改條約，所有街招、特別喧〔宣〕傳由院負責。

下午馬至，共談，着他修函鄧祥，懇他幫忙，並命亞牛親送此函與鄧某。

初在陸羽品茗時，張約即晚國民晚飯，每位科民弍元，余遂與陳宗桐約余潤，詎料六時許，余至國民，張已與陳在新紀元地下晚飯，祇令余久候，余亦啞忍，唯有略食小許菜飯始返院工作，細思既屬好友，不應如此玩笑，倘着汝不往食晚飯，余則不怪汝等，既往，何不往新紀元｛"新紀元"三字有被劃掉的痕跡｝國民，此亦可知徵逐無益，交友要審慎。

霍海雲由省返，餼物甚多，謝謝。

太平劇團鑑於新戲困難，必要移地唱演為佳也。

9月2日 　　　　　　　　　　　　星期三

提　　要：七月十七，中華體育會請會於告樓士打酒店，商量籌款事。

晨為澳合約事，近至十弍時始與熊生往娛樂餐室午食，因感於昨天苦悶之故也，並託洪生往見旗昌，雪箱事，後往告樓士打酒店，與中華會接洽，余索價弍仟弍元，着他明日到簽合同，定期八月十一、十弍兩天。

1　此處"足小戲"可能是踢足球的意思。

朱箕汝先生親約往新紀元晚飯，談及陳立夫及聯義社同志欲聘馬師曾晉省籌款，余答曰，除非准許男女班，否則不可也。

{略}

9月3日 　　　　　　　　　　星期四

提　要：七月十八。

晨照常工作。

午約洪生在加拿大相候，後梁秉照至，請品茗於金龍三樓，下午澳門戲院特派李旗佳到，接洽分賬辦法，公盤祇執印花，其餘班事班理，院事院理，簽妥，隨往大觀定畫期，並交仄一百五十元與他，馬因赴摩利氏之約，亦同行，繼在告樓士打與摩君、馬祿醫生商量演劇籌款事，余索價每日夜一千一百元，並約馬醫生遲日到敝院一敘。

夜忽馬相邀，謂不去澳清平唱演，余解釋，始允，並照太平分送日戲票云。

9月4日 　　　　　　　　　　星期五

提　要：七月十九，（1）。

晨候占美電話至，午新紀元品茗，下午照常工作，七時許在加拿大與黎伯暢談之際，忽然張文權謂朱箕汝請金龍，遂往焉。

張榮棣醫生借款五十元。

9月5日 　　　　　　　　　　星期六

提　要：七月廿一日。

午陸羽，張文權請陸羽，並國民晚飯，後返院工作，並購吊扇兩把，放在太平位頂。

馬師曾與余共往告樓士打酒店地下午茶，談及議燒俠魂或醒錚炮，並取合同三份參巧〔考〕，與周錫年醫生夫人共座，夜七姐到，謂馮醒錚第三期肺癆，着葉大楨醫生診治，勸暫為休養，大意欲告假也。

與其去醒錚，無寧先去俠魂，此人過於奸詐。

霍海雲請新紀元消夜，一時始返寓。

9月6日　　　　　　　　　　星期日

是日因鑑於星期日戲一向冷淡，決實減價，果能如願，演《情泛梵皇宮》，收七百餘元，夜戲《誰知花有刺》，亦七百餘。

日戲散場時，余與馬師曾談及馮某事，議決先去俠魂，且對於下台，拍靚就於高陞，（一）減價，（二）開新戲，前者必旺，唯恐一減則起價難，後者方是根本法，且同時多幾出新戲，豈不美哉，未稔伯魯意思如何，候覆。

夜與堯勳往加拿大食雪糕，並借五十元與張榮棣醫生，又往中央觀劇。

鎮勳實行入英皇讀書。

9月7日　　　　　　　　　　星期一

是日傾盆大雨，朱箕汝請午食於金龍，與馬祿及葉貴松相遇，遂談及紅十字會租院籌款事，余索價一千一百元每日夜，彼云太貴，且還價兩日夜捌佰元。

夜譚芳由北海回，用電話通知，約往加拿大略談，並允代結束亞數。

{ 略 }

9月8日　　　　　　　　　　星期二

陸羽茶室，陳宗桐請飲茶，下午往美和取白汗衫兩件，託譚芳交與郭源海手，收為三點四元。

交旗昌五十，慎昌十九點五四，廖鴻明六點四四，他云請勿交銀與霍然，並着改清單，余一一允之，唯前次差利之數，則他反噬，可見此人靠不住也。

約五時半馬師曾約往後台商量，據云，他欲全班報效與蔣委員長生日購機用，乘勢運動上省男女班，着譚蘭卿明早早車上省，下午車返港，並謂黃流實靠不住也，恐防英仔為他利用。

託陳宗桐往南國定《女間諜》，未稔如何。

澳門清平函，索照舊，由班送貼預告街招三佰張，照辦。

鑑於粵語片如此冷淡，究不如改影西片。

9月9日　　　　　　　　　　　星期三

提　要：七月廿四。

晨如常辦工，午加拿大與廖兄約往娛樂品茗，與葉一舟相遇，共訂《女間諜》，與九如坊同白走畫。

下午鄧祥由澳至，約馬師曾，並晚飯於珍昌，為清平戲院，余遂與他衝突，幸喜他亦不敢暴怒，結果將澳之期改為利舞台，而該鄧某則喜形於色，並約往澳一行。

馬連日忙於商量晉省計劃。

9月10日　　　　　　　　　　　星期四

提　要：七月廿五。

請鄧祥午食於新紀元，下午有一潔淨局稽查到，問取伶人住宿牌照一看，余答以未有，他云，逢外寓必要取一牌照，否則是為不合例，並約明日到談，商量如何解決，此事想亦不外搵駛用也，故對卓兄談及。

夜往利舞台，利老四已破金，不能談吐，猶堅堅要求照舊補回上落費二十七元，而別院則補四十元，此人可謂老奸巨猾也，吾恐他不長久於人世矣。

朗甚跋扈，究不知他所靠者何，余以消極法子炮製[1]之，非正事不談，
視他如奴僕也，可矣。

9月11日 　　　　　　　星期五

提　要：七月廿六。

晨如常，洗臉，午遇張文權、朱箕汝、馬師贄，共午食於娛樂西餐
樓，畢，返院候該潔淨局稽查，不外欲受賄而已矣。

夜往利舞台，簽妥合約，由利榮根監理，薛紹榮手簽，遂交戲本，並請
何老式小食於加拿大，與霍海雲遇，共談略少時，返院，又與霍兄往金龍，
見張等竹戰，遂弍人赴三樓消夜，又與馮其良遇。

9月12日 　　　　　　　星期六

提　要：七月廿七。

內子晉省，慶賀三兄弄璋之喜。

午陸羽與黃耀甫遇，後又往新紀元五樓，張乘贏雞之便，交六元與余包
尾晚飯，唯余思實屬無益，遂託人奉回原銀，託言有事。

馬師曾約散場後彼此有事商量，余候之至（《桃花俠》，是晚新劇）完
場時，與他往新紀元消夜，原來英理就[2]、黃十五、什差黃流，想攬馬上省唱
演，唯條件要兩月優先權，照班底乘價，並報效三萬元，分期付款，後經幾
許辯論，余極端不贊成，馬亦表同情，殊恐彼等既無實力，反弄成僵局，故
不如不允之封回多少酬勞費與英等可也，明日候卓兄處決。

9月13日 　　　　　　　星期日

提　要：七月廿八。

1　"炮製" 原指中藥加工，此處是粵語用法，即 "對付" 的意思。
2　1956年2月4日《香港工商日報》第6頁有一則題為《英理就千金昨日出閣》的新聞，述
及英理就時任香港高等法院租務法庭傳譯，很可能是同一人。

1926
1928
1929
1930
1931
1933
1934
1935
1936
1937
1938
1939
1940
1941
1942
1943
1946
1947
1948
1949
1950
1964

是日下午余對堯仔謂，此後余祇每月負擔學費十元，多少由汝等自理，決定宗旨，萬不更移。

約捌時許焯兄對余言曰，倘汝支銷不足，可向班加支，唯不可亂支，必有限制，即每關加多幾何，對蔡棣話可也，余遂答曰，多有多駛，總而言之，班有溢利則可也。

黃十五到寫字樓，談及馬師曾上省事，似乎祇準〔准〕馬上省，而其他不許，其條件為優先權式月內，照班底執起，並籌款三萬元與各社團，余恐此人空言無濟，未知所運動之款達到各人手否，恐反為弄僵，馬借五百元，酬勞英師爺。

9 月 14 日   星期一

提　要：七月廿九。

晨照常工作。

午該 PURVIS 潔淨局稽查到訪，不外欲搞〔敲？〕竹槓[1]，余見許多人環繞，不宜於工作，故不與之，他着余從速寫一稟上華民司，呈求住宿證，余遂對卓兄談之，後他往見他，約明日二時再會云。

利希立原訂三樓不收椅墊費，他竟收五仙，實屬扭計，殊欠合作精神，此後必字字訂清楚，以免再上當也

余往國民消夜，女侍亞影謂，汝官仔皮〔脾〕氣太重。

9 月 15 日   星期二

提　要：七月卅。

晨如常工作，午候該潔淨局員解決取牌事，以致未小食，至三時始在中華與譚芳、梁秉照遇，原來該外寓例萬不能照他所說往取牌，若一經限額，則該稽查時時可以敲駛用也，唯必要有女人住方可，往利舞台，在車中與卓兄說及，五姐過於胸襟狹隘，因堯仔向卓哥取去二十八元購書用，她又向卓

1　"敲竹槓" 是粵語用詞，即搾取、勒索的意思。

哥取回十四元，將來此例一開，則凡事必回戲院支也，余有先見之明，不圖於是晚如此口〔其？｛此字似有刪去痕迹｝〕快現也。

夜往國民消夜，陳宗桐搶住結數，不外欲向馬師曾籌款也。

9月16日　　　　　　　　　　星期三

> 提　　要：八月初一。

晨如常工作，午陸羽品茗，後再往娛樂餐室，下午與馬師曾往加拿大，商量應附〔付〕友聲社事，並擬新戲辦法，隨往利舞台一行，是台在利舞台不送日戲票，收入有五十餘元，可見日戲已有進步也。

內子由省返，｛略｝。

往一品升會議，聊事，並聞源浩尚已於卅日去世矣，患錢之過也。

9月17日　　　　　　　　　　星期四

> 提　　要：八月初弍日。

晨照常工作，午陸羽與梁日餘品茗。

馬約往加拿大一敍，後又往利舞台找馮顯州共商大計，夜往利舞台，《王寶川》，收入驚人，亦為是台之冠軍。

決定下次大堂中座收8毛，東西五毛，超等六毛。

內子患病。

宣佈打回每關一百元。

往中央觀劇，並往陸羽消夜。

潔淨局幫辦已受賄卅元。

9月18日　　　　　　　　　　星期五

> 提　　要：八月初三。

晨九時馬師曾親到舍下拜訪，並共往加拿大商量，下次全演新劇，且演《捨子奉姑》焉。

午陸羽品茗，馮氏意欲在寫字樓糾纏。

下午小足球。

三時許往加拿大，與友聲社接洽，商量上省事，並交他條件容日答覆，與余華石相遇，略談，明日再會。

內子患疾。

夜往利舞台，是台利舞台收入穩健，較之對海遠勝。

9 月 19 日　　　　　　　　　　星期六

提　　要：八月初四。

晨如常工作，《華僑報》全版三十五元。

午與余華石、黃耀甫、霍海雲等午食於陸羽，畢，往見鍾舜章，據云，大腸熱後服藥矸，現已往中大調理云。

馬師曾共往茗園，食 MALAY 架厘食品。

七時過對海，馬文星謂，劉桂炎着他一律式場收椅墊，余力駁，他又請消夜於太平，余潤、海雲、萬紅，及張文權俱至，馬為東道，查此人立心奸滑，必出法以警之，使對海各院陣線破壞也。

廖鴻明立心毀壞余之名譽，將來必清數後始教訓他一頓。

9 月 20 日　　　　　　　　　　星期日

提　　要：八月初五日。

晨機房報告謂，《女間諜》一片尚未交到，隨即與陳宗桐兄知會林煥坤往對海南國片倉，實行鑿爛畫倉門取片，詎料各工人攔阻，要求發欠薪，經幾許解釋，找到葉一舟，並擔任將片租交與林、葉二人，方獲了結，計時已一點餘鐘，隨即連汽車返院，始趕及開影，倘余等不親往南國，則唯有改期矣，亦云幸矣。

馬文星要求加收椅墊費，余不允，並責難東樂劉桂炎，不應將東樂之利益和盤托出，對馬某直說，然必有以待之。

國民潤叔請食晚飯。

家慈患疾，內子患屙。

9月21日　　　　　　　　　　　星期一

晨往加拿大，交銀卅元與夏永福，午中華品茗，鍾得光到，借款十元。

普慶沽票員作弊，為太平劇團發覺。

東樂答允照舊，不收椅墊費，逢沽二場票，頭場照舊收，八時許劉貴炎親到應允，余隨即取消普慶期。

與小女們國民晚飯。

馬着人上省，定麥炳榮。

9月22日　　　　　　　　　　　星期二

晨如常工作，午 KINGS 小敘。

午後接一電話，謂五蘇來港，寓思豪酒店 47，遂於夜八時往會，據云，清平事不怕發生訟務，有彼等負責，並實行建築一戲院，臨時用板釘粉飾美觀，約 2000 餘元，約一月內開幕，如必要赴澳，儘{該字有劃掉痕跡}可先在南京戲院唱演，條件照清平外，分賬 15：85，余隨即揮函與鄧祥說明一切。

夜七姐至舍下，謂馮氏實行先告四奶，後告余，即先取回首飾，後告其他也，余亦候她如何進行，方設法處置也。

南國的片賬仍貯在太平，候解決方清數也。

9月23日　　　　　　　　　　　星期三

是晨家母劉氏接一狀師信，發自馮杏有，云以前託代保管之首飾，現已一律繳回，否則法律進行，余隨即往高露云狀師樓，託韋寶祥兄回信否認，據韋兄云，有七成勝訴，先行不認，且該項首飾不過當時交與汝穿戴，為面子起見，並不是交與汝也，縱使失敗，亦不過每月賠五元而已矣。

余按，她此舉，（一）激於過憤，（式）受人煽惑，（三）或行為不端也。

余層〔曾〕將此信交與焯兄過目，據云不了了之。

9月24日　　　　　　　　　　　　　星期四

提　　要：八月初九。

無甚紀錄。

歷年節前節後例淡，唯是年是日演譚蘭卿首本《捨子奉姑》甚旺云。

夜金龍消夜。

究不知何以日戲贈券較之往日略淡。

9月25日　　　　　　　　　　　　　星期五

提　　要：八月初十。

晨與卓兄談及馮氏事，據云，彼對於汝母萬不能作惡，唯恐對待汝另有一翻工夫也，汝其小心，余答曰，倘有事時，儘可以由老哥通知亞標往與她商量，講完後，適她電話至，約即晚八時半來院談判，詎料她屆時爽約，又不知葫蘆裡賣甚麼藥也。

9月26日　　　　　　　　　　　　　星期六

提　　要：八月十一。

｛略｝

十一時返院工作，午陸羽，姚尚勤請飲茶，下午加拿大，與馬師曾、四眼仔等小敘，並與馬往六國訪友，隨回。

夜張文權晚飯於陸羽，並金陵。

五太到訪亞妹，夜與新靚就拍台，演《怕聽銷魂曲》，甚旺。

對於澳門事，余決不理。

9月27日　　　　　　　　　　　　　　星期日

提　　要：八月十式。

　　晨如常工作。

　　馬師曾謂，全班老倌甚為跋扈，且是晚演《孟麗君》，衛少芳不允飾蘇映雪，因紮腳關係，後經許商量，結果改戲，且節前，甚淡之故也。

　　馬着余等無論如何，找趙驚雲。

9月28日　　　　　　　　　　　　　　星期一

提　　要：八月十三日。

　　上午因洗地問題，八時抵院，至十時許莊師爺至，並談及不取人情洗地事，後有一華人稽查至，堅持洗地說，卒允之，第恐又要求取牌照住宿也。

　　午在陸羽品茗，與趙驚魂遇，約往告樓士打午茶，並約馬師曾，後又往國民晚飯，不外想定他也，夜十一時，他又約往加拿大，意謂非六佰元薪水不為也。

　　馮氏電話約明日下午三時到談，詎料她竟與一群少女及男子到觀劇，余決以嚴辣手段警戒之。

　　馬意欲上省籌款購機，為蔣委員長祝壽，余勸他慢慢從詳計劃。

9月29日　　　　　　　　　　　　　　星期二

提　　要：八月十四。

　　晨如常工作，午約馮鎰康陸羽品茗，談及上省太平劇團事，他云，最要調查他與何人攪〔搞〕出事，先向此方商量，然後再由公安局運動可也。

　　華員會，因開戲，一百元擱淺。

　　下午三時約馮氏到談，余託文公代言，不外責罰她不應如此莽動，她答言，非向余面解釋不可，後又一電話至，余約她明日再談。

　　夜有一蘇兢兄到談，商量上省條件，由鄧次乾介紹，後天答覆。

9月30日　　　　　　　　　　　　　　星期三

提　　要：八月十五。

晨馮氏電話，約星期六下午三點在東方戲院車站處相候，現寓灣仔天樂里七號。

趙驚魂，馬師曾一口還價，三千元半年，夜他又約往商，余處之晏然。

夜通宵，中秋節，翻點《桃花俠》，依然滿座。

新世界之宴余不赴。

10月1日　　　　　　　　　　　　　　星期四

提　　要：八月十六。

晨如常工作，午陸羽與內子、周炳垣、授廉、海雲等品茗，後又往加拿大。

夜馬因有疾，明日夜停演。

有蘇兢者到，商晉省條件，（一）二一捌分賬，（弍）水腳各負其半，（三）告白費公盤執，（四）保險費各負其半，（五）每月最少以十天為□〔額？〕，（六）嚴密保護。

夜壽濂請消夜於國民，並游〔遊〕車河，與內子。

10月2日　　　　　　　　　　　　　　星期五

提　　要：八月十七日（停演）。

華員會買初三、初四兩天戲，金弍仟弍佰元，先交定銀伍佰元，八日再交伍佰元，並蘇乙太請消夜於國民酒家。

10月3日　　　　　　　　　　　　　　星期六

提　　要：八月十捌日。

夜演《解語花》。

下午三時在勳寧餐室約馮氏到談，允嗣後每月由文仕可手交她家用十元，不許諸多要挾，並警戒她不應意氣用事，動不動寫狀師信，現寓灣仔天樂里廿七號四樓馮維新處。

下午六時馬約余至後台，謂因病，欲是晚休息，余答曰，隨君所欲，唯派回錢則一翻手續也，後卒決定即晚照常，明日休息，余遂對卓兄講明，並往大觀，提前影《抵玩》。

譚蘭卿堅持即晚休息，幸喜馬下決心，照常公演。

10月4日　　　　　　　　　星期日

提　要：十九日（八月）。

馬病，休息，臨時改影《抵玩》。

10月5日　　　　　　　　　星期一

提　要：八月廿日。

勞文仕可兄交馮氏手十元。

馬師曾晨早請往他府上，商量購機慶祝蔣公祝壽事，因伶人新靚就自動捐他所有之汽車作捐款，余等隨即登報，決實廿四日日夜馬、譚登台，報效全日院租戲金。

還回本銀一百元與周三女，另息捌元。

東樂即演《桃花俠》，並於散場時召集各伶人會議，進行沿門勸捐辦法，馬另捐一千元。

10月6日　　　　　　　　　星期二

提　要：八月廿一日。

晨如常工作，午陸羽品茗，下午與馬商量進行勸捐事，夜過海，東樂調查數目，與文權、海雲同往，在國民消夜。

10月7日　　　　　　　　　　　　　　星期三

提　　要：八月廿弍日。

晨照常工作，庇理羅士女校馬地到訪，借戲服，十一月十號、十一號兩天用。

午金龍，陳宗桐請食午膳於金龍，為陳伯璿競選事，下午忽華民有一傳票到，不外為婢事也。

夜早睡。

10月8日　　　　　　　　　　　　　　星期四

提　　要：八月廿三。

晨九時半往華民署，詢問傳問事，原來問及翠玲及馮氏之銀喜事，後返院，循例修函返鄉問及。

十時半與馬師曾、衛少芳、譚蘭卿、半日安、馮醒錚、馮俠魂等沿門勸捐，西塘咀成績甚佳，唯各大住家均閉門不納。

一時華商總會敍餐，略食即散，再往加拿大。

金龍與陳伯璿君、何榮等略談，夜又在新紀元候何榮至散會，約二時始到，由陳宗桐手交他壹佰元作運動費。

報紙日日登載太平院主源某，難保別人不眼紅，後生仔作事必小心。

｛略｝

10月9日　　　　　　　　　　　　　　星期五

提　　要：八月廿四。

是日演劇籌款，購機祝蔣壽，連捐共收四千五佰餘金，除捐三百弍十五元與僑工會外，實捐四千二百元與華商總會。

夜有一花旦至，欲定她，與馬等往珍昌商量辦法，夜深始回。

眼疾。

（日演）《難測婦人心》，（夜）演《解語花》。

10 月 10 日　　　　　　　　　　星期六

慶祝雙十節。

無甚紀錄。

10 月 11 日　　　　　　　　　　星期日

晨揮函華商總會，並交捐款四千二百元，另僑工會三百弍十五元。

10 月 12 日　　　　　　　　　　星期一

　　是晨由七時起，至下午十弍半，報效與孔聖會祝聖之用，並由該會補回電費廿元，其他什費他負責，午娛樂食西餐，下午回府睡覺，馬師曾請蔡十一太食晚飯於國民，並約余焉。

　　華南電影從業員提議購機，在利舞台辦理，適華員會籌款之日，彼此為爭馬伶起見，必有一翻〔番〕麻煩也。

　　夜因亞好頻頻藉故外出竹戰，殊屬不合，余盛氣怒罵內子幾句，她竟惡言反罵，遂與她嘈吵幾句，並痛罵她一頓。

10 月 13 日　　　　　　　　　　星期二

　　晨晏起，午新紀元品茗，華南影業會召集，不到，晚飯馬與余在國民晚飯，談及竺清賢拍片事，原來《王寶川》六千元，《粉墨狀元》伍仟元，因天一欲聘他每套八千元之故，料必無訟事發生也。

　　柒時對半日安談及再續三個月事，彼允上下期，不要所有打關期，俠魂一樣，先借柒佰元，按關分扣，醒錚更無異議，唯衛少芳則許多要挾，余等決以嚴辣手段對待之云。

國民商量華員會發稿事。

10 月 14 日 　　　　　　　　　　　　　星期三

提　　要：八月廿九。

下午馬師曾約往國民晚飯，與英理就談及晉省事，即交友聲社羅某辦理，祇報效幾天，除一千元皮費，其餘作報效，邵仁枚又覓他拍片，已妥。

鄧祥由澳門至，簽回合約，準十弍在統一戲院開演。

10 月 15 日 　　　　　　　　　　　　　星期四

提　　要：九月初一。

澳門清平戲院有函至，要求賠損失，並定日期，余遂將此函另抄一份，交鄧祥轉交與王蘇辦理，並請他午膳於新紀元。

夜往思豪酒店（十二時），觀華南影業跳舞會，明星伴舞事。

卓兄謂省方有一路要求，趁此機會報效同樂會，籌款購機，囚同樂會意欲籌一萬元，如馬能往，則上省事容〔迎〕刃而解矣，該運動員要求一萬元，二日後始到取。

余遂約馬明日到敍。

10 月 16 日 　　　　　　　　　　　　　星期五

提　　要：九月初弍。

晨照常工作，叫鄧祥到，解決清平事，並代譚蘭卿送亞達煙仔六罐，與王蘇午 KINGS 午食，並在商務書館購買中英小說，柒元。

在告樓士打與焯兄、馬伶及余三人商量晉省，一主急進，一主緩辦，遲日再行解決，他在車時對我言，謂黃十五云，此行大錯，倘余直接與李宅講，可也，因太平欠李宅數十萬，此人確實可惡，必破壞他以看他如何活動。

夜馬師曾、譚蘭卿、馮俠魂、半日安穿回戲服，全體音樂，張文權及余共往思豪，參加化裝跳舞，全店為之一亂，此舉忽然而來，令人莫測，各人紛紛停舞，聽馬師曾、譚蘭卿所歌之《野花香》，並求簽名云。

10 月 17 日　　　　　　　　　　星期六

是晚開游〔遊〕藝於利舞台，並交涉得金龍酒家報效十桌消夜。

華員會籌款。

10 月 18 日　　　　　　　　　　星期日

晨照常工作，陸羽品茗，下午返院，隨與海雲往觀足球。

馬師曾提議停演七天，恐因籌款後及近重陽故，生意冷淡，而他本人赴廣州一行云。

余因此事交帶竹三負完全責任與普慶交涉。

夜張文權請消夜於國民，繼又請公□〔團？圍？〕，因他已溢利捌佰餘元云。

10 月 19 日　　　　　　　　　　星期一

提　　要：九月初五日。

太平劇團由此日起休息七天，將關期改為廿始發，午陸羽品茗。

是日四場放影《馬賽革命》，突然改影，甚淡。

｛略｝

10 月 20 日　　　　　　　　　　星期二

提　　要：九月初六。

晨命歐啟新赴澳，辦理統一大戲院事。

午陸羽品茗，下午繕一函於祝蔣大會，提議褒獎陳宗桐，並同時設立華南電影界大會，此函一到，後彼等紛紛議論，催余等至，共同討論，後由張文權提議，交出大會處決。

張謂中央戲院吳伯陶有退辦意，他意欲由太平、霍海雲及他並邵仁枚數人辦理云，余意，如此多人，恐難成事實也。

在金龍晚飯，馮其良邀遊車河。

10月21日   星期三

提　　要：九月初七。

晨接啟新來函，謂鄧祥請余早日往澳，簽妥授權紙，以備發生訟務時易於處理也，午娛樂敘餐，談及中央召頂事，後余對焯兄談及，彼甚不表同情，謂現時銀主之不取回太平者，徒以余等能號召馬伶也，倘調太平劇團往中央，則難免謠言糾紛，別生枝節也，審慎方行，繼又云，是否馬有界〔芥〕締〔蒂〕，改停七天。

命文仕可往澳，着鄧祥簽妥字，後余方往澳，否則唯有調往利舞台而已矣。

夜新世界設宴於金龍五樓，敦請邵仁枚，余甫到即辭，因原定八點，改為十一點，故即到就。

10月22日   星期四

提　　要：九月初八。

因羅早不小心損壞環球公司畫片，要求賠贖〔償〕損失故，往見韋寶祥兄，託回一函，謂自願補回卅元，並不得以此為證，謂余等自願導罰也。

着仕可拈合同往簽。

省報喧〔宣〕傳馬師曾、譚蘭卿不日上省，未知屬實。

鄧次乾帶一人，名戴不平，到談，代攬〔搞〕馬師曾上省事，余答以祇願報效戲本，不願出現金也，因澳門事，｛原文此處劃掉了 "鄧祥" 二字｝卓兄着余往見狀師商量。

10月23日 　　　　　　　　　　　　星期五

提　　要：九月初九日，下午弍時往澳。

　　晨如常工作，祇候仕可來函，得收後，知已妥，隨即下午與梁秉照兄共往乘泉洲，甚舒暢，約□〔三？五？〕時許抵澳，鄧祥兄親在碼頭歡迎，隨即往觀戲棚，尚未完竣，且座位祇得一千三百位，即與鄧祥商量，加大弍樓，唯因時間關係，故□〔迫？返？〕不能，後往佛笑樓晚飯，召妓，（一）為碧雲天，（一）為英英，前者為朱箕汝之棄妾，聞說用經期布化灰，煲茶與朱兄飲，故有此迷惑，後者為馬之老契也。

　　寓五洲。

　　該地華人代表欲叫太平劇團報效，余卻之，並允平賣戲金，一腳踢，六佰元毫銀。

10月24日 　　　　　　　　　　　　星期六

提　　要：九月初十，往簽授權紙。

　　約十一時鄧祥兄來五洲三三一候往簽權紙，與譚植共往簽權紙，與歐啟辛祇受理訟務事宜，查澳地辦公署俱是胡鬧不堪，弛廢之極，政治全無。

　　仍在佛笑樓晚餐，字膽，輸去十餘元。

　　約九時半焯明拍一電報來澳，內容本不欲鄧祥知悉，而啟新遁逿拈往寄間翻譯，殊不機警，此電不外找梁秉鋆，為馬晉省事矣。

　　除遊澳地外，三時乘金山夜輪返港。

10月25日 　　　　　　　　　　　　星期日

提　　要：九月十一日。

　　晨焯兄謂，梁秉鋆進行返港，約下午馬師曾共商，三時同在告樓士打斟着〔酌〕，據梁某謂，他即見該友（不便宣佈），由同樂會希求李潔芝，手續單簡〔簡單？〕，即夕進行，而馬則謂羅偉疆今晚車到，亦代辦此事之一，看看他如何，並聞羅某拍一電省方，答覆後□〔另？｛此字似有刪去痕

1926
1928
1929
1930
1931
1933
1934
1935
1936
1937
1938
1939
1940
1941
1942
1943
1946
1947
1948
1949
1950
1964

跡 }〕覓辦法，且聞黃十五諸多作梗，祇有破壞，未有建設，確屬可惡也

10月26日 　　　　　　　　　星期一

提　　要：九月十弍日。

　　晨在院，馬師曾到訪，共訪六國飯店，拜候羅偉疆及其他友人，在六〇十六二四房間住，介紹畢，寒暄即別，而馬亦以為此人有大用，先送五佰元與他，找清他所辦的文化中學，並代結酒店費，詎料下午省方來電，謂馬君推動甚感，唯時間太速，籌辦不及，代謝羅約等句語，豈不是冷水澆背哉，馬隨即搭瑞泰往澳，余等唯有候梁秉鎏佳音耳，夜，有一人宋士祁者到訪，意欲買太平劇團往東莞演劇，為李揚敬、徐景唐等包辦，且對於省方極有希望云。

　　張文權極談陳宗桐之劣處云。

10月27日 　　　　　　　　　星期二

提　　要：九月十三日。

　　因省事，下午五時半乘瑞泰輪往澳，九時許抵步，即往統一戲棚見馬師曾，允許往石龍唱演，隨即往佛笑樓晚飯，查該棚與娼寮隔涉，故營業甚淡，不及清平之旺也，凡事順情終累己，確不錯也。

10月28日 　　　　　　　　　星期三

提　　要：九月十四日。

　　晨乘八時泉州輪返港，嘔浪，不舒適，一抵步即草草了公，回舍下休息，下午英理就君來電話，余着他負余責辦理，並拍電省羅偉疆，進行解決馬上省事，余隨即派源廉乘車赴省，調查海珠大會串有無標馬師曾名字，並取戲橋、街招、報紙，以備存據。

　　余按省方事必多棘手，何以如是其難，至云解者，不外欲向馬索多少款項也，倘真解決，則駛用不知如何化〔划〕算也。

10月29日 　　　　　　　　　　　星期四

晨如常工作，午陸羽，林兆業兄請飲茶。

晨接梁秉鎏君來函，得悉所辦省方之事，亦敷衍而已矣，隨即函告馬師曾，並電話英理就，立即着省方羅某進行，且聞購機會止截口自弍口〔日？〕結束。

大母親由鄉至，余與她十元，明日着翠陵往華民署除牌，以完手續。

在家便飯，不事鋪張，夜與內子、日餘、受廉等消夜於新紀元。

壽彭言及勉之，謂余撻會[1]事，余蓋蓄意不交也。

焯兄云，工務局局員欲買戲籌款，每日夜二千四元左右，嗣馬來港接洽一切，澳門奇淡，不宜多往，函往宋士祁，為東莞明倫堂演劇事。｛是日日記用紅筆書寫｝

10月30日 　　　　　　　　　　　星期五

晨着文仕可與翠陵往華民署除名，午新紀元品茗，下午回寓休息，因連日感覺不安。

夜英理就君到訪，攜同省方來函，謂無論如何，晉省於弍號，先表演一晚，後再講古，不圖談話中有一陳恒用電話約余至美州傾談，且謂對於省事有把握，余遂答以曰，請向英君接洽，余一概不負責也，英聞之下大怒，隨即用長途電話省方，着該猛人赴港共商，余與焯兄意，無論如何，必做完拜六、禮拜方可，否則損失不可以道理〔里〕計也。

｛略｝

1　"撻"，粵語用詞，放棄之意，在此處大意是停止供會款。

10月31日 星期六

提　　要：九月十七。

太平劇團由澳返，即晚開台，演《柳蔭蟾宮客》，甚旺。

郭源海由省來，與其友到觀劇。

與馬師曾往觀足球，並在新紀元商量造一呈與公安局，據該葉某措辭，完全抵〔詆〕毀以前，政府即使允許，難免不結怨於人也，故余力否決，而英某亦在場，查該葉某、羅某，彼彼皆然，欲圖利也。

黃大偉請食飯於加拿大，並談及文譽兄對他說及之棠仔事。

馬謂（在他府上時），介弟師爽因在光華研究化學，誤傷左目，現已着周醫生代診，是否主張施割。

11月1日 星期日

提　　要：九月十八。

晨如常。

約十弍時許往院，適郭鏡清在，談及馬晉省事，他謂，託馮道生往見曾養甫，或可以着，並欲見非士軒利取甀火水牌，又欲加闊院內座位後之載物板，焯兄謂，除非去兩行位則可以，無非欲難之也，後侯壽南至，始去品茗。

羅成業君，在陸羽品茗，後往觀九華會與南華會足球，和局，三對三。

約十時梁秉照兄電話謂，該醫生黃欣光行為不端，擅送其庶母入院，彼欲控之，約明日再商。

11月2日 星期一

提　　要：九月十九，晉省。

晨六時起，梳洗畢，往購早車頭等位，嫌略早，在海鮮飲牛肉茶，然後渡海，與羅超然及龔某遇於月台，不久羅成業又至，馬師曾又至，四人遂乘早車赴省，車中談話，樂也融融，十一時五抵省，即乘摩托車往馬府見二叔，隨即往光華探視師爽，已施手術，割去左目，危險時期已過，祇休息而已矣，後在紅棉午食，二時半羅偉疆及超然至馬府，亦敷衍，諱諱〔唯唯〕諾諾，不久即辭，蓋亦難辦也，唯二叔甚焦燥〔躁〕，防馬又上當也，四時一個骨即趕赴下午車返港，在車中與一董姑娘遇，馬初言她為高等私娼，繼又謂為風流寡婦，察其情形，與他〔她〕甚留戀，七時許抵步，各別，余與羅某晚餐於加拿大。

馬言，物色女旦，以備將來替代少芳，凡對於各老倌作事，□〔推？〕向他以被〔備〕轉圜也。

11月3日　　　　　　　　　星期二

提　　要：九月廿日，（一）茶香室茗，（二）購帽，加拿大與梁君細談，（三）告樓士打與馬飲茶，（四）新紀元晚飯，萬紅請，（五）返院定日期，（附）歐新與培叔定日戲事，並議試辦組織女班。

午與馬師曾在新茶香室品茗，余為東道，往美美購氈帽一頂，價：十點五元，梁秉照君因家庭細故，遷寓於六國飯店 411。

下午與馬君午茶於告樓士打，商量新戲事。

霍海雲君九月十八日生辰，萬紅姑設宴於新紀元，余亦被邀之列。

余獻議，試辦組織十日全女班，（一）以為物色女旦人材用，（式）較勝於影畫也。

馬云，全班人最反對歐辛，且彼個人對於他亦有芥締〔蒂〕也，點戲着文仕可較勝於大牛培，人人知其為工具，且不賞面也。

焯兄問張文權取票，則與之，余問他，話四眼仔取三條，他則不允給，顯見此人勢利小人也，高則拜，低則踩也。

11月4日　　　　　　　　　星期三

提　　要：九月廿一，十時許滅火局菲氏軒利到驗院，以為來年換牌，林南不在，摩地不懂事，故極懶，且不好脾氣，告樓士打，又國民晚飯，何棣生、傳秉常定畫。

十時許滅火局菲氏軒利到驗滅火器具，以為來年轉牌，當時隔火帳卸下時，反彈反激，一於修整，煤燈留火種，戲台畫景不能堆積在火警鐵門處，查當時林南不在，摩地不理，余對他言及，他尚發脾氣，余遂由電話通知卓哥。

　　下午與馬告樓士打午茶，與何棟生、傅秉常相遇，余在車時，談及太平劇團老倌都算聽話，且日戲頗可觀，後又與他、允鐵、郭源海在國民晚飯。

11月5日　　　　　　　　　　星期四

　　十一時至，焯哥召集全體帶位訓話，謂無論何人，凡拾得物件，以〔必？〕要向寫字樓報告，否則必革除，因黃潤、源裕有意埋沒一女人手袋，袋內有鑽石戒指，並西紙一束，經該女客大聲疾呼，始原物交回，此事由他住家報告，郭鏡清該晚亦在場觀劇。

　　午歐辛請品茗。

　　下午馬與梁秉照到舍下，梁君舍下晚飯。

11月6日　　　　　　　　　　星期五

　　晨往華威公司定畫，何頌祺諸多留難，且必定利舞台先，並在合約寫明《戰士》影畢，清帳時與《落花時節》同交畫租，余權應之，屆時再商。

　　馬約加拿大，與差利陳相遇，並介紹一女郎與馬借衣服表演。

　　與梁秉照、周文海、授廉、內子及余五人在新紀元竹戰，勝利，周欠三千二，廉千五，約二時始返寓｛略｝。

11月7日　　　　　　　　　　星期六

　　太平劇團往普慶演《解語花》，收入九百七十一元，暢旺。

　　晨照常工作，午新茶香室〔新香茶室？〕品茗，祇余、秉照及民三兄而已耳，下午與梁日餘加拿大午茶。

郭鏡清來函謂，祇呈戲本與社會局，則馬可以在省表演矣，略談。

夜因壽廉吝嗇，余怒謂其殊無趣味，是則可知錢財遠勝人情也，炳照仍在舍下竹戰。

購《英文報讀法入門》一本。

11月8日　　　　　　　　　　　星期日

晨如常工作，十弍時着仕可兄往北河戲，送顏絢芝公出殯。

午新茶香品茗，祇秉照及余之二女，畢，返院略工作，即過海往普慶，請馬師曾晚飯於大觀，赴席者，譚蘭卿其姊、仕可、焯明及顯州，並余，談及晉省事，並準星期六新劇《月移花影》，星期弍圈點曲本，大觀之菜式甚劣，不可口。

約八時返院，再約梁炳照往高陞，觀譚秀珍表演。

要求馬文星減收椅墊費，由五仙為弍仙，以便星期日收弍毫，倘收弍毛，他收五仙，豈不是損失極大者耶，他不允，堅持五仙。

11月9日　　　　　　　　　　　星期一

晨晏起，午茶香室，祇與炳照品茗，下午與馬師曾共往加拿大，遇關楚璞、溫伯祺，略談即別。

焯哥有起用譚秀珍意，唯余恐譚不能堅持日戲如芳也。

郭鏡清來函，謂聯義社要求四日籌款，他已答允兩天，故徵求同意焉，容商量再覆。

九如坊又有行先放影意見，凡事俱求自己利益，不顧他人者，必失敗，姑拭目以俟之。

初欲在金龍消夜，因嫌夜，遂與炳照食於國民三樓，並悉影已與譚某暫時結合。

11月10日   星期二

提　　要：九月廿六{ "六"字經紅筆改為"七"}。

是日影聯華片《生命線》及《大傻出城》，二片同日同時放影，即每日兩場（兩點半至六點，七點半至十一點半），甚旺，日場五十餘元，夜場約三百元，出乎意料，如此則太平又有生機也。

家母意欲往黃省三處調理，余與她五元。

夜捌時與梁炳照往國民晚飯，又遇周保燊，定實式手《封鎖大西洋》，蓋此片在中央放映甚旺也。

11月11日   星期三

提　　要：九月廿七{ "七"字經紅筆改為"八"}。

是日歐戰和平，各界休業一天。

午茶香室品茗，連日早起必飲自燉牛肉茶一碗，下午照常工作，原意往觀慈善足球賽，詎料因張民權事，故改絃易輙〔轍〕，唯結果各行其道，余返院洗燥〔澡〕，與三妹、梁炳照君在加拿大晚飯。

八時許往普慶，與馬文星交涉，叫他賣多四佰，三樓，有事余負責也，蓋是日假期，必保無事，此人奸滑，每次必有些少交涉，慎之。

金龍，司徒秩請消夜，朱箕汝謂省方極反對馬師曾云。

11月12日   星期四

提　　要：九月廿八{ "八"字經紅筆改為"九"}。

晨如常工作，午新茶香品茗畢，返院。

無甚紀錄。

下午約馬師曾往國民晚飯，談及省方已允許馬上省，唯聯義堅持四天報效，除駛用，且聞說當時因胡漢民在生之故，有微言，故省方殊難通過也，馬允任由余等主意，先寫戲本，選其精華，再由他編訂，始呈省社會局審查，一經許可，必不返〔反〕口也。

梁秉照亦在座，唯不聽余等談話。

11 月 13 日　　　　　　　　　　星期五

提　　要：九月廿九｛"九"字經紅筆改為"卅"｝。

找墨水筆數六元八毛與民三兄。

《循環報》溫荔坡限初五找清，否則交律師收云，且寫明甚為嚴厲，余意，一找妥即停長期稿，以儆他之高傲也。

11 月 14 日　　　　　　　　　　星期六

提　　要：九月卅｛該三字經紅筆改為"十月初一"｝，夜演新劇《月移花影》，約一千三百元。

購英文書籍數本，共十五點六二元。

馮氏到索家用，並家私大櫃。

晨食牛肉茶，午新茶香，鄧肇堅請飲茶，並欲高陞演太平劇團，余漫應之，畢，與馬文星相遇於巴士站，他即邀余到文苑敘話，他云嘜佛對他講，太平劇團逢演新戲，必送回二三十元與他，且三樓收五仙稅也，余否認，且謂與其求之無厭，曷若嚴正辦理，何懼之哉，他又要求多演式天，即柒天之謂也，余因赴霍海雲之約，遂別。

四時許往觀南華 B 與西洋會賽足球，前者勝四對一云。

晚飯於國民。

11 月 15 日　　　　　　　　　　星期日

提　　要：十｛原寫作"九"，以藍筆改為"十"｝月初一｛"一"字以紅筆改為"二"｝日。

鄧肇堅請余往他外寓，商量太平劇團往高陞事，條件為三·七，無例票，告白牌每台十五元，咕喱車腳公盤執出，余支吾答之，遂告辭，查他之外寓甚為莊麗，非鄧志昂之愚蠢也，為兒孫作馬牛者可為鑑焉。

11 月 16 日　　　　　　　　　星期一

提　　要：十月初三﹝原寫作"弍"字，以紅筆改為"三"﹞。

約七時半馬忽至寫字樓，謂意欲是晚停演，余勸他勿行，後不知何故，忽然由培叔到來報告實行停演，即晚全院熄燈。

與周炳垣君在加拿大暢談，後在金龍打雞，勝利即行。

11 月 17 日　　　　　　　　　星期二

提　　要：十月初四，馬師曾忽然於七點半休息﹝"馬師曾"此句原文用紅筆書寫﹞，請閱前頁。

交馮氏十元作家用。

梁秉照之庶母請食晚飯於國民酒家，內子在焉，及後來太平觀劇，意欲契余等為契父母，因其子亞 B 算命，非契人不可——可謂迷信之極也。

馬謂已蒙策叔答允上省，為〔唯〕必須囗〔買？〕效十弍天，方可計回皮費與團主，余遂將此事對卓兄說及，並預備晉省皮費駛用，以備臨時計算。

《魯莽變溫柔》，雖舊戲，仍旺。

11 月 18 日　　　　　　　　　星期三

提　　要：十月初五。

無甚紀錄。

在連卡佛與卓兄商量將來晉省辦法。

11 月 19 日　　　　　　　　　星期四

提　　要：十月初六日。

晨如常工作，午照常新茶香品茗。

下午馬師曾如〔與〕余往皇后酒店七樓，訪趙植芝先生，商量晉省事，余將赴省之特別費用列上一紙，約港紙二千元，交他參閱，並擬底價港紙六佰元，後往加拿大與師贄、師奭及一黃某一行五人共往國民晚飯，臨行時，馬着余明日準備五百元與他應用。

余往新世界交馬票銀十九元與張文權，並請他陸羽晚飯，他談及現與朱箕汝、陳啟連等合股拍片，如余能叫馬、譚拍一短片，他允出酬勞費一千元，並五百元均分，余漫應之，朱箕汝謂，不應在《新青年》片租扣他走畫費，余遂將九如坊應找之二十一點六元再補四毛湊足二十二元交他作完。

11 月 20 日　　　　　　　　　　星期五

提　要：十月初七。

晨如常工作，午新茶香品茗。

下午交銀五佰元與馬師曾，並與他往淺水灣酒店午茶，並談及陳、林等所為。

昨夜發覺文錫康、陳霖、林南、其友梁南、黃潤等在男廁側賭博，余將此事對卓兄說明，決於日間開除林南，且從新訓示摩地，嚴厲責罰彼等，不應怠職。

與霍海雲國民消夜。

交銀一佰玖拾元與《循環日報》溫荔坡，以完舊數，連《群聲報》數在內。

11 月 21 日　　　　　　　　　　星期六

提　要：十月初八。

內子與三妹往梁秉照府上晚飯。

午茶香室遇李遠，並往觀足球，他近日行為照舊，且口〔職？〕當報業，將來必墮落也。

九華與香港會球戰，證人偏心，棄權而散。

張民權中馬票一千五百元，設宴於廣州，並擬拍一片，且欲加馬師曾拍一短片，酬勞費一千五百元，一千元交馬、譚，五佰元與余均分，余諾之，唯微嫌所獲太少。

影業似有進步。

周保燊應允《封鎖大西洋》二首[1]本院放影，詎料他竟交與高陞，故余對陳宗桐言，必儆戒之。

11 月 22 日 星期日

提　要：十月初九。

晨如常，午返到茶香室，該位已為鄧肇堅所佔矣，遂略談，轉往加拿大與梁君共敘，下午與霍海雲共觀足球，南華 A 與海軍，南勝，夜往對海東樂，馬問如何匯款與綏省，余答明日查明答覆，長子感冒，有疾。

海雲談及張民權欲與他合作片事，他云，出二千元代理百分之十，每人佔五成，豈不是又出錢又做工夫，而佢則祇出錢，贃〔淨〕賺錢乎，況老友不欲因此得失也，余按，張無事不為自己着想，只可共患難，不可共安樂也。

薛仔已由南洋回。

11 月 23 日 星期一

提　要：十月初十。

內子壽辰，眾賓咸集。﹛此段原文用紅筆書寫﹜
晨照常工作，午茶香品茗，下午小足球賽，晚飯舍下。
日來疲於溫習，似甚疏忽，若非急起直追，誠學業荒棄矣。
這月來大戲與電影似有進展，且各行亦有生機，唯綏省戰事風雲甚急，恐馬又提議籌款也。

11 月 24 日 星期二

提　要：十月十一日。

1　"二首"相當於今天說的"二輪放映"，要待首輪戲院下片後才能播放。

午如常工作。

下午嘜佛帶一西人士東到查娛樂稅，適有三人持 S8、9、10 票坐太平位，屢次叫她們返回原位，均置之不顧，故該西人誤會，以為本院將毫半票賣作六點五毛，以避免納稅，遂由嘜佛狐假虎威，將此票收沒，以備查問，此亦因借不遂及免票種種，藉端報服〔復〕也，查此人貪得無厭，恐慾海難填也。

後問張文權，始知該西人必有兩次到各院調查也。

11 月 25 日　　　　　　　　　　　　星期三

提　　要：十月十弍，馮氏到取傢私。

　　{ 無正文 }

11 月 26 日　　　　　　　　　　　　星期四

提　　要：十月十三日，梁秉照請晚飯於國民，蓋余已膳畢也。

張應華託度《殺人小姐》期，日來綏東戰雲甚急，擊落日機無數。[1]

晨早起，照常工作，十一時往理髮，畢，往新茶香室品茗，陳宗桐君至，原來因為陸榕樂控告他事，商量應附〔付〕，余擬即籌款項，免生別端，着他即備《摩登貂蟬》合約弍紙到簽，先借片租弍佰元，他極滿意，遂別，余遂電話通告焯兄原委，他表同情，余意經此番幫忙，將來有事，更易斟也，夜十一時他始至，收銀畢，始往金龍，赴譚國英之宴。

張民權與余談及宗桐之行為，一路送余返府第，在新世界觀試畫時，他託余代改戲各一，余答以林坤山《做人難》，他堅持不助桐兄，夜深弍時始睡，難寐。

1　此處所述之 "日來綏東戰雲甚急，擊落日機無數"，係指 1936 年 11-12 月間發生在當時的綏遠省（中國內蒙古自治區中部）由省府主席傅作義率領的晉綏軍與背後由日本支持的 "大漢義軍"（西北蒙漢防共自治軍）和蒙古軍之間的戰役，結果是晉綏軍獲勝，被視為抗日戰爭早期的一次影響深遠的軍事行動。詳見郭廷以編著：《中華民國史事日誌》第三冊，台北：中央研究院近代史研究所，1984 年，第 638-647 頁。

《蜈蚣小報》發表"虎父無犬子",關及乎余。

第三次新戲收入不及五佰元,奇極(《月移花影》)。

11月27日 星期五

提　　要:十月十四,環球公司允收卅元作了結,午新紀元品茗,解決《殺人小姐》畫期,下午足球。

談及拍片事。

新紀元張應華請午食,與陳宗桐解決《殺人小姐》期,相〔雙〕方已允。

夜余與焯兄談及來年出資與馬合作拍片,試辦一套,然後分份,先交三千元與他,假定成本一萬二千元,先收夠本先,然後將溢利均分,他佔三成,焯兄甚滿意,唯凡事必要先謀一具體辦法,然後着手,方易也。

11月28日 星期六

提　　要:十月十五,金龍宴客,四十元,得悉薛覺先八號在新華登台。

{略}

與霍海雲、梁秉照等觀足球,後金龍晚飯,計到者,宗潤、馮其良、朱箕汝、霍海雲、張民權子、馮文彬、梁秉照、譚國英及余,濟濟一堂,甚為熱鬧,明晚海雲兄照辦請客,陳宗桐因薛覺先事,不暇到,畢,再往牛奶公司食雪糕。

周錫年因錯位事,甚怒氣,蓋亦富人氣燄也。

夜演新劇《花香籠虎帳》,頗旺。

焯兄云,鍾熾靈甚可惡,在街上甚囂張,且謂,"你咕〔估〕寫狀師信"可以了事也,向使你唔即刻清楚,必定向 FILM BOARD 報告 [1],停止供給西片與太平也,此人可惡之極,必有此懲之。

1　此幾句話用粵語書寫,意思是:"你以為讓律師寫信,便可以了事嗎?倘若你不馬上搞清楚……"。

11 月 29 日　　　　　　　　　　　星期日

提　　要：十月十六，馮氏又到嘈吵，取回銅床及其弟、其婢銀喜。

晨如常晏起，午金龍，張惠濤先生請食晏晝，其初，羅成業先請，故先到三樓，後到六樓。

下午回府，適馮氏在騎樓底，據云，欲取回鐵床，且聲言余另租外寓與她，這是無端之事，此人怙惡不悛，必有懲之，後叫授廉往對四姐言及，即昔〔悉〕與之，勿多事也。

四時與碧侶往觀足球，畢，往告樓士打，再赴霍海雲先生金龍之宴，又往牛奶冰廠食雪糕，譚國英改戲名，余順口曰："盲公問米"。

｛略｝

11 月 30 日　　　　　　　　　　　星期一

提　　要：十月十七。

午新茶香品茗。

下午對馬師曾言及，行將與薛仔拍台，非新戲無以對敵，並問他新戲名，賣與工務局之戲，他允明日答覆，余恐有反覆，故揮一函，託仕可兄代交，余與他在金龍晚飯。

夜請余潤、宗桐、箕汝在金龍六樓。

堯仔等除了取書金之外，一無所問，他們似乎比較太平佔兩份較為優勝過我意。

馬文星依然收回一毛椅墊，日戲，余一嗣北河條路通，必斷然手段也。

12 月 1 日　　　　　　　　　　　星期二

提　　要：十月十八。

下午候馬交新戲與薛仔拍台，並定實《妻多夫賤》太平先行放映，宗桐詐為不知云。

夜余獻議租埋高陞，實行封鎖大戲院計劃，卓哥甚然，余說實行五年計劃，宿償外債，以固根本，並同時若資本充足，且拍片以增利路，總要凡事堅心，焉知之不成功也。

與民權過海，並託問北河事，轉致陳均〔故？〕泉。

12月2日　　　　　　　　　　　星期三

提　　要：十月十九。

新戲問題，渡海往返，不知凡幾。

陳宗桐請消夜於金龍酒家。

《工商報》宴客於金陵五樓。

12月3日　　　　　　　　　　　星期四

提　　要：十月廿，張文權生辰｛"張文權生辰"五字用紅筆書寫｝。

晨如常工作，午陸羽，伯祺請品茗，民權及余夥計數人，他要求暫勿取消晚報，祇取消日報可也，下午與民權往巡視南洋，大觀及全球影場，並與邵逸夫訂九如坊、太平式首合約，明日再訂。

夜鄧祥到訪，意欲買太平劇團往演一天，並調他所組之班來太平開演，余均否之，決後他要求捐多少，余漫應商量云，並宴他之金龍，且攜去威士忌一枝云。

下午四時何兆棟君結婚於告樓士打酒店，梅酌於金陵，適逢民權生辰，可謂雙喜也。

夜在加拿大，又遇鄭子文、宗桐、秉照，略談始別。

12月4日　　　　　　　　　　　星期五

提　　要：十廿一。

日如常工作。

午金龍請鄧祥及其走狗午食，濟濟一堂，共十餘人，下午四時他到，候馬君不遇，遂別。

於四時往加拿大，與江民聲談話，他云請以後多些交易，以免告白恐慌。

12月5日 　　　　　　　　　　星期六

提　　要：十月廿弍，（1）晨往皇后酒店七樓720訪鄧祥，馬認捐弍百元，此人不悅，（午）娛樂餐室敍餐，（3）與薛仔拍台演《漁家女》，依然滿座，（4）家母訓話，余力說原委。

{無正文}

12月6日 　　　　　　　　　　星期日

提　　要：十月廿三，{略}，偶疾，下午往觀足球，七時約顏鏡海斟，北河已有頭緒，明日答覆。

{無正文}

12月7日 　　　　　　　　　　星期一

提　　要：十月廿四，利希立逝世{"利希立逝世"五字被框起}。

晨交數華威，並由何頌其答覆改影《妻多夫賤》，余準備冬節時送一禮物與他，約廿元，且宗桐已默允，屆時料必無糾紛也。

午往華石伯處就診，並往新茶香略敍，玩足球。

下午服藥，戒口。

12月8日 　　　　　　　　　　星期二

提　　要：十月廿五。

晨因昨夜忽寒忽熱，甚疲，遂往見華石面診，後往新茶香品茗，下午足球比賽，出了大汗始癒。

夜着仕可往北河見顏鏡海，簽妥大戲合約。

是日往娛樂餐室，民權、宗桐及余三人午餐，為天一畫片事，宗桐反對，不必與邵某簽約，余贊成，夜宴，余因事不至，繼民權至，託言余潤要求三分之弍歸太平，九如坊弍首放影，查實九如坊欲佔"皮〔便〕宜"也，此人胸襟極窄，必欲套套九如坊先過太平方合，余不理，祇我行其道云。

12月9日　　　　　　　　　　　　星期三

提　　要：十月廿六。

　　張民權請何世禮午食於金龍六樓，鄭德芬、霍海雲、宗桐及余在被邀之列，下午返院工作。

　　《華僑報》印錯，即漏登"《慾禍》"，余去函岑維休先生更正。

　　工務局先交五佰元。

　　澤泉對余說及，大母親已知余將屋契往龍章處典一千五百元。

　　劉景清又慷他人之慨，叫馬伶往報效演劇於青年會籌款賑綏云。

12月10日　　　　　　　　　　　　星期四

提　　要：十月廿七。

　　晨照常工作，午新茶香品茗，下午小足球。

　　夜六時許譚芳由北海返，電話約往加拿大一敘，又遇秉照，聞已續絃，余並通知他，石中山確不是好人。

　　劉景清到，求馬師曾往青年會度曲，馬卻之，倘日間則將就也。

　　與區辛在舍下竹戰。

12月11日　　　　　　　　　　　　星期五

提　　要：十月廿八。

　　晨如常工作，午請譚芳、占美、民權、秉照等午食於金龍六樓，畢，各別。

　　下午因管焯有友人欲晉省商量馬事，故電話通知馬兄在院相候。

　　夜工作畢，與區兄往陸羽消夜，步行返寓。

　　朱箕汝請晚飯於金龍五樓。

12 月 12 日　　　　　　　　星期六

提　要：十月廿九，港督不暇至。

　　晨在加拿大與海雲兄合份共博英國足球，四元，午遇林三兄於金龍六樓，賭"雞"輸去十弍元，返院，因是日租與工務局演《冤枉大老爺》，夜請港督蒞臨參觀新劇《慾禍》。

　　下午往觀球賽，陸羽，譚芳請晚飯。

　　夜港督暨各人不至，祇工務局工務司到余院，上下客滿。

　　是回討稅手續，因鄧肇堅、馮香泉之故，幾乎不許免稅，幸工務司力爭，始得了事，嗣後無論甚麼團體，俱不得也。

　　張晉省。

12 月 13 日　　　　　　　　星期日

提　要：十月卅日，張學良兵叛西安，劫持蔣公，扣留十餘人。

　　晨九時許馬師曾親到舍下，談及蔣公被張逆扣留，生死未卜，言論之下，甚為懊喪，呆坐半小時，余解洗畢，共往加拿大飲茶，他云，國家瓦解，何心演劇。

　　午陳宗桐約往新茶香品茗，又往觀足球。

　　夜演《假王爺》，甚淡，想亦蔣公影響也。

　　衛少芳堅持十日要補，且訂明日戲星期六、日休息，着此則將來必棘手也，究不若快刀亂麻，速講譚秀珍，以完其責，此人性格怪癖，不可以理喻。

12 月 14 日　　　　　　　　星期一

提　要：十一月初一日。

　　﹛無正文﹜

12月15日　　　　　　　　　　　　　　星期二

提　　要：十一月初二日，（1）新茶香，（弍）張民權棄權事，（3）金龍晚消夜亞洲談及[1]。

〔無正文〕

12月16日　　　　　　　　　　　　　　星期三

提　　要：十一月初三日，中央由啟明公司接辦。

晨如常工作，午與譚芳加拿大先，然後往陸羽，下午回院小敘，馮氏到索家用，余與她十元，並做人情三點二元，她猶欲多索，余堅不與，下午四時許，馬忽有電話至，謂馮醒錚病重將死，速定趙驚魂，着余即拈銀往落定，余遂通知卓兄同往，至利舞台時，始悉他是日開始拍《鬥氣姑爺》，略候，他與陳皮至，談及此事，余勸他暫緩，觀錚病如何，方可下手，否則苟他日痊癒，則又如何，他竟反顏曰，凡事猶豫、不果斷，必敗，余諾之，遂交二百元與他，並合同一份，由他負責辦妥，後往錚府上調查，觀其面色種種〔忡忡〕，甚佳，絕不類病重。

是晚利舞台演《賊王子》上下卷，收入捌百金強，太平影《妻多夫賤》，收入柒佰餘金，是年畫戲空前。

12月17日　　　　　　　　　　　　　　星期四

提　　要：十一月初四，趙驚魂已妥，關乎《鬥氣姑爺》。

馬約往南粵，將趙驚雲合同交回，並擬新計劃，余不能久候，隨乘他車往庫房訪張民權，道及馮其良有意將《鬥氣姑爺》交中央放影，定實來年初七，他託余往華威探聽，余至時陳宗桐已在，後與譚國英，並逢趙某，一併往告樓士打飲茶。

民權兄請陸羽晚飯。

1　當日因無內文，此句斷句可斷為："金龍，晚消夜亞洲，談及" 或 "金龍，晚消夜，亞洲談及"。

12月18日 星期五

提　　要：十一月初五，定妥譚秀珍，先交定五百元，每月七百五十元，金龍晚飯，式首之首合同，在
新紀元再訂，利舞台又口有交涉，乘機催翻（1）減%，（2）式場免椅墊，（3）電車頭再訂，
三女有疾，已癒。

　　上午照常辦公，午一時往陸羽，一息間即赴娛樂餐室之約，民權、焯哥及余候譚秀珍，定實七百五元，本擬即交定，奈她云，因錦棠有意定她正月，代〔待？〕辭卻，方接定[1]，再約告樓士打八樓，余亦邀馬至，屆時甚為融洽，並往金龍晚飯，馬侃侃而談，詞鋒甚勁，在告樓士打時，交她定銀五百式云。

　　再與民權往新紀元，為《鬥氣姑爺》事，而肥佬潤依然有掣〔制〕裁太平意，民權由電話通知宗桐改妥，明日再簽。

　　焯哥乘利舞台強執電車告白事，意將合同催翻，另議辦法，（1）減分賬，（2）免式場椅墊，（3）再訂電車頭。

12月19日 星期六

提　　要：十一月初六。

　　晨如常工作，先往加拿大，交銀五元與洪仔賭足球，繼往新茶香品茗，下午往觀足球。

　　馬師曾電話，叫代趙驚魂落箱，隨即吩咐吳培辦妥。

　　夜義聯堂會議，余缺席。

　　東樂戲院奇淡，或節罅[2]之故也。

　　與家母五元，四姐五元，並六姑五元，過冬節之用。

　　家母對余說及，速寄銀返鄉，辦年用，並轉意焯兄，支銀多少作駛用，余漫應之，長女有疾，分床而宿。

1　此處 "代" 字可能是 "待" 的筆誤，兩句合起來的意思是，譚秀珍表示 "待辭卻已答應的工作，才接受這筆訂金"。

2　"罅"，粵語用詞，意即 "隙"，此處 "節" 指冬至，意思是東樂戲院的票房之所以不好，可能是因為冬至在即。

12 月 20 日　　　　　　　　　　星期日

提　　要：十一月初七，奇寒。

　　下午與芳兄、海雲兄共往觀華聯、陸聯比賽麗華杯，前者敗，與芳兄二人在陸羽食雞飯，因海雲往食蛇之故也。

　　夜因新世界合同潤叔欲另訂一章，九如坊式首，欲牽埋太平在漩渦，余反對，並對馮其良說及，倘汝必要余立合同，余唯有放棄一切，影末首片而已耳，結果打消，後往亞洲朱箕汝處傾談，始別。

　　余在亞洲電話梁日餘，叫他回寓，說及余不久返消夜，他誤說叫內子們不用等候，想亦無心肝之故也。

12 月 21 日　　　　　　　　　　星期一

提　　要：十一月初八，節縛奇。

　　晨如常工作，午陸羽品茗。

　　下午張民權有電話至，謂庫務司對於工務局籌款事，有催翻意，且欲取回應納之稅，着此則華員會以前之手續亦有根究也，隨即電話通知卓兄轉致梁季明，倘有事，不可提及華員會，否則多事矣。

　　鄧肇堅問太平全年滅火局修理費約若干，余答以不經手，請問卓兄，隨即通知卓兄，並信益另備一約，為 354，以瞞他也。

　　洪生及其愛人到觀劇《龍城虎將》，由是日起，加聘趙驚魂，每月伍佰元，港紙寸〔算〕。

　　五姐到談，余請他異日到舍下小敘用餐。

12 月 22 日　　　　　　　　　　星期二

提　　要：十一月初九冬至，（1）三人往品茗，（2）加拿大，馬商量薛仔拍台事，（3）翻點《慾禍》，依然滿座，與家母、四姐各五元。

　　去年冬節演雙出，（一）《梨花罪子》，（二）《銀宮豔盜》，收入祇伍百餘元，雖演通宵，仍淡，但是晚則不同，收入達一千四百元，由是觀之，簡直戲本關係也。

潔淨局稽查梁式鴻已收卅元，並不追究後台住宿也。

12月23日　　　　　　　　　　星期三

氣　候：寒
提　要：十一月初十，（1）陸羽，鄧劍魂接《東方報》告白，（2）源廉有疾，（3）過海參觀全球拍《做
　　　人難》，（4）陸羽晚飯，（5）加大歐辛與馬師贊賽蔣委員長安存〔全〕否。

晨晏起，如常工作，午陸羽品茗，未茗之前與蔡棣匯銀叁佰元（毛艮）
與鄧祥，作捐款與澳門員警廠施贈貧民，由生泰銀號匯，交澳同德送交，鄧
某收馬二百，太平一百，鄧劍魂脫離油麻地戲院，現往《東方報》接廣告，
並介紹開文電版，每寸四先，下午五時與文權往對海，參觀全球拍《做人
難》，於六時半折回港，陸羽晚飯，朱箕汝為東道，夜七時亞蔣，即衛少芳
之女伴到，問如何答覆，適卓哥早去，余不便談話，託言明晚，張民權兄送
一公仔與碧侶。

夜在加拿大消夜，歐啟新兄與師贊賽賭蔣委員長安存〔全〕否，各賽五
元，前者謂已去世，後者謂尚在人間。

《老殘遊記》一書甚為可觀，且描寫深刻，佳作也。

12月24日　　　　　　　　　　星期四

氣　候：寒
提　要：十一月十一日，晨如常，午陸羽，下午南粵見馬面，商量（1）解決衛少芳事，（弍）中華籌
　　　款，（三）薛覺先拍台，（四）定人，並燒梁卓卿炮。

{ 無正文 }

12月25日　　　　　　　　　　星期五

提　要：十一月十弍日，（1）晨如常，（2）陸羽，伯祺請飲茶，並允《循日》減收三十六元，（3）
　　　蔣委員長於五時半安抵洛陽，（4）盧冠英到觀劇，（5）梁秉照亦到（聖蘇誕）。

薛覺先新屋入伙。

12 月 26 日   星期六

提　　要：十一月十三。

晨十一時馬至舍下，共往加拿大飲茶，至下午弍時猶未用午，再與馬往七十七號見蘭卿，共往看足球，中國對英格蘭，一對三，大敗中國隊。

馬自擬一稿，拍往蔣委員長，敬候起居。

夜演新劇《做人新婦甚艱難》。

12 月 27 日   星期日

提　　要：十一月十四。

晨如常工作，與民權品茗於陸羽，並往觀足球，陸羽晚飯畢，共往全球，參觀開拍《做人難》。

夜馬共顯州、金台及余四人消夜於金龍，共商卅一號籌款賑綏，並預備新戲與薛覺先拍台。

中華體育會允明晚交定一千元，以備九、十號籌款之用。

半日安欲借五百元，湊足一千元，立回士擔紙作據，並允行息多少，余稔此上策也，非上海妹，則此人必終為太平劇團所用，最可惡者為少芳而已矣，此女過於剛愎自用。

12 月 28 日   星期一

提　　要：十一月十五。

晨照常工作。

午陸羽品茗，與半日安返院簽回一千元士擔紙，下午弍時往南粵見馬師曾，商量戲櫃〔軌？〕[1]頂薛覺先，後與顯州、金台等在加拿大共談，得悉一切，（一）《貼錯門神》，（弍）《風流地獄》。

1　可能是〝戲軌〞之筆誤，即戲碼。

夜發稿，關於籌賑綏遠事。

與梁日餘加拿大消夜。

太平劇團往北河初演，甚淡。

收中華體育會定銀一千元，並允減五十元開戲銀。

譚芳取去手錶一個，十六點五元。

12 月 29 日　　　　　　　　　　　　　　　星期二

提　　要：十一月十六｛原寫作"九"字，被改為"六"｝。

晨早起，備函庫務司，討回綏遠籌款娛樂稅。

十弍時在加拿大與馬師曾相遇，共先往南粵，二時九始往吊〔弔〕羅博士旭和夫人仙遊，並送殯至永別亭，計同赴者，有港督郝德傑爵士及全港官紳，極生榮死哀也，畢，往加拿大略敘，始返寓。

夜與羅復談於加大，託他草議星州演劇辦法。

找《循環日》、《晚》數，四佰餘元，八折復九折云。

是期畫戲極淡，馬文星到談，不外嫌日子少，欲多演幾天也，繼大觀至，借《金屋十二釵》，片租一百五十元。

｛略｝

12 月 30 日　　　　　　　　　　　　　　　星期三

提　　要：十一月（丙子年）十七日。

晨如常，大便，梳洗，閱報。

午金龍請馬文星、張應華、海雲及民權等午食，濟濟一堂，互相談笑，但馬某則緘默不言，似乎欠數之故也，因此大觀以〔已〕允將該期讓與太平劇團，而馬某亦允此後日戲收六毛半也。

下午往南粵見馬師曾，堅持星期六晚新戲《風流地獄》，他允，並談及辛苦，余略慰之，竊思汝之辛苦亦為汝個人利益也。

在加拿大與倫天樂傾談，並找手錶數 21.46，求他買回三張太平位。

民權請陸羽，余遲至，祇食甜點心一碟就行。

12月31日　　　　　　　星期四

提　　要：十一月十八（丙子），馬、覺先聲拍台，將是晚總收入賑綏，共一千二百元，華員會公宴，
惜乎天不作美，下雨（五姐生辰）。

晨如常工作，午與譚芳兄三、四嫂、洪仔之STELLA數人在金龍午食，畢，返院工作，是晚敦請家母、五姐、七姐、堯仔、鎮仔等到舍下晚飯，一團和氣，甚融洽也。

柒時半往加拿大小敘。

是晚與薛覺先拍台，馬師曾特開新戲《貼錯門神》，並將總收入捐往綏省，救濟難民，約一千二百元，倘天不下雨，必然滿座也。

一年計算，亦不過平平無奇，差幸平安二字值千金也，來年還要加倍努力，以報先嚴創業之艱及用心之苦也。

夜華員會設宴於金陵弍樓，余於十時許赴席。